Peter Höh

Rügen, Hiddensee, Stralsund

„Das Meer ist doch eine Verschönerung aller Landschaften,
und in so origineller Art, wie es sich von Rügen zeigt,
wüßte ich es nirgendwo anders gesehen zu haben."

Karl Friedrich Schinkel am 1.9.1821

Impressum

Peter Höh
REISE KNOW-How Rügen, Hiddensee, Stralsund

erschienen im REISE KNOW-How Verlag Peter Rump GmbH,
Osnabrücker Str. 79, 33649 Bielefeld

© REISE KNOW-How Verlag Peter Rump GmbH 1998, 2001,
2003, 2006, 2009, 2010, 2013, 2016
9. neu bearbeitete und aktualisierte
    Auflage 2019
Alle Rechte vorbehalten.

ISBN 978-3-8317-3254-8

Gestaltung und Bearbeitung
Umschlag: G. Pawlak, P. Rump (Layout),
    Barbara Bossinger (Realisierung)
Inhalt: G. Pawlak (Layout), B. Bossinger (Realisierung)
Fotonachweis: der Autor (ph), www.fotolia.de,
    AdobeStock (Autorennachweise am Bild)
Karten: Catherine Raisin, Bernhard Spachmüller
Lektorat: Caroline Tiemann
Lektorat (Aktualisierung): André Pentzien

Druck und Bindung
Himmer GmbH, Augsburg

Printed in Germany

Anzeigenvertrieb
KV Kommunalverlag GmbH & Co. KG,
Alte Landstraße 23, 85521 Ottobrunn,
Tel. 089-928096-0, info@kommunal-verlag.de

REISE KNOW-How-Bücher finden Sie in allen gut sortierten
Buchhandlungen. Falls nicht, kann Ihre Buchhandlung
unsere Bücher hier bestellen:
D: Prolit, prolit.de und alle Barsortimente
CH: AVA Verlagsauslieferung AG, ava.ch
B, LUX, NL: Willems Adventurem willemsadventure.nl
oder direkt über den Verlag: www.reise-know-how.de

Bildlegende Umschlag und Vorspann
Titelfoto: Aussichtsreicher Spaziergang von Vitt
    zum Kap Arkona (ph)
Vordere Umschlagklappe: Seebrücke Sellin –
    nach historischem Vorbild rekonstruiert (ph)
    Kleines Foto: Piratenausguck im Baumwipfel
    am WoMo-Stellplatz in Dranske (ph)
S. 1: Sanddorn am Kap Arkona (ph)
S. 2/3: Rügens 576 Kilometer lange Küste lädt zu
    wunderschönen Spaziergängen ein (ph)
Umschlag hinten: Malergruppe am Leuchtturm Luchte
    in Neuendorf auf Hiddensee (ph)

Peter Höh

RÜGEN
HIDDENSEE
STRALSUND

Vorwort

„Als uns der liebe Herrgott gab / Das holde Heimatglück, / Ward uns vom schönen deutschen Land / Das allerschönste Stück!", lautet die erste Strophe des „Rügenlieds". Auch wenn Heimatlieder ihrem Daseinsgrund entsprechend stets zur lyrischen Überhöhung der heimatlichen Scholle neigen, dem „Rügenlied" sind Übertreibungen nur schwerlich zu unterstellen. Denn wer die nordische See, ihre Natur und ihre Menschen schätzt und liebt, der findet in, auf und um Deutschlands größte Insel herum tatsächlich mit „das allerschönste Stück". Dass an der vorpommerschen Küste Wasser, Wind und Wellen ein ganz besonderes Kleinod von Küstenlandschaft geschaffen haben, bezeugt der große Baumeister *Karl Friedrich Schinkel*: „Das Meer ist doch eine Verschönerung aller Landschaften, und in so origineller Art, wie es sich von Rügen zeigt, wüsste ich es nirgendwo anders gesehen zu haben".

Seit der Rügener Privatgelehrte *Johann Jacob Grümbke* 1805 seine „Streifzüge durch das Rügenland" niederschrieb und wenig später der Greifswalder Maler *Caspar David Friedrich* Impressionen seiner Rügenwanderungen in Landschaftsbildern festhielt, verbreitete sich die Kunde von der mannigfaltigen Insel ebenso schnell, wie die Zahl ihrer Besucher und Bewunderer anwuchs.

Mit seinen verschiedenen Inselteilen ist Rügen eigentlich eine ganze Inselwelt. Denn kein Teil gleicht dem anderen, jeder hat seinen ganz individuellen Charakter und Charme. Ist Rügen allein

schon mehr als nur eine Insel, wird es durch die beiden seiner Küste vorgelagerten Inselchen Hiddensee und Vilm zu einem einmaligen Archipel. Das „söte Länneken", die autofreie Insel Hiddensee, ist nicht von ungefähr Bestandteil des Nationalparks Vorpommersche Boddenlandschaft. Und auf dem winzigen Vilm, in den Jahren der DDR die hermetisch abgeschottete Privatinsel von Honecker und Co., wurde seit 1527 kein Holz mehr eingeschlagen!

Trotz nunmehr 200 Jahren Fremdenverkehr sind Rügens und Hiddensees Natur und ihre Bewohner zwar nicht unberührt, aber in höchst erstaunlichem Maße unbeschädigt geblieben. Die insgesamt zum Naturpark Rügen erklärte Insel umfasst gleich zwei Nationalparks, ein Biosphärenreservat und viele größere und kleinere Natur- und Landschaftsschutzzonen, die die einmalige Inselwelt für die kommenden Generationen bewahren. Die großartigen Buchenwälder des Nationalparks Jasmund wurden 2011 von der UNESCO in die Liste des Weltnaturerbes aufgenommen.

Und was der Mensch dem „allerschönsten Stück" im Laufe der Zeit an Bauwerken und Kultur beigefügt hat, ist, abgesehen von der architektonisch kaum als stilbildend zu bezeichnenden Zeit der DDR, meist ebenso verlockend wie die Küste. In Feldern, Wäldern und Wiesen ragen in großer Zahl steinzeitliche Großsteingräber, bronzezeitliche Grabhügel und slawische Wallburgen auf. In kleinen Dörfchen und winzigen Weilern finden sich mittelalterliche Dorfkirch-

▷ Strandspaziergang am Nordperd bei Göhren

lein aus Backstein, in den mondänen Seebädern prachtvolle Bäderarchitektur aus vergangenen Epochen. Alter Landadel ließ imposante Herrenhäuser und Schlösser zurück, arme Fischer geduckte Reetkaten, die heute das maritime Postkartenidyll perfekt machen.

Schon am Eingang zu Rügens Inselwelt wartet ein kulturhistorisches Kleinod: Die altehrwürdige Hansestadt Stralsund mit ihrer fast geschlossenen mittelalterlichen Altstadt, die mit ihren mächtigen Stadtkirchen, prachtvollen Patrizierhäusern, schmucküberladenen Schaufassaden, Speichern, Kontoren, Klöstern und Hospizen vom einstigen Reichtum der Hafenstadt zeugt. 2002 wurde Stralsund von der UNESCO zum „Weltkulturerbe der Menschheit" erklärt.

Rügen ist immer eine Reise wert. Nicht nur zur Sommerzeit, wenn sattes Grün, blauer Himmel und türkis schimmerndes Meer zum sonnigen Vergnügen an seine Strände locken. Wunderschön ist der Frühling, wenn die linden Lüfte die Natur zu neuem Leben erwecken und sich die Wiesen in endlose Blütenmeere verwandeln. Ebenso der Herbst, wenn Stürme über Kap Arkona einfallen und die aufgewühlte See wütend gegen die steilen Kliffe anrennt. Schließlich der Winter, wenn glitzernder Schneekristall und klirrendes Eis die Natur bedecken und das wogende Schilf wie helle gläserne Glöckchen erklingen lässt.

„Ein Bild soll nicht erfunden, sondern empfunden werden", war der Grundsatz *C. D. Friedrichs*. Nicht anders ist es mit der Insel Rügen. Wer mit offenen Sinnen das Rügenland durchstreift, der wird die letzte Strophe des „Rügenliedes" sicher bestätigen können. „Fürwahr, als Gott uns zugewandt / Der Heimat heilig Glück, / Gab er mit Dir uns, Rügenland, / Das allerbeste Stück."

405rh_19 ph

Inhalt

Hinweise zur Benutzung

Nicht verpassen!
Die Highlights der Region erkennt man an der gelben Hinterlegung.

 ...
... steht für besondere Empfehlungen des Autors: abseits der Hauptpfade, persönlicher Geschmack.

Der Schmetterling ...
... zeigt an, wo man besonders gut Natur erleben kann oder Angebote im Bereich des nachhaltigen Tourismus findet.

Verweise auf die Stadtpläne
1 Die **farbigen Nummern** in den „Praktischen Tipps" der Ortsbeschreibungen verweisen auf den jeweiligen Karteneintrag.

Updates nach Redaktionsschluss
Auf der Produktseite dieses Reiseführers in unserem Internetshop finden Sie zusätzliche Informationen und **wichtige Änderungen.**

Preiskategorien für 1 DZ mit Frühstück
Um schnell feststellen zu können, in welchem Preissegment sich eine bestimmte Unterkunft bewegt, wurden diese im Buch mit Zahlen von ① bis ④ gekennzeichnet:

①	bis 50 €
②	50–100 €
③	100–150 €
④	ab 150 €

Exkurse

Steckbrief Rügen

- **Name:** Rügen
- **Landkreis:** Vorpommern-Rügen
- **Bundesland:** Mecklenburg-Vorpommern
- **KFZ-Kennzeichen:** RÜG
- **Lage:** Rügischer Bodden
  (Nordteil des Greifswalder Boddens)
- **Koordinaten:** 54° 25′ N, 13° 22′ O
- **Fläche:** 926 km^2
- **Länge der Insel:** 52 km
- **Breite der Insel:** 41 km
- **Höchster Punkt:** Piekberg mit 161 m
- **Einwohner:** ca. 71.000 (Stand: 2017)
- **Bevölkerungsdichte:** ca. 76 Einw. pro km^2
- **Sprache:** Plattdeutsch bzw. niederdeutscher Dialekt
- **Postleitzahl:** 18+++
- **Vorwahl:** +49 (0)38
- **Internet:** www.ruegen.de

Karten

Steckbrief Hiddensee

- **Name:** Hiddensee
- **Landkreis:** Vorpommern-Rügen
- **Bundesland:** Mecklenburg-Vorpommern
- **KFZ-Kennzeichen:** RÜG
- **Lage:** Rügischer Bodden
  (Nordteil des Greifswalder Boddens)
- **Koordinaten:** 54° 32′ N, 13° 5′ O
- **Fläche:** 19 km^2
- **Länge der Insel:** max. 16,8 km

- **Breite der Insel:** max. 3,7 km
- **Höchster Punkt:** Bakenberg mit 72,7 m
- **Einwohner:** ca. 980 (Stand: 2017)
- **Bevölkerungsdichte:** ca. 51 Einw. pro km^2
- **Sprache:** Plattdeutsch bzw. niederdeutscher Dialekt
- **Postleitzahl:** 18565
- **Vorwahl:** +49 (0)38300
- **Internet:** www.seebad-hiddensee.de

Touren auf Rügen

Auf den Spuren von Caspar David Friedrich

Rügen ist nicht nur Deutschlands größte, sondern auch landschaftlich vielfältigste und abwechlungsreichste Insel. Das macht sie zu einem Outdoor-Eldorado. Besonders für der Deutschen liebstes Freizeitvergnügen, Wandern und Radfahren. Mehr als 800 Kilometer gut ausgeschilderter und meist gut ausgebauter Rad- und Wanderwege durchziehen die Insel wie ein Spinnennetz. Wer hier zu Fuß oder Rad unterwegs ist, merkt schnell den „Meer-Wert" dieser Fortbewegungsarten. Umweht von der salzigen Meerluft und den aromatischen Düften der Natur, orchestriert vom Rauschen der Blätter und Wellen und dem Kreischen der Möwen – nicht von ungefähr gilt Rügen als die **Wiege der Romantik**. Dass man bei den Streifzügen durch Rügen die in den zahlreichen Schutzgebieten geltenden Einschränkungen und Regeln beachtet, sollte sich von selbst verstehen. Apropos: Auch Einsteiger und Ungeübte kommen hier voll auf ihre Kosten – Rügens höchster Berg, der Piekberg auf Jasmund, erhebt sich gerade einmal 161 Meter.

Tour 1

Zu Fuß durch die Zicker Berge

- **Tagestour**
- **Gesamt:** ca. 14 km
- **Dauer:** ca. 5–6 Std. (bei 3 km/Std.)

- **Anspruch**: leicht, auf gut begehbaren Wegen
- **Zur Beachtung:** das Zickersche Höft ist Naturschutzgebiet und Teil des Biosphärenreservates Südost-Rügen. Bitte die Schutzbestimmungen beachten!

Die Landschaft des **Mönchguts** mit ihren sanften, von duftendem und blühendem Trockenrasen überzogenen Hügeln und der extrem zerlappten Küstenlinie, an der sich Land und Meer verwirrend ineinander verschlingen, dazu bilderbuchschöne Postkarten-Dörfchen mit malerischen Reetkaten und mittelalterlichen Backsteinkirchen ist fraglos eine der schönsten Gegenden Rügens. Perfekt um sie auf Schusters Rappen oder dem Drahtesel zu entdecken.

Die Tour beginnt in **Middelhagen,** das mit der Buslinie 20 zu erreichen ist. Es geht durch den beschaulichen Ort entlang der Hagenschen Wiek. Hier gedeihen Johanniskraut, Wilde Möhre, Bärenklau oder Schafgarbe. Der vielstimmige Vogelgesang, der Sie begleitet, kommt auch aus den Kehlen so seltener Vogelarten wie Karmingimpel, Neuntöter oder Grauammer. Nach gut 30 Minuten ist das Fischerdörfchen **Gager** und damit das **Zickersche Höft** erreicht. Der Weg steigt langsam an und führt erst an der Abbruchkante eines kleinen Kliffs, dann mitten hinein in die nährstoffarmen, aber blumenreichen Trockenrasen. Folgt man der gelben Markierung nach rechts, erreicht man nach kurzer Strecke das **Nonnenloch,** eine tiefe Erosionsrinne. Von dort führt der Weg erst ohne Markierung zum Hochufer, in dem die seltene Uferschwalbe ihre Bruthöhlen hat. Hier lassen sich auch die eiszeitlichen

Kräfte, die diese Landschaft formten, besonders gut studieren. Nach einem kleinen Marsch über die wunderbaren Trockenrasenhügel lädt der Aussichtspunkt auf dem 65 Meter hohen Zicker Berg zur kleinen Rast mit Traumblick. Im Osten grüßt der Turm der mittelalterlichen Backsteinkirche von Groß Zicker. Juwel des zauberhaften Dörfchens ist das **Pfarrwitwenhaus.** Kulinarisch gesehen ist es die **Fischräucherei Dumrath,** die mit Rügens besten Fischbrötchen zur kleinen Rast bei einem erfrischenden Bier einlädt. Mit neuen Kräften geht es nun zum Höhepunkt der Tour – hinauf auf den höchsten Berg des Mönchguts, den 66 Meter hohen **Bakenberg.** Oben angekommen, erwartet Sie ein umwerfender Rundumblick über das gesamte Mönchgut. Die Aussicht reicht bis zu den Inseln Vilm und Ruden. Es fällt schwer, sich von diesem Fleck loszureißen. Zurück geht es wieder nach Gager, wo diverse gastronomische Einrichtungen einladen, den erwanderten Hunger zu stillen. Sind die Beine müde, steigt man zurück nach Middelhagen einfach in den Bus Nr. 20.

Tour 2

Zu Fuß –
Ostküste von Thiessow bis Lohme

■ **Mehrtages-Tour**
■ **Gesamt:** ca. 60 km
■ **Dauer:** 3 Tage
■ **Verlauf:** Thiessow – Binz, 22 km, 5–6 Std. / Binz – Sassnitz, 20 km, 4–5 Std. / Sassnitz – Königsstuhl – Lohme, 17 km 3,5–4,5 Std.
■ **Anspruch:** einfach, auf gut begehbaren Wegen

Wer sich auf diese Tour entlang der gesamten Ostküste Rügens begibt, durchwandert dabei die schönsten und abwechslungsreichsten Landschaften, die die Insel besitzt. Man erlebt endlose Bilderbuchbadestrände, schattige alte Wälder, mondäne Seebäder, majestätische Schlösser und nicht zuletzt die weltberühmten **Kreideklippen am Königsstuhl.** Je nach Witterung kann man große Abschnitte entweder direkt am oder auf dem Strand entlanggehen oder auf den Abschnitten mit Steilküste entlang der Abbruchkante.

Achtung: An den Abbruchkanten der Steiluferabschnitte der Tour herrscht akute Abbruch- und damit **Lebensgefahr.** Bei nasser Witterung Rutschgefahr, entsprechendes Schuhwerk und Trittsicherheit sind wichtig. Sperrungen unbedingt beachten!

Tag 1

Los geht es am südöstlichsten Punkt Rügens, dem alten Lotsendorf **Thiessow,** das man mit der Buslinie 20 erreicht. Frisch voran geht es hinauf auf den **Lotsenberg** zum Lotsenturm. Wer ihn erklettert, erkennt schnell, warum hier die Lotsen wohnten – der Ausblick auf den Strelasund, durch den große und kleine Schiffe der Hansestadt Stralsund zustreben, ist überragend. Dann geht es bergab zum Langen Strand. Das Badeparadies macht seinem Namen alle Ehre, denn sein gelbes Band zieht sich fünf Kilometer lang bis **Lobbe.** Der Weg führt durch ein kleines schattenspendendes Kiefernwäldchen direkt hinter den Stranddünen entlang. Nach Lobbe geht der Strand in den Göhrener Südstrand über und der Weg führt allmählich bergauf. Der Abschnitt rund um das Göhrener Nord-

perd ist ein landschaftlicher Leckerbissen. Es geht durch schönen Laubwald immer an der Abbruchkante der Steilküste entlang. Auf Schritt und Tritt eröffnen sich zauberhafte Ausblicke hinab auf die Ostsee. Das **Seebad Göhren** bietet vielerlei Gelegenheit zur ersten Rast, z.B. auf der Terrasse des Strandhaus 1, direkt über dem Nordstrand. Die Mönchguter Museen bieten gute Gelegenheit, die alten Traditionen, Sitten und Bräuche des Mönchguts kennenzulernen. Am Endbahnhof der historischen Kleinbahn Molli vorbei, geht es nun immer am Sandband des Südstrands entlang, der sich auf mehr als fünf Kilometer bis nach Sellin hinzieht. Das **Seebad Sellin** schmückt sich mit der wohl schönsten Seebrücke der Ostsee, auf der man wenigstens eine kurze Rast einlegen sollte. Hinter Sellin beginnen die ausgedehnten **Wälder der Granitz.** Immer am malerischen Steilufer entlang, passiert der Weg den stillen, von Seerosen betupften **„Schwarzen See"** (kurzer Abstecher landeinwärts). Durch die Teufelsschlucht geht es steil hinab zum Südende des legendären Superstrands Schmale Heide. Das Etappenziel **Binz** ist erreicht. Den Tag lässt man am besten in einer der zahlreichen Lokalitäten mit Strandblick entlang der Seepromenade ausklingen.

Tag 2

Strand soweit das Auge reicht erwartet den Wanderer nun auf den nächsten 10 Kilometern. Es geht direkt durch oder hinter den Stranddünen durch lichten Kiefernwald, der die gesamte Schmale Heide bedeckt. In ihm versteckt sich auch das spektakuläre alte **„KdF-Seebad Prora"**, mit 4,5 Kilometern eines der längsten Objekte der Welt. Megalomani-

sche Nazi-Architektur pur. Etwa in der Mitte des Hausmonsters sollte man die Route kurz verlassen und landeinwärts ca. ein Kilometer zum **Naturerbe-Zentrum** mit seinem tollen **Baumwipfelpfad** spazieren. Auch am Ende der Schmalen Heide lohnt sich der etwa ein Kilometer lange Abstecher zum Naturphänomen **„NSG Feuersteinfelder"**. Vorbei am Fährhafen von **Neu Mukran** und an der malerischen Schlossruine Dwasieden und den Produktionsstätten der Rügen Fisch GmbH ist die Hafenstadt **Sassnitz** erreicht. Herz und Seele der Stadt ist der Fischereihafen, der größte ganz Rügens. Hier warten ein altes U-Boot und das Fischerei- und Hafenmuseum auf Besucher. Es gibt zahlreiche Gelegenheiten, um sich im maritimen Flair von bunten Fischerbooten, knatternden Takelagen, flatternden Wimpeln und kreischenden Möwen bei leckerem Fisch und einem kühlem Bier von den Anstrengungen des Tages zu erholen.

Tag 3

Etappe drei der Tour verläuft zum großen Teil auf dem „Wanderweg aller Wanderwege" Rügens, dem berühmten und sagenhaft schönen **Hochuferweg** entlang der weltberühmten Kreidefelsen bis zum Hochaltar der Insel, dem Königsstuhl. Allein wird man hier also eher selten sein. Man kann die Strecke auch unten am Strand entlanggehen. Das ist zwar wunderschön, besonders für Strandgutsammler, aber auch anstrengend, weil es im wahrsten Sinne des Wortes über Stock und Stein geht. Auf die Treppen hinauf entlang der Kreideküste kann man sich nicht verlassen, denn sie werden regelmäßig von Herbst- und Winterstürmen weggerissen. Die genaue Strecke wird ab S. 142 im Detail beschrieben. Bei den **Wissower Klinken** gibt die **Waldhalle** Gelegenheit, sich über den Nationalpark Jasmund zu informieren, sich im kleinen Bistro zu stärken und eine Toilette zu besuchen. Den schönsten Blick auf den sagenhaften Königsstuhl hat man übrigens von der Viktoriasicht. Am **Königsstuhl** erwartet die das Nationalparkzentrum mit Ausstellungen und gastronomischen Einrichtungen. Mit jedem Schritt, den man sich auf dem weiteren Weg nach Lohme vom Königsstuhl entfernt, wird es wieder ruhiger und stiller. Nach einer Stunde entlang der wildromantischen Steilküste ist mit dem Fischerdorf **Lohme** das Endziel erreicht. In Lohme gibt es die schönsten Sonnenuntergänge auf Rügen. Die genießt man am besten bei einem Glas Rotwein auf der Terrasse des Panorama-Hotels mit Blick auf Kap Arkona.

Tour 3

Radtour rund um Rügen

Rügen ist ein Radlerparadies. Unzählige ausgeschilderte Radwege stellen sicher, dass jeder seine ihm zeitlich und konditionell gemäße Tour findet. Besonders schön ist einmal „Rügen rund" mit dem Rad. Diese 6-tägige Tour kann man auf eigene Faust oder organisiert mit Übernachtung und Gepäcktransport machen.

Tag 1
- **Strecke:** Stralsund – Putbus
- **Länge:** ca. 50 km (ca. 23 km auf ehem. Schmalspurbahn-Trasse)
- **Übernachtung:** Putbus oder Lauterbach

Tag 1

Startpunkt ist die **Hansestadt Stralsund,** zu der es sich auch umweltfreundlich mit der Bahn anreisen lässt. Mit frischen Kräften geht es auf dem alten Rügendamm über den Strelasund hinüber auf die Insel. Dann biegt der Weg nach rechts ab und führt, vorbei an der Gaststätte Grahler Fähre, hinein in das vom Tourismus kaum berührte stille Bauernland Südrügens. Durch wogende Felder und blühende Wiesen geht es auf dem ehem. Bahndamm einer Schmalspurbahn über die Dörfchen Gustow und Poseritz nach Groß Schoritz mit dem Geburtshaus des Schriftstellers und Historikers E.M.Arndt. Je nach Wetter und Laune bietet sich der Abstecher auf die Halbinsel Zudar mit einer Badepause am Gelben Ufer bei Pritzwald an. Ansonsten fährt man weiter durch das stille Naturidyll über die abgelegenen Weiler Silmenitz, Dumsevitz und Altkamp bis Neukamp. Hier führt eine kleine Brücke über den schmalen Zugang des Wreechers Sees zur Ostsee nach **Wreechen.** Nach kurzer Fahrt ist das Tagesziel Putbus, die klassizistische „Weiße Stadt am Meer" mit mehreren Museen und sehenswertem Schlosspark erreicht.

Tag 2
- **Strecke:** Putbus – Binz
- **Länge:** ca. 40 km
- **Übernachtung:** Binz

Von Putbus führt eine alte Allee nach **Lauterbach.** Im Fischerhafen kann man sich bei der Fischereigenossenschaft mit Fischbrötchen versorgen. Vorbei am Badehaus Goor geht es am wunderbar romantischen Ufer entlang bis **Groß Stresow.** Auf halber Strecke zwischen Groß

Stresow und Seedorf lohnt es sich, die aus den Feldern aufragenden steinzeitlichen Großsteingräber zu besichtigen. In dem sehr schön am schmalen, von einer Fußgängerbrücke überspannten Wasserzugang des Neuensiener Sees zur Ostsee gelegenen **Seedorf**, laden Fischimbisse und Restaurants zur kleinen Rast. Kurz danach ist **Moritzdorf** erreicht, wo die wunderschön gelegene Ausflugsgaststätte „Moritzburg" zur Rast einlädt. Danach wartet ein echtes Unikum auf Sie: „Fährmann hol över", heisst es hier, um mit einer kleinen Ruderfähre übergesetzt zu werden zum Bollwerk Baabe. Zum kleinen **Seebad Baabe** an der Außenküste radelt man teils auf der Dammkrone. Die Strecke von Baabe zum **Seebad Sellin** mit seiner wunder-

schönen historischen Seebrücke führt parallel zum Bilderbuchbadestrand. Von Sellin zu Rügens größtem Seebad Binz geht es durch die herrlichen alten Laubwälder der Granitz. Neben dem still idyllischen Waldsee „Schwarzer See" mit Picknickeinrichtungen ist das auf dem 107 m hohen Tempelberg thronende **Jagdschloss Granitz** ein Muss. Die Aussicht von seinem Turm ist einzigartig! Vom Jagdschloss bis Binz geht es stets bergab. Den Tag lässt man am besten in einer der zahlreichen Lokalitäten entlang der belebten Strandpromenade ausklingen.

▷ Blick auf das Kap Arkona

Tag 3
- **Strecke:** Binz – Glowe
- **Länge:** ca 45 km
- **Übernachtung:** Glowe

Auf den nächsten 10 Kilometern geht es am Traumstrand Schmale Heide entlang durch lichten Kiefernwald. Hier trifft man auf das alte **„KdF-Seebad Prora"**, mit 4,5 Kilometern eines der längsten Häuser der Welt. Sehr lohnend ist auch der kurze Abstecher von Prora zum **Naturerbe-Zentrum** mit seinem tollen **Baumwipfelpfad** und zum Naturphänomen **„NSG Feuersteinfelder"**. Vorbei am großen Fährhafen von **Neu Mukran** und der Rügen Fisch GmbH führt der Weg in die Hafenstadt **Sassnitz**. Herz und Seele der Stadt ist der ebenso große wie bunte Fischereihafen, in dem neben zahlreichen Möglichkeiten, Fisch zu verspeisen, ein **Museums-U-Boot** und das **Fischerei- und Hafenmuseum** besichtigt werden können. Nach Sassnitz steigt

der neu angelegte Radweg komfortabel quer durch den Nationalpark Jasmund zum weltberühmten Königsstuhl. Nach dem Besuchertrubel am Königsstuhl umfängt Sie auf der Strecke bis Lohme wieder Stille und wildromantische Natur. Nach einer knappen Stunde ist das Etappenziel Glowe am endlos langen Traumstrand „Schaabe" erreicht.

Tag 4
- **Strecke:** Glowe – Dranske
- **Länge:** ca. 45 km
- **Übernachtung:** Dranske

Wie bei Tour 3 geht es auch heute erst einmal 10 Kilometer immer am herrlichen Strand entlang bis zum kleinen Seebad Juliusruh. Auch die weitere Strecke führt immer an der Küste entlang, aber ohne Strand. Vorbei am **Großsteingrab Nobbin** erreicht man das zum UNESCO-Weltkulturerbe erklärte, winzige, ungemein malerische Fi-

421rh_19 ph

scherdörfchen **Vitt.** Hier sollte man sich eine Pause gönnen, sich die zauberhaften Reetkaten ansehen und im winzigen Hafen ein Fischbrötchen vom Fischer probieren. Die kurze Strecke von Vitt bis zum **Kap Arkona** ist unglaublich schön. Nach der Besichtigung von Rügens vielbesuchtem Nordkap kann man wahlweise den kurzen Abstecher nach Putgarten machen und sich im romantischen Café & Kultur-Garten einen leckeren Kuchen gönnen. Oder gute 11 Kilometer entlang der wildromantischen einsamen Steilküste bis zum **Strand am Bakenberg** radeln. Die Route ist teils etwas holperig, aber die Ruhe und die Aussichten entschädigen vielfach. Nach einer Badepause radelt es sich gemächlich weiter bis zum Tagesziel Dranske.

Tag 5
- **Strecke:** Dranske – Schaprode
- **Länge:** ca. 35 km
- **Übernachtung:** Schaprode

Nicht entgehen lassen sollte man sich den kurzen Abstecher von Dranske nach **Altenkirchen,** denn dort wartet nicht nur die wohl schönste aller mittelalterlichen Dorfkirchen Rügens, sondern ihr genau gegenüber auch das entzückende Hof-Café. Zurück an der Küste geht es über das kleine Hafendorf Wiek am Ufer des Wieker Boddens entlang bis zur Wittower Fähre. Hat man mit ihr übergesetzt, biegt man gleich hart rechts ab und radelt weiter bis zum **Seehof** am Stolper Haken mit Blick auf die gegenüberliegende Insel Hiddensee. Über den Weiler Poggenhof geht es nun dem Tagesziel Schaprode entgegen. Schaprode ist das traditionsreiche „Tor nach Hiddensee", weshalb es im Hafen immer belebt zu-

geht. Besonders schön ist es, entspannt von der Terrasse von Schillings Gasthof bei einem kühlen Bier dem Treiben zuzusehen und danach in demselben ausgezeichnet zu Abend zu essen.

Tag 6
- **Strecke:** Schaprode – Stralsund
- **Länge:** ca. 55 km
- **Übernachtung:** Altefähr, Stralsund

Wer Zeit genug im Gepäck hat, der sollte es sich nicht entgehen lassen, von Schaprode zur Insel Hiddensee überzusetzten. Das autofreie Inselchen ist wirklich ein Traum! Ansonsten führt der Weg über **Trent** mit sehenswerter mittelalterlicher Dorfkirche über **Silenz** nach **Gingst.** Im unschwer an seinem großen Marktplatz als einst bedeutender Marktflecken zu erkennenden Dorf laden die Handwerkerstuben mit ihrem charmanten Museumscafé zur Pause ein. Mit frischen Kräften geht es nun durch das vom Tourismus unberührte Bauernland über Volsvitz und Varbelvitz nach **Waase,** dem Tor zur Halbinsel Ummanz. Die kleine mittelalterliche Dorfkirche birgt mit ihrem wertvollen Schnitzaltar ein bedeutendes kulturhistorisches Kleinod.

▷ Leuchtturm Hiddensee

Nicht weit davon entfernt liegt an dem Sträßlein nach Waase das **Café Zuckerguss** mit seinem wunderbar stillen Garten mit Blick auf den ebensolchen Bodden. Die Strecke von Waase über Mursewiek bis **Rambin** führt entlang der Boddenküste durch Wiesen und Felder und vergessene Weiler wie Unrow, Landow und Dußvitz. Die letzte Etappe der Tour geht von Rambin rund um den Bessiner Haken immer am Strelasund entlang bis nach **Altefähr.** Es ist geschafft! Man gönne sich nun bei Fisch und Bier den Ausklang der Radtour und den großartigen Blick über den Strelasund auf die Silhouette der mittelalterlichen Altstadt von Stralsund. Radeln muss man nicht mehr – hinüber zur Altstadt pendelt eine kleine Personen- und Fahrradfähre.

407rh_19 ph

Ostsee

1 Rügen | 30

Kap Arkona

Putgarten ⚑ *Jaromarsburg*
Vitt

WITTOW

Starrvitz

Altenkirchen

1j

Dranske

Wieker Bodden

Wiek
Breege
Juliusruh

Tromper Wiek

Schaabe

Grieben

BUG

Kloster

Glowe

Dinosaurier- land

Vitte

Breezer Bodden
Fähre

Neuen- kirchen

★ *Schloss Spyker*

★ Bobbin

2

Großer Jasmunder Bodden

Sagard

Neuendorf

Trent

1m

Schaprode

Rappin

ÖHE

HIDDEN- SEE

1k

Naturpark

Lietzow

Woorke
Patzig

Ralswiek

Kleiner Jasmunder Bodden

1l *UMMANZ*

Waase

Gingst

Nonnen- see

1d

Lieschow

RÜGEN

Bergen

BOCK

Kubitzer Bodden

Dreschvitz

Zirkow

1b

Sehlen

Prohn

Rambin

Karnitz

Putbus

Vilmnitz

Strela-

Altefähr

Samtens

Kasnevitz

Neuendorf
Wreechen

Lauterbach

3 Stralsund

Gustow

1a

Garz

VILM

DRIGGE

Poseritz

Groß Schoritz

1c

sund

Rügischer

Brands- hagen

Losentitz

Zarrendorf

Glewitz

ZUDAR

Wendorf

Stahlbrode

Fährverkehr (saisonal)

1a Südrügen | 32

Weite Blicke, wogende Felder, aus denen die Kirchtürme abgeschiedener Dörfchen und die steinzeitlichen Großsteingräber ragen. „Unbekanntes Mesoboddamien" nannte einst der DDR-Volksmund jenes stille Stück Rügens, das an den Strelasund grenzt. Das „Muttland" ist Bauernland, an dem der große Besuchertreck in die Seebäder achtlos vorüberzieht. Das macht Südrügen für diejenigen, die Ruhe und Entspannung suchen, zum idealen Ausflugsziel. Ob zu Fuß oder mit dem Fahrrad – man begegnet einem vom Tourismus bislang noch unverfälschten Stück der Insel. Größter Ort ist **Garz** (S. 40), in dem man mit dem **E.M. Arndt-Museum** (S. 41) die wichtigste kulturelle Einrichtung der Region findet.

1b Putbus | 46

Putbus, die „Weiße Stadt am Meer", ist eine der Sehenswürdigkeiten Rügens, die Fürst Malte von Putbus hinterließ. Die von ihm mitten im Nirgendwo errichtete klassizistische Residenzstadt ist mit ihrem repräsentativen **Marktplatz** (S. 57) und dem **„Circus"** (S. 48) eine einzige Sehenswürdigkeit. Herausragend im Kulturleben Rügens ist das **historische Theater** (S. 57). Wichtigstes Ausflugsziel ist der weitläufige **Schlosspark** (S. 49), in dem man u.a. den Marstall und das Mausoleum sowie die **Schlosskirche** (S. 49) findet.

1c Insel Vilm | 58

Vom Fischerhafen Lauterbach startet das Ausflugsboot hinüber zur kleinen Insel Vilm. Der urwüchsige Vilm ist ein einzigartiges Naturjuwel, in dem seit 1527 kein Baum mehr gefällt wurde und das schon seit 1936 unter Naturschutz steht. Einst Privatinsel für den DDR-Ministerrat hat heute die europäische Naturschutzakademie auf der Insel ihren Sitz. Vilm darf nur im Rahmen einer geführten **Exkursion** (S. 63) betreten werden.

1d Bergen | 64

Das wirtschaftliche Zentrum von Rügen ist die 800 Jahre alte Stadt Bergen. Hier erhebt sich mit der **Marienkirche** (S. 68) Rügens älteste Kirche. Ihr schließt sich das ehemalige **Zisterzienserinnenkloster** (S. 69) an, das mit dem Stadtmuseum und Schauwerkstätten ein wichtiger Anziehungspunkt für Besucher ist. Der wichtigste ist jedoch der **Rugard** (S. 71). Auf dem Hügel wartet neben Sommerrodelbahn, Klettergarten und Freilichtbühne der **E.M. Arndt-Turm** (S. 71), von dessen gläserner

Aussichtskuppel sich ein einzigartiger Rundumblick über Rügen von Sassnitz bis Stralsund eröffnet.

 Die Granitz | 76

Die waldreichen Hügel der Granitz sind fraglos eines der herausragendsten Ziele für Rügenbesucher. Wälder und Wiesentäler laden zu Wanderungen ein. Hauptziel ist allerdings das **Jagdschloss Granitz** (S. 82), das auf dem Tempelberg aus den Wäldern ragt. Von seinem Zentralturm kann man einen der schönsten Blicke über die Insel genießen. Quer durch die Granitz schnauft seit 1895 das historische Schmalspurbähnlein **„Rasender Roland"** (S. 81). Eine Fahrt mit der Puppenstubenbahn ist ein Muss für jeden Rügenbesucher.

 Seebad Binz | 90

Binz ist Rügens größtes Seebad und touristisches Epizentrum und zeigt mit seiner historischen Bäderarchitektur und seinen zahlreichen Cafés, Bars, Galerien, Shops, gastronomischen Einrichtungen und Vergnügungsstätten nicht nur im Sommer ein fast städtisches Gesicht. Sehen und gesehen werden heißt es auf der kilometerlangen, meist stark belebten Strandpromenade. Doch Binz kann auch anders. Am stillen Ufer des Schmachter Sees wartet der **Park der Sinne** (S. 93) mit Themengärten, Teehaus und anderen Attraktionen auf Besucher.

 Schmale Heide | 98

Seine Popularität hat das Seebad Binz vor allem der Schmalen Heide zu verdanken, denn die fast 10 km lange Nehrung, die sich von Binz bis zur Halbinsel Jasmund erstreckt, schmückt sich mit einem super-breiten, superschönen Sandstrand. Diesem schließt sich landeinwärts ein breiter, bewaldeter Dünengürtel an, in dem sich gleich zwei Superlative verstecken: das **längste Haus der Welt,** das 4,5 km lange Gebäude des 1936 aus dem Sand gestampften **„Seebad Prora"** (S. 102). In seinen Gebäuden finden sich Hotels, Ferienwohnungen, Museen sowie Deutschlands größte Jugendherberge. Ein neuer Anziehungspunkt der Prora ist das **Naturerbe-Zentrum** mit seinem spektakulären **Baumwipfelpfad** (S. 101). Ein in Europa einzigartiges Naturerbe der Nehrung sind die sogenannten **Feuersteinfelder** (S. 105).

 Das Mönchgut | 106

Der Südosten Rügens ist in mehrfacher Hinsicht außergewöhnlich. Zum einen sind in der „Mönchsrepublik" Kultur und Traditionen besonders gut erhalten. Die **Mönchgut-Museen** (S. 113) erzählen davon. Mit seinen endlosen Bilderbuchständen an der Außenküste, seiner malerisch zerlappten Binnenküste und den **Zicker Alpen** (S. 122) ist es landschaftlich besonders reizvoll. In diese eingestreut liegen malerische Dörfchen wie **Groß Zicker** mit seinem **Pfarrwitwenhaus** (S. 122).

 Halbinsel Jasmund | 130

Sie ist der Hochaltar Rügens, jene gewaltige Kreideplatte, der der Jasmund seine weltberühmten Kreidefelsen mit dem **Königsstuhl** (S. 147) verdankt. Der schönste Weg, um zu Rügens Wahrzeichen zu gelangen, ist eine Wanderung auf dem **Hochuferweg** (S. 142). In den Wäldern verstecken sich zahlreiche vor- und frühgeschichtliche Stätten wie die slawische **Herthaburg** (S. 149) am romantischen Herthasee. Ein herrlicher Badestrand ist das 10 km lange Sandband der **Schaabe** (S. 159), das die Halbinseln Wittow und Jasmund verbindet.

Halbinsel Wittow | 160

Ungebremst weht der Wind um das Nordkap Rügens, das **Kap Arkona** (S. 173). Es zählt zu Rügens herausragendsten Ausflugszielen. Das verdankt die Halbinsel nicht nur ihrer grandiosen Steilküste und der slawischen **Jaromarsburg** (S. 174), sondern auch dem als Weltkulturerbe geschützten Heringsdörfchen **Vitt** (S. 171).

 Westrügen | 182

Rügens Westküste besitzt keine Badestrände und keine Seebäder, dafür aber viel Echtes und Bodenständiges. Sehenswert ist z.B. die **Dorfkirche von Trent** (S. 185) oder die von **Schaprode** (S. 185). Immer einen Besuch wert sind auch die **historischen Handwerkerstuben** in Gingst (S. 188).

 Insel Ummanz | 190

Wertvolles kulturhistorisches Erbe ist der berühmte **„Waaser Schnitzaltar"** (S. 193) in dem winzigen Weiler Waase am Eingang zur flunderflachen Vogelinsel Ummanz. Ein einzigartiges Erlebnis bietet sich hier im Herbst, wenn sich in den flachen Gewässern der Küste zehntausende von Kranichen, Enten und anderen Zugvögeln versammeln.

 Der Jasmunder Bodden | 196

Meist nur gepflasterte, aber von herrlichen Alleen gesäumte Sträßlein führen durch die kaum bekannte Region zwischen Neuenkirchen und Ralswiek. Bei Woorke ragen aus den Feldern die **„Woorker Berge"** (S. 201) auf, 13 bis zu 8 m hohe bronzezeitliche

Hügelgräber. **Ralswiek** (S. 202) mit seinem prachtvollen **Schloss Ralswiek** (S. 203) ist der bekannteste Ort. Im Sommer locken auf der Freilichtbühne die spektakulären **„Störtebeker-Festspiele"** (S. 202).

 Hiddensee | 204

Die Insel ist seit dem 19. Jh. Treffpunkt für Künstler und Kreative. Besonders anziehend ist nicht nur Hiddensees wunderschöne wildromantische Natur: Steilküste erwartet den Besucher am windzerzausten Dornbusch, auf dessen höchstem Gipfel der **Leuchtturm** (S. 224) aufragt. Bei **Kloster** (S. 218) beginnt der lange feine Sandstrand, der sich bis zur **Luchte** (S. 234), dem Leuchtturm ganz am anderen Inselende, hinzieht. Zwischen den Dörfchen **Vitte** (S. 225) und **Neuendorf** (S. 232) dehnt sich die herrliche **Dünenheide** (S. 230) aus. Exklusiv ist Hiddensee auch deshalb, weil es autofrei ist.

 Stralsund | 236

Die Hanse- und Hafenstadt Stralsund ist eine Perle der mittelalterlichen Backsteinkunst und **UNESCO-Weltkulturerbe**. Da praktisch jeder, der nach Rügen reist, von Stralsund aus über den alten Rügendamm oder die neue spektakuläre Rügenbrücke die Insel erreicht, sollte man einen Halt einplanen. Stralsunds Altstadt glänzt mit **Backsteinarchitektur** sowie einer breiten Palette von Kulturangeboten. Herausragend sind das **Meeresmuseum** (S. 257) und das neue **Ozeaneum** (S. 256). Im Alten Hafen liegt der historische **Großsegler Gorch Fock 1** (S. 254) vor Anker. Wer die wunderschöne Silhouette der Stadt in ihrer ganzen Pracht betrachten möchte, der sollte mit der Personenfähre über den Strelasund hinüber nach Altefähr fahren.

Karneval
– Kinderfasching in Sassnitz
– „Nachtwäscheball" in Sagard
– Seniorenfasching in Sagard

Thiessower Deichlauf
Am Ostersamstag von 9 bis 13 Uhr treffen sich Sportler zum traditionellen Thiessower Deichlauf mit anschließendem Umtrunk am Osterfeuer.

Ostern an der Ostsee
Rügen lockt mit vollem Programm. Ostermärkte, Osterfeuer, Osterspaziergänge mit Eiersuchen u.v.m. lassen keine Langeweile aufkommen.

Putbusser Musikfestspiele
... im klassizistischen Theater, im historischen Marstall oder Open Air im schönen Schlosspark immer Ende Mai.

Silvester
– Strandkorbsilvester in Göhren
– Silvesterfeuerwerk auf der Seebrücke in Binz
– Höhenfeuerwerk am Kap Arkona

Osterfest in Binz
Ostersamstag ab 19 Uhr am Binzer Strand mit Osterfeuern und viel Spaß.

Maifeiern
Etwa in Binz, wo am 1. Mai mit dem „Anbaden" die Badesaison eröffnet wird.

JAN	FEB	MÄR	APR	MAI	JUN

Eisbaden
Für Hartgesottene findet alljährlich Anfang Februar am Binzer Strand das traditionelle „Eisbaden" statt, gern auch in Kostümen. Es gibt beheizte Umkleidezelte und die einschlägigen Heißgetränke.

Festspielfrühling
Auf der ganzen Insel zahlreiche Events, z.B. im Theater Putbus, in der Kapelle in Boldevitz oder auf der Seebrücke in Sellin.

Musikfestival
4-tägiges „Blue Wave Festival" mit Blues und Jazz im Seebad Binz, Anfang Juni.

Wandern auf Rügen
Auf Schusters Rappen durch Rügens Natur. Das Programm des „Wanderfrühlings Rügen" im April umfasst fachkundige Führungen durch die Natur- und Kulturlandschaften der Insel, thematische Ortsrundgänge und Wanderungen zu geschichtsträchtigen Orten.

Weihnachtsbaumweitwurf
In Vitte auf Hiddensee findet dieser skurrile Wettstreit Anfang Februar statt.

Wallensteintage in Stralsund

Volksfest Ende Juli mit großem Kulturprogramm zum Gedenken an den erfolgreichen Widerstand der Stadt gegen den kaiserlichen Feldherren Wallenstein im Jahre 1628.

Binzer Schlossfest

Ein Spaß für Jung und Alt ist das Mittelalterspektakel rund um das Jagdschloss Granitz Ende Juli.

„Sundschwimmen"

Alljährlich stattfindendes Langstreckenschwimmen in Stralsund durch den Strelasund nach Altefähr, Anfang Juli.

Wikingerspektakel

Anfang September: Göhrener Fest auf der Promenade/Nordstrand mit mittelalterlichem Handwerk, Schaukämpfen, Feuershows, Livemusik u.v.m.

Kranichzug

Spektakuläres Naturschauspiel im Herbst. Tausende Vögel landen in den flachen Gewässern vor Rügen.

Besinnliches Rügen

In den Wochen vor Weihnachten kann man auf Rügen große und kleine Weihnachtsmärkte besuchen.

Weihnachtsmarkt Göhren

Als besonders attraktiv gilt der Mönchguter Weihnachtsmarkt in Göhren.

Weihnachtsmarkt Binz

Der schöne Binzer Weihnachtsmarkt Mitte Dezember im Kurpark steht unter dem Motto „Engel, Licht & Meer".

JUL **AUG** **SEP** **OKT** **NOV** **DEZ**

Hauptsaison

In der Sommersaison veranstalten praktisch alle Urlauberorte auf der Insel einen bunten Reigen von Festen, Feiern, Konzertwochen und Festspielen.

Hafentage in Sassnitz

3-tägiges Fest am 1. Wochenende im Juli mit viel maritimem Flair auf der einen Kilometer langen Festmeile.

Störtebeker Festspiele

Spektakuläre Seeräuber-Show auf der Freilichtbühne in Ralswiek. 2019: 22.6.–7.9.

Drachenfest

Mitte Oktober, ein Spaß für die ganze Familie am Strand von Altefähr.

Brückenmarathon

Der traditionsreiche Lauf von Stralsund nach Altefähr ist für die Teilnehmer eine sportliche Herausforderung (Mitte Oktober).

ZEHN EMPFEHLUNGEN FÜR GENIESSER

Waase | 193

Der **Zuckerkuss** ist ein verstecktes Idyll, in dem man im herrlichen Garten direkt am Bodden zu selbst gebackenen Kuchen und Torten, Kaffee- und Teespezialitäten die wunderbare Ruhe und den wunderbaren Blick aufs Wasser genießen kann. Mit kleinem Laden, in dem man Produkte aus dem Zuckerkuss-Garten kaufen kann.

Altenkirchen | 168

In Sichtweite von Rügens schönster mittelalterlicher Dorfkirche liegt das **Hofcafé,** eines der schönsten der Insel. Von Ostern bis September können Besucher unter freiem Himmel köstlichen Oma-Blechkuchen, selbstgebeizten Lachs, delikate Fischbrötchen und vieles mehr genießen. Dienstags und donnerstags ist Räucherfisch-Abend.

Putgarten | 170

Ein Postkartenidyll mit Niveau. Der 200 Jahre alte bilderbuchschöne Reetkaten, in dem das **Café & Kultur** beheimatet ist, war einst die Sommerfrische von *Helene Weigel* und *Bertolt Brecht.* Innen sitzt man deshalb auf original Gestühl aus der Kantine der Berliner Schaubühne, draußen im stillen Garten unter alten Bäumen. Pure Poesie!

Vitt | 172

Einst standen genau so viele Stühle in der Dorfschänke wie Vitt Einwohner hatte. Heute pilgern zahlreiche Besucher in das idyllische Heringsdörfchen, um auf der sonnigen Terrasse des **Goldenen Ankers** Kaffee und Kuchen zu genießen.

Lohme | 152

Wenn die rote Sonne über dem Kap Arkona im Meer versinkt, sollte man an diesem Ort sein. Nirgendwo auf Rügen ist der Sonnenuntergang schöner zu beobachten als von der Restaurant-Terrasse des **Panorama-Hotels.**

Reddevitzer Höft | 120

Weithin sichtbar hockt die gelb leuchtende **Mönchguter Hofbrennerei Zur Strandburg** auf dem Höhenzug des Reddevitzer Höfts. Hier kann man nicht nur die Brände und Liköre des Hauses kosten und kaufen, sondern auch bei Kaffee und Kuchen oder Bier und Schmalzbrot die wunderbare Aussicht genießen.

Sassnitz | 141

Inmitten des maritimen Ambientes von kreischenden Möwen, Kähnen und Kuttern in Rügens größtem Fischereihafen lockt die **Kutterfisch Manufaktur** mit frischen Meeresspezialitäten vom Rollmops bis zum Wildlachsfilet. Mit Verkauf an Rügens längster Fischtheke.

Groß Zicker | 123

„Eine der besten Fischverkaufsstellen Deutschlands", urteilt das Fachmagazin „Der Feinschmecker". Wenn Fischbrötchen, dann bei der **Fischräucherei Dumrath**. Die alteingesessene Fischerfamilie serviert in ihrem charmanten Hinterhof Fisch im Brötchen vom Feinsten, mit und ohne Zwiebeln.

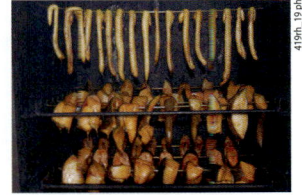

Schaprode | 186

Ein Leuchtturm des guten Geschmacks ist das einst als „Eierschänke" berühmt-berüchtigte Hafenlokal **Schillings Gasthof,** das die Familie *Schilling* in eines der besten Restaurants der Insel verwandelt hat. Fleisch kommt von den eigenen Öko-Rindern, Fisch liefern die Hiddenseer Fischer täglich frisch. Mit kleinem, aber feinen Hofladen.

Zum Klausner / Dornbusch | 225

Wer beim **Klausner** einkehren möchte, muss erst einmal hinaufwandern auf den Dornbusch. Dort wartet inmitten der Natur das Restaurant an der Stelle, wo einst der Hiddensee-Entdecker *Alexander Ettenberg* als Klausner hauste, mit Biergarten und bei Bedarf auch mit Zimmern.

ZEHN BESONDERE FOTOPUNKTE

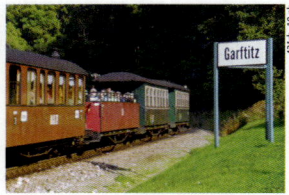

Rasender Roland | 80

Die historische Schmalspurbahn „Rasender Roland" ist mit ihrer kleinen fauchenden Dampflok ein tolles Fotomotiv. Entlang ihrer Strecke gibt es viele Plätze, um den Zug in voller Aktion zu fotografieren. Besonders schön ist der **Bahnhof Garftitz,** denn hier kann man in einem stillen Gartenlokal auf ihn warten.

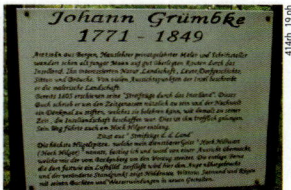

Grümbke-Turm | 197

Der Grümbke-Turm ist ein schönes Ausflugsziel im stillen Hinterland. Der stählerne Turm erhebt sich auf dem **Hoch-Hilgor** und eröffnet auf 50 m Höhe einen herrlichen Rundumblick über die verschlungene Wasserwelt des Jasmunder Boddens und der Tetzitzer See.

Bakenberg / Zickersche Alpen | 122

Die sanften, von duftendem Trockenrasen überzogenen Hügel der Zicker Alpen sind eine der schönsten Landschaften Rügens. Von ihrem höchsten Gipfel, dem 66 m hohen **Bakenberg,** liegt dem Betrachter das ganze Mönchgut mit seiner extrem zergliederten Küstenlinie zu Füßen.

Leuchtturm Kap Arkona | 173

Der Aufstieg auf den 36 m hohen Leuchtturm ist etwas anstrengend. Von der Aussichtsplattform wartet aber ein grandioser **360°-Panoramablick** auf den Ersteiger, von dem man das ganze Kap Arkona und halb Rügen überblicken und fotografieren kann.

Dornbusch / Hiddensee | 224

Der Spaziergang hinauf auf **Hiddensees höchste Erhebung** ist allein schon wunderschön. Auf dem Dornbusch warten nicht nur zahllose tolle Motive auf die Fotolinse, sondern auch ein idyllisches Ausflugslokal und ein besteigbarer Bilderbuch-Leuchtturm mit Aussicht über die gesamte Insel Hiddensee.

Jagdschloss Granitz | 82

Das fünftürmige Jagdschloss Granitz ragt auf dem 106 Meter hohen Tempelberg aus den Wäldern der Granitz. Nicht nur das Jagdschloss selbst ist ein innen wie außen vielfotografiertes Motiv. Der Clou fürs Fotoauge ist sein Hauptturm mit Aussichtsplattform und überwältigender Fernsicht.

Kreidefelsen | 131

Die berühmten Kreidefelsen sind fraglos eines der schönsten Fotomotive Rügens. Am majestätischsten präsentieren sie sich, wenn man unten am Ufer entlangwandert. Schön nicht nur bei Sonnenschein, wenn sie strahlend weiß glänzen, auch bei herbstlichem Nebel sind sie sehr fotogen.

Vitt | 171

Das winzige Vitt ist nicht umsonst **UNESCO-Weltkulturerbe.** Das ganze Dörfchen ist ein zauberhaftes Fotomotiv. Seine Handvoll bilderbuchschöner, reetgedeckter Fischerkaten, die imposante Kapelle und der sehr überschaubare Fischerhafen sehen noch so aus wie vor 200 Jahren.

Lieschow | 194

Für Freunde der Naturfotografie ist der **Vogelzug** im Herbst und Frühjahr eine einmalige Gelegenheit, die gewaltigen Schwärme von Zugvögeln zu fotografieren, die sich dann im seichten Boddengewässer sammeln. Ein besonders schöner Punkt dafür ist das **Ufer bei Mursewiek.**

Baumwipfelpfad / Adlerhorst | 101

1250 m lang ist der Baumwipfelpfad beim Naturerbe-Zentrum. Er gipfelt hoch über den Baumgipfeln in 82 m Höhe im Adlerhorst. Ein perfekter Punkt für Panoramafotos. Aber auch der Weg hinauf bietet zahlreiche ungewöhnliche Motive, nicht zuletzt die gigantische „Wendeltreppe".

1 Rügen

Rügen – auf den Spuren der deutschen Romantik zu den berühmten Kreidefelsen, mondänen Seebädern und Bilderbuch-Badeparadiesen.

Putgarten
WITTOW
Dranske
Wiek
OSTSEE
Glowe
HIDDEN-SEE
Trent
JASMUND
Sagard
Sassnitz
UMMANZ
RÜGEN
Gingst
Bergen
Binz
Kubitzer Bodden
Sellin
Kramerhof
Samtens
Putbus
Göhren
Garz
Poseritz
VILM
MÖNCH-GUT
Stralsund
ZUDAR
Rügischer Bodden
Reinberg

 Rügen für Romantiker –
das Fischerdorf Groß Zicker im Mönchgut

1

1a SÜDRÜGEN

Der Süden Rügens ist stilles, vom Tourismus noch kaum berührtes Bauernland. Weite Wiesen und wogende Felder, eingesprenkelt darin kleine Moore und steinzeitliche Hügelgräber und eine handvoll kleiner Dörfchen, die sich mit ebenso alten wie malerischen Backsteinkirchen schmücken. Auch sein Küstenstrich am Strelasund kann nicht mit Strandparadiesen aufwarten, dafür mit Aussichten auf den Sund und die großen und kleinen Schiffe, die auf ihm der Hansestadt Stralsund entgegen streben. Südrügen ist ein Land für Freunde der Muße und Ruhe, der Angler, Naturfreunde, Wanderer und Radler.

Überblick

„Unbekanntes Mesoboddamien" nennen Spötter oft das Land zwischen den Bodden. Der südliche Teil der Insel, der vom Kubitzer und vom Rügischen Bodden begrenzt wird, nimmt rund ein Viertel des **Muttlandes,** wie die Einwohner den Hauptinselkern nennen, ein. Das Gebiet wird weitgehend landwirtschaftlich genutzt, besitzt keine anziehenden Badestrände und hat relativ wenige klassische Sehenswürdigkeiten vorzuweisen. Deshalb ist der Südteil Rügens auch praktisch **unberührt vom Besucherstrom,**

der über den Rügendamm und die Glewitzer Fähre herüberkommt und schnell zu den Seebädern Richtung Außenküste weitereilt. So sind die einzigen größeren Straßen auch die beiden Rennpisten, die über Putbus bzw. Bergen an die Süd- und Ostküste führen.

Südrügens Reize sind stiller Natur. Wogende Felder und bunte Wiesen, aus

⌂ Die stillen Ufer der Halbinsel Zudar sind ein Vogelparadies

NICHT VERPASSEN!

➡ Der **Panoramablick** von Altefähr auf die Stralsunder Altstadt | 36
➡ Eine **Spazier- oder Radtour** entlang des Strelasunds | 39
➡ Eine Tour zu den malerischen mittelalterlichen **Backstein-kirchen** der Region | 37 und 41
➡ Im **Ernst-Moritz-Arndt-Museum** in Garz Leben und Werk von Rügens großem Sohn kennenlernen | 41
➡ Ein **Strandpicknick** am „Gelben Ufer" auf Zudar | 45

Diese Tipps erkennt man im Buch an der gelben Hinterlegung im Kapitel.

1a

denen Hügelgräber wie bewaldete Inseln aufragen, wellige Hügel, pappelgesäumte Weiden mit brombeerumrankten kleinen Teichen und kleine träge Bäche, die sich durch torfige Niederungen schlängeln, prägen sein Gesicht. Die paar kleinen Dörfchen, winzigen Weiler und verstreuten einzelnen Gehöfte sind mit der Außenwelt größtenteils durch miserable Holper- und Betonpisten verbunden.

Ursprünglich und kaum berührt zeigt sich auch die abgeschiedene, nur schwerlich zu erreichende **Küste am Strelasund** mit ihren Halbinseln Drigge, Prosnitzer Schanze und Zudar. Kein Hotel oder Strandrummel stört hier die ländliche Ruhe. Außer einheimischen Bauern wird man hier auch im Sommer kaum jemandem begegnen.

Südrügen ist das bescheidene und unspektakuläre, das übersehene Rügen. Wer aber beim Gesang der Lerche durch die blühenden Felder wandert, zur Brotzeit in eine ruhige Dorfschänke einkehrt

Südrügen

Der Rügendamm und Rügenbrücke

1936 wurde die unsichere und zeitraubende Fährverbindung zwischen Stralsund und Altefähr mit der Eröffnung des Rügendamms überflüssig.

Über 70 Jahre lang war der Rügendamm, der an einer besonders schmalen Stelle des Strelasunds das Festland mit Südrügen verbindet, die einzige Verbindung der Insel zum Festland. Ideal war diese Stelle schon von alters her, weil hier in der Mitte des Sundes die kleine schützende **Insel Dänholm** liegt, die beim Bau des Rügendamms in die Querung mit einbezogen werden konnte. Einst trug sie den Namen *Strela*. Das änderte sich im Jahr 1429, als hier die dänische Flotte vor Anker lag, um sich auf den Angriff auf die mächtige Hansestadt vorzubereiten. Den eigentlich weit unterlegenen Stralsundern gelang es jedoch, die Dänen im überraschenden Handstreich zu besiegen. Zum Gedenken an diesen Sieg wurde das Eiland von Strela in *Dänholm* (Däneninsel) umbenannt.

Um den chronischen Engpass Rügendamm endlich aufzulösen und dem Verkehr und der Entwicklung Rügens freie Fahrt zu geben, wurde nach der Rekordbauzeit von lediglich drei Jahren im Oktober 2007 die insgesamt 4,2 km lange **neue Rügenbrücke** dem Verkehr übergeben, die parallel zum Rügendamm in einem eleganten Bogen den Sund überspannt und täglich bis zu 23.000 Fahrzeuge von und nach Rügen bringt.

oder vom einsamen Ufer aus die großen und kleinen Schiffe beobachtet, die den Strelasund durchfahren, wird die unaufdringliche Schönheit dieses Teils von Rügen schnell entdecken.

Einige **Attraktionen** gibt es aber doch: Da ist Garz, die älteste Stadt der Insel mit ihrer Slawenburg Charenza und dem Ernst-Moritz-Arndt-Museum. Und da ist vor allem das Kuriosum Putbus, die **Weiße Stadt am Meer,** die sich Fürst *Malte* planmäßig auf die Wiese stellte.

1a

Altefähr

Stralsund genau gegenüber liegt „Oll-fähr", wie der einstmals blühende Fährort früher genannt wurde. Erstmals 1240 schriftlich erwähnt, gehörte der Ort bis ins 17. Jh. zu Stralsund. Mit der Eröffnung des Rügendamms geriet das Dorf völlig ins Abseits und verharrt dort selbst bis heute, denn es liegt etwas abseits des Dammes und der Hauptstraße. Kaum ein Rügenfahrer biegt in die holprige Pflasterstraße ein, die zur „Alten Fähre" führt.

Dabei gibt es wenigstens zwei gute Gründe, dies zu tun. Von Altefähr eröffnet sich ein **grandioser Panoramablick über den Strelasund auf die Altstadt von Stralsund.** Eine bessere und schönere Sicht auf die historische Stadtsilhouette gibt es von keinem anderen Platz. „Jeder, der nur einmal jenseits des Strelasunds gestanden und dies Bild in sich aufgenommen", so der Stralsunder Heimatforscher *Otto Dankwart,* „wird sich hieran immer wieder erinnern müssen".

Der zweite Grund ist die **Dorfkirche St. Nikolai** aus dem 15. Jh. Sie fällt durch ihre **seltsame Turmuhr** auf, deren zwei Zifferblätter nicht, wie gewöhnlich, in des Turmes Mitte sitzen, sondern ganz auf die Ecken geschoben sind, so dass sie sich berühren. Der Vorläufer des Turms – die heutige Form stammt von 1912 – war im Jahre 1803, just als der schwedische König *Gustav IV.* in Altefähr zu Besuch weilte, vom Sturm beschädigt vor dessen Augen zusammengebrochen.

Ein kleiner Ausflug von Stralsund nach Altefähr organisiert sich leicht, da in der Saison eine kleine **Personenfähre** über den Sund verkehrt (s.u.).

Berühmtester Wahl-Altefährer war der exzentrische **Schauspieler** und „Entdecker" Hiddensees **Alexander Ettenburg,** der hier zwölf Jahre lang wohnte, bevor er nach Hiddensee übersiedelte. Ettenburg kam aus gesundheitlichen Gründen an die See und errichtete mit seinem Erbe das Pensionat *Villa Alexander.* In die Annalen Altefährs ging Ettenburg ein, als man ihm anfänglich die Schankkonzession verweigerte und er daraufhin alles gratis ausschenkte. Da er häufig das ganze Dorf zu sich einlud und noch dazu von seinen Angestellten skrupellos betrogen wurde, musste er, schließlich bankrott, die Villa Alexander zum Spottpreis verkaufen, wobei er sein Vermögen verlor (siehe auch Exkurs Alexander Ettenburg – der „Entdecker Hiddensees").

Info

- **Vorwahl:** 038306
- **Fremdenverkehrsverwaltung,** Am Fährberg 5, 18573 Altefähr, Tel. 7 50 37, www.altefaehr.de. Okt.–März Mo–Fr 10–14 Uhr, April–Sept. Mo–Fr 9–12 und 13–16 Uhr, Sa/So 10–14 Uhr.
- **Kurtaxe:** 1,20 €/Tag ganzjährig.

> Die Dorfkirche in Altefähr

Südrügen

Unterkunft

■ **Hotel Sundblick**②, Fährberg 8b, Tel. 71 30, www.hotel-sundblick.de. Kleine Herberge mit 10 Zi., ruhige Lage nahe Hafen, Blick auf Stralsund, schöne Dachterrasse.

■ **Sund-Camp,** Am Kurpark 1, Tel. 7 54 83, www.sund-camp.de. März–Okt., Lage am Ortsrand neben Kurpark.

Gastronomie

■ **Strandhaus Altefähr,** Strandpromenade 10, Tel. 6 24 50, www.strandhaus-altefähr.de. Tolle Lage direkt am Badestrand mit hauseigenen Strandkörben. Von der windgeschützten Sonnenterrasse zauberhafter Blick über den Sund auf die Kulisse der Altstadt von Stralsund. Gute und preiswerte Hausmannskost.

■ **Gaststätte Grahlerfähre,** Grahlerfähre 1, Tel. 7 50 13, www.grahlerfaehre.de. Seit über 90 Jahren wird hier direkt am Strelasund gegenüber von Stralsund Familientradition gepflegt. In ruhiger Lage und abseits der Verkehrswege laden Liegewiese und flaches Ufer besonders Familien zum längeren Verweilen ein. Zwei FeWos werden vermietet.

Aktivitäten

■ **Surf- und Segelschule:** *Sail & Surf,* Am Fährberg 8, Tel. 2 32 53, www.segelschule-ruegen.de.
■ **Personenfähre Stralsund–Altefähr:** Info-Tel. (03831) 26 81 0. Hin/zurück Erwachsene 5,50 €, Kind 2,50 €, Fahrtdauer 15 Minuten.

Rambin

Fährt man von Altefähr auf der B 96 Richtung Bergen/Sassnitz, kommt man durch das Dorf Rambin. Es besitzt eine sehenswerte **mittelalterliche Dorfkirche.** Ältester Bauteil ist der Chor aus dem 13. Jahrhundert, in dessen Fußboden eine Grabplatte von 1355 eingelassen ist. Das Schiff wurde Mitte des 14. Jahrhunderts, das hölzerne Tonnengewölbe um 1700 errichtet.

Bemerkenswert ist auch die **Kapelle** des ehemaligen Klosters und Hospitals St. Jürgen am östlichen Ortsausgang. Das Spital wurde im Jahr 1799 zu einem Altersheim umgebaut. Den ehemaligen Klostergarten zieren heute einige Skulpturen, die sehenswerte ==Backsteinkapelle== wird vom Rügener Kunstverein oft für wechselnde Ausstellungen genutzt.

Anziehungspunkt ist der große **1** **Rügener Bauernmarkt** in der Alten Pommernkate an der Durchgangsstraße, in dem man vielerlei regionale Produkte kaufen und danach im Café entspannen kann.

054m.ph

1a

Südöstlich von Rambin liegen nahe der B 96 in den Feldern die sogenannten **Neunberge.** Hierbei handelt es sich um neun sagenumwobene Hügelgräber aus der Bronzezeit, denen *Ernst Moritz Arndt* in seinem Märchen „Unter den neun Bergen bei Rambin" ein literarisches Denkmal gesetzt hat.

Unterkunft/Gastronomie (Karte S. 34)

MEIN TIPP: **2** **Die Insel auf Rügen**②, im OT Götemitz 27, Tel. (038306) 61 10, www.die-insel-auf-ruegen.de. Ein Geheimtipp für Genießer! Das kleinste Hotel Rügens des Berliner Architekten und Künstlers *Yadegar Asisi* bietet nicht nur „7 weltferne Doppelzimmer" im malerischen Reetdachkaten, sondern neben Ruhe, Stille und Sonnenterrassenidylle auch eine kleine, aber feine Speisekarte und einen bemerkenswerten Weinkeller, der auch gehobeneren Ansprüchen gerecht wird.

Einkaufen

■**Rügener Fayencen**, im OT Götemitz, Tel. (038306) 13 61, www.dolacinski.de. Von Meister *Dolacinski* handgefertigte Fayencen (Keramiken) mit kobaltblauer Bemalung, täglich 9–19 Uhr (mit 4 **FeWo**② für 2–5 Pers.).

1 **Rügener Bauernmarkt** (Karte S. 34), Hauptstr. 2, Tel. (038306) 6 26 30, www.altepommern kate.de. Täglich 7–19 Uhr, Fischräucherei 9–17 Uhr.

Samtens

Der nächste Ort an der B 96 Richtung Bergen ist Samtens. Das Dorf ist heute das **landwirtschaftliche Zentrum** Südrügens. Die **Dorfkirche** aus dem 15. Jh. birgt drei aufwendig gestaltete Epitaphien. Sie stammen von der Familie *Von der Osten* aus der Zeit des 15.–17. Jhs.

Ein Besuch lohnt auch das erste **Technik-Modell-Museum** in Deutschland, das im alten Gutshaus Modelle von Autos, Flugzeugen, Schiffen, Eisenbahnen u.a. zeigt.

■**Technik-Modell-Museum,** Muhlitzer Str. 3, mobil: (0172) 3 83 89 86, www.technik-modell-museum.de, April–Okt., nach tel. Anmeldung.

Unterkunft (Karte S. 34)

3 **Hotel Jagdhof**②, in Negast, Hauptstr. 60, Tel. (038327) 6 06 40, www.jagdhof-negast.de. Sehr ruhig am Borgwallsee gelegener Neubau im englischen Landhausstil, Frühstück 9,50 €.

■**Soibelmanns Hotel Rügen**②, in Samtens. Bergener Str. 1, Tel. (038306) 22 20, www.stoerte beker-sporthotel.de. Sporthotel mit breitem Angebot von Kegeln, Tennis, Squash, Sauna, Billard bis Wellness in modernem Stahl-Glaskomplex.

Gastronomie

■**Grützmann's**, in Samtens, Gingster Str. 1, Tel. (038306) 1487, www.restaurant-samtens.de. Sowohl vom geschmackvollen Ambiente als auch von der Qualität der Speisen ein kleines Highlight mit moderaten Preisen. Besonders zu empfehlen sind die Fisch- und Wildgerichte. Mit Sonnenterrasse.

Gustow

Biegt man hinter dem Rügendamm rechts in Richtung Putbus/Binz ab, erreicht man über eine schmale, von Alleebäumen gesäumte Straße (sie ist Teil der Deutschen Alleenstraße) den kleinen 650-Seelen-Ort Gustow.

Das 1314 erstmals erwähnte Dörfchen hat eine sehenswerte **gotische Dorfkirche**. Ihr Chor stammt aus dem 14. Jahrhundert. Die 1935 bei Renovierungsarbeiten freigelegten figürlichen Wandmalereien datieren um 1420. Erwähnenswert ist sicher auch die Triumphkreuzgruppe aus dem 15. Jahrhundert und die Mordwange von 1510, die auf dem angrenzenden kleinen Friedhof steht.

Halbinseln Drigge und Prosnitz

Historisch interessant ist die **Halbinsel Prosnitz** im Strelasund (kurz vor Gustow rechts abbiegen, schlechte Straße). Weit in den Strelasund hinausreichend, war die Landzunge strategisch ideal gelegen, um die Durchfahrt von und nach Stralsund zu kontrollieren und gegebenenfalls abzuriegeln. Auf einer schon von *Wallenstein* angelegten **Schanze** ließ *Napoleon* 1812 von zur Zwangsarbeit genötigten Insulanern das **Fort Napoleon** anlegen. Die viereckige Redoute war durch dreifache, bis zu 10 m hohe Erdwälle gesichert.

Noch miserabler ist die Zufahrt zur **Halbinsel Drigge**, die zusammen mit

der Prosnitzer und dem zwischen beiden liegenden Gustower Wiek als **Landschaftsschutzgebiet Mittlerer Strelasund** unter Schutz steht. Von jeweils einem abgeschiedenen Weiler abgesehen, sind die beiden Halbinseln unbesiedelt und laden zu ausgedehnten ==Spaziergängen oder Radtouren== ein.

Unterkunft (Karte S. 34)

5 **Hotel Gutshaus Kajahn**②, Prosnitz 1, Tel. (038307) 4 01 50, www.gutshaus-kajahn.de. Historisches Gutshaus in absolut idyllischer Alleinlage auf 30.000 m² parkartigem Grundstück, mit Biergarten, Minigolf, Fahrrad- und Kanuverleih, 1 km bis zu malerischem kleinen Sandstrand

Poseritz

Zwischen Gustow und Garz an der Deutschen Alleenstraße liegt das Dorf Poseritz. Das 1313 erstmals urkundlich erwähnte Dorf besitzt ebenfalls eine **mittelalterliche Dorfkirche**, St. Marien. Das reizvoll auf einer kleinen Anhöhe gelegene gotische Bauwerk stammt aus dem 14. Jh. Der Turm wurde Ende des 15. Jh. hinzugefügt. Die im bäuerlichen Stil gearbeitete Rokokokanzel entstand 1755. Bemerkenswert sind noch zwei Kreuzigungsgruppen aus dem 15. Jh.

Schloss Üselitz

Nahe Poseritz liegt auf einer flachen Insel in einer Niederung das Schloss Üselitz. Um die Mitte des 16. Jh. war der

1a

Ort landesherrlicher Besitz und ging 1562 an die Familie *von Zuhme* über. 1664 erhielt das Haus Putbus das Gut als Gnadenlehen von der schwedischen Regierung. Ende des 17. Jh. ging Üselitz an die Familie *von Normann,* 1706 an die Familie *von Langen.* Heute bietet das restaurierte, in einen Park eingebettete Renaissanceschlösschen sieben elegante Ferienwohnungen in stillster Lage. Info: www.ueselitz.de.

Praktische Tipps

Unterkunft (Karte S. 34)

■ **Hotel Lindenkrug**②, in Poseritz, Lindenstr. 27, Tel. (038307) 2 51, www.lindenkrug-poseritz.de. Zweckbau in ruhiger Lage, im Restaurant mit Sommergarten gute „regionale Esskultur".

4 **Hof Wiersbin,** Datsow Nr. 11, Tel. (038307) 4 01 14. Malerischer rohrgedeckter Bauernhof in Einzellage, umgeben von Wiesen und Bäumen; viele Tiere, Reitpferde und Spielplatz, toll für Kinder.

Aktivitäten

■ **Reiten:** *Reiterhof Groß Stubben,* im OT Groß Stubben, Haus Nr. 3, Tel. (038307) 2 62, www.reiterurlaub-auf-ruegen.de.

Einkaufen

6 **Molkerei, Naturprodukte:** Poseritz Hof 15, Tel. (038307) 4 04 29, www.ruegener-inselfrische.de, täglich Quark, Frischkäse, Joghurt u.a. aus frischer Milch von kleinen Höfen der Umgebung. Mit Café und Hofladen, Mo–Sa 10–18 Uhr.

■ **Kunsthandwerk: NESTwerk,** Datzow 8, mobil: (0173) 9 13 23 68, atelier-nestwerk.de. Verkaufsgalerie für Malerei, Holz- und Lichtkreationen, Raumgestaltung, Textiles.

Garz

Auf halbem Wege zwischen Altefähr und Putbus liegt die **älteste Stadt Rügens.** Bereits im Jahr 1319 wurde Garz das Stadtrecht verliehen. Etwas, das gemeinhin als städtisch bezeichnet wird, lässt sich in der Stadt jedoch nicht entdecken. Sie hat einen ausgesprochen **ländlichen Charakter.** Man kann auch sagen, Garz ist eines der großen Dörfer Rügens, das den Bewohnern der umliegenden Dörfer und Weiler Einkaufsgelegenheit bietet. So beschränkt sich das Städtische an Garz auf seine Durchgangsstraße, an der eine Reihe von kleinen Landhandels- und Lebensmittelgeschäften für gemächliches Leben sorgen.

„*Garz ist Rügens älteste Stadt, / Garz vor Alter zittert. / Garz auch einst ein Pflaster hat' / Garz – jetzt ist's verwittert!*" (Rügener Knittelvers). Das war nicht immer so. Früher spielte Garz die zentrale Rolle auf Rügen. Während der **Slawenzeit** war die Wallburg das Verwaltungszentrum der Insel, und der Ort hat regen Handel betrieben. So stellte einst *Witzlaw I.* auf der Garzer Burg 1234 die Urkunde aus, die Stralsund das Stadtrecht verlieh.

Einst soll die Stadt sogar einen Hafen besessen haben, vermuten manche. Früher habe es einen schiffbaren Wasserarm zum Puddeminer Wiek gegeben, dessen letzter Rest der stark verlandende Garzer See sei. Das Aus für Garz kam mit dem

Dreißigjährigen Krieg. Durch Brandschatzungen kam es „gänzlich in Verfall, die Einwohner verarmten, und so sank die Stadt zu ihrer jetzigen Unbedeutendheit herab" *(Grümbke).*

Burgwall Charenza

Ein paar Spuren aus glanzvolleren Zeiten haben sich erhalten. Die bedeutendste ist der frei zugängliche, mächtige Burgwall am Südrand des Ortes. Die Festung diente den Ranenfürsten hauptsächlich als Verwaltungszentrum. Aber in ihr standen auch Tempel dreier, wenn auch zweitrangiger, so doch nicht unbedeutender Götter. Auf Charenza wurden Rugiavit (siebenköpfig, mit sieben Schwertern im Gürtel und für Krieg zuständig), Porevit (fünfköpfig und für das Wetter verantwortlich) und Porenut (viergesichtig und für die Unterabteilung Donner eingeteilt) verehrt. 1168 ergab sich die Burg mit seinem Svantevit-Tempel kampflos den Dänen. 1199 wurde sie von den Pommernherzögen Bogislaw/Casimir zerstört.

Ernst-Moritz-Arndt-Museum

Durch eine kleine Grünanlage vom Burgwall getrennt, steht ein kleines hübsches Backsteinhaus. Es ist das **alte Schulhaus,** in dem das älteste Rügener Museum, das Ernst-Moritz-Arndt-Museum untergebracht ist. Es zeigt Leben und Werk des in Groß Schoritz bei Garz geborenen Dichters, Politikers und Patrioten.

■**Ernst-Moritz-Arndt-Museum,** In den Anlagen 1, Tel. (038304) 1 22 12, Mai–Okt. Di–Sa 10–16 Uhr, Nov.–April Mo–Fr 11–15 Uhr.

St.-Petri-Kirche

Erwähnenswert ist auch der spätgotische **Backsteinbau der St. Petri Kirche** aus dem 14. Jh. Ältestes Ausstattungsstück ist ein Granittaufbecken aus dem 13. Jh. Die Kanzel stammt von 1707, die Ausmalung der Innenräume aus dem Jahre 1956.

Praktische Tipps

Unterkunft

■**Hotel Am Wiesengrund**②, Am Wiesengrund 23, Tel. (038304) 3 47, www.ruegen-hotel-am-wiesengrund.de. Neubau in ruhiger Lage, im Restaurant mit Terrasse wird gutbürgerliche Küche serviert.

7 **Pension Forsthaus**②, ca. 2 km westlich in Klein Stubben 1, Tel. (038304) 4 09 21, www.forsthaus-garz.de. Paradiesisch stille Alleinlage mit Wald und klarem Waldsee, Liegewiese, Spiel- und Grillplatz.

■**Gasthaus & Pension Zur Post**②, Lange Straße 12, Tel. (038304) 3 33, www.ruegen-gasthaus-zur-post.de. Landgasthof mit preiswerten Zimmern in zentraler Ortslage. In der Bauernstube serviert Frau *Schultz* handfeste Bauernküche.

Aktivitäten

■**Fahrradverleih:** *Gehrke,* Bergener Str. 30, Tel. (038304) 4 18.

■**Kunsthandwerk:** *Keramik R. Putbrese,* Poltenbusch 2, Tel. (038304) 1 20 17.

1a

Groß Schoritz

Fährt man von Garz, vorbei am Garzer See, Richtung Zudar, kommt man nach wenigen Kilometern an eine Kreuzung, an der ein schmucker Wegweiser Groß Schoritz anzeigt, das Dorf, in dem Rügens berühmtester Sohn, *Ernst Moritz Arndt,* geboren wurde.

Ernst-Moritz-Arndt-Geburtshaus

Am Ende der Dorfstraße trifft man auf ein Gutshaus mit Freitreppe. Es ist das Geburtshaus E.M. Arndts, der hier am 26.12.1769 das Licht der Welt erblickte. Das frisch renovierte, weiß getünchte Herrenhaus hebt sich heute noch krass von den Behausungen ringsum ab, in denen zu Arndts Zeit die Leibeigenen ihr Dasein fristeten. In dem Geburtshaus hat heute die Ernst-Moritz-Arndt-Gesellschaft ihren Sitz, die sich der Bewahrung des Erbes und Erforschung des Lebens und Wirkens von *Ernst Moritz Arndt* verdient macht. Darüber hinaus kümmert sie sich um die aufwendige, möglichst originalgetreue Restaurierung des Guts und des historischen Gutsparks.

■ **Ernst-Moritz-Arndt-Gesellschaft,** Zur Schoritzer Wiek 68, 18574 Groß Schoritz, Tel. (038304) 5 15, www.ernst-moritz-arndt-gesellschaft.de.

Praktische Tipps

Einkaufen

■ **Kunsthandwerk:** *Emaille-Gestaltung S. Tolk-Ninnemann,* Silmenitz 2, Tel. (038304) 5 56, www. email-kunst-ruegen.de. Mit charmanter Ferienwohnung①-② über drei Etagen im Reetkaten direkt am Greifswalder Bodden. Mal- und Kreativkurse.

Halbinsel Zudar

Weit ins Land hinein drängen sich Schoritzer und Puddeminer Wiek und schnüren die 18 km² große Halbinsel Zudar bis auf einen schmalen Landstreifen vom Festland ab. Auf diesem Streifen, der früher bei Sturmflut oft überschwemmt wurde, liegt das Dorf Zudar.

Die Halbinsel Zudar ist flach, weitgehend waldlos und wird hauptsächlich landwirtschaftlich genutzt. In den weiten Feldern liegen eine Reihe von **Hügelgräbern,** deren Namen wie *Hexen-* oder *Düwelsberg* zeigen, was die Menschen von diesen Erdhügeln hielten.

Zudar

Es war die Dorfkirche St. Laurentius aus dem 14. Jh., die den Ort Zudar für kurze Zeit aus seiner Bedeutungslosigkeit erlöste und zum vielbesuchten **Wallfahrtsort,** ja zu einer Art rügenschem Lourdes, erhoben hat. Ganze Schiffsladungen von Besuchern pilgerten zu dem hübschen Kirchlein, in dem ein **Marien-**

Ernst Moritz Arndt

„Versuch einer Geschichte der Leibeigenschaft in Pommern und Rügen" war der Titel des Buches, das *Arndt* schlagartig bekannt machte. Die verheerenden Auswirkungen dieses unmenschlichen Systems konnte der junge Arndt täglich vor seiner Haustür studieren. **1769 geboren,** wuchs er zwischen den **leibeigenen Bauern** in Groß Schoritz und den umliegenden Weilern auf, die in elendsten Verhältnissen vegetierten. Sein Vater war kurz vor seiner Geburt aus der Leibeigenschaft des Fürsten Malte von Putbus entlassen worden.

Nach seinem Studium in Stralsund, Jena und Greifswald, wo er sein **theologisches Examen** ablegt, wird er Hauslehrer im Pfarrhaus Altenkirchen auf Wittow bei der Familie Kosegarten (s. auch „Altenkirchen"). Mehrere Bildungsreisen führen ihn nach Österreich, Ungarn, Italien und Frankreich, wo gerade der 10. Jahrestag des Sturmes auf die Bastille (1789) begangen wird.

Tief beeindruckt und geprägt von den **Idealen der französischen Revolution** und den Schriften des Philosophen Rousseau, kehrt er zurück und lehrt an der Universität Greifswald. Nach der Veröffentlichung von „Versuch über die Leibeigenschaft" 1803, der bei Fürsten und Landadel wenig Begeisterung auslöst, weicht er für ein Jahr nach Schweden aus.

Nach der Niederlage Preußens bei Jena und Auerstedt und der Besetzung des Landes durch die siegreichen napoleonischen Truppen kämpft er mit patriotischen Reden und Schriften **gegen das Joch der Fremdherrschaft.** Erneut muss er sich nach Schweden absetzen. Nach seiner Rückkehr feiert ihn das preußische Militär als „die neue Stimme Preußens".

Als Napoleon nach der verlorenen Völkerschlacht bei Leipzig aus den befreiten Königreichen, Fürsten- und Herzogtümern gejagt wird, engagiert sich Arndt vehement dafür, diese vielen kleinen Staaten zu einem Staat zu vereinen. „Was ist des Deutschen Vaterland? Das ganze Deutschland soll es sein". Unter diesem Motto Arndts sammelt sich die fortschrittliche **Einigungsbewegung.**

1817 geht er nach Bonn und lehrt an der dortigen Universität. Nach der Revolution 1848 zieht er als **Abgeordneter der Deutschen Nationalversammlung** in die Paulskirche in Frankfurt am Main ein.

Neben seinem politischen Leben betätigt sich Arndt auch als **Schriftsteller und Dichter.** Er schreibt und sammelt Märchen seiner Heimat Rügen, nach der er sich zeitlebens sehnt.

91-jährig stirbt Arndt am 29.1.1860 in Bonn und wird dort beigesetzt.

RESTAURATION & REVOLUTION

1815
1849

122ih ph

bild aufbewahrt wurde, das angeblich wundertätige Kräfte besaß. Zudar war nicht so weit weg wie das päpstliche Rom und zweimal Zudar wog als Sündenerlass ebenso schwer wie eine Wallfahrt in die heilige Stadt.

Die Karriere Zudars als Pilgerort fand jedoch ebenso abrupt ihr Ende wie sie begonnen hatte. Als 1372 eines der Pilgerschiffe bei „wedder und groth storm" im Sund kenterte und dabei alle 90 Passagiere ertranken, fielen die Menschen vom Glauben an die wunderwirkende Heilige ab. Man nahm ihr einfach übel, dass sie nicht schnell ein Wunder getan hatte und die armen Menschen, die ja schließlich ihretwegen überhaupt nur die gefährliche Reise angetreten hatten, errettete.

er 1802 seine **Untertanen in die Freiheit** und versuchte, mit seinen „Ratschlägen für vernünftige Bauern und Einliegerfrauen" aus ihnen selbstständige, eigenverantwortliche Menschen zu machen. Das Gut wurde zum Teil in Einzelhöfe zerlegt und die Dienste der Bauern in Geldpacht umgewandelt. Von Dycke ließ darauf eine Schule, ein Armenhaus und eine Weberei bauen.

Für sich selbst legte er an seinem Herrenhaus einen weitläufigen **Park** an, in dem er mehr als 130 verschiedene Baumarten anpflanzte. Der über Jahrzehnte verwahrloste und verwilderte Landschaftspark des alten Gutshauses wurde rekonstruiert und ist zu begehen – ein Fleckchen, an dem sich ein Stopp lohnt.

Unterkunft (Karte S. 34)

9 **Herrenhaus Poppelvitz**①-②, Poppelvitz 8, Tel. (038304) 62 98 06, www.natururlaub-ruegen. de. 4 Fewo in einem charmanten Gutshaus, das 1894 von der Familie *von Normann* errichtet und in einen weitläufigen, parkähnlichen Garten eingebettet ist.

Unterkunft

■**Altes Gutshaus Losentitz**②, in Losentitz, Dorfstr. 11, mobil: (0160) 90 56 25 58, www.ruegen residenz.de. 6 Maisonettewohnungen über 2 Ebenen für 3–5 Pers. (4-Sterne-Qualität) in idyllisch ruhiger Lage und parkartiger Umgebung. Mit überdachter Terrasse und Liegewiese.

Losentitz

Dort, wo die Straße von einer schönen Lindenallee gesäumt ist, liegt der Ort Losentitz. Das **Gut Losentitz** gehörte einst einem Freund und Gesinnungsgenossen *Arndts,* dem Rügener **Moritz Carl Ulrich von Dycke.** Als Rittmeister hatte dieser in Schweden freie Bauern kennen gelernt, während auf seiner Heimatinsel noch die Leibeigenschaft herrschte. Zurück in Losentitz, **entließ**

Glewitz

Das einzige, was auf Zudar den Namen Straße verdient, führt quer durch die Halbinsel nach Glewitz. Ihren für diese einsame und verlassene Gegend überraschend guten, weil neu ausgebauten Zustand verdankt sie der **Fährverbindung,** die bis 1936 zwischen Glewitz und Stahlbrode auf dem Festland existierte und jetzt wieder aufgenommen wurde.

1a

■**Glewitzer Fähre:** April–Okt. von 6 bis 20.10 Uhr, Mai–14. Sept. bis 21.40 Uhr, bei Bedarf Pendelverkehr, Info-Tel: (03831) 2 68 10. Pkw 4,90 €, Erw. 1,20 €, Kinder 0,80 €.

Badestrände

Einen kleinen, aber schönen Sandstrand findet man am **Gelben Ufer** beim Campingplatz. Einen weiteren, stillen Badeplatz gibt es bei Grabow am **Palmer Ort.** Zufahrt über eine miserable Betonplattenpiste.

Praktische Tipps

Unterkunft

■**Gut Zicker**②-③, Dorfstr. 14, in Zicker, Tel. (038300) 64 30, www.gutshaus-zicker.de. Acht luxuriös und gediegen eingerichtete 5-Sterne-Ferienwohnungen in herrschaftlichem, von einem weitläufigen Park umgebenen Landschloss; Haustiere sind hier nicht erwünscht, für das Frühstück werden 9 € berechnet.

■**Hof Glewitz,** Haus Nr. 4, Tel. (038304) 6 60 16, web-glewitz.de. Für Naturfreunde. Bungalows auf der abgeschiedenen Landzunge Vogelhaken für max. 4 Pers. direkt am Strelasund.

10 **Natur-Camping Pritzwald** (Karte S. 34), Zudar, Tel. (038304) 82 91 14, www.naturcamping-ruegen-pritzwald.de, April–Okt.; kleiner sehr stiller Naturplatz im Kiefernwäldchen mit 700 m Strand, mit Kiosk und Brötchenservice.

8 **Camping Stahlbrode** (Karte S. 34), Küstenweg 8, Tel. (038328) 48 99 08, www.naturcamping-stahlbrode.de; geöffnet Mitte April bis Mitte Oktober; naturbelassener Campingplatz, idyllisch zwischen zwei Küstenwäldchen auf dem Festland nahe Fähranleger; Bungalows mit kleiner Küche, WC und Terrasse.

Schloss Karnitz

Südrügen

So berühmt das Jagdschloss Granitz ist, so unbekannt ist das Schloss Karnitz einige Kilometer **nördlich von Garz.** Es wurde zur gleichen Zeit wie jenes und ebenfalls als Jagdschloss errichtet, aber nicht von Fürst *Malte von Putbus,* sondern von Graf *Guido von Usedom,* dessen Familie das Gut Karnitz seit Mitte des 18. Jh. besaß.

Das bildschöne **neogotische Schlösschen** mit den beiden achteckigen, zinnengekrönten Ecktürmen und seinem spitzbogigen Eingangsportal wurde in der DDR-Zeit als Gaststätte und Wohnhaus genutzt. 2006 kaufte die Heilpraktikerin und Psychotherapeutin *Gertraud Strotkamp* das Schloss. In dem hervorragend restaurierten Anwesen sind nun drei Ferienwohnungen untergebracht (www.jagdschloss-karnitz.de).

Die benachbarte 106 ha große **Golfanlage Schloss Karnitz** hat außer dem Namen nichts mit dem Schloss gemeinsam.

🐛 Besonders reizvoll ist die Landschaft um Karnitz mit ihren stillen Gewässern, von denen der **Kniepower See** mit 12 ha die Größte ist. Um den See führt ein ca. 7 km langer **Wanderweg,** der mehrere Bäche quert, und den Schwarzen See und den Katharinensee berührt.

Aktivitäten

■**Golfclub Rügen,** Am Golfplatz 2, Tel. (038304) 8 24 70, www.golfcentrum-schloss-karnitz.de. 18-Loch-Turnierplatz, Par 72 mit einer Länge von 6 km, und 9-Loch-Platz mit Par 6.

1a

1b PUTBUS

Auf halbem Wege zwischen Garz und Binz liegt Putbus, die „Weiße Stadt am Meer". Wer einen typisch rügenschen Ort erwartet, sieht sich gründlich getäuscht. Nicht geduckte, schilfrohrgedeckte Backsteinhäuschen bestimmen das Bild, sondern hochherrschaftliche **klassizistische Villen** leuchten aus der grünen Landschaft, geometrisch geordnet und ausgerichtet. Rechteckig der Marktplatz, kreisrund der Circus, miteinander verbunden durch eine schnurgerade, von Linden gesäumte Straße. Ein wahrlich irritierender Anblick.

Schöpfer dieser Anlage war **Fürst Malte von Putbus.** Der Adelsmann war ein wahrer Tausendsassa, an dessen Hinterlassenschaften kein Besucher vorbeikommt. Sei es die „Weiße Stadt", oder das Seebad Binz, der Arndt-Turm in Bergen oder das Jagdschloss Granitz, das Badehaus Goor oder der Rasende Roland, all diese Attraktionen sind entweder das Werk von Malte oder er hatte seine Finger entscheidend im Spiel.

Geschichte

Hervorgegangen ist der Name der Stadt wie der des bedeutendsten rügenschen Adelsgeschlechts aus der slawischen Bezeichnung *pod buss* (beim Walde). Durch einen Erbvergleich fiel Rügen 1239 an die Freiherren von Putbus. 1727 wird der Freiherr von Kaiser *Karl* in den Grafenstand erhoben. 1807 geht es erneut eine gesellschaftliche Stufe nach oben, als *Gustav Adolf von Schweden* den Grafen *Malte von Putbus* in den Fürstenstand versetzt.

Ein Fürst braucht einen **repräsentativen Sitz,** hat sich der so geehrte Malte gedacht und denselben höchstpersönlich

auf dem Reißbrett entworfen. Mit einem Aufruf in der Zeitung suchte er Bewohner für seine neue Stadt. „Sollten einige Handwerker und andere Genüge haben, sich hierselbst niederzulassen, so können ihnen Hausplätze unter annehmlichen Bedingungen zugewiesen werden", so die Anzeige. Nicht einer meldete sich – wohl der Einschränkung wegen, dass nur „Personen unterhandelt werden können, die hinlängliche Beweise eines ordentlichen und stillen Betragens beybringen können".

△ Schlosspark Putbus – Die Treppenanlage am Schlossteich ist die letzte Spur von Fürst Maltes Residenz

NICHT VERPASSEN!

➡ Für Kulturfans – eine Aufführung in Rügens Musentempel, dem prachtvollen klassizistischen **Theater der „Weißen Stadt"** | 51

➡ Auf dem **„Pfad der Muße und Erkenntniss"** um den Goor spazieren und die Natur genießen | 56

➡ Vom Hafen **Lauterbach** mit dem Boot auf die kleine Insel **Vilm** | 56

➡ Für Leckermäuler – frischer **(Räucher-)Fisch** mit Bier im Hafen Lauterbach | 57

➡ **Abendmusiken** in der Hof- und Begräbniskirche des Fürstengeschlechts von Putbus in Vilmnitz | 57

Diese Tipps erkennt man im Buch an der gelben Hinterlegung im Kapitel.

1b

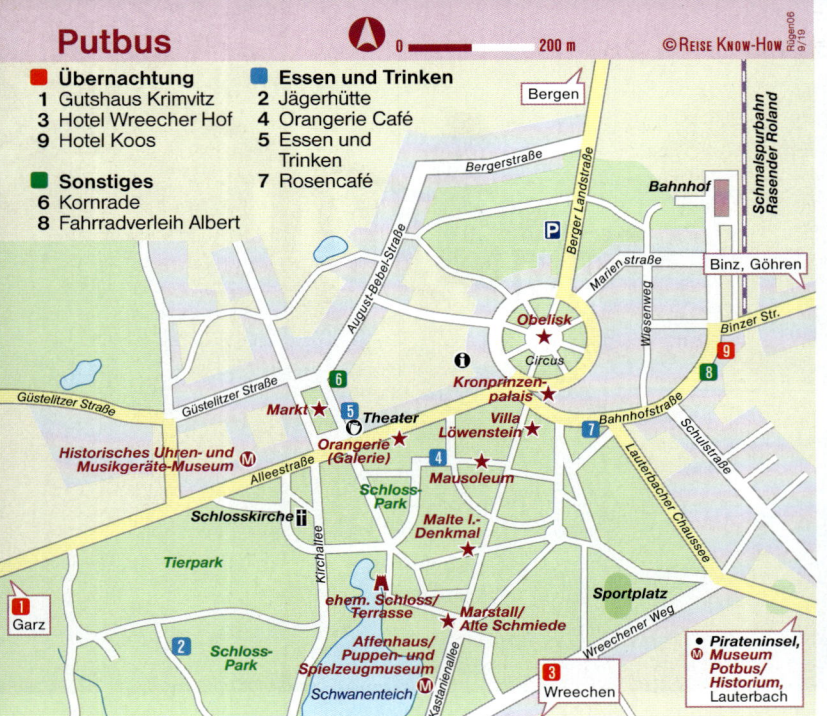

Putbus

0 ——— 200 m   © Reise Know-How

Rügen06
9/19

■ Übernachtung
1 Gutshaus Krimvitz
3 Hotel Wreecher Hof
9 Hotel Koos

■ Essen und Trinken
2 Jägerhütte
4 Orangerie Café
5 Essen und Trinken
7 Rosencafé

■ Sonstiges
6 Kornrade
8 Fahrradverleih Albert

Bergen

Bergerstraße

Bahnhof

Schmalspurbahn
Rasender Roland

Berger Landstraße

Marien straße

Binz, Göhren

Wiesenweg

Obelisk

Circus

Binzer Str.

Kronprinzen-
palais ★

9

8

Güstelitzer Straße

Güstelitzer Straße

6

Markt ★

5 ★ Theater

Orangerie ★
(Galerie)

Villa ★
Löwenstein

Bahnhofstraße

7

Schulstraße

Lauterbacher Chaussee

Historisches Uhren- und
Musikgeräte-Museum M

Alleestraße

4

Mausoleum ★

Schloss-
Park

Schlosskirche ⛪

Kirchallee

Malte I.-
Denkmal ★

Tierpark

1
Garz

2

Schloss-
Park

ehem. Schloss/
Terrasse ★

Affenhaus/
Puppen- und
Spielzeugmuseum M

Schwanenteich

Kastanienallee

Marstall/
★ Alte Schmiede

Sportplatz

Wreechener Weg

3
Wreechen

● Pirateninsel,
M Museum
Potbus/
Historium,
Lauterbach

Nach mehreren Aufenthalten Maltes und seiner Gemahlin im ersten deutschen Seebad Doberan/Heiligendamm entschloss sich der unternehmungslustige Fürst, auch auf Rügen ein solches zu eröffnen. 1808 wurde mit dem Bau der Anlage begonnen, und die „Weiße Stadt" **Heiligendamm** diente **als Vorbild.**

Putbus wurde zum „Fürstenbad" und zur **Sommerfrische der Schönen und Reichen.** Da es den geschützten Ufern des Rügischen Boddens jedoch „ganz und gar an Wellenschlag" mangelte und „die Oberfläche des Wassers so glatt ist wie ein Teich", fehlte es dem Fürstenbad an „diesem geheimnisvollen, über alles gesuchten Etwas eines Seebades", woraufhin Fürst Malte auf seinen Besitzungen

an der Außenküste, am Strand von Binz, die ersten Badekarren aufstellen ließ.

Sehenswertes

Heutiger zentraler Punkt der Anlage ist der weiträumige kreisrunde **Circus,** auf dem sternförmig alle Durchgangsstraßen zusammenlaufen. In seiner Mitte erhebt sich ein 19 m hoher **Obelisk,** auf den wiederum acht von Eichen gesäumte Wege zulaufen. Eingefasst wird der Rundplatz von zwei- oder dreigeschossigen klassizistischen Gebäuden. Platz wie Gebäude machen jedoch einen eigentümlich unbelebten, verlorenen Eindruck, was einfach daran liegt, dass der imposanten Anlage sozusagen das „Hinterland" fehlt. Das Ganze wirkt tatsächlich wie auf die grüne Wiese gestellt, unvollendet und vergessen. Von diesem viel zu groß geratenen „Zentrum" geht die schnurgerade Alleestraße zum etwa 500 m entfernten Marktplatz ab.

Schlosspark

Auf ihrer unbebauten Seite dehnt sich der 75 ha große Schlosspark aus. Auch wenn der Name des 1810–25 nach dem Vorbild englischer Landschaftsgärten angelegten Parks es verspricht, ein Schloss ist dort nicht zu finden. Das ideologisch störende Gebäude wurde 1962 wegen angeblicher Baufälligkeit abgetragen. An die einstige Größe und Pracht erinnert heute nur noch die in der Alten Schmiede direkt neben dem Marstall beheimatete **Ausstellung „Das verschwundene Schloss".** Allein die **Treppenanlage** am Schlossteich vermittelt einen Eindruck von der einstigen Lage und Größe des fürstlichen Schlosses.

Doch auch ohne Schloss ist der Schlosspark eine wunderbare Oase der Ruhe, in der sich beim Spaziergang allerhand entdecken lässt. Er ist einer der schönsten und abwechslungsreichsten Gärten Mecklenburg-Vorpommerns und birgt eine Vielzahl der unterschiedlichsten **Bäume und Sträucher,** die Malte von allen Ecken der Welt herbeischaffen ließ. Von sibirischer Goldesche, japanischer Stachelfichte, Zedern aus dem Libanon über Mammut- und Tulpenbäume bis zur Sumpfzypresse aus Missouri ist hier alles versammelt.

In der ausgedehnten Anlage findet sich eine Anzahl von erhalten gebliebenen Gebäuden. An der Straße vom Circus zum Markt erblickt man die **Orangerie** (1816–18). Sie dient heute als Ausstellungszentrum, das Werke und Produkte rügenscher Künstler und Kunsthandwerker sowie Ausstellungen historischer Herkunft zeigt. Und ein reizvolles Orangerie-Café lädt vor oder nach dem Parkspaziergang zum erholsamen Verweilen ein.

Nur wenige Meter östlich der Orangerie liegt etwas verborgen das **Mausoleum,** ein gotischer Zentralbau von 1829. Ein kurzer Fußweg führt von der Orangerie sanft abfallend zum großen **Schwanenteich,** an dem sich einst das Schloss erhob. Eine Terrasse zeigt den alten Standort an. Von ihr erblickt man in östlicher Richtung das **Fürst-Malte-Denkmal,** dem jeder Rügenliebhaber eigentlich seine Aufwartung machen sollte. Spaziert man am See entlang, kommt man am neu sanierten **Marstall** (1821–24) vorbei. Er dient dem u.a. Putbus-Festival, das seit 2000 regelmäßig stattfindet, als Spielstätte.

Nur ein wenig vom Marstall entfernt liegt am Südufer des Schwanenteichs an der Kastanienallee das **Affenhaus,** das nun das **Rügener Spielzeug- und Puppenmuseum** und ein sehr hübsches Café beherbergt. Weiter auf dem Weg um den See herum erreicht man die **Schlosskirche.** 1844–46 als Kurhaus errichtet, wurde der spätklassizistische Bau 1892 zur Kirche umgestaltet.

Dahinter schließt sich ein 8 ha großer **Tierpark** an den Landschaftspark an, „wo schöne Hirsche in bequemer Gefangenschaft ihr Leben verträumen", wie bereits 1837 *Heinrich Laube* feststellte. Mit

055 rh ph

Putbus

dem Gaumen kann man dieselben in der **Jägerhütte** genießen, welche man auf der seeabgewandten Seite des Wildgeheges findet. Das Restaurant ist ganz im Forsthausstil gehalten. Geweihe und ausgestopfte Tiere, ein offener Kamin und Fenster mit Motiven aus Wald und Flur schmücken sein Inneres und sollen waidmännische Atmosphäre vermitteln.

Jüngstes Glied von Putbus als Kulturzentrum Rügens ist das **Historium,** das 2010 zur 200-Jahr-Feier der Stadt eröffnet wurde und mit seinen Ausstellungen die Zeitspanne anschaulich illustriert. Ihm angeschlossen ist das ursprüngliche „Museum zum Anfassen" der ehemaligen Museumsmeile Prora, das nun als **Welt der Experimente** in Putbus einen neuen Standort gefunden hat.

■ **Rügener Puppen- und Spielzeugmuseum,** im Affenhaus, Kastanienallee, Tel. (038301) 6 09 59, www.puppenmuseum-putbus.de, tägl. 10–18 Uhr.
■ **Galerie,** in der Orangerie, Alleestr. 35, Tel. (038301) 88 97 97, Mai–Okt. täglich 10–17 Uhr, Nov.–April Mi–Sa 11–16 Uhr, So 13–16 Uhr.
■ **Stadt- und Parkführungen:** Juli–Okt. Do 11.15 Uhr, Dauer 1½–2 Std. Anmeldung: mobil: (0152) 04 55 82 28, Treff: 11 Uhr Orangerie.
■ **Spaziergang zu alten Bäumen im Schlosspark,** Mai–Sept., jeden 3. Samstag des Monats ab Bahnhof, Dauer 1½ Std., Erw. 7 €; mobil: (0152) 04 55 82 28.

< Das Malte-Denkmal im Schlosspark

Villa Löwenstein

Jenseits der schnurgeraden Kastanienallee, die den Park durchschneidet, liegt nahe der Bahnhofstraße die Villa Löwenstein (heute besser bekannt als **7 Rosencafé**). In dieser einst als Gärtnerhaus errichteten Villa weilte 1866 *Bismarck,* um die Verfassung des Norddeutschen Bundes auszuarbeiten. Der denkmalgeschützte, lange Jahre leer stehende Bau empfängt nun unter altem Namen wieder Gäste.

Theater

Der Orangerie schräg gegenüber erstreckt sich am Marktplatz das klassizistische Theater, dessen Eingang ein Säulenportikus mit einem Fries ziert, der den Gott *Apoll* im Kreise der Musen zeigt. Dem Theater verdankt Putbus seinen Ruf als kulturelles Zentrum Rügens. Das Theater verdankt Putbus wiederum dem Maltefreund Graf *von Hahn,* der auf seinem Mecklenburger Gutsschloss eine eigene Theatergruppe unterhielt. Auf sein Drängen ließ Meister Malte 1819 das Theater errichten, in dem *von Hahns* Ensemble dann zur Sommerzeit spielte.

Zu DDR-Zeiten fühlte sich das Haus besonders dem Werk *G. Hauptmanns* verpflichtet, der es von seinem Wohnsitz Hiddensee aus immer wieder besuchte und in seinem Roman „Im Wirbel der Berufung" aus dem Putbuser Theaterleben erzählt. Heute werden u.a. auch mehrmals täglich Führungen durch das prachtvoll restaurierte Haus angeboten.

Dem Theater schließt sich der **Marktplatz** an, der mit seiner Weitläufigkeit

1b

ähnlich überdimensioniert und verloren wirkt wie der Circus.

🟥 **Theater Putbus,** Markt 13, Theaterkasse Tel. (038301) 80 83 30, Di–Fr 10–13 und 16–18 Uhr, www.theater-vorpommern.de.

Führungen: *Förderverein Theater Putbus e.V.,* Tel. (038301) 80 80, www.theater-putbus.org, Dauer ca. 45 Min.

⌂ Rügens Musentempel – das klassizisische Theater in Putbus

Uhren- und Musikgeräte-Museum

Nur wenige Schritte vom Marktplatz entfernt hat das **Historische Uhren- und Musikgeräte-Museum** seinen Sitz. In dem Privatmuseum kann man in sieben Räumen über 1000 Exponate bestaunen.

🟥 **Historisches Uhren- und Musikgeräte-Museum,** Alleestr. 13, Tel. 6 09 88, von Nov. bis April täglich geöffnet 11–16 Uhr, von Mai bis Okt. täglich 10–18 Uhr.

1b

Praktische Tipps

Info

■ **Vorwahl:** 038301
■ **Kurverwaltung,** Orangerie/Alleestr. 35, 18581 Putbus, Tel. 6 09 64, www.ruegen-putbus.de. Jan.–April und Okt.–Dez. Mo–Fr 10–16 Uhr, Mai–Sept. Mo–Sa 10–17 Uhr, So 10–14 Uhr.
■ **Kurabgabe:** HS 2 €, NS 1,50 €.

Unterkunft

9 **Hotel Koos**②, Bahnhofstr. 9, Tel. 278, www.hotel-auf-ruegen.de. Mit Sauna, Kegelbahn, Restaurant und eigener Fischräucherei.

3 **Hotel Wreecher Hof**②-④, im OT Wreechen, Kastanienallee 1, Tel. 8 50, www.wreecher-hof.de. Sieben rohrgedeckte Häuser, Restaurant, Terrasse, Schwimmbad, Sauna, Solarium, Motorradfahrer willkommen.

1 **Gutshaus Krimvitz**②, in Krimvitz, Dorfstr. 4, Tel. 64 12 64, www.krimvitz.de. Geburtshaus des Fürsten Franz zu Putbus in stiller, idyllischer Lage, Reitmöglichkeit.

Gastronomie

4 **Orangerie Café,** in der Orangerie, Tel. 8 86 53. Vom Wintergarten aus hat man einen schönen Blick auf den Schlosspark.

2 **Jägerhütte,** am Wildgehege, Tel. 5 10, www.jaegerhuette-ruegen.de. Wildspezialitäten, schöner Sommergarten.

5 **Essen & Trinken,** Am Markt 11, mobil: (0176) 23 36 07 79. Einfach und gut! Hier gibt es neben anderen ausgezeichneten Gerichten die nach altem Hausrezept bereitete Spezialität „Rügener Pfefferlinge", an den Wänden Bilder der Frau Wirtin.

Rasender Roland

Auch eine der bekanntesten und beliebtesten Attraktionen Rügens gäbe es ohne Fürst Malte wohl nicht. Die unter Denkmalschutz stehende **Schmalspurbahn** verkehrt, von niedlichen historischen Dampfloks gezogen, regelmäßig **zwischen Lauterbach und Göhren** (siehe auch Exkurs „Der Rasende Roland"). Maltes Idee war es, Gäste mit der Bahn bequem und schnell in sein verkehrstechnisch abgelegenes Seebad Binz bringen zu lassen. Die Einweihung der Bahn erlebte er allerdings nicht mehr.

1b

Aktivitäten

■ **Putbus-Festspiele,** Ringstraße 50, 18528 Bergen, Tel. (03838) 25 15 53, www.putbus-festspiele.com.

8 **Fahrradverleih:** *Albert,* Bahnhofstr. 7, Tel. 4 29.

■ **Pirateninsel,** Lauterbacher Straße 10, Tel. 89 83 66, www.pirateninsel-ruegen.de. Mo–Fr 13–19 Uhr, Sa/So 10–19 Uhr, Juni–Aug. tägl. 10–19 Uhr. 24.12.–1.1. geschlossen. Indoorspielplatz auf 2000 m² mit Funpark, Trampolinanlagen, E-Karts, Kletterberg, Kleinkindbereich, Gastronomie, u.s.w.

■ **Malkurse:** *Alte Schmiede,* mobil: (0176) 61 07 44 94, mit Zi-Vermietung.

Lauterbach

125th ph

Von Putbus führt eine wunderschöne Lindenallee zur Küste in den Hafenort Lauterbach am Rügischen Bodden. Vater des 3 km von der Residenzstadt entfernten Ortes ist ebenfalls Fürst *Malte,* der zu seinem Aushängestädtchen auch ein Ostseebad haben wollte, wie das damals gerade in Mode kam. Der Ort selbst besteht hauptsächlich aus einem großen Hafenbecken, um das sich eine Handvoll Häuser gruppiert.

Der **Hafen** ist Stützpunkt einer Fischereigenossenschaft. Das verschafft dem Besucher die Möglichkeit, an der Mole malerische Kutter aus der Nähe zu betrachten, den Fischern bei der Arbeit zuzusehen und vor allem frischen, marinierten und geräucherten **Ostseefisch zu erwerben** oder einen Imbiss zu nehmen.

Vom Hafen aus fährt das Boot hinüber zu dem in Sichtweite liegenden Naturjuwel **Insel Vilm.** Hier startet auch ein Ausflugsboot, welches das unter strengem Naturschutz stehende Vilm umrundet. Anlegen und Betreten auf eigene Faust sind streng verboten!

An der Straße, die zum Badehaus Goor hinausführt, weist ein Schild auf den *Semkors* hin. Das gut erhaltene **Großsteingrab** aus der Jungsteinzeit liegt ca. 300 m von der Straße entfernt im Buschwerk an der Bahnlinie.

Einen Abstecher sollte man auch in die reizenden **Nachbarorte** Neuendorf, Wreechen und Neukamp machen, alles malerische alte Fischerdörfchen. Hinter Neukamp ragte bis 1990 eine 17 m hohe **Granitsäule** in den Himmel. Das Denkmal, (derzeit in Putbus zur Restaurierung), erinnert an die Landung preußischer Truppen 1678, die die Schweden aus ihren dortigen Schanzen vertrieben.

Badehaus Goor

Fürst Maltes beeindruckender Badeort liegt außerhalb des Ortes an der Goor am Rande eines Buchenwaldes, der die

Einst Fürst Maltes Badetempel, jetzt ein elegantes Vier-Sterne-Hotel – das Badehaus Goor

1b

Ufer der kleinen Steilküste bedeckt. Zu Ehren des Königs ließ er an dessen Geburtstag am 3.8.1817 den Grundstein legen und taufte es *Friedrich-Wilhelm-Bad*. Das repräsentative, im klassizistischen Stil errichtete Bauwerk ist 50 m lang, und seine Front wird von 18 dorischen Säulen getragen.

Das Badehaus brauchte man deshalb, weil zu Maltes Zeiten die Badesitten noch etwas anders geartet waren. Man sprang nicht einfach ins Wasser – das wäre wohl zu obszön gewesen – sondern pumpte das Meerwasser mittels hölzerner Leitungen in **Badewannen,** die im Badehaus standen. In den Wannen aus Carrara-Marmor wurde das Wasser auf die gewünschte Temperatur gebracht, und los ging der Badespaß. Nach jahrzehntelangem Verfall wurde der Prachtbau von Raulff Hotels, die auch das Schlosshotel Ralswiek betreiben, umfassend restauriert und 2007 als Luxushotel wiedereröffnet.

Nicht entgehen lassen sollte man sich einen Spaziergang auf dem überaus schönen „Pfad der Muße und Erkenntnis" rings um die zauberhafte Goor hinter dem Badehaus mit seinem uralten Buchenwald. Dies ist wahrlich eine Ecke zum besinnlichen Lustwandeln. Von ihrem Hochufer aus eröffnen sich reizvollste Aussichten über den Bodden hinüber zur Insel Vilm und zum Mönchgut.

Praktische Tipps

Unterkunft

■ **Hotel Badehaus Goor**②-③, Fürst-Malte-Allee 1, Tel. (038301) 8 82 60, www.hotel-badehaus-goor.

de. Exklusives 4-Sternehotel im historischen Badehaus in großartiger Alleinlage. Die Zimmer sind jedoch einem modernen Anbau, der sich hinter dem Badetempel versteckt.

■ **Hotel Nautilus**②, Dorfstr. 17, in Neukamp, Tel. (038301) 8 30, www.ruegen-nautilus.de. Hotelneubau; sein Clou: Das Restaurant ist Käpt'n Nemos U-Boot Nautilus aus dem Roman von *Jules Verne* originalgetreu nachgebaut. Serviert werden Spezialitäten aus Nemos Kombüse.

■ **Hotel Viktoria**②, Dorfstraße 1, Tel. (038301) 64 60, www.hotels-auf-ruegen.de. Direkt am Hafenbecken gelegenes Hotel.

Gastronomie

■ **Seaside,** Dorfstrasse 14, Tel. (038301) 88 99 70, www.hotel-lauterbach.net. Hotel-Restaurant mit ambitionierter Küche zu erschwinglichem Preis, schöne Terrasse mit Blick auf die Insel Vilm. (Kinder-)freundlicher Service.

Aktivitäten

■ **Vilm-Rundfahrt/-Exkursion:** *Reederei Lenz,* Chausseestraße 9a, Tel. 6 18 96, www.vilmexkursion.de. Von März bis Okober um 10 Uhr mit *MS Julchen* Exkursionen auf der Insel Vilm (nur nach Voranmeldung, max. 30 Pers./Tag, Erw. 18 €, Kind 4–12 J. 9 €, Dauer etwa 3 Std., die Mitnahme von Haustieren ist nicht erlaubt), mit *MS Sundevit,* Tel. (03831) 2 68 10. Rundfahrten um die Insel Vilm (ohne Landgang!).

■ **Wassersport:** *Im-Jaich Wasserferienwelt,* am Jachthafen, Tel. 80 90, www.im-jaich.de, Surfen, Segelboote, Segelschule, Jachtcharter, Seekajak, Angeln, schwimmende Ferienhäuser.

■ **Segeln:** *Segelschule Goor,* Vilmnitzerweg 16, Tel. 65 79 50, www.segelschule-goor.de.

■ **Reiten:** *Pferdehof Prehl,* Dorfstr. 3 in Altkamp, Tel. 6 17 30, www.pferdehof-altkamp.de.

MEIN TIPP: Frisch-/Räucherfisch: Fischereigenossenschaft, Am Hafen, Tel. 5 80. Mo–Fr 8–18 Uhr, Sa 8–12 Uhr. Im kleinen Laden der Fischer gibt es hausgemachte Köstlichkeiten wie beispielsweise geräucherten Rollmops, süß-sauer eingelegten Aal, Fischsuppe oder verschiedene Heringssalate nach Hausrezepten und mit die besten Fischbrötchen auf Rügen!

Vilmnitz

Etwa 2 km östlich von Putbus liegt das kleine Dörfchen Vilmnitz. Überaus malerisch steht die kleine mittelalterliche **Kirche Maria Magdalena** auf einem Hügel. Sie wurde im 13. Jh. als **Hof- und Begräbniskirche** für die Fürstenfamilie *Putbus* errichtet. In der Familiengruft unter ihrem Chor liegt nicht nur Rügens Wirbelwind Fürst *Wilhelm Malte I.* begraben, dem eigentlich jeder Rügenfahrer seine Ehre erweisen sollte, sondern weitere 26 Familienmitglieder in Prunksärgen. Wer sich näher für die Kirche und das Dorf interessiert: Im Pfarramt von Vilmnitz gibt es die „Chronik zu Vilmnitz 1249–1999". Gottesdienst So 10 Uhr.

Besonders lohnend ist ein Besuch der Abendmusiken, die in dem Kirchlein seit vielen Jahren im Sommer (von Ende Juni bis Anfang Sept.) veranstaltet werden (Do um 19.30 Uhr). Im Programm sind auch Orchester und Chöre, die nicht nur sakrale Musik aufführen. Näheres in der Putbus-Information oder unter Tel. (038301) 4 36, **www.kirche-putbus.de**.

Robben-Watching auf Rügen

Die Robben sind zurück! Früher gab es sie in großer Zahl, dann waren sie fast 100 Jahre durch Jagd und zunehmende Wasserverschmutzung am Rande der Ausrottung – nun haben sich vor Rügen wieder Kegelrobben angesiedelt. Einst betrachtete man sie als Plage, und der Deutsche Seefischerei-Verein zahlte für jede erlegte Robbe eine Prämie von 5 Mark; heute sind die bis zu drei Meter langen und 320 Kilogramm schweren Tiere eine Sensation und stehen unter strengem Schutz. Um auch Rügenbesucher an dieser erfreulichen Entwicklung teilhaben zu lassen, startet zwischen Mai und Oktober jeweils Mo und Do ab Hafen Lauterbach ein Schiff der Weißen Flotte zu den Robbenbänken. Ein Biologe informiert dabei über die Tiere und die historische Entwicklung der Kegelrobben in der Ostsee. Während der Fahrt wird mittels Multimediatechnik viel Interessantes aus dem Leben dieser possierlichen kugelköpfigen Meeresbewohner vermittelt. Die Robbenbeobachtungsschiffe bieten max. 150 Passagieren Platz. Voranmeldung ist deshalb zu empfehlen. Unbedingt ein gutes Fernglas mitnehmen. Auf dem Schiff werden auch Ferngläser ausgeliehen.

■ **Anmeldung/Tickets:** bei der *Weissen Flotte*, Tel. (03831) 2 68 10, www.weisse-flotte.de oder direkt am Schiff im Hafen Lauterbach bzw. Zubringer Baabe Bollwerk. Preis: Erw. 23 €, Kind 4–12 J. 14 €.

10.5.–25.10., Mo, Do 10.30 Uhr ab Baabe Bollwerk, Do 9.30 Uhr ab Hafen Lauterbach, Dauer 3–3½ Std.

1b

1c INSEL VILM

390h ph

Vor der Küste von Lauterbach bei Putbus liegt in Sichtweite die kleine Insel Vilm im Rügischen Bodden. Auf Karten ist sie mit der Anmerkung „NSG: Anlegen und Betreten Verboten" versehen. Seit Jahrzehnten schon ist das Eiland völlig gesperrt.

Die geheime Vergangenheit

Der Vilm war bis zur Wende **Privatinsel von Honecker und Co.,** die man als Naturschutzgebiet tarnte. Niemand durfte sich dem Eiland nähern. Selbst die Putbuser Offiziellen, deren Verwaltung die Insel eigentlich unterstand, durften sie nicht betreten. Nur einem Verwalter und dem Stasi-Servicepersonal wie Gärtnern, Köchen und Putzfrauen war der Zugang gestattet.

Eine derartige Totalabschottung ist natürlich enorm fantasieanregend. So war es nicht verwunderlich, dass gleich nach dem Sturz der Herren 1989 eine wahre Völkerwanderung zum Vilm einsetzte. Jeder wollte das Allerheiligste und die darin vermuteten Schätze mit eigenen Augen sehen, einmal auf dem Strand stehen, an dem Erich, der jedoch insgesamt nur fünf Tage auf Vilm weilte, seinen Bauch in die Sonne gestreckt hatte.

1c

Naturschutz

Diese Öffnung war nur von kurzer Dauer. Das NSG Vilm bleibt weiterhin **nicht frei zugänglich.** Es kann nur nach vorheriger Anmeldung und mit Führung betreten werden. Der heutige Grund: die Natur des Vilms ist tatsächlich von so einzigartiger Schönheit und Ursprünglichkeit, dass sie bei einem unkontrollierten Zugang schlicht totgetrampelt würde. Keine Privilegien oder Böswillig-

⌃ Wild und unberührt – Naturufer auf dem Vilm

➡ Ein **geführter Rundgang** um die seit 1936 unter Naturschutz stehende wildromantische Insel (nur nach Anmeldung möglich!) | 63

NICHT VERPASSEN!

Diese Tipps erkennt man im Buch an der <mark>gelben Hinterlegung</mark> im Kapitel.

1c

Insel Vilm

0 ——— 400 m

© Reise Know-How
Rügen07
9/19

Gr. Haken

Kochufer

Rügischer
Bodden

Karkenufer

DER GROSSE VILM

Schnakenwerder

▲ Knirkberg 38 m

Waschstein

Kl.
Haken

Am
Ruptin

Greifswalder Bodden

DER KLEINE
VILM

Die
Scheibe

Schneider

🟩	Wald, Gebüsch
🟩	Grasland
🟧	Steilufer

keiten stecken also hinter dem Verbot, sondern verantwortliches Handeln für den Erhalt dieses zauberhaften kleinen Paradieses. Auch wenn es schwer fällt, die Reglementierung zu akzeptieren, man sollte Verständnis und Einsicht haben. Wer den Vilm einmal mit eigenen Augen gesehen hat, wird es verstehen.

Landschaft

Die Insel ist nur knapp 100 ha groß und besteht aus dem **Großen** und dem **Kleinen Vilm.** Die beiden Moränenhügel sind durch einen schmalen Streifen

1c

Schwemmland verbunden. Die Hügel sind bewaldet, ihre Hochufer fallen steil ins Meer ab. Das Material, das das Meer an den Kliffen abnagt, wird am Großen und Kleinen Haken angelandet und lässt diese ständig wachsen.

Das kleine Eiland besitzt einfach alles, was sich an Landschafts- und Küstenformen in der Ostseeregion finden lässt. Wie bei einem Modell, an dem der Schöpfer alle denkbaren Möglichkeiten *en miniature* ausprobiert hat, sind hier auf engstem Raum die verschiedensten Naturausprägungen auf das Harmonischste vereint.

Es ist unmöglich, die **urwüchsige Natur** auch nur annähernd zu beschreiben. Damit dieses Paradies, das die Jahrhunderte unbeschadet überstanden hat, auch weiterhin erhalten werden kann, sind die **strengen Schutzregelungen** für den Vilm unbedingt nötig.

Geschichte

Der **Name Vilm** leitet sich entweder vom slawischen Wort ilium (Ulme) ab oder von vilime, was soviel bedeutet wie „Holm mit altem Holzbestande". Letztere Erklärung erscheint angesichts der sagenhaft alten Bäume des Vilms einleuchtender.

Anfang des 14. Jh. errichteten die Fürsten von Putbus, denen der Vilm damals gehörte, eine **Kapelle** auf dem Eiland und siedelten drei Brüder an, die ein Gehöft betrieben. Der Hof war das einzige Haus und diente den wenigen Besuchern als Anlaufpunkt.

Ende des letzten Jahrhunderts, als Künstler die Ostseeküste für sich entdeckten, kamen die **ersten Landschaftsmaler** auf das paradiesische Eiland und waren angesichts seiner fantastisch wilden und unberührten Natur völlig hingerissen.

Damit begann auch für den Vilm die **Ära des Fremdenverkehrs.** 1886 errichtete man ein Logierhaus. Schnell zeigte sich aber, dass die einzigartige Flora und Fauna solch eine Nutzung nicht unbeschadet verkraftete. Auf Betreiben der Greifswalder Professoren *Leik* und *Mattik* wurde der Vilm schließlich am 2.12.1936 unter Naturschutz gestellt.

Baumriesen aus dem Mittelalter

Besonders beeindruckend ist die einmalige **Bewaldung** der Insel – wahrlich ein „Holm mit altem Baumbestande". Bis zu **700 Jahre alt** sind die fantastischer Knorren. **Seit 1527** wird auf dem Vilm kein Holz mehr eingeschlagen. Damals hatte die Gräfin von Putbus, die „edle Frau Agatha", für 400 Mark zum letzten Mal dem „bescheidenen Achim Monßlick, zum Sunde wohnend" das Holzschlagrecht verkauft – mit der Einschränkung: „an Holz sollen sie stehen lassen 60 alte Hegebäume". Die meisten davon stehen heute noch.

Anfang des 19. Jh., als die Franzosen und *Wallenstein* die Wälder auf Rügen niedermachten, sollte auch der märchenhafte Wald auf dem Vilm den Soldaten zum Opfer fallen. Nur mit Mühe gelang es damals dem Fürsten von Putbus, das drohende Unheil abzuwenden. Wie so vieles andere auf Rügen hat man *Malte* also auch diese uralten Baumriesen zu verdanken.

Nach dem 2. Weltkrieg nahm die Gemeinde Putbus das Tourismusgeschäft wieder auf. Auf den Vilm wurde eine Gaststätte eröffnet und eine regelmäßige Fährverbindung eingerichtet. Im Sommer 1959, nach einem Besuch *Otto Grotewohls,* wurde Putbus die Zuständigkeit für die Insel entzogen und zum angeblichen Schutz der Vogelwelt nur noch einer begrenzten Zahl von Erholungssuchenden der Zutritt erlaubt. Die schützenswerten Vögel und die begrenzte Zahl war der **Ministerrat der DDR.**

„Die Naturschutzforderungen werden vom Büro des Ministerpräsidenten akzeptiert", hieß es im alten offiziellen Sprachgebrauch. Die Herren taten es mitnichten. Man baute ein ganzes Rohrdachdörfchen als **ministerliches Feriendomizil.** Weithin sichtbar überragte ein Antennenmast die Insel, damit die Herren auch all die schönen, scharfen Westprogramme gucken konnten. Sumpfige Niederungen erhielten Entwässerungsgräben, damit da keine Stechfliegen herauskriechen und die Herrschaften pieken könnten. Der kleine Sandstrand wurde mit Strandtoilette und Strandtelefon versorgt und täglich geharkt. Das, was man „unaufdringlich den Naturgegebenheiten angepasste Ruhehütten" nannte, waren Schutzhütten für die Stasiwachen, die Tag und Nacht an den Ufern nach Eindringlingen Ausschau hielten.

Im Herbst 1989 protestierte die Gemeinde Putbus gegen ihre Aussperrung und forderte in einem offenen Brief an den Genossen *Modrow* die Öffnung der Insel und „die Schaffung gleicher Fernsehempfangsbedingungen für die Stadt Putbus wie auf dem Vilm". Am 27.12. wurde die Insel der Gemeinde Putbus

zur Verfügung gestellt. Im Herbst 1990 zog die **Internationale Naturschutzakademie** in die Häuser ein, die als Forschungs- und Begegnungsstätte für Umweltinitiativen der Ostseeanrainerstaaten dient.

⌂ Der Vilm ist nur nach Voranmeldung mit dem Boot vom Hafen Lauterbach zu erreichen

1c

Exkursionen

Die Besichtigung der Insel ist nur im Rahmen einer fachkundigen Führung nach vorheriger Anmeldung möglich. Um die Natur zu schonen, gibt es nur einmal am Tag eine Führung für eine Gruppe von höchstens 30 Personen. Die Exkursion dauert rund drei Stunden und schließt einen ca. 3 km langen Rundwanderweg um die Insel ein. Festes Schuhwerk ist erforderlich, Voranmeldung obligatorisch. Hunde verboten.

Die Putbus-Information kann keine Vilmbesuche vermitteln. Wer auf den Vilm will, sollte den kostenpflichtigen Parkplatz der Insel in der Vilmstraße benutzen (hinter Hotel Viktoria rechts rein). Für die Vilmexkursion muss man einen Parkschein für 4 Std. lösen.

■ **Info und Anmeldung:** *Reederei Lenz,* Chausseestraße 9a, 18581 Putbus, Tel. 6 18 96, www.vilm exkursion.de oder am Infokiosk im Hafen Lauterbach (März–Okt. mit *MS Julchen* ab Hafen Lauterbach, Abfahrt 10 Uhr, Erw. 18 €, Kind 4–12 J. 9 €, nur Barzahlung möglich, Dauer ca 3 Std.). Die Mitnahme von Haustieren ist nicht gestattet.

1c

1d BERGEN

Die **Inselhauptstadt** Bergen liegt ziemlich genau im geografischen Mittelpunkt Rügens am Übergang zwischen dem flachen Süden und der kuppigen Endmoränenlandschaft Ostrügens. Die Stadt ist an den Hang des **Hügels Rugard** gebaut und ist, vielleicht zusammen mit Sassnitz, der einzige Ort auf der Insel, der etwas städtischen Charakter hat.

Überblick

Bergen hat rund 14.000 Einwohner und ist wirtschaftliches und politisches **Zentrum der Insel.** Diese Stellung verdankt es seiner zentralen Lage. Strahlenförmig laufen alle Verkehrswege auf Bergen zu und machen es zum Verkehrsknotenpunkt. Von hier aus fahren die Überlandbusse bis in die letzten Winkel der Insel. Und aus allen Ecken Rügens wie auch von Hiddensee kommen die Menschen zum Einkaufen und in die Amtsstuben der Stadt. Nirgends sonst gibt es größere und mehr Supermärkte, Möbelhäuser, Baumärkte, Tankstellen und andere Shoppingzentren als im in den letzten Jahren aus dem Boden gewachsenen „Speckgürtel" am Rand der Inselhauptstadt.

ACH DEM GROSSEN STADTBRANDE ANNO DOM MDXXXVIII

23

Geschichte

Nahezu 800 Jahre alt ist die Stadt Bergen schon. *Gora,* (Berg) nannten die slawischen Siedler ihren Ort, der neben der 1170 von *Jaromar I.* erbauten Marienkirche und dem 1193 gegründeten Zister-

⌂ Das Benedix-Haus
ist Bergens ältestes Profangebäude

⮞ In der Schauwerkstatt im romantischen **Klosterhof** Kunsthandwerkern über die Schulter sehen   69

⮞ Großartige Aussicht vom **E.M.-Arndt-Turm** über fast ganz Rügen | 71

⮞ Zu Fuß oder mit dem Rad den **Nonnensee** umrunden und dabei von Beobachtungstürmen die bunte Vogelwelt entdecken | 73

⮞ Für Genießer – die Ruhe, die Aussicht und das Essen auf der **Sonnenterrasse des Hotels Sonnenhaken** in Buschvitz | 74

⮞ Auf der 700 m langen **Sommer- und Winterrodelbahn** durch 7 Steilkurven vom Rugard hinabsausen | 75

NICHT VERPASSEN!

Diese Tipps erkennt man im Buch an der gelben Hinterlegung im Kapitel.

1d

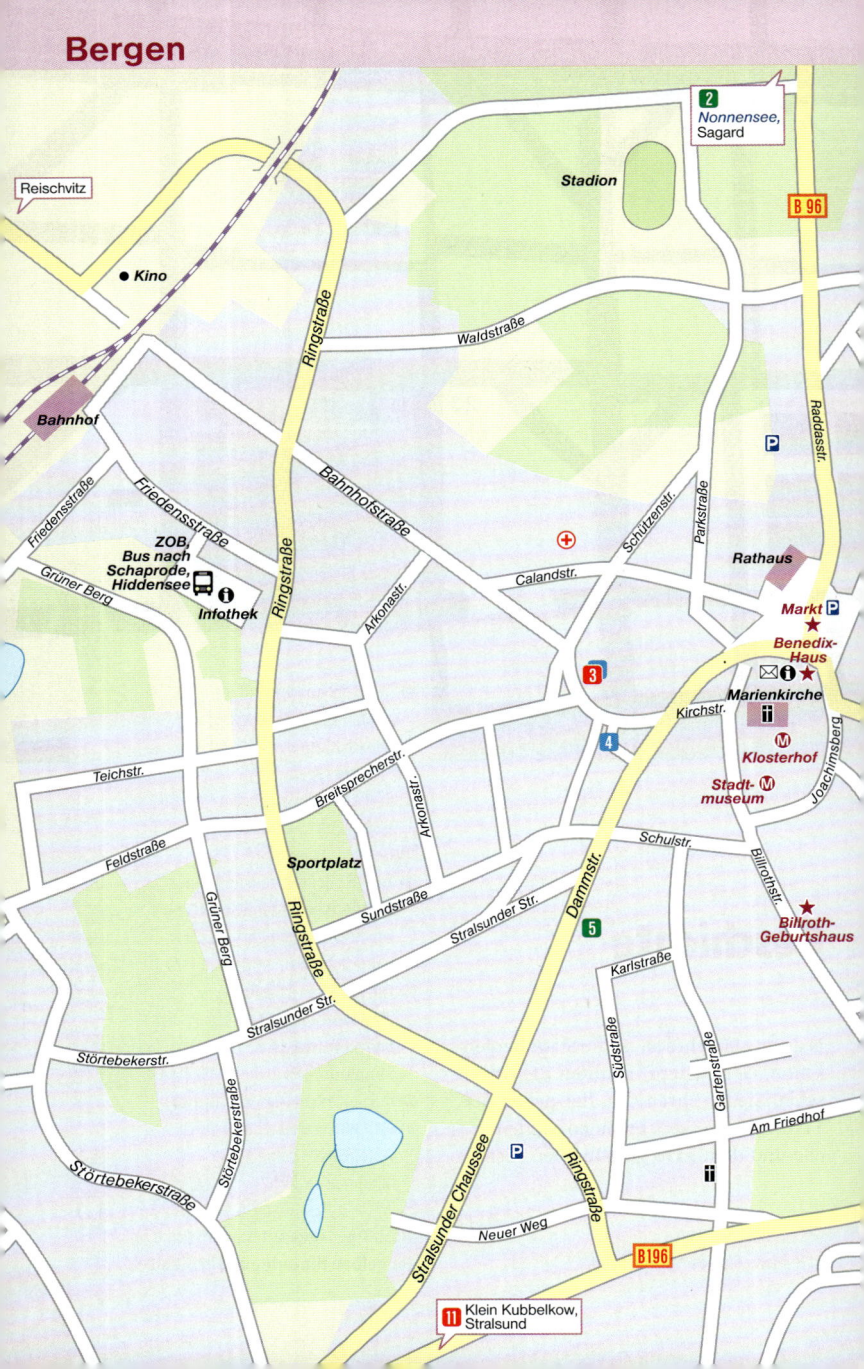

Bergen

Reischvitz

Nonnensee,
Sagard

Stadion

B 96

Kino

Waldstraße

Ringstraße

Raddasstr.

Bahnhof

P

Friedensstraße

Bahnhofstraße

Schützenstr.

Parkstraße

Rathaus

Friedensstraße

ZOB,
Bus nach
Schaprode,
Hiddensee

Calandstr.

Markt P

Grüner Berg

Ringstraße

Infothek

Arkonastr.

Benedix-
Haus

Marienkirche

3

Kirchstr.

Klosterhof

Joachimsberg

4

Stadt-
museum

Teichstr.

Breitsprecherstr.

Arkonastr.

Schulstr.

Billrothstr.

Billroth-
Geburtshaus

Feldstraße

Grüner Berg

Sportplatz

Ringstraße

Sundstraße

Stralsunder Str.

Dammstr.

5

Karlstraße

Störtebekerstr.

Stralsunder Str.

Südstraße

Gartenstraße

Am Friedhof

Störtebekerstraße

Störtebekerstraße

P

Ringstraße

Stralsunder Chaussee

Neuer Weg

B196

11 Klein Kubbelkow,
Stralsund

0   400 m   © REISE KNOW-HOW

Rügen05
9/19

Freilicht-
bühne ★

7

Rugardstraße

6

Stedaer Weg

P

P

Rugardweg

8

★ *Ernst-Moritz-*
Arndt-Turm

R u g a r d

Am Burgwall

Am Burgwall

Vieschstr.

Am Fischersteig

Camper Weg

Mühlenstr.

Am Mühlenheck

Clementstr.

Granitzblick

Panoramablick

Am Tannengrund

Teteler Landweg

9

Königsstraße

Gadmundstr.

Weidenstr.

Teteler Landweg

Boddenblick

Wasserstr.

Weidenstr.

Königsstr.

10
Binz, Gähren,
Buschvitz

B196

■ **Übernachtung**
3 Romantik Hotel
Kaufmannshof
8 Hotel Am Rugard
10 Hotel Sonnenhaken
11 Gutshaus Kubbelkow

■ **Essen und Trinken**
3 Kontor
4 Tüffelhus

■ **Sonstiges**
2 Haflinger Hof,
Reiten (Stadthof)
5 Fahrradverleih
Kresse
6 Inselrodelbahn
7 Kletterwald
9 Go-Kart- und
Buggybahn

zienserkloster entstand. Mit ihrem heutigen Namen wurde die Siedlung erstmals 1232 erwähnt. Der Fürst selbst bewohnte – allerdings nur zeitweise – die **Wallburg Rugard,** die sich damals auf dem Gipfel des gleichnamigen 91 m hohen Hügels befand. Die slawischen Fürsten pflegten nämlich das System der wandernden Hofhaltung. Das heißt, der ganze Hof wanderte zwischen der Wallburg in Garz und der in Bergen hin und her, um die Lasten für die Bewohner, denen der Unterhalt für Burg und Hofstaat abverlangt wurde, zu verteilen. Die unwirtlichen Wintermonate aber verbrachte er in Dänemark, zu dessen Territorium Rügen nach dem Fall der Arkonaburg 1166 gehörte.

Dank seiner zentralen Lage entwickelte sich Bergen schnell. Handwerker, Bauern und Kaufleute zogen zu und machten es zur wirtschaftlichen Drehscheibe. Regelmäßig fanden zentrale **Märkte** statt, auf denen alle Produkte und Waren Rügens feilgeboten wurden. Auf dem Marktplatz wurde bei Verkaufsbeginn eine Fahne aufgestellt und solange sie wehte, durfte kein *Butenberger,* wie die außerhalb der Stadt lebenden Menschen genannt wurden, auf dem Markt einkaufen. Das sollte sicherstellen, „dass der Armoth ere Notdorfft vor dem Fremden bekäme", dass die armen Bergener Bürger vor den Auswärtigen einkaufen können.

Das alte Verwaltungszentrum Garz verlor durch diese Entwicklung nach und nach seine zentrale Bedeutung und musste seine Rolle schließlich ganz an Bergen abgeben. **1613** wurde Bergen von Herzog *Julius II.* das **Stadtrecht** verliehen.

Größtes Problem der aufstrebenden Stadt war ein chronischer **Mangel an Wasser,** das bekanntlich auf einem Berg eher rar ist. Verheerende Stadtbrände in fast gesetzmäßiger Folge waren das Ergebnis. Fünf Mal, 1445, 1538, 1563, 1621 und 1690, wurde sie durch Feuerstürme in Schutt und Asche gelegt.

Sehenswertes

„In Bergen selbst ist nichts merkwürdiges", stellte schon 1769 der bekannte Forscher *Wilhelm von Humboldt* bei einem Besuch fest. Selbst einer ihrer Söhne, der Heimatforscher *Grümbke,* beschrieb seine Heimatstadt 1805 folgendermaßen: „Holprige abschüssige Wege, schiefe, schlecht gedämmte, zum Teil ungepflasterte Straßen und Durchgänge, für Menschen und Vieh gleich unbequem zu passieren, schmutzige Winkel, kleine, mitunter schlechte, höchstens mittelmäßige Häuser, die ohne Ordnung bald hierhin, bald dorthin gesetzt sind ... Selbst der Marktplatz ist ungestalted und schiefwinklig". Grund für das wenig erfreuliche Stadtbild Bergens waren und sind die großen Brände, deren regelmäßige Wiederkehr die Menschen offensichtlich veranlasste, billig und provisorisch zu bauen, da ja der nächste Brand sowieso alles wieder vernichten würde. Nur einige wenige historische Bauten überstanden die Feuersbrünste.

Marienkirche

Der älteste und wichtigste von ihnen ist die Marienkirche, die schon 1170 der Rügenfürst *Jaromar I.* erbauen ließ. Sie

„Die Minute von Bergen"

Dass in Bergen die Uhr(en) anders gehen als anderswo auf der Welt, beweist die Turmuhr der **Kirche St. Marien.** Denn wer genau hinsieht, stellt erstaunt fest, dass ihr Zifferblatt an der Nordseite in der ersten halben Stunde **31 Minuten** zeigt. Als 1963 bei einem Sturm das Zifferblatt schwer beschädigt wurde und ausgetauscht werden musste, bemerkten die damit betrauten Handwerker beim Bohren der Minutenlöcher, dass sie bis zur 30-Minuten-Marke ein Loch zu viel gebohrt hatten, die halbe Stunde also 31 Minuten zählte. Das Loch war drin, was also tun? Ohne weitere Worte zu verlieren, sparten sie in der nächsten halben Stunde die Sekunde wieder ein. So dass am Ende doch die richtige Zahl von 60 Minuten für die volle Stunde steht. Lange blieb die „Minute von Bergen" das **Geheimnis** von wenigen Eingeweihten, bis bei einer erneuten Wartung der Uhr die überflüssige Minute ans Licht kam.

ist die **älteste Kirche auf Rügen.** Der Bau, im Laufe der Zeit mehrfach erweitert und umgebaut, zählt zu den bedeutendsten Denkmälern der **dänisch-norddeutschen Backsteinarchitektur.**

Das älteste Bauteil des gotischen Hallenbaus ist noch heidnischen Ursprungs: Neben dem Hauptportal zeugt ein in die Außenmauer eingelassener slawischer Grabstein, der sogenannte **Svantevitstein,** von der ranischen Kultur und Religion, die bis zum Fall der Jaromarsburg auf Rügen herrschte. *Jaromar I.* begann danach im Auftrage der siegreichen christlichen Dänen sofort mit der Christianisierung der Insel und ließ Kirchen und Klöster errichten. Die Marienkirche war der erste Sakralbau, der im Zuge dieser Kampagne entstand. In der Kirche ist das Standbild dieses ersten christlichen Slawenfürsten zu sehen.

Bemerkenswert sind auch ein Taufstein aus dem 14. Jh. und die Barockkanzel. Chor und Querhaus zieren romanische Wandmalereien. Jüngeren Datums ist die Bemalung des Gewölbes und der Pfeiler. Sie wurde erst um 1900 angebracht.

■ **Marienkirche,** Tel. 25 35 24, Mai–Okt. Mo–Sa 10–16 Uhr, sonst Schlüssel im Kirchenverwaltungsamt gegenüber holen, Führungen nach Vereinbarung.

Klosterhof/Stadtmuseum

Das **ehemalige Zisterzienserinnen-Kloster** bei der Kirche wurde 1945 aufgelöst. Im Klosterhof hat das **Stadtmuseum** Unterkunft gefunden, das mit seinen Sammlungen aus der Geschichte des Klosters und der Stadt erzählt. Sehr interessant sind die Schautafeln zu den slawischen Gottheiten. Zusammen mit dem historischen **Pfarrhaus** bilden die Marienkirche und das Kloster ein malerisches Ensemble.

Neben dem Museum kann man in einer **Schauwerkstatt** nicht nur den

1d

127rh ph

Handwerkern über die Schultern sehen, sondern im kleinen einladenden Café frisch gebackenen Kuchen essen.

Von Mai bis September finden monatlich **Floh- und Handwerkermärkte** im Klosterhof statt.

■ **Schauwerkstatt,** Klosterhof/Billrothstr. 20a, Tel. 82 83 56; April–Okt. Mo–Fr 10–18 Uhr, Sa 10–16 Uhr, Nov.–März Mo–Fr 10–16 Uhr, Sa 10–13 Uhr.

■ **Stadtmuseum,** Klosterhof/Billrothstr. 20a, Tel. 25 22 26, www.stadtmuseum-bergen-auf-rue gen.de; Mai–Okt. Di–Sa 10–18 Uhr, Nov.–April Di–Fr 11–15 Uhr, Sa 10–13 Uhr.

Marktplatz

Nur wenige Schritte von der Marienkirche entfernt öffnet sich der Marktplatz. Dort steht das **Benedix-Haus,** das älteste Haus Bergens und ganz Rügens. In dem aufwendig restaurierten Schmuckstück sind heute die Stadt-Information und das Standesamt untergebracht. An einem Querbalken des schönen Fachwerkhauses weist ein eingekerbter Schriftzug darauf hin, dass das Haus nach dem großen Stadtbrand „anno MDXXXVIII“ (1538) erbaut wurde. Um den Marktplatz herum stehen das **Rathaus** und einige weitere Bürgerhäuser.

Rugard

Geht man an der Oberseite des Marktes die Vieschstraße hinauf, erreicht man nach etwa 10 Minuten den **Gipfel** des Rugard. Diesen kurzen Spaziergang sollte man sich keinesfalls entgehen lassen. „Der Hochaltar des Landes ist allein schon würdig, dass Reisende auf ihm der Natur ein Opfer bringen“, meinte auch der Bergener Inselchronist *Grümbke.* Denn: „Man kann keinen besseren Stand finden, um nach allen Richtungen hin die eigentümlichen Herrlichkeiten zu übersehen, womit die Insel ausgestattet ist“.

Heute so wahre Worte wie damals, zumal sich auf dem Gipfel inmitten des slawischen Burgwalls der ==Ernst-Moritz-Arndt-Turm== erhebt. Vom oberen Kranz des 27 m hohen Gedenkturmes hat man bei gutem Wetter einen einmaligen Panoramablick über ganz Rügen bis nach Sassnitz und Stralsund. Der Grundstein des Gedenkturmes wurde 1868 zu Arndts 100. Geburtstag gelegt. Zur Finanzierung wurde eigens ein „bürgerschaftliches Kollegium“ gegründet, das mit einem „Aufruf an das deutsche Volk“ Geld sammelte. „Patriotische deutsche Architekten“ wurden aufgefordert, Vorschläge einzureichen. Erst plante man, Arndt eine Ruhmeshalle in Form eines überdimensionalen Hünengrabes zu errichten. Schließlich entschied man sich dann aber für den Ent-

◁ Relikt aus vorchristlicher Zeit – der Svantevitstein in der Marienkirche

1d

310rh ph

Bergen

wurf des Berliner Architekten *Eggert*. Nachdem Geld und Entwurf vorhanden waren und der umtriebige Fürst *Malte von Putbus* Land und Ziegelsteine zur Verfügung gestellt hatte, konnte mit dem Bau begonnen werden. Die Fertigstellung verzögerte sich mangels Geld jedoch mehrmals. Schließlich brachte aber eine eigens für den Arndt-Turm initiierte Lotterie genügend Kapital zusammen, sodass er 1877 endlich fertiggestellt werden konnte.

Nach der Turmbesteigung kann man den Rugard auf einem 2,5 km langen **Naturlehrpfad** umrunden, auf dem Schilder die Flora und Fauna erläutern (Dauer ca. 2 Stunden). Der Pfad führt auch an der **Freilichtbühne** vorbei, die auf der stadtabgewandten Hangseite des Rugard liegt.

Einige Schritte entfernt findet man die **Rodelbahn** sowie die **Go-Kart- und Buggybahn.**

Direkt neben der Rodelbahn hat auf 16.000 m² Fläche Rügens größter **Kletterwald** eröffnet. Auf mehreren Parcours mit insgesamt 90 Elementen kann man sich so richtig austoben, u.a. mit einem 18-m-Tarzansprung.

MEIN TIPP: **Ernst-Moritz-Arndt-Turm,** Tel. 2 01 90, Mai–Okt. täglich 10–18 Uhr, Nov.–April täglich 10 Uhr bis 16 Uhr (im Winter Schlüssel an der Rezeption im Hotel Am Rugard nebenan). Eintritt 2 €.

Buschvitz

Wer noch weiter spazieren will, dem sei die schöne Route hinunter in das kleine ehemalige **Fischerdorf** Buschvitz am Ufer des Kleinen Jasmunder Bodden empfohlen. Buschvitz war einst der Hafen von Bergen. Dass hier einmal große Segelschiffe anlegten, mag man heute kaum mehr glauben. Der Bau des Straßendamms bei Lietzow, der den Kleinen vom Großen Jasmunder Bodden trennt und die Zufahrt nach Buschvitz unterbrach, bedeutete das Ende des Hafens.

Nonnensee

Unweit der Stadt liegt nahe der Straße Richtung Schaprode/Trent der 75 ha große Nonnensee. Der eiszeitliche Schmelzwassersee ist einer der bedeutendsten Flachwasserseen in Mecklenburg-Vorpommern. 1970 wurde der See künstlich entwässert und ausgetrocknet. Als 1993 das Schöpfwerk abgestellt wurde, entstand der See neu. Vor allem im Spätsommer und Herbst nutzen viele **Vögel** den See als Rast- und Schlafplatz. Der rund um den See angelegte, ca. 5 km lange **(Rad-)Wanderweg** bietet mit seinen zwei Beobachtungstürmen faszinierende Einblicke in diese ständig wechselnde Naturlandschaft.

[<] Panoramablick über die ganze Insel – der Ernst-Moritz-Arndt-Turm

1d

Praktische Tipps

Info

■ **Vorwahl:** 03838
■ **Touristen-Information,** Markt 23, 18528 Bergen, Tel. 3 15 28 38, www.stadtinfo-bergen-ruegen.de, 15.Mai–15.Sept. Mo–Fr 9–18 Uhr, Sa 10–16 Uhr, 16. Sept.–14. Mai Mo–Fr 10–16 Uhr.
■ **InfoThek am Busbahnhof** (Auskunft, Fahrscheine), Friedensstraße 24, Tel. 20 29 55, www.vvr-bus.de. Mo–Fr 8.30–12.30 und 13–17 Uhr (u.a. Busse nach Schaprode/Fähre nach Hiddensee).

Unterkunft

3 **Romantik Hotel Kaufmannshof**②-③, Bahnhofstr. 6–8, Tel. 8 04 50, www.kaufmannshof.com. Zentral in der Altstadt gelegen, mit historischem Interieur wie das Restaurant *Kontor* mit alter Kaufmannsladeneinrichtung.
8 **Hotel Am Rugard**②, Rugardweg 10, Tel. 2 01 90, www.rugard.de. Sehr reizvoll und still nahe dem Arndt-Turm gelegenes Haus mit 18 komfortablen Zimmern, empfehlenswertem Hausrestaurant und idyllischem Biergarten mit alten Eichen und Arndt-Turm-Blick.
10 **Hotel Sonnenhaken**②-③, in Buschvitz, Grüner Weg 9, Tel. 82 10, www.sonnenhaken.de. Mit herrlichem Blick auf Jasmunder Bodden, im Restaurant sehr gute regionale Küche.
11 **Gutshaus Kubbelkow**③-④, Im Dorfe 8, in Klein Kubbelkow, Tel. (03838) 8 22 77 77, www.kubbelkow.de. Elegantes Schlosshotel. Herrschaftliches, in einen weitläufigen Park eingebettetes Herrenhaus in wundervoll stiller, idyllischer Lage mit Herren- und Kaminzimmer und Bibliothek. Gutsherrenbad mit Bio- u. Finn. Sauna, Sanarium, Erlebnisdusche, Aroma- u. Dampfbad). Das Haus-

311th ph

restaurant offeriert eine kleine aber feine Karte, die im *Gault Millau* 15 Punkte erhielt. Standesgemäßer Shuttleservice mit einem nachtblauen Bentley S2 Standard Saloon.

Gastronomie

3 **Kontor,** Bahnhofstr. 6, Tel. 8 04 50. Geschmackvoll mit historischen Interieurs ausgestattetes Hotelrestaurant mit gehobener regionaler Küche, Wintergarten und im Sommer mit Biergarten um die schattenspendende Hoflinde.
4 **Tüffelhus,** Dammstr. 1, Tel. 2 23 32, www.tueffelhus.de. Kleines, gemütliches Restaurant mit frisch zubereiteter Hausmannskost zum anständi-

gen Preis mit sehr schöner Sommerterrasse. Vom kundigen Wirt gibt es bei Bedarf allerlei gute Tipps für den Rügenurlaub.

Aktivitäten

5 **Fahrradverleih:** *Kresse,* Dammstr. 31, Tel. 25 66 20, www.zweirad-kresse.de.

9 **Go-Kart- und Buggybahn:** an der Straße Richtung Buschvitz, Tel. 20 94 85, www.ruegenkart bahn.de. Rennkarts auf Asphaltrundkurs, Buggys auf Geländekurs, Elektroautos für Kleinkinder; mit angeschlossener Gaststätte, Sommer Fr–So täglich 10–19 Uhr, Herbst und Frühjahr 10–18 Uhr, Winter 10–16 Uhr.

2 **Reiten:** *Stadthof.* Stadthof 3 (am Nonnensee), Tel. (03838) 31 59 28, www.westernreiten-rue gen.de.

6 **Inselrodelbahn:** Rugardweg 7, Tel. 82 82 82, www.inselrodelbahn-bergen.de. 700 m lange Sommer- und Winterrodelbahn, Juli/Aug. tägl. 10–19 Uhr, April–Juni sowie Sept./Okt. 10–18 Uhr, Nov.–März 13 Uhr bis Einbruch der Dunkelheit.

7 **Kletterwald Rügen:** Rugardweg 9, mobil: (0152) 04 90 32 63, www.kletterwald-ruegen.eu. April–Juni u. Sept./Okt. Mo–Fr 11–17 Uhr, Sa/So 10–18 Uhr, Juli/Aug. tägl. 10–18 Uhr.

⌂ Der romantische Klosterhof ist das kulturelle Herz der Stadt

1d

1e DIE GRANITZ

129h ph

Von der Ausdehnung vegleichsweise klein, ist die Granitz dennoch Rügens touristisches Epizentrum. Es lockt das mondäne Seebad Sellin mit seiner wunderhübschen Seebrücke und das bunte Badeleben an seinen Bilderbuchstränden, vor allem aber die herrlichen Wälder und grünen Täler, die das sanfte Hügelland bedecken und durchziehen und die Granitz zum Wanderparadies machen. Häufiges Ziel ist das weithin sichtbar auf dem höchsten Hügel aufragende Jagdschloss Granitz, von dessen Turm der Blick über halb Rügen bis hinüber zum Festland und den Kirchtürmen der Hansestadt Greifswald streift. Die große Attraktion, die wohl kein Rügenreisender auslassen wird, ist der „Rasende Roland", die historische Schmalspurbahn, die dieses bevorzugte Stück Rügen aus seiner Fahrt von Putbus nach Göhren durcheilt.

Überblick

„Ich kann nicht anders, denn mir sind Herrlichkeiten erschienen, die ich nie nach Würden werde preisen können und welche ich allem, was Rügen mir Schönes gezeigt hat, vorziehe, Pulitz und Stubbenkammer ausgenommen".

Dieser Lobgesang *Grümbkes* galt dem herrlichen, sanfthügeligen Waldgebiet der Granitz, das sich **im Osten** Rügens in etwa zwischen Prorer Wiek, Stresower Bucht und dem Kleinen Jasmunder Bod-

den ausdehnt. Ein schmaler, verschilfter Wassergraben zwischen Sellin und Baabe bildet die Grenze zum angrenzenden Mönchgut. Die Granitz ist fraglos eine der landschaftlich schönsten Regionen Rügens – vielseitig und abwechslungsreich, voller Kontraste und Sehenswürdigkeiten.

⌃ Rastplatz am Schwarzen See – die Buchenwälder der Granitz sind ein wunderbares Wandergebiet

NICHT VERPASSEN!

➡ Mit der historischen **Schmalspurbahn „Rasender Roland"** quer durch die Granitz | 80

➡ Aufstieg auf den **Tempelberg** zum Jagschloss Granitz und auf dessen Turm | 82

➡ Auf Schusters Rappen entlang der malerischen **Steilküste von Binz nach Sellin** | 85

➡ In den Kaiserpavillon der **Selliner Seebrücke** einkehren | 85

➡ Eine Radtour nach **Seedorf** und weiter bis zur **Ausflugsgaststätte Moritzburg** | 85

Diese Tipps erkennt man im Buch an der gelben Hinterlegung im Kapitel.

1e

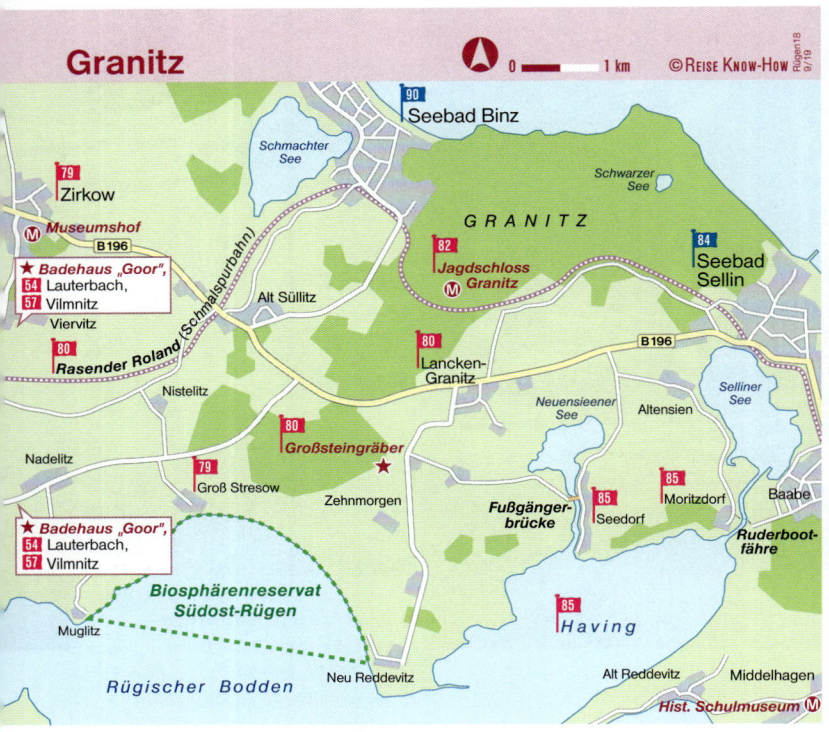

Granitz

0 ———— 1 km © REISE KNOW-HOW

Rügen18 9/19

Seebad Binz 90

Schmachter See

Schwarzer See

Zirkow 79

G R A N I T Z

Museumshof Ⓜ
B196

★ Badehaus „Goor", 54 Lauterbach, 57 Vilmnitz

Viervitz

Alt Süllitz

82 Jagdschloss Granitz Ⓜ

84 Seebad Sellin

Rasender Roland 80

Rasender Roland (Schmalspurbahn)

Nistelitz

80 Lancken-Granitz

B196

Neuensieener See Altensien

Selliner See

Nadelitz

79 Groß Stresow

80 Großsteingräber ★

Zehnmorgen

Fußgänger-brücke 85 Seedorf

85 Moritzdorf Baabe

Ruderboot-fähre

★ Badehaus „Goor", 54 Lauterbach, 57 Vilmnitz

Biosphärenreservat Südost-Rügen

Muglitz

Rügischer Bodden

Neu Reddevitz

85 Having

Alt Reddevitz Middelhagen

Hist. Schulmuseum Ⓜ

Bis zu 107 Meter steigt das hügelige Moränengebiet an. Die **schattigen Buchenwälder,** die die größte zusammenhängende Bewaldung auf Rügen bilden, werden von Wiesentälern durchbrochen. Ein Wegenetz durchzieht das Gebiet und macht es zum **Wanderparadies.**

Auf ihrem höchsten Gipfel thront herrschaftlich Rügens berühmtestes Schloss, Fürst *Maltes* **Jagdschloss Granitz.**

Zu Füßen des Schlosses schnauft heftig qualmend und tutend der nostalgisch-romantische **Rasende Roland** durch Wälder, Wiesen und Felder.

An der Außenküste, dort, wo das tiefe Grün der Wälder auf das blaugrün schimmernde Meer trifft, liegen die charmanten **Seebäder Binz und Sellin,** deren prächtige Villen und Logierhäuser die mondäne Aura der Kaiserzeit ausstrahlen. Damals wie heute locken die puderfeinen, kilometerlangen Sandstrände Sommerfrischler in großer Zahl an und erfüllen die Bilderbuch-Badeparadiese mit buntem, fröhlichem Trubel. Entspannung und Ruhe findet man an den stillen Wassern des Rügischen Boddens.

Zirkow

An der Straße von Lancken-Granitz nach Bergen liegt am Rande des Biosphären-Reservats Südost-Rügen das kleine Dorf Zirkow. Die meisten eilen achtlos daran vorbei. Doch der Abstecher in die kleine Landoase lohnt.

Optisch ragt die mittelalterliche Backsteinkirche aus dem 15. Jh. heraus. Als Ausflugsziel bedeutend ist aber der wunderhübsche **Museumshof.** Die museale Anlage zeigt ein originalgetreues Gehöft aus der Zeit um 1720. Es umfasst Wohnhaus, Stallungen, Scheune und Geräteschuppen und bietet Einblicke in das bäuerliche Alltagsleben auf Rügen in den vergangenen Jahrhunderten.

■**Museumshof Zirkow,** Binzer Str. 43, Tel. (038393) 3 28 24, April–Sept. Mi–Fr 10–14 Uhr.

Unweit vom Museumshof lockt das **Erlebnis-Dorf Zirkow** besonders Familien mit kleinen Kindern an, mit einem überbreiten Angebot an Vergnügungen, die von einer Bonbon-Manufaktur über eine Marmeladenküche, Rutschbahnen, Traktorbahn bis zu einem großen Bauernmarkt und diversen gastronomischen Einrichtungen reichen.

■**Erlebnis-Dorf Zirkow,** Binzer Str. 32, Tel. (038202) 40 50, www.karls.de/zirkow.html, tägl. 8–19 Uhr.

Weitab von der Küste bietet die neue **Wasserskianlage** in Zirkow feuchtes Vergnügen.

Unterkunft

■**Pension Alte Schule**①-②, Putbuser Straße 15, Tel. (038393) 3 24 70, www.alte-schule-zirkow.de; in der ehemaligen alten Dorfschule.

Aktivitäten

■**Reiten:** *Reiterhof Viervitz,* Viervitz 3a, Tel. (038393) 1 45 50, www.hof-viervitz.de.
■**Wassersportcentrum,** Am Kapellenberg 1, Tel. (038393) 13 14 70, www.wasserskiruegen.de. April–Okt

Groß Stresow

Kommt man von Putbus in die Granitz, biegt rechts ein kleines Sträßchen hinunter zur Stresower Bucht ab, an deren Ufer der Ort Stresow liegt. Die Bucht ist Bestandteil des **Biospährenreservats Südost-Rügen** und ein besonders geschütztes Gebiet, in dem das Fahren mit Sportbooten nicht gestattet ist.

Von Groß Stresow lassen sich Wanderungen durch die besonders stille, kaum besuchte Natur unternehmen. Schöne Ziele sind z.B. die **Ziegensteine,** die Großsteingräber bei Burtevitz, der weit in den Bodden vorspringende **Gobbiner Haken** bei Neu Reddevitz oder das **Naturschutzgebiet Muglitzer Ort.**

Nahe beim Dorf und der Straße nach Lancken-Granitz ragt das **Friedrich-Wilhelm-Denkmal** auf. Es erinnert an die Landung des Preußen 1715 bei Stresow mit 24.000 Mann, um die Schweden erfolgreich zu vertreiben. Neu errichtet hat man das vor 30 Jahren abgerissene soge-

Die Granitz

1e

nannte „**Verräterhaus**", das an die Schlacht erinnert. In ihm soll der „Verräter" *Johan Meußling* gewohnt haben, der der Preußenflotte mit einem Bettlaken auf seinem Dach den Weg durch die tückischen Boddengewässer gewiesen haben soll und so dem „alten Dessauer" zum Sieg verhalf.

Lancken-Granitz

An der Straße von Sellin nach Bergen liegt am Fuße des Tempelberges das Dorf Lancken-Granitz mit sehenswerter mittelalterlicher **Dorfkirche.**

Hünengräber

Doch der Ort kann mit einer Reihe weit älterer Bauwerke aufwarten. Knapp 1 km dahinter liegen in den Feldern und Wiesen wie an einer Schnur aufgereiht sieben **steinzeitliche Großsteingräber** aus der Zeit von etwa 2300 v. Chr. Das in Ost-West-Lage ausgerichtete Gräberfeld ist das am besten erhaltene und sehenswerteste von den insgesamt 54 auf Rügen noch erhaltenen Hünengräbern. Bei manchen kann man durch schmale Schlitze in die Grabkammer hineinkrabbeln. Man ist versucht, an diesem schattigen, besinnlichen Örtchen ein Nickerchen zu machen.

Kurz hinter dem Ortseingang in die Straße Richtung Dummertevitz abbiegen. Nach etwa 1 km parken und ausgeschilderten Weg gehen. Die Gräber sind von der Straße nicht zu übersehen (auf kleine Baumgruppen im Feld achten).

Der Rasende Roland – mit 30 km/h durch Granitz und Mönchgut

Letztes Überbleibsel von Rügens einst 106 km langem Schmalspurnetz ist die 24 km lange Strecke des Rasenden Rolands, der **zwischen Lauterbach und dem Seebad Göhren** gemächlich durch die schönen Landschaften der Granitz und des Mönchguts zockelt.

Entstanden waren die Kleinbahnen einerseits, um den Rittergutsbesitzern den Abtransport ihrer landwirtschaftlichen Produkte zu erleichtern, andererseits aber auch von Beginn an aus **touristischen Erwägungen.** Beim Bau der Kleinbahn hatte wie überall Fürst *Malte* seine Finger im Spiel. Nachdem er 1830 bei Binz die ersten Badehütten aufstellen ließ, hatte er Interesse an einer schnellen, sicheren und bequemen Verbindung zu seinem neuen Seebad.

1893 wurde mit den Bauarbeiten begonnen. Die Streckenführung gestaltete sich schwierig, weil einige Gutsbesitzer einen eigenen Bahnhof wollten, andere aber um die Gesundheit ihrer Kühe fürchteten und mit deren Weigerung rechneten, Milch zu geben, sollte der fauchende Zug über ihre Weiden fahren. Am 22. Juli 1895 konnte die Teilstrecke Putbus – Binz eingeweiht werden. Bis Oktober 1899 war dann die gesamte Strecke bis Göhren fertiggestellt.

Seither verkehrt der Rasende Roland, so benannt wegen seiner Spitzengeschwindigkeit von 30 km/h, tagtäglich rund ums Jahr fahrplanmäßig zwischen den beiden Orten und befördert dabei rund 700.000 Passagiere. Zum Einsatz

kommen **historische Waggons und Dampfloks.** Die älteste der acht Lokomotiven stammt
aus dem Jahr 1914.

Eigentlich sollte die Strecke 1975 **stillgelegt**
werden. Es ist dem Einsatz des Modelleisen-
bahnverbands der DDR zu verdanken, dass das
heute unter Denkmalschutz stehende Bäh-
nchen auch gegenwärtig noch Gäste durch die
Landschaft der Granitz kutschiert.

Nach der Wiedervereinigung plagten die
Schmalspurbahner schwere Sorgen. Die marode
Reichsbahn, der der Rasende Roland gehörte,
war in argen Geldnöten und wollte ihn deshalb
stilllegen. Nun ist die Bahnlinie in den Besitz des
Landkreises Rügen übergegangen. Von 1996 bis
2007 wurde die Bahn von der *Rügenschen Kleinbahn GmbH (RüKB)* betrieben. 2007 kündigte der
Landkreis die Verkehrsverträge mit der *RüKB*.
Die Ausschreibung entschied die sächsische
Pressnitztalbahn GmbH für sich, konnte jedoch
den Betrieb nicht aufnehmen, da die unterlege-
ne *RüKB* das rollende Material, also Züge und

Waggons als ihr Eigentum reklamierte. Um
Ostern wenigstens einen Notverkehr anbieten
zu können, wurden per Tieflader Loks und Waggons von der Fichtelbergbahn aus Sachsen nach
Rügen geschafft und der Sitz von Putbus nach
Göhren verlagert. Seit Sommer 2008 verkehrt
der Rasende Roland wieder regulär.

Ein **Tipp für Fotofreunde:** Wenn Sie den Roland in voller Fahrt durch die Landschaft ablichten wollen, stellen Sie sich beim Haltepunkt
Garftitz in die Wiese und warten Sie den Zug
von Göhren ab. Aus Richtung Putbus kommt die
Lok nämlich immer rückwärts daher.

■**Rügensche BäderBahn (RüBB)** „Rasender
Roland", Bahnhofstraße 14, 18581 Putbus, Tel.
(038301) 8 84 00, www.ruegensche-baederbahn.
de. Putbus – Binz einfach 4,40 € (Kinder 2,20 €),
Putbus – Göhren einfach 11 € (Kinder 5,50 €), Sellin Ost – Jagdschloss Granitz, 2,20 € (Kinder 1,10 €,
Fahrrad HS 3 €, NS 1,50 €), Tageskarte 23 € (Kinder
11,50 €).

Praktische Tipps

Info

- **Vorwahl:** 038303
- **Tourist-Information,** Dorfstr. 8, 18586 Lancken-Granitz, Tel. 9 56 78, lancken-granitz@ruegen.de, 1. April–31. Okt. Mo, Mi, Fr 9–12 Uhr.
- **Kurabgabe** HS 1,50 €, NS 1 €.

Unterkunft

- **Hotel-Pension Jägerhof**①-②, Dorfstr. 37, Tel. 95 46 00, www.jaegerhof-ruegen.de. Neubau mit Blick auf den Neuensiener See; Minigolf, Fahrradverleih, Spielplatz.
- **Pension Alte Mühle**①, Am Mühlengrund 7, Tel. 90 99 61, www.am-muehlengrund-ruegen.de. 2-Raum-Fewo in ruhiger Lage am Ortsrand mit Liegewiese, Fahrradverleih.

Jagdschloss Granitz

Auf der Granitz höchstem Hügel, dem **106 m hohen Tempelberg,** lugt das stolze Jagdschloss Granitz keck aus den Baumkronen hervor. Es ist ein herrliches Ziel für einen kleinen Ausflug zu Fuß, mit dem Fahrrad oder mit der Schmalspurbahn Rasender Roland.

Das schmucke Jagdschloss mit seinen vier Ecktürmen und dem zentralen Hauptturm verdanken wir wiederum dem umtriebigen Fürst *Malte zu Putbus.* Er ließ es 1835/46 vom Berliner Architekten *Steinmeyer* unter maßgeblicher Mitwirkung von *K. F. Schinkel* errichten.

Die ehemalige Innenausstattung – Waffen, Gemälde, Marmorskulpturen und andere Kostbarkeiten – wurde 1945 ausgelagert und ist seitdem verschollen oder zerstört. Das kleine, burgartige Schloss wurde in den letzten Jahren umfassend restauriert und saniert und als **Museum** wiedereröffnet, zu dem u.a. die Ausstellung „Hirsche der Welt" gehört, eine einmalige Sammlung aller Hirscharten der Welt.

Für die jährlich 300.000 Besucher ist jedoch der **Turm des Schlosses** der Hauptanziehungspunkt. Von ihm bietet sich ein überwältigender **Panoramablick** über ganz Rügen bis nach Stralsund und Greifswald. Auf den 38 m hohen Turm führt eine wunderschöne, 154 Stufen lange **Wendeltreppe.** Sie ist aus Gusseisen und filigran durchbrochen, was den Blick in die Tiefe freigibt und für nicht ganz Schwindelfreie ein gewisses Problem darstellt.

Wer mit dem Auto anreist, stellt seinen Wagen auf dem großen Parkplatz an der Straße von Serams nach Binz ab. Von hier steigt man durch die schattigen Buchenwälder zum Schloss hinauf. Vom Parkplatz aus besteht auch die Möglichkeit, sich von einem Pendelzug oder einer Pferdekutsche zum Jagdschloss bringen zu lassen.

Am besten reist man aber gleich mit dem „Rasenden Roland" an. Am Fuß des Tempelbergs liegen die Stationen Jagd-

▷ Nur für Schwindelfreie –
die gusseiserne Wendeltreppe
des Aussichtsturms im Jagdschloss Granitz

1e

schloss und Garftitz, von denen man zum Schloss hinaufspazieren kann.

■**Jagdschloss Granitz,** Tel. (038393) 6 67 10, www.jagdschloss-granitz.de, Mai–Sept. täglich 10–18 Uhr, Okt./April tägl. 10–17 Uhr. Nov.–März Di–So 10–16 Uhr.

Gastronomie

■**Alte Brennerei,** im Jagdschloss, Tel. (038393) 3 28 72, www.alte-brennerei.com. Ritterlich-rustikales Gewölbe mit ebensolcher Speise- und Getränkekarte. Zu Landsknechtbroten, Bärentatzen oder Weltumseglers Schlemmertopf wird herber Gersten- und edler Rebensaft gereicht.

Seebad Sellin

Sellin ist der zweite traditionsreiche Badeort der Granitz neben Binz. Der Name *Sellin* hat slawische Wurzeln und bedeutet soviel wie „grüner Ort", und der ist Sellin auch heute noch. Es liegt, von den dicht bewaldeten Höhenzügen der Granitz gegen kühle Winde geschützt, auf einer schmalen Landzunge zwischen der Ostsee und dem Selliner See. Zu Sellin gehören die Ortsteile Altensien, Neuensien, Moritzdorf und Seedorf.

Repräsentative **alte Villen und Logierhäuser** im Bäderstil zeugen von den

170rh ph

1e

Die Granitz

Besuchen betuchter Kurgäste. Auch das aus dem Wald über der <mark>Steilküste</mark> wie ein Wahrzeichen herausragende **Cliff-Hotel** wurde nicht für den Arbeiter und Bauern errichtet. Hier logierten einst streng abgeschirmt vom Volke diejenigen, die ununterbrochen die klassenlose Gesellschaft im Munde führten, die Politprominenz der SED.

Das Seebad Sellin ist ruhiger und beschaulicher als das benachbarte Binz. Seine Flaniermeile ist die von zahlreichen zauberhaften alten Villen gesäumte Wilhelmstraße. Der breite Boulevard führt pfeilgerade und schnurstracks bis zum Steilufer, wo die **Himmelsleiter,** eine steile und 99 Stufen lange Freitreppe hinab zum Hauptstrand führt. Neben der Treppe steht ein Aufzug zur Verfügung. Der Strand besitzt nun wieder seine alte, bildschöne <mark>Seebrücke,</mark> die dem historischen, 508 m langen und 1942 vom Eis zerstörten Vorbild mit Palmengarten, Kaiserpavillon und Balticsaal originalgetreu nachempfunden wurde.

Leider weniger gelungen als die Seebrücke ist der **Seepark Sellin,** ein großes Ferienwohnungsareal in einer Art postmodernem Bäderstil, den man auf der Boddenseite aus dem Boden gestampft hat. Beim Seepark liegt eine weitere Attraktion Sellins, das **Ahoi Rügen,** eine Bade- und Erlebniswelt mit 600 m² Wasserfläche drinnen und draußen.

☐ Das Jagdschloss Granitz ist eines der meistbesuchten Ausflugsziele auf Rügen

Having

Auch die an der Having, einer tief ins Land drängenden Bucht im Rügischen Bodden, liegenden Ortsteile <mark>Seedorf</mark> und <mark>Moritzdorf</mark> sind besonders schöne Ausflugsziele. Von dort hat man eine überwältigende Aussicht über die Meeresbucht auf das Reddevitzer Höft. Zu den stillen und romantischen Dörfchen gelangt man am besten per pedes oder mit dem Fahrrad am Ufer des Selliner Sees entlang. In beiden erwarten einen empfehlenswerte Restaurants.

Praktische Tipps

Info

- **Vorwahl:** 038303
- **Kurverwaltung,** Warmbadstr. 4, 18586 Sellin, Tel. 1 60, www.ostseebad-sellin.de, Jan.–Apr. Mo–Fr 8.30–16.30 Uhr, Mai–Sept. Mo–Fr 8.30–18 Uhr, Sa/So 10–14 Uhr, Okt.–Dez. Mo–Fr 8.30–16.30 Uhr.
- **Kurabgabe:** HS 2,80 €, NS 1,40 €.
- **Infopoint:** Seepromenade 1, Tel. 1 62 22, Juli/Aug. tägl. 9–18 Uhr, Mai/Juni u. Sept./Okt. tägl. 9–17 Uhr, Nov.–April Mo–Fr 9–17 Uhr.

Unterkunft

7 **Hotel Bernstein**②-③, Hochuferpromenade 8, Tel. 17 17, www.hotel-bernstein.de. Elegante 4-Sterne-Superior-Herberge am höchsten Punkt über dem Steilufer mit einmaliger Aussicht auf Strand, Seebrücke und Meer und gutem Preis-Leistungs-Verhältnis. Mit gesondertem Appartement-Haus, Wellness- und SPA-Bereich. Üppiges und sehr abwechslungsreiches Frühstücksbüffet. Auch das Restaurant ist zu empfehlen. Es können E-Bikes ausgeliehen werden.

1e

Seebad Sellin

5 Hotel Moritzdorf②-③, Dorfstr. 15, OT Moritzdorf, Tel. 1 86, www.hotel-moritzdorf.de. Kleines, rohrgedecktes Hotel in einmalig stiller und schöner Lage an der Having, im Restaurant mit Terrasse traditionelle regionale Küche.

8 Pension Ingeborg②, Wilhelmstr. 18, Tel. 8 72 91, www.pensioningeborg.de. Wunderschöne alte Villa.

9 Pension Petri②, Ostbahnstr.5, Tel. 89 10, www.pension-petri.de; kleine familiengeführte Pension mit gutem Restaurant, besonders die Fischküche ist bemerkenswert.

10 Haus Borussia①, Wilhelmstr. 37, Tel. 13 51 35, www.ruegen-und-meer.de. Villa im Bäderstil mit einfacher Ausstattung mit Etagendusche, dafür sehr günstige Preise; Zimmer mit Kochnische, Gästeterrasse, Gruppenräumen, Sauna, 3 Minuten zum Strand.

1 Pension Seeblick②, in Neuensien, Tel. 8 65 97, www.ferienpension-seeblick.de. Landschaftlich sehr schön und still in Alleinlage direkt am Neuensiener See gelegene Pension in altem Gehöft unterm Reetdach. Mit Liegewiese am Wasser, Restaurant mit idyllischer Seeterrasse. Mit Ruderboot-Fahrradverleih.

17 JH Sellin, Kiefernweg 4, Tel. 9 50 99; Ü/F inkl. Bettwäsche ab 26 €, geöffnet April–Okt.

Gastronomie

6 Moritzburg, im OT Moritzdorf, Tel. 9 58 84, www.ruegen-guide.de/moritzburg-ausflugslokal. Traditionsreiches Ausflugsrestaurant, Terrasse mit großartiger Aussicht über das Mönchgut (leider auf unbestimmte Zeit geschlossen).

18 Kleine Melodie, Südstrandpromenade 3, Tel. (038303) 8 56 16, www.kleinemelodie.net; herrliche Lage direkt über dem Strand mit Blick auf denselben. Mit großer Sonnenterrasse.

MEIN TIPP: 2 De Seedörper, in Seedorf, am Hafen, Tel. (038303) 8 79 74. Hier gibt es im beschaulichen Hafenambiente vom Fischbrötchen, gebrate-

---

■ **Übernachtung**
1 Pension Seeblick (in Neuensien)
5 Hotel Moritzdorf
7 Hotel Bernstein
8 Pension Ingeborg
9 Pension Petri
10 Haus Borussia
17 Jugendherberge Sellin

■ **Essen und Trinken**
2 De Seedörper (in Seedorf)
6 Ausflugsgaststätte Moritzburg
18 Kleine Melodie

■ **Aktivitäten**
3 Green Valley Ranch
4 Mühlenpark Altensien
11 Fahrradverleih Neumann
13 Fahrradverleih Neumann
15 Bollwerk Sellin
16 Bowlingcenter Woge

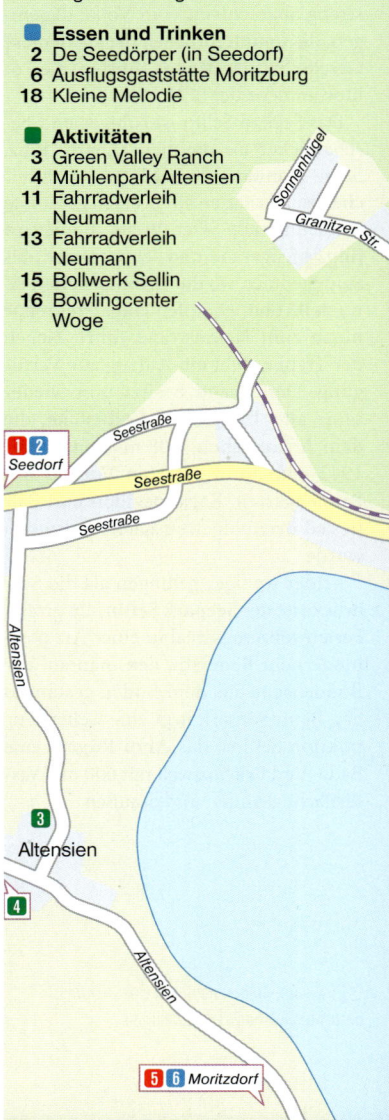

19 Kinder- und Jugendfreizeitzentrum
20 Skateboardplatz

**Kunst und
Kunsthandwerk**
12 Zum Katen
14 Galerie Hartwich

Tauchgondel

Seebrücke

OSTSEE

Am Hochufer

Uhlenweg

Kurverwaltung

Warmbadstr.

Am Hochufer

7

August-Bebel-Straße

Wilhelmstraße

8

Bergstraße

Kirchstraße

Hermann-
straße

10

Carlstraße

Luftbadstraße

Neuer Weg

*Bernstein-
museum* Ⓜ

11

Granitzer Straße

9

Ringstr.

Waldstr.

Gartenstr.

12

Westbahnstraße

13

Sonnensteg

Quersteg

Hauptstraße

Bollwerk-
straße

Ostbahnstraße

14

Schulstraße

Alter
Gutshof

16

Osterweg

Weißer Steg

18

**Badelandschaft
Ahoi Rügen**

Ⓜ **Museum
Seefahrerhaus**

Südstrand ●

15

Am Bollwerk

17

P **Wohnmobile**

P

ⓘ

Seestraße

Kiefernweg

*Kleinbahnhof
Sellin*

19

Göhrener Chaussee

Siedlung am Wald

Friedrich-von-Hagenow-Str.

*Selliner
See*

Ruth.-Bals.-Str.

Cliff am Meer

20

© REISE KNOW-HOW

RügenU2 9/19

0 — 200 m

nen, geräucherten sowie sauer eingelegten Fisch, alles frisch verarbeitet und zubereitet. Entweder im kleinen Imbiss oder auch zum Mitnehmen. Mit Fischräucherei.

Aktivitäten

4 **Mühlenpark Altensien:** Jeden Donnerstag wirft Müllermeister *Ehrke* im **Mühlenpark von Altensien** seine nach historischem Vorbild originalgetreu rekonstruierte kleine Bockwindmühle in Altensien an, um (bei geeignetem Wind) Korn zu Mehl zu mahlen, und daraus nach alten pommerschen Rezepten im Holzofenhäuschen köstliches Brot zu backen. Das duftende Brot kann man, mit Schmalz bestrichen, gleich in der Mühle genießen. Auch Eintopf, Kaffee und frische Streusselschnecken sind im Angebot. Die besondere Leckerei sind „Mühlenzungen" mit Schmand und Speck gebacken. Dazu trägt der Ortschronist Herr *Parchow* Geschichten und Anekdoten vor. Anfang Juni wird regelmäßig das große Mühlenfest gefeiert, Ostern–Okt. tägl. Besichtigung der Mühle mit Ausstellung zur Mühlengeschichte der Insel Rügen, Backtage Ende Mai bis Mitte Sept. Do 13–15 Uhr.

■ **Museum Seefahrerhaus,** Seestr. 17 b, Tel. 37 11 05, März–Okt. Di–So 10–16 Uhr, Nov.–Febr. Di–Sa 10–16 Uhr.

■ **Bernstein Museum,** Granitzer Str. 43, Tel. 8 72 79, www.bernsteinmuseum-sellin.de, Mo–Fr 10–12 und 14–17.30 Uhr, Sa 10–12 Uhr.

■ **Fahrradverleih:** *Fahrradverleih Neumann,* **13** Hauptstr. 11 und **11** Wilhelmstr. 4, Tel. 8 79 90, www. selliner-fahrradverleih.de. Auch Fahrräder mit Hundekörben.

19 **Kinder- und Jugendfreizeitzentrum:** Siedlung am Wald, Tel. 8 60 35. Billard, Tennis, Computer, Basteln, Modelleisenbahn, Feste u.a. für Kinder und Jugendliche von 6 bis 18 Jahren, Mo–Sa 13–19 Uhr.

■ **Wasserrutsche:** am Südstrand

■ **Tauchgondel,** Seebrücke 2, Tel. 92 77, www. tauchgondel.de. Täglich Juni–Aug. 10–21 Uhr,

162h ph

▷ Nach historischem Vorbild wieder auferstanden – die Seebrücke Sellin

April/Mai/Sept./Okt. 10–19 Uhr, Nov.–März 11–16 Uhr, Dauer: 30–40 Minuten.

■ **Badelandschaft:** *Ahoi Rügen,* Badstraße 1, Tel. 12 30, www.ahoi-ruegen.com. Weitläufige Bade-, Sauna- und Wellnesslandschaft, März–Okt. täglich 10–22 Uhr, Nov.–Febr. 14–21 Uhr.

3 **Reiten:** *Green Valley Ranch,* im OT Altensien, Tel. 8 79 39, www.greenvalley-ranch.de.

16 **Bowling:** *Bowlingcenter Woge,* Ostbahnstraße 21, Tel. 78 51 70.

15 **Bootsverleih:** Ruderboote am Bollwerk Sellin, Tretboote/Kajaks am Südstrand.

20 **Skateboard:** direkt an der Grenze zu Baabe, Platz mit mehreren Pipes und sonstigen Hindernissen.

Kunst und Kunsthandwerk

12 **Zum Katen,** Granitzer Str. 11, Tel. 8 66 89. Bernstein- und Keramikwerkstatt.

14 **Galerie Hartwich,** Schulstr. 5, mobil: (0174) 9 47 54 24, www.galerie-hartwich.de. Überregional bekannte Künstler im alten Feuerwehrhaus.

1f SEEBAD BINZ

314th ph

Unangefochtene Königin der Seebä-der Rügens ist das Seebad Binz, das in den 1920er Jahren gar als „Sorrent" oder „Nizza des Nordens" gerühmt wur-de. Heute betrachtet man die Kurpromenade als „verlängerten Ku'damm mit italienischem Flair", was dem Autor nach gründlicher Inaugenscheinnahme doch etwas zu hoch gegriffen scheint.

Überblick

Dass Binz der mit Abstand **meistbe-suchte Urlaubsort auf Rügen** ist, ist unbestreitbar und kommt nicht von unge-fähr. Vor Westwinden geschützt, liegt

Rügens Rimini touristisch ideal zwi-schen der Ostsee, dem Schmachter See, den Wäldern der Granitz und der Schmalen Heide mit ihrem endlosen, breiten Sandstrand. Verantwortlich für den Aufstieg der kleinen Fischersiedlung *Byntze* zum mondänen Seebad ist wie-derum unser alter Bekannter Fürst *Malte zu Putbus.* 1830 ließ er am Strand die ersten Badekarren aufstellen und ver-mietete sie. Das gute Geschäft, das sich damit machen ließ, erkannten auch die Berliner Bankiers *Friedländer* und *Sommerfeld,* die 1888 die *Actiengesellschaft Ostseebad Binz* gründeten, welche im großen Maßstab Hotels, Villen und Pen-sionen bauen ließ.

Die Zahl der Badegäste stieg in dem-selben atemlosen Tempo, wie neue Ho-

tels und Pensionen aus dem Boden schossen. Fanden sich 1880 gerade 140 Gäste ein, waren es 1890 bereits 3300. Im Jahre 1900 kletterte die Besucherzahl auf 10.000, um sich in den folgenden Jahrzehnten weiter zu vervielfachen, bis 2009 schließlich 2,3 Millionen Gäste gezählt wurden. Aus der elitären Sommerfrische wurde ein massentouristisches Familienbad, eine Entwicklung, die nicht bei jedermann auf Gegenliebe stieß.

Binz italophil – allabendliche Strandpassegiata

NICHT VERPASSEN!

➡ Auf der **Strandpromenade spazierensitzen** und das Flair des traditionsreichen Seebades fühlen | 93

➡ Durch den **„Park der Sinne"** am Ufer des Schmachter Sees streifen | 93

➡ Im **Restaurant Königsstuhl** beim Blick auf die Kreidefelsen Cocktails schlürfen | 96

➡ Am Fischerstrand bei **Fischer Kuse** preiswert und zünftig ein frisch Gezapftes und köstliche Fischbrötchen | 96

➡ In der **Badelandschaft „IFArelax"** Regen, Schnee und Sturm die kalte Schulter zeigen | 96

Diese Tipps erkennt man im Buch an der gelben Hinterlegung im Kapitel.

Seebad Binz

0 ▬▬▬ 200 m

Stadion

Bahnhof **1**

OSTSEE

2 **3**
4
5
6

Prorаеr Chaussee
Dollahner Straße
Mittelstraße
Goethestraße
Lottumstraße
Strandpromenade

P

Wohnmobil-Stellplatz

P **1**

P

7
8
9 **10** **11**
12 • *Kurhaus*
13
14
15
19

Dünenstraße
Sonnenstraße
Waldstr.
Wylichstraße
Schillerstraße
Margaretenstr.
Wanda-
Leopoldstr.
Hauptstraße
Heinrich
Marienstr.

Park der Sinne ★

Fremden-
verkehrsverein **i**

Pestalozzistraße

16
Schmachterseestr.

Kurverwaltung **i**
Variеté
Boddenbarsch

Putbuser Straße

Schmachter
See

Bahnhofstraße

17

Zinglingstraße

Bahnhofstraße

Klünderberg

Museum
Ostseebad Binz

Kleinbahnhof
"Rasender Roland" **i**

🏰 *Schloss*
Granitz,
18 *Sellin,*
Bergen

■ **Übernachtung**
5 Hotel Villa Salve
6 Jugendherberge Binz
7 Hotel Im Schwedischen Hof
9 Hotel Villa Meeresgruß
11 Hotel Kurhaus Binz
16 Pension Villa Seefrieden
17 Pension Villa Sola Bona

■ **Essen und Trinken**
3 Restaurant Königsstuhl,
   Rugards Fine Dining
4 Weltenbummler
12 meerSinn
13 Freustil
15 Monte Vino
20 Strandhalle
21 Fischräucherei Kuse

„Freigelassne Bäuche und Popos / stehn und liegen kreuz und quer im Sande. / Dicke Tanten senken die Trikots und sehn aus wie Quallen auf dem Lande", mokiert sich *Erich Kästner* in seinem köstlichen Gedicht „Selbstmord im Familienbad" über das Getümmel. „Wütend stürzt man über tausend Leiber, / bis ans Meer, und dann sogar hinein / doch auch hier sind dicke Herrn und Weiber. / Fett schwimmt oben. Muss denn das so sein?" Doch keine Bange:

Im schmucken Seebad Binz tummeln sich ebenso durchtrainierte „Adonisse" und äußerst knapp bedeckte Bikinischönheiten.

Die Attraktion von Binz ist sein bilderbuchartiger **Strand,** der sich Kilometer um Kilometer über die Schmale Heide bis nach Mukran auf Jasmund hinzieht. Ein Badeparadies, das alles bietet, was ein erfülltes Strandleben braucht.

Auch für das **After-Beach-Vergnügen** hat Binz eine besonders breite Palette

1f

Aktivitäten
1 Fahrradverleih Deutschmann
2 Erlebnisbad IFArelax, Segelschule Binz
14 Kid's Club Binz
18 Pferdehof Ostseebad Binz

Kunst und Kunsthandwerk
8 Glasbläserei
10 Narrenkeramik
19 Galerie Robert Denier

Seebrücke

Schwabenstraße

Str.

20 Strandpromenade 21

P

schnitzten Holzveranden, Wintergärten, Türmchen und Erkern.

Am Ufer des malerischen Schmachter Sees entstand der <mark>Park der Sinne.</mark> Auf dem Gelände warten zahlreiche Attraktionen wie Rosen-, Irr- und Duftgarten, Aussichtsturm, Grillplatz und Teehäuschen, ein Spielplatz zum Thema Wasser, einladende Seeterrassen und vieles mehr.

Praktische Tipps

Info

● **Vorwahl:** 038393
● **Kurverwaltung,** 18609 Binz, Heinrich-Heine-Str. 7, Tel. 14 81 48, www.ostseebad-binz.de, Febr.–Okt. Mo–Fr 9–18 Uhr, Sa/So 10–18 Uhr, Nov.–Jan. Mo–Fr 9–16 Uhr, Sa/So 10–16 Uhr.
● **Kurabgabe:** ganzjährig 2,85 €, Hund 1 €.
● **Fremdenverkehrsverein,** Zimmervermittlung, Wylichstraße 13, Tel. 66 57 40, www.gastgeber-binz.de, Jan./Febr./März/Nov./Dez.: Mo–Fr 9–17 Uhr, April/Mai/Okt. Mo–Fr. 9–18 Uhr, Juni/Sept. Mo–Fr 9–18 Uhr, Sa 10–16 Uhr, Juli/Aug. Mo–Fr. 9–18 Uh, Sa/So 10–16 Uhr.

von Möglichkeiten. Zahlreiche Geschäfte und Boutiquen, Restaurants, Cafés und Bars beleben das Seebad. Ausnehmend gut und tatsächlich fast italienisch lässt sich's auf der schönen, 3,5 km langen <mark>Strandpromenade</mark> flanieren, die an der Seebrücke und dem **historischen Kurhaus** beginnt.

Ein ausgedehnter Bummel durch den Ort führt vorbei an zahlreichen Beispielen der **Bäderarchitektur** der vorigen Jahrhundertwende mit filigran ge-

Unterkunft

11 **Hotel Kurhaus Binz**②-④, Strandpromenade 27, Tel. 66 50, www.travelcharme.com/hotels/kurhaus-binz. Mit 5-Sterne superior das erste Haus am Platze im traditionsreichen, bildschön und aufwendig restaurierten Kurhaus direkt gegenüber der Seebrücke. Hochkarätige Ausstattung und Service von Wellnessbereich über Gastronomie bis Kultur im liebevoll restaurierten historischen Kursaal.

5 **Hotel Villa Salve**③, Strandpromenade 41, Tel. 22 23, www.salve-binz.de. Exklusive Herberge in

1f

Deutsche Badekultur – vom Badekarren zum FKK-Strand

Das **erste deutsche Seebad** wurde **1793** unter Herzog Friedrich Franz I. an der mecklenburgischen Küste in Heiligendamm bei **Bad Doberan** eröffnet. Gedacht war es als ein Heilbad, angeregt durch den Rostocker Mediziner *Dr. Samuel Vogel* und den bekannten deutschen Arzt *Christoph Wilhelm Hufeland.* Der mecklenburgische Herzog hatte allerdings mehr ein repräsentatives Bad zum Vergnügen der Fürsten und Adelskreise im Sinn. So war denn beim damaligen Badebetrieb das Baden selbst nur Nebensache. Im Mittelpunkt standen Vergnügungen, Spiel und Zeitvertreib für die exklusivsten Kreise der herrschenden Schicht.

Etwa ab der Mitte des 19. Jh. entstanden entlang der Ostseeküste und auf Rügen und Usedom in schneller Folge weitere Seebäder. In vielen Küstendörfern wurden Fischerei und Landwirtschaft allmählich zum Nebenerwerb, und man lebte mehr und mehr vom **Fremdenverkehr.** Zu den Sommergästen, wie die Einheimischen die Besucher der Badeorte nannten, zählten jetzt vor allem die Schichten des **gehobenen Bürgertums:** Kaufleute, Bankbeamte, Fabrik- und Gutsbesitzer, Kommerzien- und Geheimräte.

Der Badebetrieb gestaltete sich damals freilich gänzlich anders als heute. **Herren- und Damenbad** waren räumlich weit voneinander getrennt und mit Bretterwänden gegen fremde Blicke abgeschirmt. Den männlichen Badegästen war das Betreten von Wegen, die am Damenbad entlangführten, streng verboten.

Vielerorts wurden auch **Badekarren** benutzt, über die es in einem zeitgenössischen Bericht heißt: „Auf einer kleinen Treppe steigt der Entkleidete ins Bad – und auch die züchtigste der Frauen darf sich nicht scheuen, sich brav sol-

chen Badekarrens beim Bade zu bedienen, denn außer, dass solcher an den Seiten bekleidet ist, auch die Eingangstür verschlossen werden kann, ist dafür gesorgt, dass durch einen seewärts niederzulassenden Vorhang der Badende sich dem Blicke jedes Lauschenden gänzlich entziehen kann."

Zu Beginn des 20. Jh. wurde das erste Familienbad eingerichtet. Aber auch hier herrschte eine strenge Kleiderordnung, Einzelpersonen war der Zutritt untersagt und das Mitbringen von „Ferngläsern und photographischen Apparaten" verboten.

Doch bereits zur gleichen Zeit entwickelte sich auch eine im wörtlichsten Sinne **freiere Bade- und Körperkultur;** allerdings nicht an der Küste, sondern in der meerfernen Großstadt Berlin. 1905 wurde dort die „Deutsche Luftbadegesellschaft" gegründet, der erste Nacktbadeverein, und in den Schrebergärten von Neukölln verborgen entstand der erste Nacktsportplatz. Leiter und damit Vater der Freikörperkultur war *Fedor Fuchs,* der bald ein Wald- und Heidegelände an einem kleinen Baggersee außerhalb der Stadt erwarb, aus dem das bekannte **Freisonnland** hervorging.

Dass die Bewegung der Freikörperkultur gerade in der Großstadt Berlin ihren Anfang nahm, erklärt sich dadurch, dass eben in diesem Häusermeer mit seinem Mangel an frischer Luft und Sonne das Bedürfnis danach naturgemäß am größten war. Außerdem war Berlin damals eine fortschrittliche und weltoffene Metropole voller Reformer und neuer Ideen. Als die Zahl der FKK-Anhänger in Freisonnland wuchs, kam es zu einem Exodus. 1920 wurde eine Sanddüne am Motzener See entdeckt, ein ideales Sonnenparadies, das den Namen Neusonnland erhielt und

als drittes Nacktkulturgelände in die FKK-Ge-
schichte einging. Wenige Jahre später entstand
auf einer daran angrenzenden Heidefläche das
Gelände Birkenheide und im Kiefernwald daneben später das FKK-Gelände Jungborn.

In den verschiedenen Bünden, Vereinigungen
und Arbeitskreisen der Freikörperkultur waren
recht unterschiedliche Menschen und Gruppen
vereinigt. Gemeinsam war ihnen jedoch allen
das Streben nach einer der **Natur angepassten
Lebensweise,** mit Gymnastik, rhythmischen
Übungen, Ballspielen und kameradschaftlichem
Gemeinschaftserlebnis. Alkoholische Getränke,
Tabakgenuss, Kartenspiel, Lärm und Rohheit
waren verpönt.

Die Sturmbraut z.B., deren Name auf einen
Romantitel zurückgeht, war eine Vereinigung,
die sich zwanglos auf den oben genannten FKK-
Geländen zusammengefunden hatte und Wo-
chenendfahrten zu den märkischen Seen unternahm. Sie trug den Beinamen Arbeitskreis

rhythmussuchender Menschen und betrachtete
sich als eine Gruppe, die in geistiger Arbeit und
praktischer Ausübung versuchte, Rhythmus im
Leben, in der Natur und in der kameradschaft-
lichen Freundschaft zu finden.

In der überaus **kleinbürgerlichen DDR** entwickelte sich eine ausgesprochen **breite Nackt-
badekultur.** Anfänglich versuchte die prüde
Partei, dieses Treiben zu unterbinden, musste jedoch schnell die Erfolglosigkeit ihrer Bemühun-
gen einsehen. Nicht zuletzt, weil das Nackt-
baden eine Möglichkeit des stillen Protestes gegen die Führung und eine der wenigen Möglichkeiten für die eingesperrten Bewohner war, sich
frei zu fühlen, hat das Baden ohne alles breite
Schichten erfasst und sich an allen Ufern im
Osten Deutschlands **flächendeckend etabliert.** Daran haben auch Wiedervereinigung
und verklemmte Wessis nichts geändert und
werden dies hoffentlich auch in Zukunft nicht
tun.

1f

restaurierter Jugendstilvilla, exzellente Küche und hippe Cocktailbar.

7 **Hotel Im Schwedischen Hof**②-③, Sonnenstr. 1, Tel. 25 49, www.im-schwedischen-hof.de. Kleines, von einer Malerin geführtes Komforthotel mit Galerie-Café, 2009 modernisiert und neu ausgestattet, von der Chefin geleitete Malkurse.

9 **Hotel Villa Meeresgruß**②, Margarethenstr. 19, Tel. 38 20, www.villa-meeresgruss.de. Bildschöne Villa im Bäderstil.

16 **Pension Villa Seefrieden**②, Schmachtersee Str. 4, Tel. 3 23 10, www.villaseefrieden.de. Idyllisch am Schmachter See gelegen, 5 Min. zum Strand.

17 **Pension Villa Sola Bona**②, Bahnhofstr. 34, Tel. 3 06 19, www.sola-bona-binz.de. Für Binzer Verhältnisse sehr preiswerte Unterkunft.

6 **JH Binz,** Strandpromenade 35, Tel. 3 25 97, http://binz.jugendherbergen-mv.de, Ü/F inkl. Bettwäsche Junioren ab 24,50 €, Senioren ab 31 €.

Gastronomie

13 **Freustil,** Zeppelinstr. 8, Tel. 5 04 44, www.freu stil.de. Nicht umsonst vom „Feinschmecker" zum besten Restaurant Rügens gekürt. Unkonventionelle kreative Küche mit nordisch-skandinavischem Einschlag.

4 **Weltenbummler,** Strandpromenade 42, Tel. 13 13 08, www.weltenbummler-ruegen.de. Ausgezeichnete und vielfältige Küche in ungewöhnlichem Ambiente und tollem Blick auf Strand und Meer. Viel besucht, besser Tisch reservieren.

3 **Restaurant Königsstuhl,** Strandpromenade 62, Tel. 5 60. Panorama-Restaurant unter Glas im 6. Stock des Rugard Strandhotels mit exklusivem Traumblick aufs Meer, der bei gutem Wetter bis zu den Kreidefelsen reicht. Im 5. Stock ist das elegante Gourmet-Restaurant **3** **Rugard's Fine Dining** mit qualitativ und preislich gehobenem Angebot.

20 **Strandhalle,** Strandpromenade 5, Tel. 3 15 64, www.strandhalle-binz.de. Leckere Fischgerichte im bezaubernden Ambiente der Wende vom 19. ins 20.

Jahrhundert. Das Motto von EuroToques-Mitglied *Toni Münsterteicher:* „Feinbürgerliche Küche mit großbürgerlichen Portionen zu kleinbürgerlichen Preisen".

15 **Monte Vino,** Paulstr. 1, Tel. 1 36 71, www. weinhandlung-ruegen.de. Kleine Vorspeisen, Pastagerichte, Käse- und Wurstplatten oder einfach nur gemischte Oliven, dazu ausgesuchte Weine zu moderaten Preisen im Delikatessenladen mit Weinhandlung.

21 **Fischräucherei Kuse,** Fischerstrand, Tel. 29 70. Eine Institution in Binz. Die Fischerfamilie *Kuse* offeriert seit nunmehr vier Generationen täglich ab 9 Uhr leckeren Fisch frisch und geräuchert zum anständigen Preis.

Aktivitäten

■**Museum Ostseebad Binz,** Bahnhofstraße 54 (im Kleinbahnhof), Tel. 12 97 93, Febr.–Okt. Mo–Fr 9–18 Uhr, Sa/So 9–12.45 u. 13.15–17 Uhr, Nov.–Jan. Mo–Fr 9–16 Uhr, Sa/So 9–12.45 u. 13.15–16 Uhr.

■**Fahrradverleih:** *Zweiradhaus Deutschmann,* **1** Dollahner Str. 17 (am Bhf.) und **1** Proraer Chaussee 4a, Tel. 3 24 20, www.zweirad-deutsch mann. de.

2 **Erlebnisbad:** *IFArelax,* Strandpromenade 74, Tel. 90, 1500 m^2 große Wasserlandschaft mit Palmen, 46-m-Wasserrutsche, Wildwasser-, Strömungskanal, Wasserfall, Erlebnisgrotten, Babymulde, Rutschhügel, Saunalandschaft, Poolbar. Tägl. 7.30–20 Uhr.

2 **Segeln/Surfen:** *Segelschule Binz*, Strandabgang 47, mobil: (0152) 59 71 24 49, www.segelschule-binz.de.

■**Schiffsausflüge:** von der Seebrücke aus Rügenrundfahrt, Kreidefelsen, Usedom, Bornholm u.a.

18 **Reiten:** *Pferdehof Ostseebad Binz,* Granitz, Hof 6, mobil: (0175) 5 54 41 13, www.pferdehof-in-binz.de.

Wanderrouten ab Binz

Schmachter See

Der **Rundwanderweg** führt wegen des beantragten Schutz-Status' weiträumig um den See herum. Er verläuft vom Einfluss der Ahlbeck in Richtung Heizwerk, dann weiter zum Dörfchen Schmacht und schließlich nach Pantow. Man folgt der Straße Richtung Serams, geht dort durch das Dorf und auf dem alten Feldweg in Richtung Binz. Am Granitz-Hof angelangt, führt der Weg entlang der Gartenanlage in Richtung Kleinbahn, weiter zum Potenberg und wieder zum Schmachter See.

Länge ca. 12 km, **Dauer** ca. 3½ Std.

Hochuferweg

Besonders reizvoll ist auch eine Wanderung am Hochufer entlang zum **Nachbarort Sellin.** Der malerische, allerdings teilweise beschwerliche Fußweg führt am Ende von Promenade und Strand am **Silvitzer Ort** eine steile Treppe hinauf zum Aussichtspunkt Kieköver. Als nächstes erreicht man den **Granitzer Ort,** der ebenfalls herrliche Aussichten bietet. Über **Schanzenort** und **Falkenberg** erreicht man nach gut 6 km Sellin. Zurück über den Nordweg oder mit dem „Rasenden Roland".

Länge ca. 8 km, **Dauer** ca. 2½ Std.

Nordweg

Unbeschwerlich und deshalb für Jung und Alt geeignet ist der Nordweg (gelbe Markierung). Er beginnt am Parkplatz Klünderberg. Vorbei an einer Schutzhütte oberhalb der Piratenschlucht führt er durch einen herrlichen Laubwald zum **Hochmoor Große Wiese** und weiter zur nächsten Schutzhütte Kreuzeiche. Etwas abseits des Weges liegt der **Schwarze See.** Der kurze Abstecher dorthin ist lohnenswert. Auf dem dunklen, stillen Waldsee blühen, silbernen Sterntalern gleich, Teichrosen, im flachsfarbenen Schilfgürtel quaken die Frösche. Rings um den Märchensee wuchert üppiger Farn. Vorbei am Falkenberg (Abstecher, gute Aussicht) geht es bis zum Endpunkt an der Kirche von Sellin. Zurück kann man mit dem „Rasenden Roland" fahren.

Länge ca. 7 km, **Dauer** ca. 2 Std.

◼ **Jagdschlossexpress,** Minibahn im ca. Stundentakt, ab Seebrückenvorplatz zum Jagdschloss Granitz, zum Seebad Prora und Baumwipfelpfad. Tel. 3 38 80, www.jagdschlossexpress.de.
◼ **Varieté:** Varieté Boddenbarsch, im Kurhaus-Saal, www.sommervariete.com, Juli–Okt.
14 **Kid's Club Binz,** Zeppelinstr. 7, Tel. 5 04 14, www.kids-club-binz.de, tägl. 9–18 Uhr. Kreative Beschäftigung unter pädagogischer Betreuung. Turnen, Bogenschießen, Bobby-Car fahren, Rollschuhlaufen, Kindertheater oder Mini-Legoland bis zu Kinderkochkursen: viel Spaß für Kids von 3 bis 13.

Kunsthandwerk

8 **Glasbläserei:** Schillerstr. 11, Tel. 43 93 00, www.blumberg-glas.de.
19 **Fotografie/Malerei:** *Galerie Robert Denier,* Strandpromenade 29, mobil: (0162) 9 24 88 69, www.robert-denier.de.
10 **Keramik:** *Narrenkeramik,* Margaretenstr. 22, Tel. 4 38 77, www.narrenkeramik.de.

1g SCHMALE HEIDE

392h ph

Seine Attraktivität als Seebad hat Binz vor allem der Schmalen Heide zu verdanken. Die **Nehrung,** die die Granitz mit Jasmund verbindet, entstand im Laufe der Jahrtausende durch Anschwemmungen feinsten Sandes, die den Kleinen Jasmunder Bodden von der Ostsee abtrennten.

Die so entstandene Landbrücke ist das **Badeparadies** schlechthin. Entlang ihrer gesamten, **10 km langen Außenküste** zieht sich ein durchgehender, breiter, feiner, weißer Sandstrand, wie er schöner kaum sein könnte. Dem Strand schließt sich landeinwärts ein breiter **Dünengürtel** mit Kuhlen und Sandverwehungen an, die bei Wind geschützte Kuschelnes-ter zum Sonnenbaden abgeben. Unmittelbar hinter dem Dünenwall folgt dann ein Streifen lichter **Kiefernwald.**

Doch das Strandparadies hat mehr als nur bilderbuchschönen Badestrand. Auf ihm verbergen sich gleich drei herausragende Einzigartigkeiten, wie es sie sonst nirgends im Lande noch einmal gibt: **Prora,** das längste Gebäude Europas, das Naturphänomen **Feuersteinfelder** und das **Naturerbezentrum** mit Baumwipfelpfad.

⌃ Rügens Badeparadies ist 10 km lang – der Strand der Schmalen Heide

Prora

Eine Begegnung der anderen Art ist Prora, das längste Haus Europas. Von der Straße über die Schmale Heide aus nicht zu sehen und trotz seiner gigantischen Ausmaße eher schwierig aufzufinden, versteckt sich das **Kolossalgebäude** im Kiefernwald. Sagenhafte **4,5 km lang** zieht es sich parallel zum Strand über die Nehrung.

Bis 1936 war Prora nur eine bewaldete Nehrung desselben Namens. Dann kam die nationalsozialistische Massenorganisation **Kraft durch Freude** und wollte hier den Prototyp einer **Ferienanlage**

➡ Auf dem spektakulären 1250 Meter langen **Baumwipfelpfad** die Aussicht genießen | 101

➡ Nazi-Größenwahn zum Anfassen – das **ehemalige KdF-Seebad Prora** ist mit 4,5 Kilometern das längste Gebäude der Welt | 102

➡ Mit Spaß zur Erkenntnis – die **Galileo Wissenswelt** fordert ausdrücklich zum Anfassen und Mitmachen auf | 104

➡ Das **Eisenbahn- und Technikmuseum** mit seiner eindrucksvollen Sammlung historischer Großtechnik | 104

Diese Tipps erkennt man im Buch an der gelben Hinterlegung im Kapitel.

NICHT VERPASSEN!

Schmale Heide (Nordteil)

© REISE KNOW-HOW

0   1 km

Rügen'10
9/19

Sassnitz

196b
E251

96
E22
E251

Großer
Wostevitzer-
teich

Dubnitz

Kleiner
Wostevitzer-
teich

Lietzow,
Bergen

Galgenberg

Staphel

Neu-
Mukran

Bakenberg

196a

P

105

NATURSCHUTZ-
GEBIET
FEUERSTEIN-
FELDER

Klaipeda (Litauen),
Bornholm (Dänemark),
Trelleborg (Schweden),
St. Petersburg (Russland)

Kleiner

Jasmunder

Bodden

Prorer
Wiek

Strand

1

THIESSOW

104

M Eisenbahn- und
Technikmuseum

101

Bahnhof
Prora Nord

Dokumentations-
zentrum Prora

99

Prora

M

103

101

● Seilgarten

104

★ Galileo Wissenswelt

Naturerbe-
Zentrum/
Baumwipfelpfad

ehem. KdF
Gelände

Bahnhof
Prora-Ost

L293

Übernachtung

1 Wohnmobil-Oase
2 Jugendherberge und
   Jugendzeltplatz
3 Camping Meier

Karow, Bergen

3

2

Binz

für 20.000 Volksgenossen errichten, wie sie einmal baugleich auch an anderen Orten im Deutschen Reich entstehen sollte. Das lindwurmartige Hausmonster, dessen gewaltige Ausmaße sich nur aus der Vogelperspektive wirklich erschließen, wurde jedoch nie fertiggestellt.

Eigentlich hatte sich *Wernher von Braun* die Schmale Heide als Standort für seine Raketenproduktion ausgeguckt, da man von hier weit über die offene See schießen konnte und die Nehrung völlig unbewohnt war. Doch die *KdF* war ihm wenige Tage zuvorgekommen und hatte das Gelände erworben. Daraufhin zog die sogenannte Heeresversuchsstelle nach Peenemünde auf der Nachbarinsel Usedom.

Zu DDR-Zeiten wurden Teile des Komplexes von Prora als Kaserne genutzt und waren streng abgeschirmt. Seit der Wende und dem Abzug des Militärs war die Ratlosigkeit groß, was mit dem Bau geschehen sollte. Zahlreiche, teilweise skurrile Ideen und Konzepte für seine Nutzung wurden von den hilflosen Erben, dem Bundesvermögensamt diskutiert. Immer wieder wurden neue Beschlüsse verkündet, um dann nicht realisiert zu werden. Viele Jahre versuchte man vergeblich, das Hausmonster zu verkaufen. Das hat sich grundsätzlich geändert. Die Anlage wurde stückweise verkauft, und um die letzten noch nicht verkauften Teile liefern sich Investoren eine Bieterschlacht. In Block 1 entstanden 280 **Eigentumswohnungen,** in Block 2 Appartements und ein **Hotel,** Block 4 wird derzeit zu Eigentumswohnungen umgebaut, und in Block 5 hat **Deutschlands größte Jugendherberge** ihren Sitz. Nur Block 3 ist noch unbe-

rührt und ohne Nutzungskonzept. Die dort vorübergehend untergebrachte **KulturKunststatt Prora** mit ihren Museen und Ausstellungen musste im Herbst 2018 schließen und ist nun auf der Suche nach einer neuen Heimat.

Die Umwandlung überlebt hat (noch) das **Dokumentationszentrum Prora** im Zentrum der Anlage neben dem ehemaligen Theaterbau.

■ **Dokumentationszentrum Prora,** Dritte Straße 4, Block 3/ Querriegel, Tel. (038393) 1 39 91, www.proradok.de; Jan. täglich 10–16 Uhr, Febr. 10–17 Uhr, März/April/Sept./Okt. 10–18 Uhr, Mai–Aug. 9.30–19 Uhr. Führungen (Dauer ca. 60 Min.) Di, Do, Sa 11.15 Uhr. Auch Führungen mit dem Rad durch das KdF-Gelände, Dauer 3 Std., Mi 10.30 Uhr, Anmeldung erforderlich unter Tel. (038393) 1 39 91.

Naturerbe-Zentrum Prora / Baumwipfelpfad

Seit dem Tag seiner Eröffnung 2013 ist das in eine 1900 ha große geschützte Naturerbefläche eingebettete Naturerbe-Zentrum Prora ein Besuchermagnet. Das liegt vor allem an seinem spektakulären Baumwipfelpfad. Dieser einmalige „Pfad" führt auf 1250 m Länge vom Naturerbe-Zentrum durch den Wald hinauf zu den Baumkronen in 20 m Höhe. Auf dem Weg kann man zwischen 4 bis 17 Meter über dem Erdboden aus sonst nicht möglicher Perspektive Einblicke in die Tier- und Pflanzenwelt des umgebenden Buchenmischwaldes und Erlenbrüchen gewinnen. Höhepunkt des Pfads ist der **Adlerhorst,** ein Aussichtspunkt, zu dem eine ebenso spektakuläre

Prora – der Koloss von Rügen

„Ich will, dass dem Arbeiter ein ausreichender Urlaub gewährt wird und dass alles geschieht, um ihm diesen Urlaub sowie seine übrige Freizeit zu einer wahren Erholung werden zu lassen. Ich wünsche das, denn nur mit einem Volk, das seine Nerven behält, kann man wahrhaft große Politik machen", so der Original-Wortlaut eines Führerbefehls. Die Organisation **Kraft durch Freude** (KdF) war nach der Zerschlagung der freien Gewerkschaften 1933 entstanden und gehörte zur Deutschen Arbeitsfront. Ideologische Zielsetzung war, die **Kontrolle über die Arbeiter auch während ihrer Freizeit** sicherzustellen. Ab sofort sollte jeder Volksgenosse seine freie Zeit lückenlos in der KdF-Gemeinschaft verbringen. Nur der Schlaf sollte noch als unkontrollierte Freizeit gewährt werden. Schnell stieg die KdF zum größten Reiseveranstalter der Welt auf, der allein von 1934 bis 1937 rund 7 Mio. Urlaubsreisen veranstaltete.

„Diese Anlage muss das Schönste werden, was man sich denken kann, und der schöpferischen Fantasie des Baukünstlers werden bei dieser Aufgabe keine Grenzen gesetzt", erklärte der KdF-Reichsleiter *Robert Ley* 1936. Im Juni 1935 wurde beschlossen, **fünf Seebäder** zu bauen, in denen jeweils 1,5 Mio. Menschen jährlich für zehn Tage Unterkunft finden können. Nach Prora sollten u.a. in Kolberg, am Timmendorfer Strand und in Ostpreußen **baugleiche Komplexe** errichtet werden.

Den Wettbewerb von 1936 gewann der von Hitler zum Professor ernannte Kölner Architekt *Clemens Klotz*. Sein Entwurf sah vor, parallel zur Küste in einem riesigen Kreisbogen ein **4,5 km langes, sechsgeschossiges Gebäude** zu errichten. Die Hauptfront sollten die Bettengebäude bilden, aufgeteilt in zwei jeweils 2 km lange Abschnitte südlich und nördlich des zentralen 400.000 m² großen Festplatzes. Jeder Abschnitt untergliederte sich in vier Blöcke von je 500 m. Zwischen den Blöcken waren seeseitig vorgebaute Trakte vorgesehen, die Küchen, Speisesäle und Restaurants aufnehmen. Alle Zimmer sollten zum Meer hin angeordnet sein, 2,20 x 4,75 m groß und mit 2 Betten, 1 Kleiderschrank, 1 Tisch mit Stühlen, 1 Polsterliege und 1 Waschtisch ausgestattet. Außerdem waren eine Festhalle mit 20.000 Sitzplätzen geplant, ein 250 m hoher Turm mit Höhencafé, eine Schwimmhalle mit künstlichen Wellen, eine Großgarage für 3.000 Autos und vieles mehr. Zeitweise stand gar eine U-Bahn für den Transport der Besuchermassen zur Diskussion.

Akribisch wurde ausgerechnet, wie viel Strand jedem Volksgenossen einmal zur Verfügung stehen würde: „Der Strand ist 8 km lang und hat eine Tiefe von ungefähr 500 m. Jeder der (20.000 vorgesehenen) Badegäste hat also eine Strandfläche von 5 m² zur Verfügung". Angesichts der kolossalen Dimensionen regte sich vom benachbarten Seebad Binz **Widerstand gegen das proletarische Megabad.** Auch Kritik von Seiten der **Naturschützer** wurde laut, so dass sich der Völkische Beobachter gezwungen sah, zu erklären: „Völlig abwegig ist es, von ‚Hochhäusern an der Ostsee' zu sprechen." Das Projekt Prora fand gar internationale Anerkennung und wurde 1937 auf der Weltausstellung in Paris mit dem Grand Prix ausgezeichnet.

Am **2. Mai 1936** begann mit der Grundsteinlegung „die große Bauschlacht in der Prora". Mit einem gigantischen Aufwand an Mensch und Material, der ohne den soeben eröffneten Rügendamm so nicht möglich gewesen wäre, stampften die acht größten deutschen Bauunternehmen (darunter Hochtief, Dyckerhoff, Holzmann AG, Siemens) die Blöcke im Rekordtempo aus dem Sand der Schmalen Heide. Im Oktober 1938 war der erste Block im Rohbau fertig. Am **1.9.1939** wurden alle Arbeiten **abrupt beendet** und die Arbeiter samt Baugerät nach Peenemünde und an den Westwall verlegt.

Während des Krieges wurden die Rohbauten von russischen Zwangsarbeitern mit Dächern versehen und not**dürftig ausgebaut,** um Evakuierte, Ausgebombte und Flüchtlinge aus dem Osten darin unterzubringen.

1950 begann der **Neuaufbau** von Prora, das nun als militärische Anlage für **Rote Armee** und **Nationale Volksarmee** dienen sollte. Nach und nach wurde praktisch die gesamte Nehrung zum Sperrgebiet erklärt und die Straße von Binz nach Sassnitz gesperrt. Nach dem Abzug der Russen wurden die 15.000 Mann starke 8. Motorschützendivision und die einzige Fallschirmjägereinheit der DDR in Prora stationiert. Anfang der 1980er Jahre wurden zum Bau des Fährhafens Neu Mukran 800 zu einer Baubrigade zusammengefasste Wehrdienstverweigerer einquartiert.

Der Koloss wurde 1994 unter **Denkmalschutz** gestellt.

2009 haben die Bauarbeiten begonnen. Block 1 wird 2019 fertiggestellt, in Block 2 erwartet das **Hotel Solitaire** bereits Gäste, Block 3 und 4 sind noch im Umbau, und in Block 5 hat sich **Deutschlands größte Jugendherberge** einquartiert. Am Strand werden große Sanitäranlagen gebaut, über einen Jachthafen wird nachgedacht.

■ **Buchtipp:** Paradiesruinen. Das KdF-Seebad der Zwanzigtausend auf Rügen, Ch.Links-Verlag.

wie gigantische, um eine alte Rotbuche herum verlaufende „Wendeltreppe" hinaufführt. Sie wurde aus den Stämmen der Bäume, die beim Bau des Pfades gefällt werden mussten, errichtet. Von oben genießt man aus 82 m Höhe einen umwerfenden Rundumblick.

Im **Naturerbe-Zentrum** zeigt neben halbjährlich wechselnden Ausstellungen eine Dauerausstellung auf 17 Stationen die landschaftlichen Besonderheiten Rügens und der Prora. Ergänzt wird das Angebot von der Galerie „Erlebnis Rügen", die Werke des auf Rügen lebenden Grafikers, Malers und Autors *Walter G. Goes* zeigt und gastronomischen Einrichtungen, darunter ein großer Biergarten.

Hunde sind auf dem Baumwipfelpfad und im Ausstellungsgebäude nicht erlaubt.

MEIN TIPP: **Naturerbe Zentrum Rügen,** Forsthaus Prora 1, Tel. (038393) 66 22 00, www.nezr.de. Mai–Sept. tägl. 9.30–19 Uhr, April/Okt. 9.30–18 Uhr, Nov.–März 9.30–16 Uhr.

Führungen: Baumwipfelpfad-Führung tägl. 11 u. 14 Uhr, im Sommer auch 16.30 Uhr. Dauer ca 1½ Std., 4 € Erw.

Seilgarten Prora

Neben dem Parkplatz am Dokumentationszentrum Prora bietet der Seilgarten großen und kleinen Tarzans (Kinder ab 8 Jahren) Gelegenheit, sich durch die Baumgipfel zu schwingen. In dem 40.000 m² großen Gelände bieten 13 Höhenparcours mit 80 Übungen abwechslungsreiche Kletterabenteuer über den Stranddünen. Für die ganz Kleinen steht ein schöner 100 m² großer Spielplatz mit Betreuung zur Verfügung.

1g

■ **Seilgarten Prora,** Dritte Straße 5/Block 3, mobil: (0152) 03 64 74 24, www.seilgarten-pro ra.de; April/ Mai/Okt. Di–So 10–17 Uhr (in Ferien auch Mo), Juni–Aug. 10–18 Uhr.

Galileo Wissenswelt

Die aus der *Experimenta* hervorgegangene, völlig neu konzipierte Galileo Wissenswelt mit ihren Bereichen „Bio-Welt" und „Technik-Welt" ist ein Kinder- und Jugendmuseum, das zum Experimentieren und selbstständigen Erforschen von Natur und Wissenschaft einlädt.

■ **Galileo Wissenswelt,** Forstverwaltung 1, Tel. (038393) 13 13 18, www.galileo-ruegen.de, Mai–Okt. tägl. 10–17 Uhr, Nov.–April Sa/So 10–16 Uhr.

Oldtimermuseum Rügen

Spannend ist das Oldtimermuseum Rügen in Binz/OT Prora. Auf 10.000 überdachten Quadratmetern und einem großen Freigelände ist eine eindrucksvolle Sammlung alter Lokomotiven, Lastwagen, Feuerwehrautos, Straßenbahnen und anderen automobilen Großgeräts zu bestaunen. Raritäten wie eine **Dampfschneeschleuder von 1930** werden Oldtimerfreunden das Herz höher schlagen lassen.

■ **Oldtimermuseum Rügen,** Proraer Allee 119, 18609 Binz/OT Prora, Tel. (038393) 23 66, www. oldtimer-museum-ruegen.de, April–Okt. täglich 10–17 Uhr.

Praktische Tipps

Unterkunft

2 **JH Prora,** Nordstrand 507–509, 18609 Prora, Tel. (038393) 6 68 80, www.prora.jugendher berge.de. Deutschlands größte JH mit 424 Betten und großem Zeltplatz in Toplage nah am Strand, moderne Sanitäranlagen. Junioren ab 26 €, Senioren ab 33 €, Zeltplatz mit Frühst. Junioren 9,90 €, Senioren 13,50 €. Öffnungszeiten 25.3.–3.11.

3 **Mobil-Camp Meier,** Proraer Chaussee 30, Tel. (038393) 20 85, www.camping-meier-ruegen.de. Windgeschützte Waldlichtung, Fahrradverleih, 800 m zum Strand, 1,5 km nach Binz, April–Okt.

1 **Wohnmobil-Oase Rügen,** Proraer Chaussee 60, Tel. (038393) 69 97 77, www.wohnmobilstell platz-ruegen.de; ca. 90 WoMos. 20 Fußminuten zum Strand, gute Bus- und Bahnanbindung nach Binz. Mit Kiosk, Radverleih, ganzjährig geöffnet.

▽ Die Feuersteinfelder auf der Schmalen Heide

1g

Naturschutzgebiet Feuersteinfelder

Am Nordende der Schmalen Heide liegt das NSG Feuersteinfelder, ein in Europa **einzigartiges Naturphänomen.** Auf einer Länge von 2 km und einer Breite von 400 m haben sich hier 14 hintereinander liegende, parallel zur Küste verlaufende **Wälle aus Feuersteinknollen** gebildet. Die Entstehung der bis zu 1 m hohen „Wellen" ist bis heute noch nicht wirklich geklärt. Man vermutet jedoch, dass eine Reihe schwerer Sturmfluten vor rund 4000 Jahren die Wälle aufgeschüttet haben. Zu dieser Zeit lag der Wasserspiegel der Ostsee etwa 1 bis 1,5 m über dem heutigen Stand, der Kleine Jasmunder Bodden war also eine Meeresbucht. Die Steinwälle kamen erst nach dem Absinken des Wassers zum Vorschein. 1840 wurde die kahle Nehrung mit Kiefernwald bepflanzt.

Seit 1935 steht das Gebiet unter Naturschutz und bildet zusammen mit dem Heidemoor und der Blomer Weide ein reizvolles unberührtes und wildreiches Refugium. Neben **Rot- und Schwarzwild** kann man auch auf **Mufflons** treffen, die in den 1970er Jahren hier ausgesetzt wurden, um das langsame Überwachsen des Steinmeeres zu verhindern. Vielerlei Vogelarten und Reptilien wie Schlingnatter und Kreuzotter fühlen sich hier wohl, ebenso seltene und geschützte Pflanzen wie Sonnentau, Knabenkraut oder Krähenbeere. Das Gebiet darf nur auf ausgewiesenen Wegen betreten werden, Hinweistafeln stehen auf dem Parkplatz am Nordende der Schmalen Heide.

Ein zweckdienlicher Hinweis: Im Sommer leben in dem teils sumpfigen Gebiet auch Heerscharen von **Moskitos.** Ohne ein wirksames Schutzmittel kapituliert so mancher vor den zudringlichen Plagegeistern und kehrt vorzeitig wieder um.

Schmale Heide

038rh ph

1h DAS MÖNCHGUT

➡ Im **Schulmuseum von Middelhagen** eine historische Schulstunde erleben | 117

➡ An der äußersten Spitze des **Reddevitzer Höfts** in die Gaststätte „Having-Hof" einkehren | 119

➡ Sich am **endlosen Sandstrand** zwischen Lobbe und Thiessow hüllenlos von den Ostseewellen umspülen lassen | 121

➡ Streifzug über die Heidelandschaft der **„Zicker Alpen"** mit Rast auf dem 66 m hohen **Bakenberg** | 122

➡ Rundgang durch das romantische Bilderbuchdorf **Groß Zicker** mit **Pfarrwitwenhaus** und seinem blühenden Bauerngarten | 122

➡ Über den **Rügenmarkt in Thiessow** bummeln und Kunst, Kunsthandwerk und Delikatessen der Insel sehen und schmecken | 127

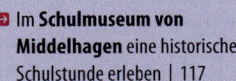

Diese Tipps erkennt man im Buch an der gelben Hinterlegung im Kapitel.

Max Dreyer schrieb 1924 über das Mönchgut: „Nur ein Gestade gibt es auf der ganzen Welt, das diesem ähnlich ist, so zerklüftet, mit so wunderbar wechselnden weichen und scharfen gerissenen Linien, und eben solche Zwiesprache hält mit dem Himmelslicht: die griechische Küste." Der Landzipfel, der sich südlich der Granitz anschließt, ist in vielerlei Hinsicht eine besondere Region. Von ihren Ausmaßen eher klein – noch nicht einmal 30 km² ist sie groß – bietet die Halbinsel dennoch eine Fülle von natur- und kulturgeschichtlichen Sehenswürdigkeiten und Eigentümlichkeiten.

305rh ph

Überblick

Die **extrem zergliederte Küstenlinie** verleiht der niederschlagsärmsten Region Rügens ein ganz besonderes Gesicht. *Ferdinand von Schill,* der es 1842 besuchte, meinte voller Begeisterung, dass „auf den Höhen von Groß Zicker eine Seelandschaft sich darstellt, wie sie die gerühmtesten Küsten des südlichen Italien nicht haben".

Weit vorspringende Landzungen, tief ins Land reichende Boddenbuchten, sanft ansteigende holderbuschbestande-ne Höhenrücken, knapp über dem Meeresspiegel liegende Salzwiesen und sumpfige Schilffelder, kilometerlange weiße Sandstrände und schroffe Klippen verleihen der Mönchguter Landschaft

⌃ Ein malerisches Motiv –
Fischerboote am Strand von Baabe

1h

Mönchgut

0   1 km

© REISE KNOW-HOW Rügen19 9/19

Seedorf

Seebad Baabe **B196**

109

112 Seebad Göhren

113 Nordperd

114 *Herzogsgrab*

113 *Plansberg* ⭑

113 *Speckbusch* ⭑

Having

Neu Reddevitz

120 Alt Reddevitz

117 Middelhagen

Großer Lobber See

119 *R E D D E V I T Z E R   H Ö F T*

Hagensche Wiek

121 Lobbe

123 Gager

122 *Bakenberg 66 m* ▲

121 *ZICKERSCHES*

Zicker Berg 65 m ▲ *HÖFT*

122 Groß Zicker

O S T S E E

128 Klein Zicker

125 Seebad Thiessow

126 Südperd

Greifswalder Bodden

Endhaken

ihr ganz besonderes Flair. Seine Regenarmut beschert ihm eine Vegetation, wie man sie sonst auf Rügen an keiner anderen Stelle findet. Ginsterheiden, Hutungen und anspruchslose, aber intensiv duftende Trockenrasenhügel sind vorherrschend.

So verschieden die Natur, so anders sind auch **Kultur und Brauchtum der Bewohner.** Dank seiner abgeschiedenen

Lage konnten sich hier Eigenheiten herausbilden und länger lebendig bleiben als anderswo.

Gefördert wurde die Andersartigkeit des Mönchguts durch den Umstand, dass es jahrhundertelang **klösterlicher Besitz** war – daher der Name – und die Mönche den Verkehr mit der „Außenwelt" auf das Notwendigste reduzierten. 1252 hatte der Rügenfürst *Jaromar II.*

Mönchgut

das Reddevitzer Land für 30 Mark an das Kloster Eldena bei Greifswald verkauft. Bis 1360 konnte der Zisterzienserorden nach und nach den ganzen Landzipfel erwerben. Die Grenze zu Restrügen bildete der **Mönchgraben,** der an der schmalen Landbrücke zwischen Sellin und Baabe die Ostsee mit dem **Selliner See** verbindet. Der alte Mönchgraben ist in Teilen noch heute zu sehen. Kurz vorm Bahnhof Baabe zieht er sich als Sumpfgraben mit baumbestandenem Wall zum Bodden hin und wird durch ein großes, die Straße überspannendes hölzernes Eingangstor markiert.

Die **Ordensregeln** schränkten die Kontakte nach außen stark ein. Handel mit den anderen Teilen Rügens durfte nur mit ausdrücklicher Genehmigung des Klosters getrieben werden. Der Zuzug Fremder wurde nach Möglichkeit ganz verhindert. Während das restliche Rügen noch weitgehend slawisch war, siedelten auf dem Mönchgut bereits ausschließlich christliche Deutsche.

Auch die kleinen Mönchguter **Fischer- und Bauerndörfer** haben ihr ursprüngliches Gesicht noch unverfälschter bewahren können als die des restlichen Rügens. Hier sieht man noch häufig alte reetgedeckte Fischerkaten, seit Jahrhunderten unveränderte Dorfkerne und eines der schönsten Häuser ganz Rügens, das Pfarrwitwenhaus mit seinem entzückenden Zuckerhutdach und in allen Farben blühendem Blumengarten in Groß Zicker. Der außergewöhnliche Liebreiz seiner milden Landschaft und seiner windgeschützten, kilometerlangen Sandstrände haben das Mönchgut mit seinen Seebädern zum beliebtesten Reiseziel Rügens neben der Granitz gemacht.

Seebad Baabe

Ein großes hölzernes Eingangstor überspannt an der Stelle die Straße, an der einst der Mönchgraben die Grenze zwischen Granitz und Mönchgut bildete.

Der Name des Seebads geht auf die slawische Bezeichnung *thor baben* zurück, was soviel wie „zur alten Frau" bedeutet. Bis zur Jahrhundertwende war Baabe ein kleines Fischerdorf. 1890 kamen dann die ersten Sommerfrischler. Sein Trumpf ist seine reizvolle Lage zwischen ruhigem Selliner See und **kilometerlangem Sandstrand** an der Außenküste, der sich wie die Strandpromenade in einem sanften Bogen bis zum Nachbarort Göhren hinzieht.

Eine kleine und versteckte, aber überaus nostalgische Attraktion wartet am **Baaber Bollwerk.** Es ist die traditionsreiche **Ruderbootfähre,** die seit nunmehr 150 Jahren auf den Ruf einer Glocke Gäste und ihre Fahrräder über den Selliner See ans Moritzdorfer Ufer hinüberbringt. Von dort führt ein besonders schöner Weg hinauf zur **Ausflugsgaststätte Moritzburg** (z.Zt. geschlossen), von deren Terrasse sich ein betörend schöner Ausblick über die Mönchguter Landschaft eröffnet.

An der Straße zum Bollwerk liegt das kleine, frei zugängliche Freigelände des **Küstenfischermuseums.**

Info

■ **Vorwahl:** 038303
■ **Kurverwaltung/Info-Pavillon,** Am Kurpark 9, 18586 Baabe, Tel. 14 20, www.baabe.de. Juli–Sept.

1h

tägl., Okt.–Juni Mo, Mi, Do 10–17 Uhr, Di 10–18 Uhr, Fr 10–16 Uhr, Sa 10–14 Uhr.
■ **Kurabgabe** HS 2,30 €, NS 1,80 €, Hund 0,50 €.

Unterkunft

■ **Hotel Solthus** ②-③, Bollwerkstr. 1, Tel. 8 71 60, www.solthus.de. First class in ruhiger Lage direkt am Bollwerk in architektonisch gewagter Verbindung zwischen Moderne und Tradition; behagliches, stilvolles Ambiente unterm Reetdach, ausgezeichnete Küche und großzügiger Wellnessbereich.

■ **Strandhotel** ②-③, Strandstr. 28, Tel. 1 50, www.strandhotel-ruegen.de. Familiengeführtes Hotel mit Appartementanlage an der Flaniermeile 200 Meter vom Strand. Mit Wellnessbereich. Zum Haus gehört auch das wenige Schritte entfernte 3-Sterne-Hotel „Strandallee".

■ **Hotel Villa Fröhlich** ①-②, Göhrener Weg 2, Tel. 8 61 91, www.villa-froehlich.de. Kleines, preiswertes Hotel mit 15 Zi. in reizender alter Bädervilla.

■ **Hotel Birkenhof** ②, Birkenallee 7, Tel. 8 64 31, www.ruegen-birkenhof.de. Familiengeführtes kleines Hotel, 18 Zi. unterm Reetdach und solides Restaurant mit großer Sonnenterrasse.

■ **Zum Seeräuber,** am Fischerstrand, kleiner Imbiss mit Terrasse und eigener Räucherei, bei dem man bei leckerem Fisch zu kleinem Preis dem Treiben am Strand zusehen kann. Geöffnet von März bis Okt. 11–19 Uhr.

■ **Gaude Stuv,** Göhrener Weg 2, Tel. 8 61 91. Spezialitäten wie Fasan, Mönchguter Fischplatte bis hin zu selbstgebackenem Kuchen à la Oma *Klara*.

Museum

■ **Küstenfischermuseum,** Bollwerkstr., Tel. 14 20, frei zugängliches Freigelände.

Aktivitäten

■ **Fahrradverleih:** *Fahrrad Mix,* Strandstr. 31, Tel. 49 31 61, www.fahrradverleih-baabe.de.

■ **Surfen und Segeln:** *Surf & Sail Baabe,* Am Fischerstrand 1, mobil: (0172) 3 25 77 62, www.windrider.de.

■ **Kitesurfen:** *Casc Atlantis,* Strandstraße 5, mobil: (0173) 2 18 61 11, www.kitesurfen-ruegen.de.

■ **Schiffsausflug:** mit der *MS Sundevit* vom Bollwerk rund um die Insel Vilm. Erw. 15 €, Kind 8 €, Infos unter Tel. (03831) 2 68 10.

■ **Segeltörn:** mit der 14-Meter-Jacht *Sehnsucht,* Baaber Bollwerk, Tel. (038308) 54 50, www.sehnsucht-segeln.de. Gruppen (6–10 Pers.) nach Absprache.

■ **Bootsverleih:** am Bollwerk Baabe und am Hauptstrand.

■ **Fähre:** Ruderboot vom Baaber Bollwerk nach Moritzdorf, mobil: (0174) 3 20 88 04, täglich 9–20 Uhr, 1 €/Person, Fahrrad 1 €, Hund 0,50 €.

■ **Kegeln:** im Strandhotel, Strandstr., Tel. 1 50.

■ **Uns Lütt Bahn:** Touristenbahn im Stundentakt-Pendelverkehr zwischen Strand und Bollwerk von Ostern bis Okt. Bei Haltestelle „Lidl-Parkplatz" besteht Umsteigemöglichkeit in die Bäderbahn nach Sellin.

315h ph

Gastronomie

■ **Aalkate,** Am Aalkaten 13, Tel. 8 75 40, www.aalkate-baabe.de. Bei Fischer *Benno Mundt* und *sin Son* gibt es vormittags (9–11 Uhr) frisch geräucherten Fisch, ab 17 Uhr dann warme Küche zubereitet nach alter Familientradition und aus eigenem Fang.

⌂ „Hol över!" –
mit dieser Glocke ruft man Fährmann Kay Uwe

1h

317rh ph

Seebad Göhren

Wesentlich größer und mondäner als Baabe ist Göhren, das zweite Seebad des Mönchguts. Der Name leitet sich vom slawischen Begriff *gora* ab, was „Berg" bedeutet und die Besonderheit Göhrens andeutet. Es liegt **hoch über der Ostsee** auf dem **Nordperd**, einer weit ins Meer vorspringenden Landnase, die den östlichsten Punkt Rügens bildet.

Das alte Zentrum Göhrens ist geprägt von historischen Villen im Bäderstil, deren Fassaden oft von filigranen und reich verzierten Holzveranden oder Wintergärten geschmückt sind. Auch kulturell ist Göhren einer der herausragenden Orte auf Rügen.

Steil führt die hübsch gestaltete Haupt- und Einkaufsstraße am Ortsende hinab zum Nordstrand. Hier unten liegt der **Bahnhof Göhren**, Endstation des „Rasenden Roland". Eine Gelegenheit, die kleine, fauchende Dampflok aus der Nähe zu bewundern und den Lokführer mit Fragen zu löchern.

Strände

Göhrens Badestrand wird durch das Nordperd in einen Nord- und einen Südstrand getrennt. Beide haben eine Länge von 4,5 km und bieten alles, was das Badeherz begehrt. Am **Nordstrand** laden Volleyball- und Tennisplätze, eine Kegelbahn und eine Surfschule zu sportlichen Aktivitäten. An ihm zieht sich auch die schöne Strandpromenade entlang, auf der man bis zum 3 km entfernten Baabe flanieren kann. An der Promenade liegen mehrere Strandcafés, der Musikpavillon und die neu errichtete

⌂ Pures Strandvergnügen an Göhrens Nordstrand

Seebrücke. Etwa 200 m vor dem Nordstrand ragt der **Buskam** aus dem Wasser. Dieser größte Findlingsblock der deutschen Ostseeküste hat ein Volumen von 600 m³ und wiegt 1600 Tonnen. Seinen Namen gaben ihm die Slawen, die ihn *bogis* tauften, was „Gottesstein" bedeutet.

Der abgelegenere **Südstrand** ist deutlich weniger frequentiert und deshalb ruhiger.

Nordperd

Nicht entgehen lassen sollte man sich einen **Spaziergang um das Nordperd herum.** Die weit ins Meer hinausragende Landspitze ist von eindrucksvoller Schönheit. Auf einem schmalen Pfad, der nahe oder direkt an der steilen, fast 50 m nahezu senkrecht abfallenden Abbruchkante der sandigen Kliffe entlangführt, ist sie bequem zu umrunden. Auf Schritt und Tritt eröffnen sich auf dem durch lichten, schattigen Buchenwald führenden Weg einzigartige Ausblicke auf die Ostsee. Die sandigen Steilufer dürfen aber nicht erklettert werden. Das ist zum einen gefährlich, weil immer wieder große Sandmassen abrutschen. Zum anderen beschleunigt sich die Erosion durch Trampelpfade, die vom Regen zu tiefen Rinnen ausgewaschen werden.

Speckbusch

Ein weiteres Ziel für einen kleinen Spaziergang ist der Speckbusch. Das bronzezeitliche **Hügelgrab** liegt am westlichen Ortsrand hinter der Kirche. Von dieser Stelle hat man einen besonders schönen Blick über das ganze Mönchgut hinweg

bis nach Thiessow sowie hinüber zur Insel Usedom und bei guter Sicht sogar bis zur Halbinsel Wolin in Polen.

Plansberg

Tolle Aussichten gewährt auch der Aussichtsturm auf dem Plansberg, der im Wald am westlichen Ortsrand nördlich der Hauptstraße liegt.

Mönchgut-Museen

Das größte Museum der Insel Rügen umfasst eine Reihe verschiedener Bauten im Ort selbst und in der näheren Umgebung. Zu verdanken hat Göhren seine Stellung als das Museumszentrum von Rügen der Kapitänstochter und Lehrerin *Ruth Bals* (1909–1994), die sich Zeit ihres Lebens intensiv um den Erhalt und die Pflege der Mönchguter Kultur und Traditionen bemühte. Nach Jahren der Neuorientierung und Umstrukturierung, in denen die meisten Standorte der Möchguter Museen entweder gar nicht oder nur provisorisch geöffnet hatten, kommt nun unter einem neuen Träger wieder Licht ins museale Dunkel. Saniert und mit neuem Anbau und neuen Ausstellungen versehen präsentiert sich nun das **Heimatmuseum,** das an einem großen alten Anker in seinem Vorgarten leicht zu erkennen ist. In dem hübschen Rohrdachhaus aus der ersten Hälfte des 19. Jh. zeigen verschiedene Ausstellungen die geologischen, geographischen und kulturellen Besonderheiten des Mönchguts.

Drei Minuten Fußweg entfernt in Richtung Strand liegt der **Museumshof.**

Mönchgut

1h

Die bäuerliche Hofanlage aus dem 18./19. Jh. umfasst mehrere Gebäude, in denen eine **agrarhistorische Ausstellung** untergebracht ist.

Ein weiterer Ableger des Mönchgut-Museums ist das ebenfalls drei Minuten entfernte **Rookhus,** ein wunderschönes schornsteinloses Haus vom Zuckerhuttyp aus dem 18. Jahrhundert.

● **Förderverein Mönchguter Museen e.V.,** Thiessower Straße 7, Tel. (038308) 21 75 , www.moenchguter-museen-ruegen.de.

● **Heimatmuseum,** Strandstr. 1, Tel. 2 56 27, Juni–Aug. tägl. 10–18 Uhr, Mai/Sept./Okt. tägl. 10–17 Uhr, Nov.–April 10–16 Uhr.

● **Museumshof,** Strandstr. 4, Öffnungszeiten wie Heimatmuseum.

● **Rookhus,** Thiessower Str. 7, Mai–Okt. Mi 14–17 Uhr und Fr 10–16 Uhr.

Herzogsgrab

Lässt man die beiden Seebäder hinter sich und fährt auf der Landstraße Richtung Middelhagen, kommt man in den ländlichen Teil des Mönchguts.

Kurz hinter Göhren führt die Straße einen kurzen, aber steilen Stich hinauf. Am Beginn der Steigung führt rechts ein schmaler Feldweg in den Wald hinein. Ca. 1,5 km von der Straße entfernt liegt dort im Wald das Herzogsgrab. Die erst 1920 entdeckte 4000 Jahre alte **steinzeitliche Grabkammer** war die letzte Ruhestätte von 30–40 Personen. Bei Ausgrabungen wurden wertvolle Grabbeigaben wie Tongefäße, Steinbeile, Pfeilspitzen oder Bernsteinschmuck gefunden. Die Fundstücke können im Kulturhistorischen Museum in Stralsund besichtigt werden.

1h

Praktische Tipps

Info

● **Vorwahl:** 038308

● **Kurverwaltung,** Poststr. 9, 18586 Göhren, Tel. 6 67 90, www.goehren-ruegen.de, 1. Mai–30. Sept. Mo–Fr 9–18 Uhr, Sa 9–12 Uhr, 1. Okt.–30. April Mo/ Mi/Do 9–12 und 13–16.30 Uhr, Di 9–12 und 13–18 Uhr, Fr 9–15 Uhr. Kurabgabe HS 2,40 €, NS 2 €.

● **Fremdenverkehrsverein,** Poststraße 9, Tel. 2 59 40, www.zimmervermittlung-goehren-ostsee.de, geöffnet April–Okt. Mo–Fr 9–19 Uhr, Sa/So 10–18 Uhr, Nov.–März Mo–Fr 9–17 Uhr, Sa 10–15 Uhr.

Mönchgut

Unterkunft

5 **Hotel Hanseatic**③-④, Nordperdstraße 2, Tel. 5 15, www.hotel-hanseatic.de. Modernes 4-Sterne superior auf Göhrens höchstem Punkt. Die Ausstattung des Wellnesstempels ist ebenso erlesen wie die Aussicht. Der Turm des Hauses ist auch für Nicht-Hausgäste tägl. von 8 bis 20 Uhr offen, so kann jeder die herrliche Aussicht genießen. Für intime Stunden und besondere Anlässe kann die tolle Aussicht bei einem 5-gängigen Turmdinner mit eigenem Kellner erlebt werden. Striktes Nichtraucherhaus.

9 **Hotel Waldperle**②-③, Carlstr. 6, Tel. 3 41 90, www. waldperle.com. Im Ortszentrum gelegen, mit Sauna, Whirlpool, Spezialitätenrestaurant.

11 **Pension Schwanensee**①-②, Am Wasserwerk 8, Tel. 9 10 68, www.pension-schwanensee. de. Reetdachhaus in idyllischer Alleinlage mit großem Garten und Teich, in dem sich die Gäste Fische zum Selbstgrillen angeln können; mit vier 1–2-Raum-Appartements und 2 Ferienhäuschen.

1 **Camping Göhren,** Tel. 9 01 20, www.regenbogen.ag. Sehr weitläufiger und ebenso schöner wie abwechslungsreicher, sehr gut ausgestatteter Platz direkt hinter den Dünen am Nordstrand. Auf dem Platz gibt es ein Amphitheater mit Abend-Shows, eine Sportplatzanlage sowie das *Restaurant Landhaus* und ein 600 m² großes Wellnesscenter. Mehrere Areale für Wohnmobile. Freundliche Leitung und tolle Lage. Sehr beliebt, deshalb in der Hauptsaison rechtzeitig buchen! 1.3.–31.12.

© REISE KNOW-HOW

Kunst und Kunsthandwerk
3 Keramikatelier I. Fuchs
4 Blaudruck Hoth

Übernachtung
1 Regenbogen Camping Göhren
5 Hotel Hanseatic
9 Hotel Waldperle
11 Pension Schwanensee

Essen und Trinken
2 Strandhaus 1
6 Zum Leuchtfeuer
7 Tafelwerk

Sonstiges
1 Waldkino Göhren
8 Fahrradverleih
10 Öko-Hof am Torfmoor

316rh ph

Gastronomie

6 **Zum Leuchtfeuer,** Max-Dreyer-Straße 6, Tel. 2 52 96. Einfaches Lokal mit einfacher Hausmannskost, aber herrlichem Ausblick von der großen Sonnenterrasse.

MEIN TIPP: **2** **Strandhaus 1,** Nordstrand 1, Tel. (038308) 2 50 97, www.strandhaus1.de. 1a-Lage am Nordstrand mit Blick auf denselben. In üppiges Grün eingewachsene Terrasse, teils überdacht und mit Windschutz.

7 **Tafelwerk,** Waldstraße 13, Tel. 32 60 00, www. tafelwerk-goehren.de. Der Preisbrecher am Ort. Obwohl das mittägliche Tagesgericht nur ganze 5 € kostet, ist alles, vom Frühstück bis zum abendlichen À la carte-Essen, frisch und gekonnt zubereitet.

Aktivitäten

8 **Fahrradverleih:** *Tilly,* Schulstr. 7, Tel. 22 40, www.fahrrad-tilly.de.

■ **Schiffsausflüge:** mit *Adler-Schiffe* (Tel. (038378) 4 77 90, www.adler-schiffe.de) und *Ostseetour* (Tel. (038392) 31 50, www.reederei-ostseetour.de) ab Seebrücke im Bäderverkehr zu den benachbarten Seebädern, zum Königsstuhl rund um Rügen.

1 **Waldkino Göhren:** beim Regenbogen Camp, 18586 Göhren, Tel. 9 01 20 (nur im Sommer).

■ **Bowling:** *Ostseewind,* Kegelbahn 1, Tel. 9 10 86 (mit Restaurant).

⌃ Das Heimatmuseum in Göhren

1h

Mönchgut

■ **Tauchen:** *Schönis Tauchschule,* Seestr. 5, mobil: (0174) 9 05 21 80, www.schoenis-tauchschule.de.
■ **Baden/Wellness:** *Kur- u. Gesundheitszentrum,* Waldstr. 7, Tel. 2 52 52, www.ruegen-kur.de.
■ **Sportstrand:** *Tiki-Beach* am Strandzugang 12, mobil: (0179) 4 49 96 00, www.tiki-beach.de.
■ **Minigolf:** *Dünengolf,* Nordstrand 4, mobil: (0170) 8 01 86 91, www.golf-goehren.de (April–Okt.).

Kunsthandwerk

4 **Blaudruck:** *Blaudruck Hoth,* Strandstr. 6, Tel. 22 53.
3 **Keramik:** *Atelier I. Fuchs,* Wilhelmstr. 3, Tel. 2 53 54.

Middelhagen

Umgeben von flachsfarbenen Schilffeldern, sanften Höhenrücken und saftigen Salzwiesen liegt Middelhagen malerisch eingebettet in der Mönchguter Landschaft. Das kleine Dorf schmückt sich mit einem außerordentlich schönen **historischen Dorfkern.** Über Jahrhunderte unverändert, gruppieren sich um die spätgotische Dorfkirche eine Reihe historisch wertvoller Gebäude.

In der um 1400 errichteten **Mönchskirche** ist der spätgotische Flügelaltar von 1480 besonders sehenswert. Es ist der älteste Altar auf Rügen. Seine Schnitzereien erzählen Episoden aus der Lebensgeschichte der Hl. *Katharina von Alexandrien,* der er gewidmet ist. Die Ausmalungen der Kirche stammen von 1906.

Neben der Kirche steht das **Hallenhaus** mit seinem tief heruntergezogenen Schilfrohrdach. Eine Ausstellung zeigt historische landwirtschaftliche Geräte.

Schulmuseum

Rechts der Kirche steht, eingerahmt von einer malerischen Trockenmauer aus großen Findlingsblöcken und Feldsteinen, das **ehemalige Küsterhaus,** das nun das Schulmuseum beheimatet. In der für Rügen damals typischen Zwergschule erzählen Rohrstock und Schiefertafel vom harten Schülerleben vor 100 Jahren.

■ **Schulmuseum/Hallenhaus,** Tel. 66 01 30, April/Mai/Sept./Okt. Di–So 10–16 Uhr, Juni–Aug. Di–So 10–17 Uhr. Eintritt Erw. ohne Kurkarte 3 €, mit Kurkarte 2,50 €, Schüler/Studenten 1,50 €, Vorschulkinder frei. Historische Schulstunde Mi 10 Uhr (mit Zeugnis inkl. Eintritt Museum): Erw. ohne Kurkarte 7 €, mit Kurkarte 6 €, Schüler/Studenten 3 €, Vorschulkinder 1,50 €.

Märzenbecherwiesen

Das 1 ha große Naturdenkmal im ehemaligen Park der Domäne Phillipshagen verwandelt sich im Frühjahr in ein Blütenmeer aus Zigtausenden der geschützten Märzenbecher.

Salzwiesen

Eine weitere botanische Besonderheit sind die Middelhagen umgebenden Wiesen, die knapp über dem Meeresspiegel liegen und regelmäßig von Salzwasser überflutet werden. Sie verschaffen seltenen Pflanzen wie Spagelerbse, Salzbinse und Meerstranddreizack einen Lebensraum.

1h

Praktische Tipps

Info

■ **Vorwahl:** 038308
■ **Info:** Kurverwaltung, Dorfstr. 4, 18586 Middel-hagen, Tel. 6 60 10, www.mein-moenchgut.de. April/Okt. Mo–Do 9–15 Uhr, Fr 9–12 Uhr, Mai/Sept. Mo–Do 9–16 Uhr, Fr 9–13 Uhr, Juni Mo–Do 9–16 Uhr, Fr 9–14 Uhr, Juli/Aug. Mo–Do 8–17 Uhr, Fr 8–14 Uhr, Sa 10–12 Uhr, Nov./März Mo–Do 9–14 Uhr, Fr 9–12 Uhr.
■ **Kurabgabe:** HS 1,15 €, NS 0,60 €.

Unterkunft

■ **Der Mühlenhof**③, Dorfstr. 44a, Tel. 56 30, www.dermuehlenhof.de. Fünf-Sterne-Ferienanlage mit Schwimmhalle, Saunahaus, Fitnesscenter, Badeteich und herrlichem Boddenblick.
■ **Pension Up'n Hoff**②, Dorfstr. 7, Tel. 54 80, www.ruegen-rohrhus.de. Rohrgedeckter Hof in sehr ruhiger Lage mit großem Garten, Sauna, Solarium, mit beliebtem Ausflugslokal „Storchennest".
■ **Kojenhus**①, Dorfstr. 36, mobil: (0172) 31 27 393, www.kojenhus.de. 6 „Kojen" für 2 Pers., mit Wohn- und Schlafbereich, zwei davon mit kleiner Küche. Toiletten und Duschen werden gemeinschaftlich genutzt. Bettwäsche 6,50 €.

Gastronomie

MEIN TIPP: **Büdnerstube,** Dorfstr. 33, Tel. 2 54 98, www.buednerstube.de. Rustikal-gemütliche Gaststube unterm Rohrdach in stiller Lage. Herzhafte und preiswerte Fisch- und Fleischküche. Besonders lecker: der hausgemachte Heringssalat. Vermietet werden auch drei Ferienwohnungen und zwei DZ.

◁ Hochufer an der Spitze des Reddevitzer Höfts

Aktivitäten

■ **Fahrradverleih:** A. Deutschmann, Dorfstr. 35, Tel. 2 54 82.
■ **Kunsthandwerk:** Mönchgutkeramik Wilcke, Dorfstr. 18, Tel. 2 52 27.

Mönchgut

Reddevitzer Höft

🦋 Von Middelhagen führt eine schmale, asphaltierte Straße, die hinter Alt Reddevitz zum Sandweg wird, hinaus auf das, was zu einem nicht unerheblichen Teil den besonderen Charakter des Mönchguts ausmacht: das Reddevitzer Höft. Wie ein schmaler, zartgliedriger Finger ragt die **Landzunge** kilometerweit in die ruhigen Wasser des Rügischen Boddens hinaus.

Eine Wanderung zu Fuß oder per Fahrrad an die äußerste Spitze dieser landschaftlichen Eigentümlichkeit eröffnet mit den schönsten Ausblicke, die Rügen zu bieten hat. Von den sandigen, mit kargem, aber duftendem Trockenrasen bewachsenen Hügeln reicht die Sicht über das umliegende Wasserland von Having und Hagenschem Wiek.

Besonders schön ist die **Ginsterheide.** Das mit Besen- und Stechginster bewachsene Naturdenkmal ist die größte zusammenhängende Heidelandschaft auf Rügen. Zwischen Mai und Juni steht der Ginster in voller Blüte. Ganz am Ende der Landzunge duckt sich der **Having-Hof** in eine Senke, welcher neben Unterkunft auch eine niedlich kleine Puppenstuben-Gaststätte (12–20 Uhr, Mi. Ruhetag) bietet, in die es sich vor dem Rückweg prächtig einkehren lässt.

1h

Alt Reddevitz

Einziges Dorf auf dem Reddevitzer Höft ist Alt Reddevitz, das gleich am Eingang am Ufer des Hagenschen Wieks liegt. In diesem abgeschiedenen Ort hat eine ganze Reihe malerischer, schilfgedeckter Hallenhäuser alle Stürme der Zeit schadlos überstanden. In der Dorfmitte hat sich in einer jahrhundertealten Fachwerkscheune der Gasthof *Kliesow's Reuse* eingerichtet, der wegen seiner hervorragenden Fischgerichte und der besonderen Atmosphäre im historischen Gebälk inselweit bekannt ist.

Außerhalb des Dorfes wartet auf dem Gipfel der Anhöhe die Mönchguter **Hofbrennerei „Zur Strandburg"** auf Besucher. Die in einem ehemaligen Hotel aus den 1920er Jahren von der Familie *Kliesow* betriebene Brennerei offeriert in ihrem Hofladen neben hochprozentigem auch Säfte und drei stilvoll eingerichtete FeWos mit herrlicher Aussicht.

Gleich daneben liegt das **Naturparadies** mit seinem 30.000 m² großen alten Bio-Apfelgarten aus Großvaters Zeiten, das im Mai das **Apfelblütenfest** und im Oktober ein zweitägiges **Apfelerntefest** veranstaltet. Ganzjährig wird selbst gemachter Bio-Apfelsaft verkauft.

Praktische Tipps

Unterkunft

■ **Having-Hof**①-②, Haus Nr. 49, Tel. (038308) 55 00, www.having-hof.de. Zauberhafte Alleinlage fast an der Spitze des Reddevitzer Höfts. 10 Ferienwohnungen in idyllischer Dreiseithofanlage mit gemütlichem Gasthof, in Vor- und Nachsaison auch mit Frühstück oder Halbpension möglich.

■ **Hof Eschenschlag**②, Haus Nr. 41, Tel. (038308) 6 62 40, www.hof-eschenschlag.de. Bildschöner, sanierter Dreiseithof in Einzellage direkt am Bodden gelegen; Tiere, Ruderboot, Grill-Spielplatz.

Gastronomie

■ **Kliesows Reuse,** Alt-Reddevitz, Dorfstr. 23a, Tel. (038308) 21 71, www.kliesows-reuse.de. Auch wenn das bekannte Fischrestaurant nicht mehr von der Familie *Kliesow* betrieben wird – das Ambiente in der über 420 Jahre alten Scheune ist noch immer romantisch, und auch die Qualität der Küche hat sich nicht verändert.

MEIN TIPP: **Café Moccavino,** Alt-Reddevitz Nr. 18a, Tel. (038308) 66 33 61 03, www.moccavino.com. Kalorien hin oder her, in *Sabine Küssners* kleinem Paradies muss man einfach ihre herrlichen, selbst kreierten und gebackenen Kuchen und Torten schlemmen. Die Auswahl fällt wirklich schwer, auch bei den über 20 verschiedenen Kaffeespezialitäten.

Aktivitäten

■ **Reiten:** *Reiterhof/Pferdezucht Pisch*, Dorfstr. 1, Tel. (038308) 23 70, www.ruegen-reiterhof.de. Mit Gästehaus.

Einkaufen

MEIN TIPP: **Mönchguter Hofbrennerei „Zur Strandburg",** Alt Reddevitz Nr. 36, Tel. (038308) 3 41 05, www.hofbrennerei-strandburg.de. Von Weitem schon erblickt man das leuchtend gelbe Gebäude der Hofbrennerei, das neben dem „Naturparadies" auf dem Hügel thront. In dem ehemaligen Hotel betreibt *Thomas Kliesow* die Mönchguter Hofbrennerei, die vom Kümmel über Obstbrände bis zum Whisky allerhand Hochprozentiges, aber auch lieblichere Kräuterliköre, Säfte und vieles mehr

Mönchgut

feilbietet. Öffnungszeiten des Hofladens: April–Okt. Di–Sa 10–18 Uhr, Nov.–März Di–Sa 11–16 Uhr, Führung durch die Brennerei mit Verkostung: April–Okt. Mi und Fr 16 Uhr, Nov.–März Mi 14 Uhr, Dauer ca. 60 Min. Im Haus gibt es drei stilvoll gestaltete 2-Personen-Appartements② mit Prachtaussicht.

Lobbe

Von Middelhagen Richtung Lobbe schlängelt sich die kleine Landstraße auf einem Damm durch sumpfige Niederungen, die, soweit das Auge reicht, von **Schilfbinsen** bestanden sind. Hier ernten die Mönchguter ihre „Dachziegel". Überall stehen die flachsgelben Binsen zu Bündeln zusammengeschnürt wie Indianerwigwams in der Gegend.

Von weitem schon zu sehen ist das Windrad des **Windschöpfwerks** am Rande der Straße. Das technische Denkmal ist das letzte erhalten gebliebene von einst 18 Schöpfwerken. Die sogenannten „Langsamläufer" pumpten mittels der Kraft des Windes über archimedische Röhren das Wasser aus Sumpfgebieten ab, um diese für die Landwirtschaft nutzbar zu machen. Das Lobber Schöpfwerk ist nicht mehr im aktiven Dienst, dreht sich aber noch spielerisch im Wind.

Das Dorf Lobbe liegt an der Ostseeküste. Am **Lobber Ort,** einem unter Naturschutz stehenden Sandkliff, beginnt der herrliche **Sandstrand,** der sich entlang der Außenküste **bis zum Südperd,** der Südspitze des Mönchguts bei Thiessow, hinzieht – ein absolutes Strandparadies und beliebtes Nacktbaderevier.

Unterkunft

■ **Strandhotel Eldena**②, Göhrener Weg 40, Tel. 5 00, www.hotel-eldena.de. Familiäres Hotel in ruhiger Lage nur durch einen bewaldeten Dünenstreifen vom Strand getrennt. 30 komfortable Zi. und 25 komplett ausgestattete Fewo in separatem Gebäude. Wellnessbereich mit Saunen, Solarium, Massagen, besonders einladend die große Wanne für zweisame Wonnen, besonders wohltuend das Katerbad nach allzu langen Nächten.
■ **Strandhotel Lobbe**②, Göhrener Weg 22, Tel. 6 62 13, www.strandhotelruegen.de. Familiengeführtes Haus mit 34 Zi. nur wenige Schritte vom Strand. Mit Restaurant, Café mit Biergarten und Terrasse. Fahrrad-Verleih.
■ **Camping „Dat Stranddörp",** Tel. (038308) 23 14, www.camping-ruegen.de. Schmaler, langgezogener Platz zwischen Haff und Straße. 3 Minuten zum Strand. Mit Fahrradverleih, FKK-Strand, Minigolf und Bolzplatz. April–Okt.

Gastronomie

■ **Zum Walfisch,** Dorfstr. 32, Tel. (038308) 2 54 67, www.walfisch-ruegen.de. Traditionelle Küche, sehr gute Fischgerichte, seit 1888 Familienbetrieb; Gästezimmer② (Strandnähe), Fahrradverleih.

Zickersches Höft

Auf halber Strecke zwischen Lobbe und Thiessow biegt die schmale Straße nach Gager und Groß Zicker auf dem Zickerschen Höft ab.

Die **Halbinsel** ist eine herrliche Region zum Radfahren, Wandern und Spazierengehen. Etwa 8 km lang ist der empfehlenswerte Rundwanderweg. Wie

1h

ein kuscheliges Fell überzieht Trockenrasen und Heidelandschaft die sanften Hügel zwischen dem Hagenschen Wiek und dem Zickersee. Eine milde und anmutige Landschaft, die die Sinne erfreut und die Nerven entspannt.

Bakenberg

Höchster Punkt der sogenannten **„Zicker Alpen"** ist der **66 m** hohe Bakenberg, den keine Wanderroute auslassen sollte. Von seinem Gipfel bietet sich ein einmaliger 360-Grad-Rundblick, der über das gesamte Mönchgut mit seiner extrem zergliederten Küstenlinie bis hinüber nach Usedom und Greifswald reicht. In der anderen Richtung kann der Blick bis Putbus und Bergen schweifen.

Naturschutzgebiet

Das **Naturschutzgebiet Zickersches Höft** an der Westspitze der Halbinsel ist nur zu Fuß zu erreichen. Die Straße endet in Groß Zicker, wo man, falls man nicht sowieso zu Fuß unterwegs ist, das Auto auf einem großen Parkplatz abstellen kann. Das 3 ha große NSG umfasst den gesamten exponierten **Trockenhang,** auf dem eine Vielzahl seltener und sehr seltener, herrlich duftender Pflanzen wächst, die die Trockenheit lieben.

Kräuterwanderungen, *René Geyer,* Leopold-Spreer-Str. 3, 18581 Putbus, mobil: (0173) 9 89 80 31, www.naturgeyer.de. Wer per pedes durch das bezaubernde Biosphärenreservat Südost-Rügen und das Mönchgut streifen will, der vertraue sich am besten der orts- und fachkundigen Führung von Herrn *Geyer* an. Er kennt nicht nur die schönsten

Winkel und Plätzchen wie die Schlüsselblumenwiese und weiß über jedes Großsteingrab Spannendes zu berichten, sondern vermittelt als ausgezeichneter Kenner seiner Heimat auch ein Füllhorn an Informationen zu Kräuterpflanzen, Anekdoten am Wegesrand u.a. Regelmäßige Kräuterwanderungen; Treffpunkt Schlagbaum am Ende der Boddenstraße hinter Groß Zicker, April–Sept. Mo, Do und Fr 10 Uhr, Sa 13 Uhr, Erwachsene 9 €, Kinder 3 €, Familie 18 €. Dauer ca. 2½ Std.

Groß Zicker

Das kleine Fischerdorf am Ufer der **Zickersee** ist von außergewöhnlicher Anmut. Sein Gesicht wird von alten, rohrgedeckten Fischerkaten und für die Region typischen Dreiseithöfen geprägt.

Überragt wird das ländliche Idyll von der **spätgotischen Dorfkirche,** auf deren Friedhof noch zahlreiche alte Grabwangen stehen. Der 1360 errichtete Backsteinbau ist das älteste Gebäude auf dem Mönchgut. Neben der Barockkanzel von 1653 besonders bemerkenswert sind die mit maritimen, bäuerlichen und handwerklichen Motiven bemalten Buntglasscheiben im Chor, die im 16. Jahrhundert Schiffer aus den Niederlanden mitbrachten.

Pfarrwitwenhaus

Das Haus aller Häuser in Groß Zicker und womöglich auf ganz Rügen ist das Pfarrwitwenhaus mit seinem Zuckerhutdach aus dem Jahr 1723. Ein wundervoller Anblick, zumal es noch in einen liebevoll angelegten und in allen Farben

1h

blühenden Garten eingebettet ist. Das schornsteinlose, aus Lehm und Holz erbaute Rauchhaus diente den mittellosen Witwen der verstorbenen Pfarrer als Unterkunft. Bis 1984 war es noch bewohnt.

🔴 **Pfarrwitwenhaus,** Boddenstr. 21, Tel. (038308) 82 48, April/Mai/Okt. Mo–Fr 11–16 Uhr, Sa/So 13–16 Uhr, Juni/Sept. Mo–Fr 10–17 Uhr, Sa/So 13–17 Uhr, Juli/Aug. Mo–Fr 10–18 Uhr, Sa/So 13–18 Uhr.

Praktische Tipps

Unterkunft

🔴 **Beim Fischer**①-②, Boddenstr. 34, Tel. (038308) 3 02 20, www.beimfischer.de. Hier ist man bei der alteingesessenen Fischerfamilie *Dumrath* (siehe „Gastronomie") zu Gast. Sechs Fewos unterm Reetdach, vier davon mit Balkon, zwei mit Terrasse, alle mit Wasserblick.

🔴 **Pension Taun Hövt**②, Boddenstr. 61, Tel. (038308) 54 20, www.taun-hoevt.de. Rohrgedeckter Dreiseithof in bezaubernder Alleinlage, mit Restaurant und schöner Terrasse.

🔴 **Pension Westphal**②, Boddenstr. 23a, Tel. (038308) 3 00 95, www.westphal-ferienwohnung. de. Vier gemütliche 2-Raum-App. mit Küche im rohrgedeckten Bauernhaus, mit Grillplatz.

Gastronomie

🔴 **Taun-Hövt,** Boddenstraße 61, Tel. (038308) 54 20, www.taun-hoevt.de. Das Restaurant der Pension in idyllischer Alleinlage bietet frische Küche aus Meer und vom Land im angenehmen Ambiente, im Sommer auf der schönen Boddenblick-Terrasse. Sehr beliebt, in der Saison besser reservieren.

MEIN TIPP: Fischräucherei Dumrath, Boddenstr. 25, Tel. (038308) 3 00 04. Mit die besten Fischbröt-

chen Rügens! Fangfrisch, frisch geräuchert – ob mit Zwiebeln oder ohne – ob auf dem Brötchen oder zum Mitnehmen – bei *Sönke* und *Steffi* ist alles extrafrisch und oberlecker! April/Okt. 10–17 Uhr, Mai–Sept. 10–18 Uhr.

Gager

An der Nordküste des Zickerschen Höfts liegt zu Füßen des Bakenbergs am Hagenschen Wiek das beschauliche Fischerdorf Gager. Es besitzt einen kleinen Hafen, in dem man den Fischern bei der Arbeit zusehen kann. In der Fischereigenossenschaft kann man auch Frisch- und Räucherfisch kaufen. Für Radler und Wanderer von besonderem Interesse ist die kleine **Personenfähre,** die in der Saison vom Hafen Gager nach Peenemünde auf Usedom fährt.

Die Bakenberge – feurige Alarmsignale

Wer auf Rügen und Hiddensee unterwegs ist, wird schnell bemerken, dass es auf den Inseln eine ganze Anzahl von Erhebungen gibt, die den Namen „Bakenberg" tragen. Dies rührt daher, dass auf den markanten Hügeln einst sogenannte **Feuerbaken** standen, lange Holzstämme, an deren oberem Ende Teertonnen befestigt waren, die bei außergewöhnlichen Ereignissen entzündet wurden. Mit diesem Alarmsystem konnte man schnell weit entfernt liegende Nachbarn oder Bewohner benachbarter Inseln vor Gefahren, wie dem **Herannahen von Feinden,** warnen.

1h

408rh_19 ph

Info

🟥 **Vorwahl:** 038308
🟥 **Kurverwaltung Gager,** Zum Hövt 15a, 18586 Gager, Tel. 82 10, www.gager.de, www.mein-moenchgut.de, Mai–Sept. Mo–Fr 9–18 Uhr, Sa/So 9–12 Uhr, Okt.–April Mo/Mi/Fr 8–12 Uhr, Di 12–17, Do 12–15 Uhr.
🟥 **Kurabgabe** HS 1,50 €, NS 0,75 €.

Unterkunft

🟥 **Pension Am Hafen**②, Zum Höft 29a, Tel. 6 64 70. Reetdach-Idyll, Bodden- und „Zicker-Alpen"-Blick, Liegewiese, Grillterrasse, Surfbrett-, Bootsverleih.
🟥 **Mönchgut-Camping,** in Gager, mobil: (0151) 58 82 14 45, www.moenchgut-camping.de. Intimer Platz am Bodden, Bungalowvermietung, April–Okt., mit Gaststätte.

Gastronomie

🟥 **Gaststätte Fröhlich,** Zum Höft 33, Tel. 82 50, www.pensionfroehlich.de. Leckere Fischgerichte in

⌂ Eine Augenweide – das Pfarrwitwenhaus in Groß Zicker

1h

3-stündigem Aufenthalt. Fahrradmitnahme. Juni–Sept. Mi 11.30 Uhr. Radfahrer bitte unter Tel. (038308) 83 89 oder mobil: (0171) 1 88 74 26 anmelden. Fahrrad 5,50 €.

Seebad Thiessow

Am südlichsten Zipfel des Mönchguts liegt das alte Lotsendorf Thiessow, dessen Name sich vom slawischen *tis* ableitet, was „Eibe" bedeutet. Das Ortsbild selbst ist weniger bemerkenswert, doch hier am Südperd und Thiessower Haken vereinigen sich alle Merkmale der Mönchguter Landschaft: hohe Dünen, steile Kliffe, weite Badestrände, schattiger Kiefernwald, sanfte Grashügel und blühende Salzwiesen.

Seine vorgeschobene Lage am Eingang in die Meerenge des Strelasunds machte den Ort für die **Schifffahrt** bedeutsam. Die ortskundigen Thiessower Fischer begleiteten die fremden Frachtschiffe seit alters auf ihrem Weg nach Stralsund und lotsen sie an Untiefen und Sandbänken vorbei. 1859 wurde der Ort zur **Hauptlotsenstation.** In den 1920er Jahren verlor die Station an Bedeutung, weil die Schiffe mehr und mehr die Nordpassage befuhren, die an Hiddensee vorbei in den Strelasund hineinführt. 1945 wurde die Lotsenstation endgültig geschlossen. An die Blütezeit Thiessows als Lotsenort erinnert heute das kleine **Lotsen-Museum** im Haus des Gastes.

Thiessow verfügt an der **Ostküste über** einen kilometerlangen, 30–50 m breiten Sandstrand, der sich bis nach Lobbe hinzieht. Beim Campingplatz gibt es ein großes FKK-Gelände.

gemütlich-familiärer Atmosphäre direkt am Wasser. Die Portionen sind für den großen Hunger. Besonders schön bei Wind oder Regen ist die vollverglaste Terrasse. Der Gaststätte ist eine **Pension**② angeschlossen.

■ **Lütt Fischeck,** Zum Höft 25, Tel. 3 01 84. Sehr leckerer Räucherfisch und Fischbrötchen, geöffnet von März bis November.

Aktivitäten

■ **Bootsausflug:** *Boddenreederei Rügen,* Tel. 83 89, www.boddenreederei-ruegen.de. Geöffnet von Mai bis Sept. Fahrt nach Peenemünde mit

1h

Südperd

Beobachten kann man die Brandung und die Wellenreiter vom Aussichtspunkt **Kleiner Königsstuhl** auf dem Südperd. Von dem Plateau, auf dem noch Reste von Schanzenanlagen aus dem Nordischen Krieg zu sehen sind, hielten die Lotsen früher nach Segelschiffen Ausschau. Etwas weiter südlich liegt der südlichste Punkt des Mönchguts, der Thiessower Haken.

Auf dem 36 m hohen **Lotsenberg** wurde nach historischem Vorbild der alte, 11 m hohe **Lotsenturm** von 1909 wieder aufgebaut, von dessen Plattform man eine wunderbare „Lotsenfernsicht" genießt. Auch das kleine historische Lot-senhaus auf dem Hügel kann besichtigt werden.

Praktische Tipps

Info

● **Vorwahl:** 038308
● **Kurverwaltung,** 18586 Thiessow, Hauptstr. 36, Tel. 82 80, www.ostseebad-thiessow.de, Mo, Mi, Do 8–16 Uhr, Di 9–18 Uhr, Fr 8–12 Uhr, Mai–Okt. zusätzlich Sa 10–12 Uhr.
● **Kurabgabe** HS 2 €, NS 1 €. Hund 1 €.

⌐ Imker mit seinem Warensortiment auf dem Rügenmarkt in Thiessow

Thiessow

0 ▬▬▬ 200 m

© REISE KNOW-HOW Rügen25 9/19

Nonnenloch
★ *Aussichtspunkt*

Zicker See

L292

Saalsufer

Klein Zicker

Hafen

Dörpstrat

Endhaken

Hauptstraße

Dampferweg

Walterweg

Strandstr.

Strandstr.

Thiessow

Lotsenturm ★

De neege Werd

Südperd

OSTSEE

● **Übernachtung**
2 Zum Trauten
  Fischerheim
3 Zollhaus
4 Surf-Oase
5 Haus Mönchgut
6 Hotel Godewind
11 Campingplatz
  Thiessow

● **Essen und
Trinken**
2 Zum Trauten
  Fischerheim
8 Strandcafe
10 Am Hafen

● **Sonstiges**
1 Kiteschule
4 Surf-Oase
7 Fahrradverleih
9 Rügenmarkt

9 Rügenmarkt

MEIN TIPP: Von Mai bis Ende Okt. findet jeweils Di und Do am **Hafen von Thiessow** von 9 bis 16 Uhr der Rügenmarkt statt. Der Besuch lohnt sich, denn hier versammeln sich unter freiem Himmel und dem Motto **„regional – köstlich – kunterbunt"** mehr als 100 einheimische Produzenten, Künstler und Kunsthandwerker und bieten von der Bio-Salami bis zu Schafwollkleidung oder Schmuck aus Fossilien ihre selbst hergestellten Waren an. www.ruegen-markt.com.

120rh ph

Unterkunft

5 Haus Mönchgut②, Hauptstraße 45, Tel. 3 01 17, www.hotel-moenchgut-garni.de. Frisch renoviertes familiengeführtes Haus mit 11 DZ und acht Familien-Zi. unter netter Leitung, 300 m vom Meer. Kein Restaurant, dafür ein sehr abwechslungsreiches Frühstück. Tipp: Die Zimmer nach hinten sind ruhiger.

6 Hotel Godewind②-③, De niege Wech 7, Tel. 34 20, www.godewind-thiessow.de. Neu erbautes, familiäres Haus mit schönem Mönchgutblick; regionale Küche in Kamin-Gaststätte mit Wintergarten; Schwimmbad, Sauna, Fitnesscenter, Fahrradverleih, 3 Min. zur Ostsee.

11 Camping-Oase, Hauptstr. 4, Tel. 66 95 85, www.campingplatz-thiessow.de. 150 m zum Strand mit FKK-Bereich, Fahrradverleih (1.4. bis 3.11.).

4 Surf-Oase, Dörpstrat 2, Tel. 3 01 25, www.thie waii.de. Surfer- und Wohnmobilstellplatz direkt am Strand an der Straße nach Klein Zicker, Ver- und Entsorgung, Dusche (1.4.–31.10.).

Gastronomie

10 Am Hafen, Dampferweg 1, Tel. 3 00 01, www.thiessow.zumhafen.talismanmusic.de. Fischrestaurant am kleinen Hafen, Ostseefisch vom Kutter direkt auf den Tisch, mit Räucherfischverkauf.

1h

8 **Strandcafé,** Strandpromenade 1, Tel. 83 45. Fisch und gutbürgerliche Küche auf der tollen Strandterrasse mit Windschutz und Blick auf Strand und Meer am Südende des Strands.

Aktivitäten

7 **Fahrradverleih Thiessow,** Hauptstr. 29, Tel. 3 05 04, www.fahrradverleihthiessow.de.
4 **Segeln/Surfen:** siehe „Surf-Oase".
1 **Kitesurfen:** *Kiteschule Kurse,* Dörpstrat 35, Tel. (038308) 8 59 16, www.proboarding.de.

Klein Zicker

Die Straße endet schließlich im westlich von Thiessow auf einem Landvorsprung gelegenen 70-Seelen-Dorf Klein Zicker. Das Gefühl, so weit wie möglich in den **südöstlichen Zipfel Rügens** hineingefahren zu sein, veranlasst viele Besucher, auf dem großen, kostenpflichtigen Parkplatz am Ortseingang zu parken und ins Dorf zu spazieren. So romantisch wie

Groß Zicker ist die kleine Schwester aber nicht. Von 1967 bis 1991 stand auf dem über Nacht zum militärischen Sperrbezirk erklärten Hügel hinter dem Dorf eine sowjetische Radaranlage.

Klein Zicker besteht überwiegend aus kleinen Häuschen, die im Vergleich zu den malerischen alten Rohrkaten von Groß Zicker wenig Charme ausstrahlen. Sehr schön ist jedoch der Spaziergang durch das Dorf hindurch und weiter bis zum Hochufer, wo eine Treppe zum Strand hinunterführt. Im lehmigen Steil-ufer kann man die bedrohte Uferschwalbe in ihren Wohn- und Bruthöhlen gut beobachten.

Nicht versäumen sollte man den etwa einstündigen Spaziergang rund um die kleine, unter Naturschutz stehende **Landzunge von Klein Zicker.** Vom Parkplatz am Ortseingang geht es erst zum kleinen romantischen Fischerhafen, dann durch den Efeuwald immer an der Küste entlang bis zum Klein Zicker Ort. Beim Aussichtspunkt, am höchsten Punkt des Rundwegs, lässt sich bei einer Verschnaufpause der wunderbare Ausblick genießen, bevor es am Saalsufer entlang zurück zum Dorf geht.

Unterkunft/Gastronomie

2 **Pension Zum Trauten Fischerheim**①-②, Dörpstrat 15, Tel. (038308) 3 01 52, www.klein zicker.de. Kleine Pension mit gemütlicher **2** Gaststube und Panoramablick auf den Bodden.

3 **Zollhaus**②, Dörpstraat 9, Tel. 9 56 05 00, www. zollhaus-ruegen.de. Das einstige Lokal wurde in eine Ferienanlage mit 7 Fewo für 2–6 Pers. umgewandelt.

134rh ph

◁ Ein Postkartenidyll –
der malerische Fischerhafen von Klein-Zicker

1h

1i HALBINSEL JASMUND

Map labels: Putgarten, Dranske, Glowe, OSTSEE, HIDDEN-SEE, Trent, Sassnitz, UMMANZ, R Ü G E N, Bergen, Binz, Putbus, Sellin, Garz, VILM, Göhren, Stralsund, Rügischer Bodden

371rh ph

Den nordöstlichsten Teil Rügens bildet die zwischen Tromper und Prorer Wiek gelegene 135 km² große Halbinsel Jasmund. Ursprünglich war sie eine vom „Muttland" abgetrennte Insel, wuchs aber im Laufe der Jahrtausende durch aus steten Sandablagerungen geborenen Nehrungen mit der Hauptinsel und dem benachbarten Wittow zusammen.

▷ Die Wiege der deutschen Romantik – Kreidefelsen am Hochuferweg zum Königsstuhl

Überblick

Neben den beiden Nehrungen gibt es noch einen von Menschenhand geschaffenen Landweg nach Jasmund. 1868 wurde der schmale Wasserarm, der bei Lietzow den Großen mit dem Kleinen Jasmunder Bodden verband, mit einem **Damm** zugeschüttet. Darüber führen seither die Schlagadern Rügens, die Europastraße 22 und die parallel dazu verlaufende Bahnlinie, die vom Rügendamm aus via Bergen die Insel diagonal durchqueren und im Tor nach Skandinavien, der **Hafenstadt Sassnitz,** enden. Jasmund ist sozusagen der Balkon Rügens. Sanft, aber beständig steigt das Land an,

um sich dann an der Nord- und Ostküste als **weißer Kreidefels** jäh ins Meer zu stürzen. Ganz Jasmund ist eine gewaltige Kreideplatte in Schräglage, die durch herkuleische Kräfte aus der Tiefe an die Oberfläche gedrückt wurde. Diesem geologischen Umstand verdankt Jasmund seine weltberühmten Kreidefelsen mit dem **Königsstuhl,** der zum Synonym für Rügen geworden ist. Die Platte ist mit Kuppen übersät, von denen der Blick weit über Rügen schweifen kann. Die Wiesen und Felder, die das hügelige Land im Westteil Jasmunds bedecken, sind teilweise durchbrochen von weißen Löchern, die aus der grünen Landschaft leuchten. Dies sind alte aufgelassene **Kreidebrüche.** Seit langer Zeit schon wird auf Jasmund das weiße Gold abgebaut.

NICHT VERPASSEN!

- Beim Besuch des **U-Boot-Museums** das maritime Flair des Sassnitzer Hafens erleben | 137
- Die **schönste Wanderstrecke** auf ganz Rügen: der Hochuferweg von Sassnitz bis zum Königsstuhl | 142
- Von der Terrasse des Panorama-Hotels mit Blick auf Kap Arkona den **schönsten Sonnenuntergang** Rügens beobachten | 152
- Das **Dinosaurierland** mit seinen lebensgroßen Riesenechsen | 155
- Ein Ausflug zum **Kreidemuseum** bei Gummanz | 155

Diese Tipps erkennt man im Buch an der gelben Hinterlegung im Kapitel.

Der östliche Teil der Halbinsel zwischen Sassnitz und Lohme wird von den herrlichen alten Laubwäldern der **Stubnitz** bedeckt. Dieses Gebiet, das die Stubbenkammer mit dem Königsstuhl umfasst, wurde wegen ihrer außergewöhnlichen landschaftlichen Schönheit und Unberührtheit und ihrer speziellen Flora und Fauna zum **Nationalpark Jasmund** erhoben, dessen großartige Buchenwäder 2011 von der UNESCO zum **Weltnaturerbe** erklärt wurden.

Durch ihre überwältigende Schönheit waren die Stubnitz und ihre Kreidefelsen das erste Gebiet auf Rügen, das Fremde anlockte. Für die Entdeckung als touristisches Ziel trug maßgeblich der große Landschaftsmaler der deutschen Romantik, *Caspar David Friedrich* bei.

Kein Rügenfahrer wird seinen Inselaufenthalt beenden, ohne wenigstens einen Jasmund-Besuch gemacht zu haben. Zehntausende strömen jährlich an die Kreidekliffe, um das romantische und harmonische Zusammenspiel von grünem Buchenwald, blauem Meer und weißen Klippen zu erleben und zu genießen.

Für einen Badeurlaub ist Jasmund dagegen nicht geeignet: Die Halbinsel selbst besitzt **keine Badestrände.** Die beiden schmalen, kilometerlangen Landbrücken Schmale Heide und Schaabe, die an sie angrenzen, sind die schönsten Strände Rügens überhaupt.

Neben dem Tourismus und der Kreidegewinnung ist der große **Fährhafen in Neu Mukran** ein wesentliches ökonomisches Standbein Jasmunds. Auch im vom Fremdenverkehr weitgehend unberührten Hinterland gibt es eine Reihe interessanter Ziele wie beispielsweise das **Schloss Spyker** bei Bobbin oder den **Dobberworth,** Rügens größtes Hügelgrab, bei Sagard. Und wer sich nach dem Besucherrummel am Königsstuhl nach etwas Ruhe und Abgeschiedenheit sehnt, wird sie bei kleinen und großen Streifzügen durch das Hügelland finden.

Fährhafen Sassnitz in Neu Mukran

Wer von der Granitz aus nach Jasmund fährt, überquert das Badeparadies Schmale Heide mit seinen endlosen schneeweißen Sandstränden und dem in Europa einmaligen Naturschutzgebiet Feuersteinfelder. Der erste Ort, den man auf dieser Route auf Jasmund erreicht, ist Neu Mukran. *Neu* deshalb, weil der Ort, der eigentlich ein **gigantischer Fährhafen** ist, erst in den 1980er Jahren unter größter Geheimhaltung und Eile nahe dem Weiler Mukran **aus dem Boden gestampft** wurde.

Mit der Verlegung der traditionsreichen „Königslinie" von Sassnitz nach Neu Mukran im Jahr 1998 stieg der Ort zum **größten Eisenbahnfährhafen Deutschlands** auf. Von ihm fahren große Autofähren nach Trelleborg in Schweden und Rønne auf Bornholm. Besuche von chinesischen Delegationen zeigen, dass der Hafen bei der Planung der **„Neuen Seidenstraße"** eine wichtige Rolle als Verteilzentrum für den Ostseeraum einnehmen soll.

Geschichte

Die Machthaber der DDR glaubten in den 1980er Jahren, eine neue und sichere Verbindung zur Sowjetunion zu brauchen. Die für das **ökonomische Überleben der DDR** existenziell wichtige Verbindung zum großen Bruder führte bis dahin durch das Land der Polen, die ja schon immer als unsichere Kantonisten im sozialistischen Lager galten. Als dann dort die Solidarność-Bewegung um *Lech Walesa* entstand und Streiks und Unruhen das System bedrohlich zum Wanken brachten, wurde der SED schlagartig klar, was eine Unterbrechung des Güterverkehrs mit der Sowjetunion für ihren Staat bedeuten würde – ein ökonomisches Desaster und damit das schnelle Aus für die Republik. Deshalb wurde ohne Rücksicht auf Kosten und in höchster Eile in Tag- und Nachtschichten an dem Eisenbahnfährhafen gearbeitet, der Rügen mit **Klaipeda in Litauen** (damals noch zur Sowjetunion gehörig) verbinden sollte. Nach einer Rekordbauzeit ging die Linie 1986 in Betrieb.

Geholfen hat es bekanntlich nichts mehr, und über den Fährhafen Neu Mukran wurden schließlich große Teile der in der DDR stationierten Westgruppe der Roten Armee zum Rücktransport in die Heimat eingeschifft, weil die renitenten Polen das sowjetische Militär nicht durch ihr Land lassen wollten – ein besonders gehässiger Treppenwitz der Geschichte.

1i

Kreide – das weiße Gold Jasmunds

Das Wort „Kreide" kommt aus dem Lateinischen und leitet sich von *terra creta* ab, was soviel wie „gesiebte Erde" bedeutet. Namensgebend für diese Gesteinsart waren die Kreidefelsen auf Rügen.

Kreide ist ein weißer, zerreibbarer und abfärbender **Kalkstein** aus kohlesaurem Kalk, der vorwiegend aus **Mikrofossilien** besteht. Hauptmineral der Kreide ist Kalkspat, weitere Bestandteile sind Ton (Kreidemergel), Glaukonit und Brauneisen.

Entstanden sind die Kreideschichten vor **50– 100 Millionen Jahren** im Mesozoikum, als durch eine Erwärmung die gigantischen Gletscher abschmolzen und den Meeresspiegel ansteigen ließen. Das so entstandene Kreidemeer überschwemmte ganz Nordeuropa. Erst die Alpen konnten die Fluten stoppen. Nur wenige Mittelgebirge ragten als Inseln aus diesem Meer. Land, Luft und Wasser dieser erdgeschichtlichen Epoche, naheliegenderweise **Kreidezeit** genannt, wurden von Sauriern aller Größen und Arten bevölkert.

Die Wasserläufe, die in dieses Meer mündeten, trugen eine feine Kalkbrühe ein, die allmählich das Wasser bis zum Sättigungsgrad anreicherte. Der ausgefällte Kalk sank zum Grund und lagerte sich in dicken Schlammschichten ab. Aus dem Kalk bauten sich unzählige Kleinlebewesen wie Krebse, Schnecken und Muscheln ihre Skelette, Schalen und Panzer. Nach ihrem Absterben versanken sie ebenfalls auf dem Meeresgrund in der Schlammschicht. Im Laufe der Jahrtausende wurde diese Kalkschlammschicht 200 bis 400 Meter dick. Faltungen und Verschiebungen brachten an manchen Stellen, wie z.B. auf Rügen, die Kreideschicht an die Erdoberfläche.

Die Rügener Kreide ist besonders weiß und rein. In dem Ort Klementelvitz bei Sassnitz wird das „Weiße Gold Jasmunds" im einzigen **Kreidewerk** Rügens industriell abgebaut. Verwendung findet sie beispielsweise bei der **Herstellung von Farben, Kitt, Medikamenten, Zahnpasta** oder in der **Porzellan- und Glasherstellung** – und seit einiger Zeit auch als „Rügener Naturheilkreide" in den Kureinrichtungen der Insel Rügen.

■ **Verein Rügener Heilkreide,** Gummanz 3a, 18551 Neddesitz, Tel. (038302) 5 62 29, www.heil kreide.de
■ **Kreidemuseum:** siehe unter „Bobbin"

Praktische Tipps

Info

■ **Fährhafen Sassnitz,** 18546 Neu-Mukran, Tel. (038392) 5 50, www.faehrhafen-sassnitz.de.

Fähren

■ **Mukran – Trelleborg: Stenaline,** Tel. (038392) 67 33 12, www.stenaline.de.
■ **Mukran – Rønne: Bornholmslinjen,** Rønne (DK), Tel. 70 900 100, www.bornholmslinjen.dk.

Sassnitz

Eingeklemmt zwischen dem Prorer Wiek und den 130 m hohen Crampaser Bergen liegt Sassnitz, Jasmunds größter Ort. Seit 1897 verbanden Fähren die Stadt mit dem schwedischen Trelleborg und machten sie zum **Tor nach Skandinavien.** Mit der Verlegung der Königslinien aus der Stadt Sassnitz heraus in den nahen, modernen Fährhafen in Neu Mukran fand diese Ära 1998 ein Ende. Die Stadt zieht sich kilometerlang auf einer schmalen Terrasse zwischen den Crampaser Bergen und der Ostsee hin.

Sassnitz ist eine seltsame Stadt. Vergeblich sucht man nach einem Mittelpunkt, einem Marktplatz mit Kirche, einem alten Zentrum. Man wird dies an der ganzen Hauptstraße, die den Ort fast schnurgerade von einem bis zum anderen Ende durchquert, nicht finden. Einziger optischer Halt ist das Hochhaus des *Rügen-Hotels* und das danebenliegende schöne alte Seemannsheim, das nun *Kurhotel* heißt. Der große Parkplatz bei den Hotels erweckt den Eindruck einer Art zentralen Platzes. Zwar hat man versucht, den Mangel durch den Bau der **Rügen-Galerie** gegenüber dem Rügenhotel zu beheben. Doch auch beim Anblick des modernen Ensembles aus Gastronomie, Einkaufsmeile und Dienstleistungszentrum will sich das Gefühl eines einladenden Ortszentrums nicht so richtig einstellen.

Geschichte

Eine Erklärung für die sonderbare Sassnitzer „Seelenlosigkeit" bietet die Entstehungsgeschichte der Stadt. Sie ist nicht um einen historischen Kern herum gewachsen, sondern aus dem Zusammenschluss der zwei kleinen **Fischerdörfer** Crampas und Sassnitz entstanden. Die beiden Dörfchen konnten sich wegen ihrer eingeklemmten Lage zwischen der See und den steilen Hängen der Crampaser Berge nur längs der Küste ausdehnen und sind so aufeinander zu- und schließlich ganz zusammengewachsen. 1906 wurden die beiden Orte offiziell unter dem Namen Sassnitz vereinigt.

Die beiden Dörfer, so erzählt ein altes Heimatbuch, waren sich lange Zeit spinnefeind. Die gegenseitige Abneigung ging so weit, dass in der gemeinsamen Kirche streng darauf geachtet wurde, getrennt zu sitzen: die Crampaser links, die Sassnitzer rechts. Mit dem 1824 einsetzenden Fremdenverkehr und ihrer Entwicklung zu beliebten Badeorten wuchsen Unfrieden und Missgunst zwischen den Konkurrenten noch mehr. In Crampas logierten mehr Badegäste, weil der Ort im Gegensatz zu Sassnitz keine Kurtaxe erhob. Sassnitz aber hatte den schöneren Strand und so kamen die Gäste der Crampaser zum großen Ärger der Sassnitzer zum Baden an deren Strand herüber.

Die **Entwicklung zum Seebad** soll damit begonnen haben, dass ein Malermeister aus den Bohlen und Planken einer gestrandeten holländischen Bark das Hotel *Zum Fahrnberg* errichten ließ, das dann die ersten Sommerfrischler anlockte. Einer der berühmtesten Gäste des Hauses war der Komponist *Johannes Brahms,* der 1876 von Juni bis August hier logierte und an *Clara Schumann* schrieb: „Rügen ist aber auch wirklich sehr hübsch, abgesehen von dem lieben Plattdeutsch".

Halbinsel Jasmund

1i

Seebad Sassnitz

0 ――― 200 m   © REISE KNOW-HOW   Rügen 12 9/19

Kunst und Kunsthandwerk
5 Töpferei Büttner
14 Bernsteinwerkstatt

★ Aussichtspunkt

● Bowling Center

Stubbenkammerstraße

16 ★ Königsstuhl

15

★ Hochuferweg zum Königsstuhl

Bachstraße
Hauptstraße
Bergstr.
Schulstraße
Schill-Kruse Str.
Hauptstraße
Hermann-Bebert-Str.
Victoriastr.
Lindenstraße
Waldmeisterstraße
Bachstraße
Mittelstr.
Seestraße
Ringstraße
Rosenstr.
ALTSTADT
Kurplatz
Strandpromenade
Seebrücke

Bahnhof

Markt
ℹ ★

Hafenstraße
Walterstr.
Stralsunder Straße
Hafenstraße
Fischerei u. Hafenmuseum
Fischereihafen

★ Schmetterlingspark,
★ Schlosspark Dwasieden

Hafen

Fußgänger-Hängebrücke

Ⓜ U-Boot-Museum

Ⓜ Museum für Unterwasserarchäologie

Ostmole

Essen und Trinken
3 König Gustav
6 Kutterfischmanufaktur
7 Café Gumpfler
8 Gastmahl des Meeres
9 Harbours
13 Strandcafé

Aktivitäten
2 Rügen-Therme
11 Fahrradverleih Harm
16 Jeep-Exkursionen, Naturerlebniscamp Birkengrund
17 Landpension Dubnitz, Golfplatz Sassnitz, Hochseeangeln

Übernachtung
1 Kurhotel
4 Hotel Waterkant
10 Hotel Zum Hafen
12 Parkhotel del Mar
15 Pension Villa Elisabeth

1889 wurde auf Initiative des Schwedenkönigs *Gustav Adolf V.* mit dem **Bau des Hafens** begonnen, der die kurze Ära der beiden Gemeinden als Seebäder beendete, weil der ganze Strand unter den Hafenanlagen verschwand. 1897 nahm die *Königslinie* genannte, **deutsch-schwedische Postdampferlinie** den regelmäßigen Fährverkehr auf. Der Hafen gewann schnell an Bedeutung und musste permanent erweitert werden. Nach dem Bau der Bahnstrecke Stralsund – Sassnitz nahm 1909 die **Eisenbahnfähre** nach Trelleborg ihren Betrieb auf. Mit dieser Fähre setzte im April 1917 ein Waggon über, dessen „Fracht" die Welt veränderte und dessen Auswirkungen bis heute die Schlagzeilen der Weltpresse beherrscht. In dem verplombten Wagen saß ein Herr namens *Wladimir Iljitsch Uljanow,* besser bekannt als **Lenin,** der via Sassnitz von seinem Schweizer Exil heimlich nach Russland zurückkehrte, um dort die Revolution anzuzetteln. Bis 1990 stand der im Originalzustand erhaltene Waggon als „kleinstes Museum der DDR" vor dem Bahnhof in Sassnitz, den die Stadt nach der Wende als vermeintlichen ideologischen Ballast leider vorschnell entsorgte.

1i

Die wirtschaftliche und militärische Bedeutung des Hafens wurde der Stadt **1945** zum Verhängnis. Am 6. März tauchten alliierte Bomberverbände auf und griffen den mit Flüchtlingen vollgestopften Hafen an. Die Folgen waren verheerend. Im völlig zerstörten Hafen fanden Tausende den Tod. Aber auch die Stadt wurde schwer getroffen.

1957 wurde Sassnitz das Stadtrecht verliehen. 1989 wurde der internationale Fährverkehr nach Neu Mukran ausgelagert, die ehemaligen Hafenanlagen wurden zur Museumsmeile. Heute ist die Stadt von ihrem großen Fischereihafen und vom Tourismus geprägt.

Altstadt

„Nach Rügen reisen heißt nach Sassnitz reisen", lässt *Fontane* seine Effi Briest sagen. Tatsächlich war Sassnitz der erste Badeort auf Rügen. Davon zeugen die nun wieder prachtvoll restaurierten, schneeweiß erstrahlenden Villen und Logierhäuser zwischen der Berg- und der Rosenstraße an der Sassnitzer Seebrücke, zu der vom Hafen aus die Standpromenade führt. Das kleine Villenviertel stellt zusammen mit dem bunten Fischerhafen und dem ehemaligen Fährhafen, in dessen Gebäuden sich zahlreiche Museen, Läden und gastronomischen Einrichtungen angesiedelt haben, die Schokoladenseite der Stadt dar.

Um die beiden städtischen Zentren Rügengalerie und Hafen miteinander zu verbinden, wurde vom neu gestalteten Platz zwischen den großen Hotels eine lange, elegant geschwungene **Fußgänger-Hängebrücke** errichtet. Von der ausgefallenen Konstruktion, die direkt

im Glasbahnhof im ehemaligen Fährterminal endet, hat man eine großartige Aussicht über den Hafen und hinaus aufs Meer.

Hafen

Das touristische Zentrum der Stadt und der am meisten besuchte Ort ist der Hafen. Hier liegt das **Fischerei- und Hafenmuseum**, das einen historischen Überblick über die Geschichte der Stadt gewährt. Hautnah den harten Alltag der Fischer erleben kann man auf dem zum Museum gehörenden, 26 m langen Fischkutter „Havel", der an der Mole vertäut liegt und noch bis 1990 im Dienst war. Ein Spaziergang hinaus auf die mit 1,5 km **längste Hafenmole Europas** bietet einen guten Blick auf das Hafengelände. In einem der denkmalgeschützten ehemaligen Fährabfertigungsgebäude der nach Mukran verlegten „Königslinie" hat das **Museum für Unterwasserarchäologie** seine Heimat gefunden.

Am alten Fähranleger vertäut liegt das **U-Boot-Museum,** ein britisches U-Boot der Oberon-Klasse. Das 90 m lange, ab 1963 betriebene U-Boot konnte 300 m tief tauchen und wurde von einer 82-köpfigen Besatzung bedient. Heute ist der gewaltige, 1991 stillgelegte kriegerische Stahlkoloss ein friedliches Museum.

Besonders romantisch ist der **Fischereihafen,** in dem einst die größte Fischereiflotte der DDR beheimatet war. Noch immer liegen hier viele kleine Kutter und große Fischerboote vor Anker, die sich malerisch und fotogen mit ihren bunten Wimpeln in der leichten Dünung wiegen. Von hier starten auch die

1i

Ausflugsboote zu den Königsstuhl-Rundfahrten. Wer die berühmten Kreidefelsen in ihrer ganzen Pracht erleben und fotografieren will, sollte unbedingt an einer Rundfahrt teilnehmen, denn nur vom Meer hat man den wirklichen Postkartenblick auf die Klippen, die nur bei Sonnenschein wirklich weiß sind.

Eine Attraktion der Hafenstadt ist der **Schmetterlingspark.** Rund 500 bunt schillernde, umherflatternde Schmetterlinge von 150 Arten, darunter so exotische Giganten wie der Atlas-Seidenspinner mit 30 cm Spannweite, können in der großen Freiflughalle mit Teich und Wasserfall bewundert werden.

Eine historische Sehenswürdigkeit ist der **Schlosspark Dwasieden** am Süden-de der Stadt. Lange von der NVA genutzt und damit im militärischen Sperrbezirk gelegen, ist der in einem Wäldchen am Meer versteckte, wildromantisch zugewachsene Schlosspark mit seinen Bauten und Ruinen nun zugänglich. Erbaut hat-

⌃ Die Promeniermeile der Stadt –
Uferpromenade am Fischerhafen

▷ Der Fischerhafen von Sassnitz

1i

te das neoklassizistischen Prunkschloss 1873–77 Geheimrat *Adolph von Hansemann*, Inhaber der Disconto-Gesellschaft in Berlin und damit einer der reichsten Männer seiner Zeit. Eine „Expedition" durch die teils märchenhafte Schlossanlage ist nicht ohne Reiz. Wer sich für die Anlage und ihre Geschichte interessiert, kann an einer der Führungen mit dem Autor des Buches „Das Weiße Schloss am Meer", *Ralf Lindemann*, teilnehmen. Das Buch ist im Reprint-Verlag Rügen erschienen, bestellbar über www.dwasieden.de. Führungen nur nach Voranmeldung ein Mal monatlich um 14 Uhr, ab Ärztehaus an der Straße der Jugend, mobil: (0152) 37 90 06 91. Dauer: ca. 2 Std.

■ **Sassnitzer Fischerei- und Hafenmuseum,** Im Stadthafen, Tel. 5 78 46, www.hafenmuseum.de. Nov.–Febr. tägl. 11–17 Uhr, März–Okt. tägl. 10–18 Uhr.

■ **Museum für Unterwasserarchäologie,** Alter Fährhafen, Tel. 3 23 C0. Vom Museum aus hat man einen der schönsten Blicke auf den Sassnitzer Hafen und die Ostsee. April–Okt. täglich 10–18 Uhr, Nov.–März täglich 13–17 Uhr. Zurzeit ist die Unterwasserarchäologie geschlossen, dafür läuft im Museum die Sonderausstellung „100 Jahre Fährverbindung Sassnitz – Trelleborg".

■ **U-Boot Museum,** Hafenstr. 12, Tel. 67 78 88, www.hms-otus.com, Mai–Okt. täglich 10–18 Uhr, Nov.–April 10–16 Uhr.

■ **Schmetterlingspark,** Straße der Jugend 6, Tel. 6 64 42, www.alaris-schmetterlingspark.de, April–Okt. tägl. 10–17 Uhr.

430rh_19 ph

Praktische Tipps

Info

- **Vorwahl:** 038392
- **Tourist Service:** Strandpromenade 12 (im Stadthafen), Tel. (038392) 64 90, www.insassnitz.de, Mo–Fr 9–18 Uhr, Sa/So 10–17 Uhr.
- **Kurabgabe** HS 1,50 €, NS 1 €.

Unterkunft

4 Waterkant②, Walterstraße 3, Tel. 5 09 41, www. hotel-waterkant.de. Hotel garni in sehr schöner Lage oberhalb des Hafens mit herrlichem Panoramablick. Blumenreicher weitläufiger Garten mit Rosengarten, Liegewiese, Freiterrasse und Springbrunnen. 17 Zi., davon 12 zur Seeseite, 8 mit Balkon, 4 mit Gartenterrasse.

1 Kurhotel②-③, Hauptstr. 1, Tel. 5 30, www.kurhotelsassnitz.de. Im ehemaligen Seemannsheim, mit Blick auf Fährhafen und Prorer Wiek.

12 Parkhotel del Mar②-③, Hauptstraße 36, Tel. 69 50, www.parkhotel-del-mar.de. Charmantes, saniertes Patrizierhaus mit 14 gediegen ausgestatteten Zi. und 6 Appartements mit Küchenzeile unter sehr engagierter Leitung. Zentrale Stadtlage. Reichhaltiges Frühstück, sehr geräumige Zimmer, Sauna und Dampfbad.

10 Hotel Zum Hafen②, Hafenstr. 3, Tel. 2 23 06, www.hotel-zum-hafen.de. Kleine Hotelpension.

324h ph

Halbinsel Jasmund

8 **Gastmahl des Meeres,** Strandpromenade 2, Tel. 51 70, www.gastmahl-des-meeres-ruegen.de. Traditionsreiches Fischlokal direkt an der Mole. Seit mehr als 25 Jahren werden hier im maritimen Ambiente oder auf der Straße ausgezeichnete Fischgerichte serviert. Sehr beliebt, deshalb oft voll. Hunde unerwünscht. Mit **Hotel**②-③.

7 **Café Gumpfler,** am Beginn der Mole, Tel. 64 98 88, www.cafe-gumpfler.de. Die Lage macht's – und die Kuchen. Moderner Glas-Beton-Rundbau mit Galerie und Blick auf den Hafen, die Mole, die Seebrücke und das Meer. Dazu gibt's ausgezeichnete Kuchen und kleine Speisen, besonders die Eierlikörkreationen sind toll. Tägl. 9–18 Uhr.

3 **König Gustav,** Hauptstr. 10, Tel. 2 23 59, www.koenig-gustav.de. Spezialitätenrestaurant mit skandinavischem Einschlag und ebenso bodenständiger wie feiner Küche.

MEIN TIPP: **6** **Kutterfisch Manufaktur,** Hafenstraße 12, Tel. 5 13 30, www.sassnitz.kutterfisch. de. Direkt im Fischerhafen, mit sehr gutem Fisch, leckere Bratkartoffeln, alles stets frisch zubereitet. Mit Verkauf an Rügens längster Fischtheke.

Aktivitäten

11 **Fahrradverleih:** *Zweirad Harm,* Hafenstr. 19b, Tel. 3 50 75.

■**Schiffsausflüge** zum Königsstuhl: *Seetouristik Brauns,* Tel. 35 22, www.ms-alexander.de. Mit der *MS Alexander* ganzjährig tägl. ab Mole Sassnitz, in der Saison 10, 12, 14 u. 16 Uhr (bei gutem Wetter).

■**Tierpark,** Am Steinbach, Tel. 2 23 81, www.tierpark.sassnitz.de (wg. Umgestaltung bis auf Weiteres geschlossen).

17 **Angeln:** Hochseeangeln, Straße der Jugend 7a, Tel. 67 46 30, www.hochseeangeln-ruegen.de (mit kostenlosem Frühstück und Mittagessen an Bord).

15 **Pension Villa Elisabeth**②, Bergstraße 20, Tel. 2 22 78, www.ferienwohnungen-urlaub-ruegen. com. Alle Zi. und Appartements mit Balkon und Meerblick. Tolle Terrasse mit Traumblick auf Meer und Altstadt. Frühstück im vollverglasten Wintergarten.

Gastronomie

9 **Harbours,** Hafenstraße 5, Tel. 37 45 20. Eine Seltenheit auf Rügen – Fingerfood at its best! Spanische Tapas, italienische Antipasti, deutsche Häppchen, internationale Suppen und Salate und vieles mehr. Dazu über 100 verschiedene Weine und Cocktailbar.

◁ Historische Bädearchitektur an der Seebrücke in Sassnitz

1i

🔴 **Bowling:** *Bowling Center,* Gewerbepark 14, Tel. 3 21 61, www.bowlingcenter-sassnitz.de.

🟢2 **Baden/Wellness:** *Rügen-Therme,* Seestraße 1, im Rügen-Hotel; Tel. 5 31 00, www.ruegen-hotel. de, mit Wasserfall, Gegenstromanlage, Saunalandschaft, Dampfbad, Sprudelbank.

🟢17 **Reiten:** *Landpension Dubnitz,* Dubnitz Nr. 15, Tel. (038392) 69 10, www.landpension-dubnitz.de.

🟢17 **Golf:** *Golfplatz Sassnitz,* mobil: (0171) 1 86 56 46, www.golfaufruegen.de. 9-Lochplatz bei Neu-Mukran.

🟢16 **Jeep-Exkursionen:** *Rügen Incentives,* Ferienheim Birkengrund 1, bei Sassnitz, Tel. (038392) 3 40 01, www.ruegen-incentives.de.

🟢16 **Naturerlebniscamp Birkengrund,** 18546 Sassnitz, Tel. (038392) 3 40 01 www.naturerlebnis camp-ruegen.de. Mit Zeltplatz und einfachen 8-Bett-Hütten. Juni–Sept.

Kunsthandwerk

🟢5 **Keramik:** *Töpferei Büttner,* Am Hafen 12, Tel. 5 03 09, www.ruegen-toepferei.de.

🟢14 **Bernstein:** *Bernsteinwerkstatt,* Bachpromenade 3, Tel. 6 60 67, www.bernstein-werkstatt-sassnitz.de.

🔴 **Info:** *Nationalpark-Zentrum,* Am Königsstuhl, Tel. (038392) 66 17 66, www.koenigs stuhl.com, Ostern–31.10. täglich 9–19 Uhr, 1.11.–Ostern täglich 10–17 Uhr. Eintritt Erwachsene 9,50 €, Kinder (6–14 Jahre) 4,50 €.

🔴 **Markierung:** blauer Balken auf weißem Grund.

🔴 **Länge:** 11,4 km

🔴 **Dauer:** 3–4 Stunden

🔴 **Rückfahrt:** Die Buslinien 22 und 23 fahren ab Parkplatz am NLP-Zentrum nach Sassnitz. Die Linie 19 pendelt zw. Königsstuhl und Parkplatz Hagen ca. im 15-Min-Takt.

🔴 **Ausrüstung:** gutes Schuhwerk, da der Pfad an einigen Stellen feucht und glitschig ist. Vorsicht an den Abbruchkanten! Nicht zu weit vortreten, da stetig Abbruch- und somit Lebensgefahr besteht.

🔴 **Tipp:** Die Strecke kann man bei ruhiger See auch unterhalb der Klippen am wildromantischen Ufer entlangwandern. Am besten sind der Vormittag und der frühe Nachmittag, weil dann die Sonne (so sie scheint) die Kreidefelsen zum Leuchten bringt. Von Mai bis Sept. bietet die NLP-Verwaltung (www.nationalpark-jasmund.de) auch von einem Ranger geführte Exkursionen an. Info Tel. (038392) 3 50 11. Das NLP-Zentrum lädt täglich um 11 und 14 Uhr zu kostenlosen Führungen zum Königsstuhl ein (Dauer 20 Min.).

Wanderung über den Hochuferweg

Die große Attraktion, der Besuchermagnet Rügens schlechthin, liegt gut 12 km von Sassnitz entfernt: die **Stubbenkammer mit dem Königsstuhl.** In Sassnitz beginnt der berühmte Hochuferweg, der durch die herrlichen Wälder entlang der steilen Kliffe dorthin führt. Allein um diesen Bilderbuchweg entlangzuwandern, lohnt sich der Besuch von Sassnitz unbedingt. Es ist die **schönste Wanderroute,** die Rügen zu bieten hat. Dieses Naturerlebnis sollte man sich keinesfalls entgehen lassen und den Spuren *C.D. Friedrichs* hinaus zu den Wissower Klinken und zum Königsstuhl folgen.

🔶 **1i**

Halbinsel Jasmund

NP Jasmund /
Hochuferweg

0 ▬▬▬ 800 m © Reise Know-How

Gr. Stubben-
kammer

147

Königsstuhl **148**

Golchaschlucht

149 NP Zentrum **145**

Herthaburg

150   **150** ★   Kl. Stubbenkammer

150 Pfenniggrab ★   **150** Herthasee   **150** Opferstein

145

Steinbach

Aser Ort

Mönchsteig

Hagen

LEHMSCHRÖTER BERGE

Kollicker Ort

Holzkoppel **2**   **145**

Kollicker Bach

KOLLICKER

BERGE   **OSTSEE**

Piekberg
161 m ▲ **144**

Brisnitzer Bach

Nationalpark KIELER KÄMME

Hochuferweg **142**

1
153 Bobbin,
152 Lohme,
151 Nipmerow,
154 Schloss
▲ Spyker,
155 Dinosaurier-
★ land

Jasmund   **145** Kieler Bach

FAHRNITZER BERGE

Siegfriedsbuche **145**

Tipper Ort
Ernst-Moritz-
Arndt-Sicht

TRENZER
BERG

DER LANGE
BERG

Schnacks
Ufer

Übernachtung
1 Krüger Naturcamping
2 Baumhaus Hagen

4 Werder

Wissower
Klinken **144**

Essen und Trinken
2 Baumhaus Hagen
3 Ausflugsgaststätte
  Stubbenkammer
4 Waldhalle
  (Imbiss mit WC)

Steinbach   Lenzer Bach

KRAMPASER
BERGE

Der Hengst **144**

Buddenhagen   Sassnitz

Piratenschlucht **143**

Gakower Ufer

Fährt man die Hauptstraße von Sassnitz ganz durch bis zu ihrem Ende, wo
sie Weddingstraße heißt, erreicht man
am Waldrand einen **bewachten Park-**
platz, an dem in einer Info-Hütte Auskunft gegeben wird. Hier beginnt der
Wanderweg. Als erstes erreicht man die
Piratenschlucht. Hier beginnt der

1i

30 km² große **Nationalpark Jasmund,** der sich entlang der Ostküste der Halbinsel bis Lohme erstreckt. Bitte beachten Sie deshalb auf Ihrem weiteren Weg die Schutzvorschriften für dieses herrliche Stück Natur.

Die von den Bergrücken Hengst und Bläse eingefasste Piratenschlucht erhielt ihren Namen vom Piraten *Störtebeker,* der der Legende nach in der Schlucht ein Versteck gehabt haben soll. Der Gipfel Hengst ist von einem **slawischen Burgwall** gekrönt, den der Volksmund den „Sattel des Hengsts" nennt.

Durch die Schlucht führt der Weg hinauf zum **Hochweg.** Der Weg verläuft nun entlang der Abbruchkante des Wissower Ufers durch alten schattenspendenden Rotbuchenbestand bis zum Wissower Bach, dessen Schlucht auf einem etwas landeinwärts gelegenen hölzernen Steg überquert wird. Hinter der Schlucht erblickt man erstmals die **Wissower Klinken,** jene pittoresken Kreidekliffe, die *Caspar David Friedrich* durch eines seiner Bilder weltberühmt machte. Leider wurden die malerischen Kreidefelsen am 24.2.2005 Opfer eines gewaltigen Abbruchs, bei dem 50.000 Tonnen Kreide und mit ihnen die charakteristischen 20 Meter hohen Hauptzinnen ins Meer stürzten und dabei einen Strandwanderer in den Tod rissen. Die Zinnen sind weg, doch der herrliche Ausblick auf das Meer ist geblieben.

Dort angekommen (Abstiegsleiter zum Strand), hat man 5 km des Weges hinter sich gebracht. Die ehemalige traditionsreiche **Gaststätte Waldhalle** unweit der

325fh.ph

Wissower Klinken wurde nach originalgetreuem Wiederaufbau jetzt als Außenstelle des UNESCO-Welterbeforums mit der Ausstellung „Alte Buchenwälder Deutschlands" wieder eröffnet.

4 **Waldhalle,** Tel. (038392) 64 97 60, www.welterbeforum.koenigsstuhl.com, Fr–So 11–16 Uhr, mit Wanderstützpunkt, Infostelle, Bistro.

Gleich dahinter führt der Pfad in großem Bogen um eine weit ins Land hineinragende Bucht herum. Diese ist 1958 durch einen großen Erdrutsch entstanden. Weiter geht es nun am Fahrnitzer

> Nur für Schwindelfreie – der Austritt an der Viktoria-Sicht

1i

Ufer entlang über den Aussichtspunkt **Tipper Ort** bis zur **Ernst-Moritz-Arndt-Sicht.** Kurz danach bietet eine Hütte Schutz vor eventuellen Gewittern oder sonstigem Unbill.

Hinter der Schutzhütte erreicht man am Zusammenfluss des Kieler und Brisnitzer Bachs die tief eingeschnittene Schlucht des **Kieler Bachs.** Dieser stürzt sich in einem kleinen malerischen Wasserfall über die Kreidefelsen hinunter zum Strand. Der Bach ist wie alle sechs Wasserläufe, die der Hochuferweg überquert, urwaldartig überwuchert. Riesige Farne, großblättriges Efeu und andere schattenliebende Pflanzen verwandeln die Schluchten mit ihrer üppigen Vegetation in kleine Dschungel.

Kurz nach der Überquerung des Kieler Bachs erreicht man den Aussichtspunkt Kieler Bach. An der Abbruchkante des Hohen Ufers geht es weiter bis zum **Kollicker Bach,** wo sich erneut eine schöne Aussicht eröffnet. Kollicker Ort, Mönchstein und **Aser Ort** sind die nächsten Stationen, die der Pfad berührt. Mit dem Steinbach überquert der Hochuferweg nun den letzten Wasserlauf.

Nach wenigen Schritten erreicht man die **Kleine Stubbenkammer.** Wie Nas-

Der schönste Blick

Annähernd jeder, der sich an der sommerlichen Schlacht um den Stehplatz auf dem 117 m hohen Fels beteiligt, ist mit dem obligatorischen Camcorder oder wenigstens einem **Fotoapparat** bewaffnet. Interessant und amüsant ist es, dabei zuzuschauen, wie die Motivjäger recht irritiert und ratlos auf der Suche nach dem begehrten Urlaubsmotiv umherirren. Denn den Königsstuhl selbst kann man von seiner **Plattform** aus nämlich kaum sehen. Nur ein paar weiße Zipfel gibt er den Blicken der Touristen preis. Vom Aussichtspunkt kann man höchstens den wilden, mit abgestürzten Bäumen und mächtigen Steinblöcken übersäten **Strand** tief unten ablichten.

Wer den imposanten **Fels des Königsstuhls** in seiner ganzen majestätischen Größe fotografieren will, muss dort hinabsteigen. Von unten allerdings türmt sich das Kliff vor dem Besucher schwindelerregend in den Himmel auf.

Ein Tipp: Verzichten Sie auf das kostenpflichtige Betreten des legendären Kreidefelsens und spazieren Sie zur kaum 5 Minuten entfernten **Viktoria-Sicht** (siehe „Wanderung über den Hochuferweg"). Von dort haben Sie einen sehr schönen Blick auf den berühmten Kreidefels und eine ebensolche Fotoperspektive. Die ganze volle Pracht und Schönheit der Kreideklippen der Großen und Kleinen Stubbenkammer zeigt sich aber nur **vom Wasser aus.** Wer ihn in klassischer Postkartenmanier zu Gesicht bekommen will, sollte an einem sonnigen Tag in Sassnitz eines der Ausflugsboote besteigen, die während der Saison täglich zu Königsstuhl-Rundfahrten in See stechen.

den Austritt (nur für Schwindelfreie!) der **Viktoria-Sicht** hat man den besten Blick auf den benachbarten Königsstuhl. Um zu ihm zu gelangen, muss noch die **Golchaschlucht** umgangen und ein Hügelgrab überquert werden. Dann hat man das vielbesungene Kronjuwel Rügens, den 117 m hohen Kreidefels des **Königsstuhls** erreicht. Durch die Golchaschlucht führt ein steiler Treppenpfad hinunter zum Strand.

Die letzten Meter des **Abstiegs** muss man mit Hilfe von Leitern überwinden. Solche Leitern gibt es auch an mehreren anderen Stellen entlang des Hochufer-

hornhörner ragen ihre Kreideklippen in den Himmel. Tief unten liegt der geröllübersäte Strand. Von dem überkragen-

weges. Da sie jedoch häufig im Winter durch Hochwasser weggerissen, von Eis zermalmt oder von Abbrüchen zerstört werden, sind sie zeitweise nicht da.

In der **Ausflugsgaststätte Stubbenkammer** kann man sich von der Wanderung erholen und auf den Pendelbus (Nr. 19) warten, der zwischen dem Königsstuhl und dem Parkplatz Hagen bzw. Sassnitz verkehrt.

⌂ Majestätisch und weltberühmt – der Königsstuhl von der Viktoria-Sicht

Direkt zum Königsstuhl

Wem der Fußweg über den Hochuferweg von Sassnitz zu beschwerlich ist, der kann den legendären Fels auch mit dem Auto oder mit dem Bus (fast) erreichen. Der Weg dorthin ist ab Sassnitz gut ausgeschildert. Die schmale Straße führt am Ortsende von Sassnitz, an der Kirche vorbei, steil hinauf in die herrlichen Buchenwälder der Stubnitz und durchquert den gesamten Nationalpark bis zur Großen Stubbenkammer mit dem Königsstuhl. Bei Anfahrt mit dem Linienbus löst man gleich das **„Königsstein-Ticket"**, das den Eintritt zum Nationalpark-Zentrum und zum Fels bereits enthält.

Die direkte Anfahrt zum Königsstuhl ist meist nicht möglich. Der große gebührenpflichtige **Parkplatz** Hagen etwa **3 km vor dem Königsstuhl** ist automobile Endstation (ab 18 Uhr wird die Schranke teils geöffnet). Wer nicht zu Fuß weiterspazieren will, kann vom Parkplatz aus mit **Shuttlebussen** fahren oder sich beim dortigen Verleih ein **Fahrrad** leihen.

Seinen **Namen** erhielt der mächtige Kreidefels, weil der Legende nach in alten Zeiten an und auf ihm die Königswahl stattfand. Alle Bewerber für den Thron mussten vom Strand aus den fast senkrechten bröseligen Fels hinaufklettern. Wer lebendig oben ankam und sich auf dem dort aufgestellten Stuhl niedersetzte, durfte König sein.

Die Gefühlswallungen, von denen *Caspar David Friedrich* und sein Gefährte beim Erreichen der Klippen ergriffen wurden, sind heute angesichts des meist endlosen **Menschenstroms,** der dem Hochaltar Rügens entgegenstrebt, wohl nicht zu erwarten. Dort angekommen, muss man sich in die Schlange einreihen, die vor dem Kassenhaus wartet, um überhaupt auf das Gelände des **Nationalpark-Zentrums** und den dahinter liegenden Königsstuhl selbst gelangen zu können.

Das Zentrum zeigt auf 2000 m² Ausstellungsfläche und auf 28.000 m² Außenfläche viel Interessantes und Spannendes für die ganze Familie. Ob Erleb-nisausstellung, Multivisionskino oder eine Führung mit einem Ranger des Nationalparks – man lernt hier viel über die Natur Jasmunds und des Nationalparks.

■**Nationalpark-Zentrum Königsstuhl,** am Königsstuhl, Tel. (038392) 66 17 66, www.koenigsstuhl.com, Ostern–31.10. täglich 9–19 Uhr, 1.11.–Ostern täglich 10–17 Uhr. Eintritt Erwachsene 9,50 €, Kinder (6–14 Jahre) 4,50 €, Familien 20 €.

Golchaschlucht

Wer nicht gerade in Pumps oder ähnlich unpraktischem Schuhwerk unterwegs ist, sollte in jedem Fall einen **Strandabstieg** einplanen. Rechts des Königsstuhls führt ein steiler, kurvenreicher Pfad durch die Golchaschlucht hinab zum Strand. Der Weg ist neu gemacht, aber an einigen Stellen feucht und durch Kreideschmiere recht glitschig. Die letzten Meter des Abstiegs geht es über eine **Leiter** senkrecht nach unten. Die Mühe lohnt sich! Unten an dem wilden, ursprünglichen Strand angekommen, ragt der Königsstuhl direkt vor einem mächtig majestätisch in den Himmel. An seinem Fuße liegt der **Waschstein,** ein 60 Tonnen schwerer Findlingsblock, im Wasser. Auf ihm soll pünktlich alle 7 Jahre in den frühen Morgenstunden des 24. Juni eine unerlöste Jungfrau erscheinen und beim Waschen ihrer zarten Gespinste auf Erlösung hoffen. Welcher Art von Erlösung sie harrt, sagt die Sage aber nicht.

Wenigstens ebenso schön wie der königliche Fels von unten ist der Anblick des schmalen Strandes am Fuße des

Halbinsel Jasmund

Kliffs. Er ist übersät mit angeschwemm-tem Holz und abgestürzten Baumstäm-men, von großen Felsblöcken und klei-nen Kieseln sowie von zahllosen Feuer-steinknollen, die einst in Schichten in der Kreide eingelagert waren und durch Erdstürze freigelegt wurden. Die Spuren des Landverlustes vom vorigen Winter sind unübersehbar. Regelmäßig unter-spülen die von den Winterstürmen auf-gepeitschten Wellen die Kreidefelsen und bringen Teile von ihnen zum **Ein-sturz.** Doch die See nagt nicht nur an der Steilküste, sie landet auch allerlei Dinge an.

Wer Zeit dazu hat, sollte wenigstens ein Stück auf dem wildromantischen **Strandstreifen** entlangwandern. Teil-weise geht es im wahrsten Sinne des Wortes über Stock und Stein. Nach we-nigen hundert Metern hat man den Tru-bel um den Königsstuhl weitgehend hin-ter sich gelassen und kann sich wie Ro-binson Crusoe am Ufer einer unbe-wohnten Insel fühlen. Wer ein Faible dafür hat, zwischen Steinen, Schwemm-holz, Kies- und Sandbänken nach ir-gendwelchen Schätzen herumzustö-bern, ist hier genau am richtigen Platz. Man sollte aber auch öfter mal den Blick heben und die sich dauernd wan-delnde Steilküste betrachten. Die verschiedensten Perspektiven und Aus-schnitte begeistern.

Entlang der Küste Richtung Sassnitz führen an mehreren Stellen Leitern nach oben auf den Hochuferweg, auf dem man zurück zum Königsstuhl gehen kann. Da diese jedoch regelmäßig von der Brandung weggerissen oder von Eis-schollen zermalmt werden, gibt es keine Garantie, an einer bestimmten Stelle ei-ne solche vorzufinden.

Herthaburg

Etwa auf halber Strecke zwischen dem Großparkplatz *Hagen* und dem Königs-stuhl versteckt sich im Buchenwald die sagenumwobene Herthaburg. Der **slawi-sche Burgwall** ist vom Königsstuhl aus in rund 10-minütigem Fußmarsch zu er-reichen. Der Wall der alten Schutzburg ist kreisrund, 10 m hoch und 90 m lang. „Der Wanderer wird bei der Betrach-tung dieser Ruine, welche ernst und düs-ter, Furcht einflößend und Ehrerbietung fordernd in dem Dickicht des Waldes liegt, hineingerissen in den Abgrund der Vergangenheit", liest man in *Grümbkes* „Steifzügen".

In der Burg verehrten die Slawen *Tjar-nagloti,* den Siegesgott, mit seinem sil-bernen Schnurrbart. Ihren Namen er-hielt sie aber von einer anderen heiligen Gestalt. Der **Sage** nach soll die Burg einst einer Göttin namens *Hertha* als Wohnsitz gedient haben. Die als men-schenfreundlich und gutmütig beschrie-bene Göttin fuhr zur Erntezeit mit einem Wagen durchs Land und be-schenkte die Bauern als Lohn für Fleiß und Mühen mit reicher Ernte. Nach ge-taner Arbeit erfrischte die spendable Göttin ihren Leib im wenige Schritte vom Burgwall entfernten Herthasee und zelebrierte dabei geheime Riten. Ihre Dienerinnen, die ihr beim Bade assis-tierten, ertränkte sie dann anschließend wenig menschenfreundlich im See, da-mit sie die heiligen Handlungen, die sie gesehen hatten, nicht der Öffentlichkeit preisgaben. Nun spuken ihre armen See-len nächtens auf dem See und im Walde umher.

1i

Herthasee

Der 11 m tiefe Herthasee ist ein romantischer Waldsee, der zwischen den mächtigen Bäumen liegt und dessen dunkle Wasserfläche von Teichrosen bedeckt ist.

Opferstein

In der Nähe des Burgwalls liegt ein großer **Felsblock,** der Opferstein. Seine Oberfläche ist von Rillen und Kerben zerfurcht. Natürlich erzählt die Legende von Menschenopfern, die hier gebracht wurden. Die Rillen dienten demnach zum ordnungsgemäßen Ablauf des Blutes und sollen deshalb nie Moos ansetzen.

Pfenniggrab

Wer vom Herthasee aus noch einmal ein Stück weiter den Wanderweg Richtung Nipmerow spaziert, erreicht nach einem guten Kilometer das Pfenniggrab, ein gut erhaltenes **steinzeitliches Großsteingrab.**

Praktische Tipps

Unterkunft

2 **Baumhaus Hagen**②, Stubbenkammer, Tel. (038392) 2 23 10, www.baumhaus-hagen.de. Rohrdachhaus in Einzellage an der Straße zum Königsstuhl, im Restaurant mit Gartenterrasse traditionelle Fisch-/Wildgerichte.
■ **Kleine Försterei**②, in Hagen, Stubbenkammer Str. 68, Tel. (038302) 9 00 17, www.kleine-foersterei-ruegen.de. Wild-Gaststätte im Jagdhausstil und Bar. Mit Fremdenzimmern.

■ **Pension Quasimodo**①-②, in Hagen, Stubbenkammer Str. 49, Tel. (038302) 9 09 50, www.quasiruegen.de. Kleine Gaststube mit solider landhaustypischer Küche, die vom fangfrischen Fisch bis zum Wild aus heimischen Wäldern reicht. Mit 3 einfachen Zimmern.

☑ Mit idyllischem Verschnaufplatz – die steile Treppe hinab zum Hafen von Lohme

326h ph

Nipmerow

An der Straße, die von Sassnitz nach Lohme führt, liegt das kleine Dorf Nipmerow. Rund 300 m vom Ort entfernt befindet sich der einzige **Campingplatz** auf Jasmund. Von dem kleinen, schön und ruhig im Wald gelegenen Platz lässt sich Jasmund in allen Himmelsrichtungen gut erkunden und erwandern. Seine Lage unmittelbar am Rand des Nationalparks Jasmund macht ihn vor allem zum idealen Ausgangspunkt für große und kleine Wanderungen durch die herrlichen Buchenwälder der Stubnitz, die übersät sind mit prähistorischen Hügelgräbern.

Unterkunft

■ **Krüger Naturcamping,** Jasmunder Str. 5, Tel. (038302) 92 44, www.ruegen-naturcamping.de. Kleiner, romantischer Platz auf Waldlichtung und vor dem Wald. Neue Sanitäranlagen (April–Okt.).

Lohme

An der Abbruchkante der 70 m hohen Nordküste Jasmunds liegt das Fischerdorf Lohme.

Der kleine **Fischerhafen** des Dorfes liegt, geschützt durch mächtige Felsklötze, tief unterhalb des Ortes am schmalen Strand am Fuße der Steilküste. Zum Hafen führt eine steile Treppe hinab. Der Fang wird per Seilbahn hinauf ins Dorf gebracht und in der **Traditionsräucherei,** die die Lohmer Fischer an der Durchgangstraße unterhalten, verkauft.

Das **Ufer** bei Lohme ist steinig und wenig geeignet zum Baden. Dort liegt der **Schwanenstein,** ein 162 Tonnen schwerer Findling. Sehr zu empfehlen ist die Route entlang des Hochufers zum 6 km entfernten Königsstuhl. Sie ist wunderschön und weit weniger besucht als der Hochuferweg von Sassnitz aus.

Das Schönste in Lohme ist jedoch die Aussicht über das Meer hinüber auf das gegenüberliegende Kap Arkona, über dem am Abend die Sonne (so sie scheint!) glutrot versinkt. Der beste Platz, um dieses herrliche Schauspiel zu erleben, ist die Terrasse des Restaurants im Panorama-Hotel. Einen schöneren Sonnenuntergang (am besten bei einem guten Wein oder Essen) findet man auf ganz Rügen nirgendwo anders!

Küstenwanderung

Aber auch die Küste **westlich von Lohme** ist für Spaziergänge sehr geeignet, besonders wenn man **Ruhe und Abgeschiedenheit** sucht. Da man an dem mehr als 10 Kilometer langen Küstenabschnitt zwischen Lohme und Glowe nirgends mit dem Auto an die Küste heranfahren kann, ist sie **weitgehend unberührt.** Hierher verirrt sich kaum ein Rügenbesucher. Auch eine Ausflugsgaststätte oder Ähnliches wird man hier nicht finden. Es empfiehlt sich also, einen kleinen Proviant einzupacken, da man entlang dieses Weges auf keine menschliche Ansiedlung stoßen wird.

Die schmale und kurvenreiche, von Bäumen gesäumte Straße, die parallel zur Küste von Lohme durch winzige Dörflein Richtung Glowe führt, ist sicherlich eine der schönsten Strecken auf ganz Rügen.

Praktische Tipps

Info

● **Vorwahl:** 038302
● **Tourist-Information,** *Haus Linde,* Arkonastr. 31, 18551 Lohme, Tel. (038302) 8 88 55, www.lohme.de. April–Okt. Mo–Sa 10–12 und 15–17 Uhr, Nov–März Mo–Sa 10–12 Uhr.
● **Kurabgabe** HS 1 €, NS 0,75 €.

Unterkunft

MEIN TIPP: **Panorama-Hotel**②-③, An der Steilküste 8, Tel. 91 10, www.lohme.com. Direkt am Steilufer, von Restaurant und Seeterrasse toller Ausblick, ausgezeichnete Küche.
● **Schloss Ranzow**③-④, Schlossallee 1, Ranzow, Tel. 88 91-0, www.hotel-schloss-ranzow.de. Romatik pur. Kleines, bilderbuchschönes Schloss von 1886 mit 6 DZ und 14 Studios in denkbar schönster Alleinlage. Alle Zi. mit individuellem Grundriss und Design, geschmackvoll im distinguierten Ambiente

zwischen Bauhaus und Barock, meist mit Traumblick auf Ostsee und Kap Arkona. Modernes Gästehaus mit 18 sehr eleganten Einraumstudios im zeitlos modernen Design. Hervorragende Küche, gepflegter Wellnessbereich. Mit 18-Loch-Golfplatz.

■ **Pension Nordwind**②, Arkonastr. 1, Tel. 92 46, www.hotel-pension-nordwind.de. Neu errichtete Pension mit 17 Zimmern, Sauna, Solarium, Restaurant „Seekiste".

■ **Pension Rugeshus**②, in Nardevitz, Am Ufer 2, Tel. 91 20, www.rugeshus.de. Abgelegene Alleinlage im Wald direkt über dem Steilufer an einem murmelnden Bach, mit Ufer-Café (Juli–Sept. Mi–Sa 14–18.30 Uhr).

Gastronomie

■ **Café Niedlich,** über dem Fischereihafen, Tel. 93 46. Auf halber Höhe an der Treppe zum Hafen mit schöner Terrasse und ebensolcher Aussicht.

■ **Wilberg's Traditionsräucherei,** Arkonastraße 22, Tel. 92 05. Täglich Aal, Heilbutt, Sprotten, Flundern und mehr Frisches aus dem Rauch; Imbiss mit Fassbier und Direktverkauf. Mo–Sa 10–18 Uhr.

Einkaufen

■ **Dorfladen/Bistro,** Arkonastr. 4, Tel. 88 65 85. Sympathischer Laden mit kleinem Bistro und familiärem Wohnmobil-Stellplatz und Fahrradverleih. Im Laden gibt's viele frische Produkte aus der Region wie z.B. von der Landbäckerei Hagen, der Molkerei Poseritz oder dem Poseritzer Eierhof. WoMo-Platz ganzjährig geöffnet, Laden: Mo–Fr 7.30–13 und 16–18 Uhr, Sa 7.30–12 Uhr.

Kunsthandwerk

■ **Steinmanufaktur:** Zum Hafen 6, mobil: (0170) 9 85 35 85, www.ruegensteine.de. Der Künstler

Peter Müller verarbeitet an Steilküste und Strand gefundene Materialien wie Steine, Holz oder Glas. Ein ideales, weil absolut authentisches Rügensouvenir.

Bobbin

Bobbin bedeutet im Slawischen „Hügel". Auf einem solchen liegt das kleine Dörfchen an der Straße von Glowe nach Sagard. Über dem Dorf thront die kleine gotische **Dorfkirche St. Pauli.** Das um das Jahr 1400 aus Feldsteinen errichtete Kirchlein schmückt ein barocker Altar von 1668, den *Wrangel* einfügen ließ. Wer das Gotteshaus besucht, sollte es nicht versäumen, auch einen Rundgang über den kleinen **Friedhof** zu unternehmen.

Unterkunft

■ **Alte Schmiede**①-②, Heidberg 19, Tel. (038302) 5 30 07, www.feistauer-bobbin.de. Neubau in ruhiger Lage mit Blick auf den Jasmunder Bodden; Sauna, Liegewiese, Grillplatz, Streichelschafe.

Einkaufen

■ **MEIN TIPP:** **Hofladen Bobbin,** Oberdorf 5a, Tel. (038302) 88 77 57, www.hofladen-bobbin.de. Mit Weingalerie und Mosterei, Fruchtweine und Liköre aus eigener Herstellung, Kerzenwerkstatt, Strickwaren sowie **De schmucke Stuw** mit Filzerei, Kreidemännchen-Manufaktur u.a., Mai–Sept. Mo–Sa 10–18 Uhr, Okt.–Febr. 10–16 Uhr, März, April 10–17 Uhr.

1i

Schloss Spyker

Von der Straße, die von Bobbin nach Glowe führt, sieht man auf der Boddenseite von Weitem schon ein braunrotes turmbewehrtes Gebäude aus der grünen Landschaft leuchten, Schloss Spyker. Es liegt in unmittelbarer Nähe des **Spykerschen Sees,** einer fast abgeschnürten Bucht des Großen Jasmunder Boddens. Die Bucht ist Naturschutzgebiet und deswegen für alle Arten von Sportbooten gesperrt.

Der gedrungene Bau mit seinen vier Ecktürmen war ab dem 14. Jh. Sitz der Herrschaft *Spyker*. Nach dem Aussterben der Sippe schenkte die schwedische Königin das Schloss 1650 ihrem Feldmarschall *Carl Gustav Wrangel*. Dieser ließ es nach dem Vorbild seines Schlosses am Mälar-See in Schweden um- und ausbauen. Von diesem Umbau stammen die barocken Stuckdecken in den Sälen. Nach dem Tode Wrangels 1676 kam Spyker in den Besitz des Fürsten *Malte von Putbus.*

Bis zur Wende war in dem herrschaftlichen Gebäude ein **Altersheim** untergebracht. Mittlerweile wurde das malerisch still und allein gelegene Schloss zu einem eleganten **Hotel** umgebaut. Seine Lage zwischen den Rügenattraktionen Königsstuhl und Kap Arkona und nur wenige Fahrminuten vom Strandparadies Schaabe entfernt, machen aus dem historischen Gemäuer eine besonders exklusive Herberge. Auch für Nichthotelgäste lohnt sich der kurze Abstecher, denn neben einem ausgezeichneten Restaurant lädt bei gutem Wetter ein **Gartencafé** unter alten Bäumen zur beschaulichen Rast ein.

■**Schlosshotel Spyker**③, Schlossallee 1, 18551 Spyker, Tel. (038302) 7 70, www.schloss-spyker.de. 32 elegante, individuell geschnittene und gestaltete Zimmer im historischen Ambiente. Dazu ein rustikales Gewölberestaurant, in dem sich regionale Küche mit mediterranen Elementen paart. Sehr gut sortierte Weinkarte täglich 14–21 Uhr, Juli/Aug. bis 22 Uhr. Mittwoch Ruhetag.

Dinosaurierland

Seit 2009 im Unterhaltungsangebot der Insel ist das Dinosaurierland. Da die urzeitlichen Großechsen seit jeher eine große Faszination auf Jung und Alt gleichermaßen ausüben, wird der Park mit seinen 120 Urechsenarten seine Besucher finden. Durch das Gelände führt ein 1100 m langer Rundweg. Es wird die Entwicklung vom ersten Lebewesen im Wasser bis zur Evolution der Wirbeltiere und die Eroberung der Luft durch Flugsaurier und Vögel erläutert. Ein 90-minütiger Dinofilm wird ebenso geboten wie die Erstellung eigener Gipsabdrücke oder auch die Freilegung eines (nachgebildeten) Saurierskelettes.

■**Dinosaurierland Rügen,** Am Spyker See 2 a, 18551 Spyker, Tel. (038302) 71 98 74, www.dinosaurierland-ruegen.de, Apil/Mai/Sept./Okt. tägl. 10–17 Uhr, Juli/Aug. 10–18 Uhr, März/Nov. Sa–Do 10–15 Uhr. Erwachsene 9,50 €, Kinder 7 €, Hund 2 €.

◁ Zu DDR-Zeiten Altersheim, jetzt nostalgisches Hotel – das Schloss Spyker

Tempelberg

Südlich von Bobbin ragt der 60 m hohe Tempelberg auf. Wer vom Parkplatz an der Hauptstraße über die steilen Treppen sein Plateau besteigt, wird mit einem wunderschönen Ausblick über die Schaabe und die Halbinsel Wittow hinweg bis zum Kap Arkona belohnt.

Quoltitzer Opferstein

Ein besinnlicher Spaziergang lässt sich durch die weiten Wiesen und Felder zum **Quoltitzer Opferstein** machen. Der Weg führt vom Tempelberg über die Dörfchen Polkvitz und Quoltitz. Von dort führt ein 800 m langer Stichpfad zu dem von einer Baumgruppe umgebenen, mächtigen Felsblock. Er hat ein Volumen von 27 m³, wiegt 73 Tonnen und ist von ausgehauenen Näpfchen, Rillen und Furchen überzogen. Der Quoltitzer Opferstein ist der bedeutendste dieser seltsamen Steine auf Rügen; ihr Sinn ist bis heute nicht endgültig geklärt.

Unweit des Steins liegen die **Fürstengräber,** mehrere bronzezeitliche Hügelgräber, und der 200 Meter hohe **Slanteberg,** mit schöner Aussicht und Hügelgrab. Zwischen Opferstein und den Hügelgräbern liegt ein naturgeschützter **alter Kreidebruch,** in dem sich über die Jahre eine interessante Flora und Fauna angesiedelt hat.

Kreidemuseum Gummanz

Der alte, 1962 **stillgelegte Kreidebruch** ist zum Kreidemuseum Gummanz umgestaltet worden. Das Freilichtmuseum besitzt neben historischen Originalgeräten für den Kreideabbau einen interessanten und schönen Lehrpfad, der vom Eingang etwa 1,5 km bis zum 40 m hohen „Kleinen Königsstuhl" führt, von dem man einen sehr schönen Überblick über den Kreidebruch hat.

■**Kreidemuseum Gummanz,** Gummanz 3a, Tel. (038302) 5 62 29, www.kreidemuseum.de, Ostern–31.Okt., täglich 10–17 Uhr, Nov.–Ostern, Di–So 10–16 Uhr. Führung nach Vereinbarung.

Sagard

Sagard, zweitgrößter Ort auf Jasmund, liegt an der Hauptstraße von Bergen nach Sassnitz, dort, wo die Straße Richtung Glowe abzweigt. Obwohl in Sichtweite der vielbefahrenen Fernstraße gelegen, braust der Verkehr achtlos an dem Ort vorbei.

Das war nicht immer so. Sagard war aufgrund einer eisen- und kohlensäurehaltigen Mineralquelle der **erste Badeort auf Rügen.**

Im heutigen Sagard ist nur die um 1400 errichtete **gotische Dorfkirche** mit einer zweigeschossigen Orgel von 1796 von Interesse.

Geschichte

Am sogenannten **Sagarder Gesundbrunnen** fanden sich schon 1750 die ersten Badegäste ein. Der offensichtlich den irdischen Gütern nicht abgeneigte Sagarder Pastor *Christoph von Willich,* auf dessen Pfarrkoppel eisenhaltiges, nicht

gerade wohlschmeckendes Wasser hervorsprudelte, gründete 1794 eine „Brunnen-, Bade- und Vergnügungsanstalt". Er ließ einen Park, die sogenannte **Brunnenaue,** anlegen. Um die Quellen herum wurden ein turmartiges Gebäude und daneben ein Badehaus gebaut. Vergnügungseinrichtungen wie Karussell, Kegelbahn, Spieltische und Tanzplätze ergänzten die Anlage. Gar ein Lustschloss wollte der geschäftstüchtige Pfarrer bauen lassen. Daraus wurde dann aber nichts, weil schon nach wenigen Jahren die Gäste ausblieben. Zu den berühmtesten Besuchern des Sagarder Bades gehörte der Theologe und Pädagoge *Schleiermacher,* der sich hier 1808 mit *Henriette von Willich* verlobte. Die kurze Ära Sagards als Badeort fand um 1815 ihr Ende.

Dobberworth

Unmittelbar an der B96 liegt nahe der Abzweigung nach Sagard Norddeutschlands größtes **Hügelgrab.** Der allerdings wenig ansehnliche, von struppigem Strauchwerk bewachsene Erdhügel hat einen Umfang von 50 m und ist 14 m hoch.

Praktische Tipps

Unterkunft/Gastronomie

■**Hotel Am Markt**②, August-Bebel-Str. 14, 18551 Sagard, Tel. (038302) 37 16, www.puszta-ruegen.de. Mit ungarischem Spezialitätenrestaurant.

■**Hotel Der Wilde Schwan**②-③, im OT Neuhof 10, Tel. (038302) 80 30, www.hotel-der-wildeschwan.de; Hotel im einladenden Neubauensemble aus 3 Gebäuden in reizvoller, sehr ruhiger Alleinlage am Bodden. Separates Gastronomiegebäude mit empfehlenswerter Küche. Mit Sauna und Kegelbahn.

■ **Am Jasmunder Bodden,** in Polchow, Dorfstraße 8, Tel. (038302) 5 30 03, www.ruegen-fisch restaurant-polchow.de. Traditionsreiche Dorfgaststätte im historischen Gast- und Logierhaus. Einfache, preiswerte Hausmannsküche ohne Anspruch auf Michelin-Sterne mit Schwerpunkt Fisch.

Einkaufen

■ **Bücher-Bahnhof,** Ernst-Thälmann-Straße 34, Sagard, www.facebook.com/buecherbahnhof. Wer noch eine Strandlektüre braucht, der besuche das grüne Haus vis-a-vis vom Amt Nord Rügen in Sagard, denn dort kann man bei einem guten Kaffee in aller Ruhe nach Lust und Laune in den reichlich vorhandenen Büchern schmökern. Ganzjährig Di–Fr 14–18 Uhr, Sa 9–14 Uhr.

Lietzow

Dort, wo die B 96 über einen Damm, der seit 1868 den Großen vom Kleinen Jasmunder Bodden trennt, die Halbinsel Jasmund erreicht, liegt idyllisch am bewaldeten Hang zwischen den Boddenwassern der kleine Ort Lietzow.

Bekannt wurde der Ort durch umfangreiche archäologische **Ausgrabungen,** die an der dortigen Boddenküste zwischen 1827 und 1939 gemacht wurden. Über 20.000 Fundstücke aus der **Jungsteinzeit** konnten Archäologen in dem Grabungsfeld bergen. Die aufsehenerregenden Funde waren von so großer Bedeutung und Wichtigkeit, dass nach ihnen die **Lietzowkultur** definiert wurde. Sie existierte vor etwa 5.000 Jahren und stellte den sozialen und kulturellen Übergang von der Jäger- und Sammlergesellschaft zum sesshaften Ackerbau dar.

Oberhalb des Dorfes lugt ein reizvolles kleines **Schlösschen** aus den Bäumen heraus, welches an das besonders romantische Schloss Lichtenstein am Rande der Schwäbischen Alb bei Reutlingen erinnert. Tatsächlich diente ihm das durch den Roman von Wilhelm Hauff bekannte Schloss Lichtenstein als Vorbild. Ein am Bau der Bahnstrecke nach Sassnitz beteiligter Ingenieur hatte es oberhalb des Boddens für sich errichten lassen.

Freunde von Parkanlagen sollten in Lietzow Halt machen und zu Fuß oder per Rad den 38 ha großen **Waldpark Semper** besuchen. Der reizvolle Spazierweg führt von der Uferpromenade am Boddenufer entlang direkt in das grüne Idyll hinein. Die wildromantische Parkanlage wurde 1920 gemeinsam mit dem mittendrin versteckt liegenden **Schloss Semper** errichtet. Von 1963 bis 1990 war das Gelände paramilitärische Ausbildungsstätte.

Unterkunft

■ **Pension Jasmund**②, Boddenstraße 50, Tel. (038302) 30 33, www.pensionjasmund.de. Familiengeführte Frühstückspension in Waldhanglage mit Wasserblick nahe Strand.

■ **Störtebeker-Camp**①-②, Waldstraße 59, Tel. (038302) 21 66, www.lietzow.net. Motelartiges Gästehaus mit Restaurant und kleinem Campingplatz.

Glowe

Über Ruschwitz, das der Legende nach der Geburtsort des legendären Piraten *Klaus Störtebeker* sein soll, erreicht man von Lohme oder Sagard kommend Glowe, das **Tor zum Badeparadies Schaabe.** Der Ortsname leitet sich vom slawischen Wort *glova* (Kopf) ab.

Nach den abgeschiedenen und vom Tourismus wenig berührten Küstenstrichen an der Nordküste Jasmunds gerät man hier in den Sommermonaten wieder in buntes Badegetümmel. Zahlreiche Badegäste besuchen dann das ehemalige Fischerdorf, das denn auch weitgehend vom Strandtourismus geprägt ist und von ihm lebt.

Doch trotz der vielen Sommergäste ist Glowe ein vergleichsweise beschaulicher Badeort geblieben. Ein paar Hotels und Pensionen, Restaurants und Cafés, mehr Spuren hat der Tourismus bisher nicht hinterlassen. Sobald die Badesaison vorüber ist, fällt das Örtchen in einen langen, stillen Winterschlaf. Dann ist es für Liebhaber einsamer Strandspaziergänge bei erfrischender Seeluft ein einladendes Plätzchen.

Die einzige Sehenswürdigkeit von Glowe ist der markante dreieckige Spannbetonbau, der unübersehbar direkt am Strand aufragt. Der wegen seiner Form **Muschel** genannte Bau aus dem Jahre 1868 (heute Restaurant Ostseeperle) ist ein Werk des Architekten *Ulrich Müther*, von dem auch der berühmte Teepott von Warnemünde stammt.

Info

■ **Vorwahl:** 038302
■ **Tourismusverein,** Am Kurpark 1, 18551 Glowe, Tel. (038302) 88 99 39, (Juli–Sept. Mo–Fr 8–12 u. 14–18 Uhr, Sa 9–13 Uhr, Okt.–Juni Mo, Mi, Do 7.30–16 Uhr, Di 7.30–17 Uhr, Fr 7.30–12.30 Uhr
■ **Kurabgabe** HS 1,50 €, NS 1 €.

Unterkunft

■ **Haus Svantekahs**②, Hauptstr.19, Tel. 7 11 00, www.haus-svantekahs.de. Freundliche Pension fast direkt am Strand. Zi. und App. meist mit Balkon oder Terrasse, teils mit Meerblick. Frühstück 9 €.
■ **Pension Alt Glowe**②, Hauptstr. 72, Tel. 88 93 29, www.altglowe.de. Neubau 150 m vom Strand, mit Terrassenrestaurant.
■ **Ferien im Leuchtturm**③, Dünenresidenz 19, Tel. (06201) 87 39 63, www.ferien-im-leucht turm.de. Sicher Rügens ungewöhnlichste Adresse. 110 m² große 5-Sterne-Ferienwohnung auf vier Etagen im niedlichen rot-weiß-gestreiften Bilderbuch-Leuchtturm, den der TV-Sender Kabel Eins für seine 12-teilige Serie „Ferienhaus der ganz besonderen Art" 2005 wenige Meter vom Strand errichten ließ und dann verloste.
🌿 **Haus Gräuntwig am Meer,** in Nardevitz, Am Ufer 4, Tel. 93 00, www.haus-graeuntwig-am-meer.de. Entzückendes Öko-Reethaus auf 25.000 m² Grund mit altem Baumbestand direkt am Steilufer, mit Terrasse, Spielplatz, Liegewiese.

Gastronomie

■ **Kleines Wirtshaus Kuhn,** Hauptstr. 82, Tel. 88 93 53. Kleines Lokal mit schmackhafter Hausmannskost im gemütlichen Gastraum oder im Garten.
■ **Zur Schaabe,** Hauptstr. 92, Tel. 71 00, www. schaabe.de. Gemütlicher Gasthof mit freundlichem Service und guter bodenständiger Küche mit viel

Fisch, im Haus Pension mit 21 Zimmern①–②, davon sechs behindertengerecht.

MEIN TIPP: Alte Räucherei, Am Königshörn 21, Tel. 52 24. Etwas versteckt am Weg zum Hafen bietet die Fischerfamilie *Gips* frischen, eingelegten und traditionell auf Buchenholz geräucherten Fisch, darunter auch oberleckere und dazu preiswerte Fischbrötchen.

Aktivitäten

MEIN TIPP: Kunst/Kunsthandwerk: *Kunstraum Wasserwerk,* Hauptstraße 1, Tel. (038302) 71 98 44, www.kunstraum-wasserwerk.de. Sympathischer kleiner Laden mit einer breiten Palette von Werken und Produkten Rügener Künstler und Kunsthandwerker, darunter auch die Werke des Künstler- und Betreiberpaares *Ina Handelmann* und *Günter Christiansen.* Unregelmäßge Ausstellungen. Ostern–Okt. tgl. 11–18, sonst Do–Sa 11–17 Uhr oder nach Vereinbarung.

■ **Fahrradverleih:** Am Pappelwald 39, Tel. 7 18 56.
■ **Angeln:** *Jean Friemel* Angelfahrten, Alt Glowe 129, OT Weddeort, mobil: (0172) 7 51 24 03, www.angler-ruegen.de.
■ **Segeln/Surfen:** *Rügener Segel- und Surfschule,* Am Kurplatz 1, mobil: (0174) 3 16 24 71.
■ **Reiten:** *Wittower Heidehof,* An den Boddenwiesen 45, mobil: (0170) 52 01 935, www.islandpferdehof-wittower-heide.de.

öffnenden sanften Bogen reicht der riesige Sandwall bis nach Juliusruh auf Wittow. Die Nehrung am Tromper Wiek ist sozusagen die Zwillingsschwester der Schmalen Heide, und sie ist landschaftlich die schönere von beiden. Wie ihre Konkurrentin ist auch die Schaabe im Laufe der Jahrtausende durch Sandanlagerungen entstanden.

Durch den lichten Kiefernwald, der erst 1860/1890 als Schutzwald angepflanzt wurde, führt schnurgerade die Straße. Zur Meerseite reihen sich in der Saison kostenpflichtige Parkplätze auf. Durch die duftenden Kiefern führen kurze Sandwege hinaus zur Außenküste, an der sich ein überbreiter, absolut steinfreier Sandstrand ausbreitet. Nur allmählich wird das Wasser tiefer, was besonders für Kleinkinder ideal ist. Wegen der Lage zur offenen See hin gibt es an der Schaabe eine schöne Brandung, aber dadurch ist es auch öfter windig.

Im Gegensatz zur Außenküste ist es an der bewaldeten **Boddenküste** ruhig. Zum Baden ist sie jedoch nicht geeignet. Am Bodden entlang zieht sich von Glowe bis Breege ein beschaulicher **Wanderweg.** Wer ihn entlangspazieren möchte, sollte unbedingt festes Schuhwerk tragen, da es hier **Kreuzottern** gibt.

Die Schaabe

Die 10 km lange, völlig unbesiedelte Sandbrücke zwischen Jasmund und Wittow ist an der Außenküste ein einziger, langer und breiter Bilderbuchstrand, der wohl **schönste Badestrand der Insel.** In einem endlos weiten, zum Meer hin sich

Sollten Sie einer **Kreuzotter** begegnen, versuchen Sie nicht, sie zu fangen oder zu necken und meinen Sie nicht, sie müssten die Menschheit von solch „gefährlichem Viehzeug" befreien! Abgesehen davon, dass Kreuzottern harmlos sind, solange man sie in Ruhe lässt, sind die Tiere vom Aussterben bedroht und stehen unter Schutz. Außerdem haben sie eine wichtige Funktion im ökologischen Gleichgewicht ihrer Region.

1i

1j HALBINSEL WITTOW

Die Halbinsel Wittow ist der nördlichste Teil Rügens. Wie das benachbarte Jasmund war auch Wittow einst eine eigenständige Insel. Erst die 10 km lange **Schaabe,** die durch Sandanschwemmungen entstand, verband sie mit Rügen. Die Landzunge auf der westlichen Seite, der **Bug,** hätte sich wohl schon längst mit dem Inselchen Hiddensee verbunden, wenn der Mensch nicht eingegriffen und die Fahrrinne immer wieder ausgebaggert hätte. Zum „Muttland", dem Inselkern, hat Wittow keine Landverbindung. Wenn man von West-Rügen zu der Halbinsel will, muss man den **Breeger Bodden** mit einer kleinen Autofähre überqueren.

Überblick

Wie ein gewaltiges, schützendes Bollwerk ist Wittow der Kerninsel vorgelagert. Selbst weitgehend ohne Schutz, ist es den an der Ostsee vorherrschenden Westwinden ausgeliefert. *Windland Wittow* wird es deshalb auch genannt. Ungehindert pfeifen die Winde und Stürme über die fast baumlose Hochfläche und rütteln an den geduckten Häusern der wenigen Dörfchen.

„Sturmtief über der Ostsee", meldet im Winter denn auch häufig die Wetterwarte von Deutschlands „Nordkap", dem

Kap Arkona. Diesen vorgeschobenen nördlichsten Zipfel Rügens treffen die Elemente am unmittelbarsten. Dort heulen im Herbst und Winter die Stürme wütend um die Türme der Leuchtfeuer. Die aufgewühlte See treibt Brecher um Brecher gegen die senkrecht abstürzende

▢ Rast mit Aussicht:
am Hochuferweg von Vitte zum Kap Arkona

NICHT VERPASSEN!

- ➡ Die **Dorfkirche in Altenkirchen** ist eine der ältesten und die wohl schönste der Insel | 165
- ➡ Der historische **Gutshof Arkona** in Putgarten | 169
- ➡ In Putgarten im **„Helene-Weigel-Haus"** den Geist von Helene Weigel und Berthold Brecht spüren | 170
- ➡ Ein Spaziergang vom Kap Arkona am Hochufer entlang zum versteckten Dörfchen **Vitt** und im Dorfkrug **„Zum Goldenen Anker"** einkehren | 171, 172
- ➡ **Radwanderung** von Nonnevitz/ Bakenberg zum Kap Arkona | 173
- ➡ Eine **Führung durch den Bug** auf den Spuren seiner militärhistorischen Geschichte und außergewöhnlichen Natur | 179

Diese Tipps erkennt man im Buch an der <mark>gelben Hinterlegung</mark> im Kapitel.

1j

Übernachtung
1 Feriendorf Uns Hüsung
2 Ferienpark Heidehof
3 Camping Küstencamp
4 Camping Regenbogencamp
5 Luigi's Caravanserail

Naturschutzgebiet

Steilküste an und bricht Stück um Stück aus ihr heraus. Aber auch im Sommerhalbjahr kann es hier heftig blasen.

Wittow wird hauptsächlich **landwirtschaftlich genutzt.** Weite Roggen-, Raps- und Weizenfelder überziehen die flache oder nur leicht wellige Oberfläche und gliedern sie in ein virtuoses Fleckenmuster. Die **Küstenlinie** besteht aus schroffen, wilden Steilufern, an denen Wind und Wellen stetig nagen. Dieser Verlust wird durch den Bug wettgemacht, an dem sich das Material wieder anlagert. Tag für Tag wächst der Haken weiter ins Meer hinaus.

Ohne Badestrände, entblößt von schattenspendenden Wäldern und dauernd windig: Wittow, kein Platz zum Urlaub machen? Damit wäre der Halbinsel Unrecht getan. Auch Wittow kann mit einer Reihe großer und kleiner Sehens-

würdigkeiten aufwarten. Da ist natürlich zuallererst Kap Arkona, das vielbesuchte deutsche „Nordkap" mit seiner Jaromarsburg, einst religiöses Zentrum der slawischen Ranen. Und Altenkirchen mit der schönsten aller mittelalterlichen Dorfkirchen auf Rügen. Und Vitt, das winzige Heringsdorf mit Kapelle, das schönste aller Rügendörfer. Schließlich hat das Windland doch noch einen herrlichen Badestrand. Weitab von den anderen Badezentren, liegt er an der Nordküste versteckt hinter Wittows einzigem Wäldchen, am **Bakenberg.** Bizarr geformte Windflüchter auf der Stranddüne zeigen unmissverständlich an, woher und wie oft der Wind hier weht. Und nicht zuletzt macht frische, salzhaltige **Seeluft,** gepaart mit der Ruhe und Abgeschiedenheit, das Windland Wittow zu einer Art großem Luftkurort.

Seebad Juliusruh

Der erste Ort, den man auf Wittow erreicht, wenn man die Schaabe überquert hat, ist Juliusruh. Wie sein Jasmunder Pendant Glowe ist es ein reiner Urlaubsort. Ob der Weg zum „zeitgemäßen attraktiven Seebad", den die Gemeinde nach der Wende gewählt hat, der richtige und auf Dauer erfolgreiche sein wird, bleibt abzuwarten. Die richtungsweisende „Errungenschaft" ist die Ferienmaschine „Strandresidenz *Aquamaris*" mit Hotel, Ferienwohnungen, diversen Restaurants, Beauty- und Gesundheitsfarm, Bierpub, Tanzbar usw., die im zuvor stillen Kiefernwald am Schaabe-Strand aus dem Sand gestampft wurde.

Kurpark

Seine Existenz hat die zu Breege gehörende Siedlung dem größten Gutsbesitzer auf Wittow, *Julius von der Lancken*, zu verdanken. Der Edelmann hatte sich in den Kopf gesetzt, auf dem sandigen oder sumpfigen, völlig unfruchtbaren Ödland zwischen Schaabe und Breeger Bodden einen 40 ha großen **Landschaftspark im französischen Stil** anlegen zu lassen. 1795 begann man mit der Arbeit. Das sumpfige Land wurde mit herangefahrenem Mutterboden aufgeschüttet und mit Bäumen und Sträuchern bepflanzt. An den Rand des Parks stellte sich Julius ein herrschaftliches Landschlösschen und nannte es Juliusruh. Das zog weiteres gutsituiertes Volk an, das sich um den Park herum Sommervillen errichtete. Juliusruh avancier-

te zum kleinen Seebad. Der Ortsgründer selbst hatte sich aber mit Park und Schloss finanziell übernommen und musste nach wenigen Jahren alles verkaufen. Das Schloss zerfiel und ist heute verschwunden. Geblieben ist der hübsche, frei zugängliche Landschaftspark, der sich nun Kurpark nennt. Den etwas versteckt liegenden Park findet man, wenn man Richtung Breege abbiegt. Nach 100 m liegt rechter Hand ein Parkplatz am Parkeingang.

Praktische Tipps

Info

■ **Vorwahl:** 038391

■ **Informationsamt,** Wittower Str. 5, 18556 Juliusruh, Tel. 3 11, www.breege.de. 15. Juni–15. Sept Mo–Fr 8–12 und 13–18 Uhr, Sa 9–13 Uhr, 16. Sept.–14. Juli Mo–Fr 8–12 und 13–16 Uhr.

■ **Kurabgabe** HS 1,50 €, NS 1,20 €, Hund 0,50 €.

Unterkunft

10 Strandhotel Dünenhaus②-③, Ringstr. 5, Tel. 40 70, www.strandhotel-duenenhaus.de. Am Strand, seeseitig toller Blick auf Strand und Meer, Restaurant mit Meerblick.

6 Ferienanlage Windland②, Waldweg 18, Tel. 1 24 56, www.ruegen-windland.de. Hotel und Bungalows zwischen Ostsee und Bodden, im Restaurant regionale Küche.

11 Hotel Svantevit③, Wittower Str. 9–10, Tel. 43 00, www.hotel-svantevit.de. Zentrale, aber ruhige Lage am Kurpark, 24 Zi. zum Strand 60 m, mit Restaurant, Bar, Gartenterrasse mit Eisdiele im Wintergarten.

7 Freizeitcamp Am Wasser, Wittower Str. 1, Tel. 4 39 28, www.freizeitcampamwasser.m-vp.de.

Halbinsel Wittow

1j

Platz im Mischwald mit Wiesenarealen 100 m vom Strand. Mit Gaststätte. 1.4.–30.10.

Gastronomie

2 Breeger Boddenstübchen, Dorfstr. 76, Tel. 1 23 75, www.boddenstuebchen-breege.de. Kleines, gemütliches Restaurant mit Biergarten, gute Fisch- und Fleischgerichte ohne Schnick-Schnack.

12 Villa Louisa, Ringstr. 3, Tel. 7 02 37, www.villa louisa.de. Hotelrestaurant mit sehr guter Küche, die schon Brandenburgs Ex-Ministerpräsident *Manfred Stolpe* zu schätzen und würdigen wusste.

Aktivitäten

8 Baden/Wellness: *Aquawell,* Wittower Str. 4, Tel. 4 44 05. Großes Hallenbad mit Sauna im *Aquamaris,* tägl. 7–22 Uhr, Sauna ab 15 Uhr.

Tauchen

9 Tauchbasis Sassnitz, Fischerweg 1, mobil: (0173) 2 02 52 36, www.tauchbasis-sassnitz.de.

Breege

Der Name des 1313 erstmals genannten Fischerdorfes hat seinen Ursprung im Slawischen. Damals wurde es *breg* genannt, was soviel wie „Ufer" bedeutet.

Und dort liegt Breege auch. Allerdings nicht an der Außenküste, sondern am stillen Jasmunder Bodden. Kaum einen Kilometer vom sommerlich trubeligen Strand entfernt, umfängt einen in dem hübschen Fischerdorf die Beschaulichkeit des Boddens. Die von reizvollen alten Kapitänshäusern und Fischerkaten

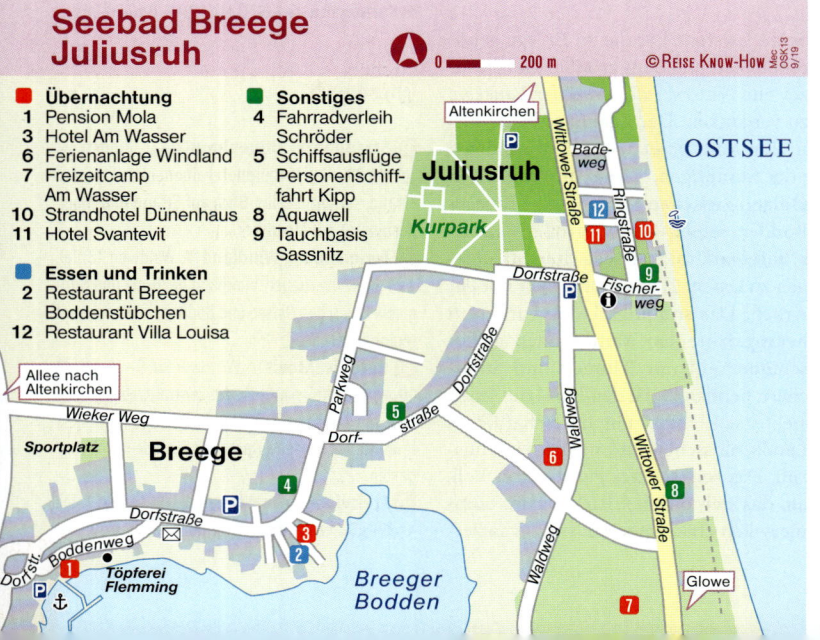

gesäumte Dorfstraße führt zu Herz und Seele des Ortes, dem **Hafen.** In der Blütezeit der Segelschifffahrt im 18. und 19. Jh. galt Breege als das reichste Dorf Rügens. Barken, Briggs und Galeassen lagen damals in großer Zahl an der Mole. Denn als die großen Segler noch die Meere der Welt beherrschten, war Breege ein wichtiger Handelshafen und das kleine Dorf brachte über 100 Schiffseigner und Kapitäne hervor. Nach dem Ende der Großsegler wurde es ein stilles Fischerdorf, was es wenigstens teilweise bis heute geblieben ist.

Auch die Zukunft des Hafenortes scheint gesichert zu sein: Breege ist in den letzten Jahren zu einem **Wassersportzentrum** mit einer der größten Marinas auf Rügen aufgestiegen.

Info

■ **Vorwahl:** 038391
■ **Kurabgabe** HS 1,50 €, NS 1,20 €, Hund 0,50 €.

Unterkunft

3 **Hotel Am Wasser**②, Dorfstr. 79, Tel. 40 20, www.hotelamwasser.m-vp.de. Am Breeger Bodden gelegen, mit Fahrrad-, Ruderboot-, Bootverleih.
1 **Pension Mola**①-②, Boddenweg 1–2, Tel. 43 20, www.mola.de. Gut ausgestattete Zimmer direkt am Hafen mit herrlichem Blick auf den Großen Jasmunder Bodden. Mit hauseigener Segelschule, Jachtcharter und Restaurant *Mayday*.

Aktivitäten

4 **Fahrradverleih:** *Schröder,* Dorfstr. 88, Tel. 1 26 57, www.urlaub-in-breege.de.

5 **Schiffsausflug:** *Personenschifffahrt Kipp,* Dorfstr. 101, Tel. 1 23 06, www.reederei-kipp.de. Insel Hiddensee in der Saison 4–6x täglich ab Hafen Breege, Radmitnahme möglich.

Kunsthandwerk

■ **Töpferei Flemming,** Boddenweg 7, Tel. 3 57, täglich bis 19 Uhr.

Altenkirchen

Das fast 800 Jahre alte Altenkirchen ist nach Dranske der größte Ort auf Wittow und dessen wirtschaftliches Zentrum. Was sich so bedeutend anhört, entpuppt sich jedoch als kleines verschlafenes Dorf, in dem aber auch so gar nichts nach Zentrum aussehen will. Praktisch jeder, der auf Rügen Urlaub macht und das Kap Arkona besucht, fährt an Altenkirchen unmittelbar vorbei. Doch nur die wenigsten machen den kleinen Abstecher hinein in das alte Dorf. Das ist ein Fehler, denn Altenkirchen schmückt sich – der Name lässt es schon erahnen – mit einer der ältesten und zugleich schönsten mittelalterlichen Backsteinkirchen Rügens.

Dorfkirche

Die winzige und schiefe dreischiffige **Basilika** ist neben der Marienkirche in Bergen der älteste Sakralbau der Insel. Er wurde gleich am Anfang der Christianisierung Rügens, die mit dem Fall der Jaromarsburg auf Arkona im Jahre 1168 be-

Halbinsel Wittow

1j

gann, um 1200 als Hofkirche für den Bruder des Rügenfürsten *Jaromar I.* errichtet.

Ältestes Detail der Kirche ist der im südlichen Chorbau eingelassene **Svantevitstein.** Der slawische Grabstein zeigt einen bärtigen Mann mit Füllhorn, vermutlich ein Abbild des Ranen-Hauptgottes *Svantevit* selbst oder einer seiner Priester.

Der Taufstein aus Gotland-Kalkstein stammt aus dem Jahr 1250. Die vier Gesichter, die ihn zieren, symbolisieren die vier Ströme des Paradieses. In dem gotischen Gewölbe sind drei Gesichter sowie zwei schwarze Hähne und ein Schwein erkennbar. Die Hähne sind Symbole *Svantevits* und das Schwein war ein slawisches Kulttier. Der Pelikan im Triumphbogen ist ein christliches Symbol. Der Altar von 1724 stammt aus der Werkstatt des Stralsunders *Elias Keßler*. Die Orgel der Kirche wurde von dem Pfarrer *Kosegarten* im Jahre 1797 in Berlin aus zweiter Hand erworben. Ungewöhnlich schmuckvoll verziert ist die Außenmauer der Apsis und des Chores.

Auf dem kleinen **Friedhof,** der die Kirche umgibt, stehen eine Reihe alter Grabwangen aus den letzten Jahrhunderten, auf denen Ankerreliefs darauf hinweisen, wie der Begrabene sich sein Brot einstmals verdiente. Hier entdeckt man auch das Grab des Pfarrers und Dichters *Ludwig Theobul Kosegarten,* der während seiner Amtszeit Altenkirchen zu einer Art schöngeistigem Zentrum Rügens machte. Etwas abseits stehen der freistehende **Glockenturm** und das schöne alte **Pfarrhaus.**

www.fotolia.de ©brudertack69

Das alte Feuerwehrhaus beherbergt nun das **Kosegartenhaus,** in dem neben einer ständigen Ausstellung zu *Kosegartens* Leben und Wirken auch kulturelle Ereignisse wie Konzerte, Lesungen oder Filme im Rahmen des „Kirchen- und Musiksommers" stattfinden.

■ **Öffnungzeiten Kirche:** Sommer 9–17.30 Uhr, Winter 9–15.30 Uhr.
■ **Kosegartenhaus:** Mitte Mai bis Ende Okt. 9–17 Uhr.
■ **Info:** An der Kirche 1 (Pfarrer Christian Ohm), Tel. (038391) 3 66, www.kirche-altenkirchen-ruegen.de.

Praktische Tipps

Unterkunft

■ **Camping Drewoldke,** Zittkower Weg 27, Tel. (038391) 1 29 65, www.camping-auf-ruegen.de, April–Okt., schöner unparzellierter 9 ha großer Platz im lichten Kiefernhain direkt am Strand. Mit **Fischgaststätte/Biergarten** sowie **Kite-Schule** *Fly a Kite* (mobil: (0152) 51 08 85 85, www.fly-a-kite.de).

◁ Rügens älteste Dorfkirche in Altenkirchen

1j

Ludwig Theobul Kosegarten – ein Pastor von Altenkirchen

Der Pastorensohn Kosegarten stammt aus dem mecklenburgischen Grevesmühlen, wo er 1758 geboren wurde. Nach seinem Studium in Greifswald kam er 1777 nach Rügen. Der damals 21-Jährige trat in Bergen eine Stelle als Hauslehrer an. Er verliebte sich aber in seine Schülerin und musste darob zügig die Stadt verlassen. Es folgten weitere verschiedene Stellen als **Hauslehrer,** die weniger dramatisch verliefen als die in Bergen. 1785 trat er in Wolgast die **Rektorenstelle** der Stadtschule an. Seine von ihm ungeliebte Lehrertätigkeit endete mit der Berufung als **Pastor der Gemeinde Altenkirchen,** die ihm der schwedische Kronprinz verschaffte.

Kosegarten, stark von den Ideen und Idealen des französischen Philosophen **Rousseau** beeinflusst, sah in der Natur Rügens die ideale Umgebung für ein Leben, wie es der Franzose propagierte. Gemeinsam mit *E.M. Arndt,* der im Hause Kosegarten zeitweilig als Hauslehrer arbeitete, kämpfte er vehement **gegen das System der Leibeigenschaft** und für die Befreiung des Individuums. Viele große Namen aus der damaligen Zeit wie *Alexander von Humboldt* oder *Schleiermacher* waren Gäste im Hause Kosegarten. Mit anderen wie *Schiller, Herder* und *Goethe* stand er in regelmäßigem Briefkontakt. Maler wie *Phillip Hackert* oder *Phillip Otto Runge* zählten zu seinem Freundeskreis.

Kosegarten erlangte durch seine „Uferpredigten" für die Heringsfischer in Vitt, aber auch durch eigene **schriftstellerische Tätigkeit** relative Berühmtheit. Er verfasste zahlreiche Gedichte und Romane. Besonders seine Werke „Die Inselfahrt" und „Jucunde" hatten bei den damaligen Lesern großen Erfolg. Kosegartens sehr gefühlsschwangere, schwülstige „Heimatlyrik" fand jedoch schon damals nicht nur Zustimmung. Ein Beispiel:

> *„Die Sonne schauet großgeaugt*
> *Und leichenblass aus schwarzer Nacht*
> *Und schauert bang zurück.*
> *So blickt noch sterbend aufs Gefild*
> *Voll Schlacht und Tod und Graun ein Held*
> *Und schließt sein Aug' und stirbt".*

Das ließ auch seinen Freund **Goethe** schauern. Dennoch verfasste dieser für den 1818 in Greifswald gestorbenen und auf dem Friedhof in Altenkirchen beigesetzten Kosegarten eine Grabinschrift, die jedoch von der Familie nicht verwendet wurde. Stattdessen ist auf seinem Grabstein ein Vers von *Paul Gerhard* zu lesen.

Gastronomie

MEIN TIPP: **Hofcafé,** Karl-Marx-Platz 4–6, Tel. (038391) 8 97 01. Genau gegenüber von Rügens imposantester mittelalterlicher Dorfkirche öffnet sich ein Backsteintor zum Hofcafé, einem der schönsten der Insel. Hier gibt es von Ostern bis September unter freiem Himmel, freundlichst serviert, Oma-Blechkuchen, selbstgebeizten Lachs, delikate Fischbrötchen u.a. Di/Do ist Räucherfisch-Abend.

Kunst

■ **Malerei:** *Atelier & Galerie Hanne Petrick,* Neue Str. 2a, Tel. (038391) 5 95, www.hanne-petrick.de. Das blaue, von bunten Blumen umsäumte, bildschöne Postkartenhaus der Malerin ist ebenso sehenswert wie ihre Aquarelle. Zwischen Mai und Okt. werden einwöchige Malkurse angeboten, *Atelier* Mo–Sa 10–13 Uhr.

Aktivitäten

■ **Kitesurfen und Tauchen:** auf Campingplatz Drewoldke (siehe oben).

Putgarten

In Putgarten, der nördlichsten Gemeinde Rügens, endet die Straße zum **Kap Arkona.** Um das Landschafts- und Naturschutzgebiet um Arkona vor Beschädigungen durch die sommerlichen Besucherströme zu schützen, wurde die direkte Zufahrt zum Kap und dem entzückenden Dörfchen Vitt gesperrt. Vor Putgarten wurden großflächige **Parkplätze** eingerichtet. Von ihnen aus kann man mit der kleinen **Arkonabahn** oder mit Pferdekutschen weiter zu den Leuchttürmen, der Jaromarsburg und dem denkmalgeschützten Fischerdorf Vitt gelangen. Auch ein Fahrradverleih ist vorhanden. Es ist aber auch sehr schön, zu Fuß eine kleine Rundwanderung (ca. 6 km) über Vitt und am grandiosen Steilufer entlang zu den Leuchttürmen am Kap zu machen und sich dabei den Wittower Wind um die Nase wehen zu lassen.

Guthof Arkona

Putgarten selbst ist bis auf den Gutshof Arkona unscheinbar und eher uninteressant. Das restaurierte, große alte Gehöft liegt an der Straße zum Kap und ist eine Art **Kulturzentrum.** Hier werden Handwerker- und Bauernmärkte abgehalten, Kohl-, Fischer- und Erntefeste gefeiert und im Sommer wird in einer alten Scheune Theater gespielt. Dazu gibt es eine Ausstellung landwirtschaftlicher Geräte, einen Töpfer, einen Bernsteinschleifer, eine Glasbläserei, eine Fischräucherei, einen Rügen-Kost-Laden, ein gemütliches Café, eine historische Druckwerkstatt und und und. Das vielseitige Hofgut ist in einen **Park** eingebettet, in dem man neben zwei Teichen auch Freigehege, einen Streichelzoo, eine Pferdekoppel, einen Spielplatz und mehr findet.

Praktische Tipps

Info

■ **Vorwahl:** 038391
■ **Informationsamt Kap Arkona,** Am Parkplatz, 18556 Putgarten, Tel. 1 30 37, www.kap-arkona.de, Mai/Okt. tägl. 10–16 Uhr, Juni/Sept. 10–18 Uhr, Juli/Aug. 10–19 Uhr, Nov.–März 11–16 Uhr.
■ **Kurabgabe** HS 1,50 €, NS 1 €.

Unterkunft

■ **Rügenhof Arkona,** Dorfstr. 22, Tel. 40 00. Restaurierter Gutshof mit FeWos unterschiedlicher Größe und Ausstattung①-③. Besonders exklusiv: 60 qm große FeWo im Leuchtturmwärterhaus direkt bei den Leuchttürmen auf Kap Arkona②.

Halbinsel Wittow

1j

Die vier Vitten auf Wittow

Schon im 12. und 13. Jh. versammelten sich vor den Küsten Rügens die Fangflotten aller benachbarten Völker, um den **gewaltigen Heringsschwärmen,** die im Herbst hier auftauchten, nachzustellen. Die ertragreichsten Heringsgründe lagen vor der Küste Wittows. „Wenn im November der Wind heftiger weht, wird dort Hering massenweise gefangen", berichtet der Chronist Helmhold von Bosau über die Wittower Fischgründe. Wenn dann der sogenannte „Utkieker" einen Schwarm mit dem Ruf „De Hering kümmt!" meldete, stachen die Fischer in See.

Um die **kurze Heringssaison** möglichst optimal nutzen zu können, entstanden überall an der Küste Plätze, an denen die gewaltigen Mengen angelandeten Herings sofort gereinigt, gesalzen und verpackt wurden. Diese Plätze nannte man Vitten oder auch Fitten. Vier solcher **saisonaler Verarbeitungsplätze** gab es damals auf Wittow: eine bei Dranske auf dem Bug, die Lütte Vitte bei Nonnevitz, die Vitte Rusewase an der Nordküste bei Putgarten und die größte, die **Grote Vitte** eben da, wo heute das Dorf Vitt liegt. Nach und nach wurden die Stützpunkte aufgegeben, weil die Heringe wegen Überfischung immer rarer wurden und schließlich fast ganz ausblieben. Nur die „Grote Vitte up Wittow", das Dorf Vitt, blieb erhalten. Es steht heute auf der Denkmalschutzliste der UNESCO.

■ **Hotel Zum Kap Arkona**②, Dorfstr. 22a, Tel. 43 30, www.zum-kap-arkona.de. Die Zi. nach hinten haben freien Blick auf Wiesen und Felder, nach vorn zur meist belebten Dorfstraße. Finnische Sauna mit Naturbadeteich in separatem Häuschen.

Gastronomie

■ **Utspann,** Dorfstr. 24, Tel. 93 80 64. Kleines, gemütliches Lokal, das im rustikalen Ambiente des Gastraums oder auf der Sonnenterrasse selbstgemachte Hausmannskost anbietet.

MEIN TIPP: **Café & Kultur,** Dorfstraße 16, Tel. 43 10 07, www.helene-weigel-haus.de. Einfach schön und inspirierend. Malerischer 200 Jahre alter Bauernkaten, den *Helene Weigel* einst als Ferienhaus für sich und *Bertholt Brecht* erworben hatte. Frisch restauriert und saniert, bietet er von Mai–Okt. So–Fr von 13 bis 17 Uhr ein Café drinnen mit den originalen alten Tischen der legendären Kantine des Berliner Ensembles und im lauschigen Garten unter Bäumen und zwischen blühenden Blumen. Dazu gibt es eine kleine Ausstellung mit Weigel-Fotografien.

Aktivitäten

■ **Fahrradverleih:** *Albrecht,* Am Parkplatz, Tel. 1 33 40.
■ **Führungen Kap Arkona, Vitt, Nobbin, Altenkirchen:** Archeotour, mobil: (0157) 72 73 17 51.

▷ Der Hafen von Vitt mit Fischräucherei, im Hintergund Kap Arkona

138rh ph

Vitt

Obwohl es vom Parkplatz in Putgarten bis nach Vitt nur 1 km Fußweg ist und von dort der Blick über die Felder bis zur Abbruchkante reicht, ist dennoch weit und breit kein Dorf zu sehen. Dort, wo man Vitt vergeblich mit den Augen sucht, wogen nur weite Felder. Das niedliche Minidörfchen erblickt man erst, wenn man unmittelbar davor steht.

Als erstes Gebäude sieht man die Kapelle von Vitt. Von dort führt ein Hohlweg hinab in eine 40 m tiefe Liete, ein natürlicher Einschnitt im Steilufer. Erst nach einem Stück Weges taucht das winzige Dörflein urplötzlich auf. Eng zusammengedrängt ducken sich eine Handvoll niedriger Fischerkaten, umgeben von Pappeln, Eschen und Holunderbüschen, in die schützende Mulde, die **Grote Vitte.** Die moosbewachsenen Katen haben sich mit ihren graubraunen Rohrdächern so perfekt der Umgebung angepasst, dass sie, sieht man vom Rand der Mulde auf sie herab, geradezu mit der Landschaft verschmelzen. Kein Neubau stört dieses einmalig ursprüngliche Dorfbild. Das ganze Dorf und die Kapelle stehen unter **Denkmalschutz.**

Mittendrin hält der **Goldene Anker** seine Tür für hungrige und durstige Gäste geöffnet. Im Gastraum der historischen **Dorfschänke** standen früher genau so viele Stühle wie der Weiler Einwohner zählte. Erblickte ein neuer Vitter das Licht der Welt, so wurde ein Stuhl hinzu gestellt, blieb einer für immer auf See, einer entfernt. Das geht heute ange-

1j

sichts der großen Besucherzahl nicht mehr. Der enorme Andrang hat dazu geführt, dass sich in Vitt heute alles und jeder vollständig auf den Besucherstrom ausrichtet. So gibt es jetzt auch im winzigen Hafen ein **Café am Meer, eine Fischräucherei** und Werbung für Bootsausflüge anstatt Heringskutter. Auch wenn das Gedränge an manchen Sommertagen allzu arg ist – der Weg zum Hafen lohnt, denn von hier eröffnet sich ein besonders prachtvoller Panoramablick auf das nahe Kap Arkona.

Kapelle

Der schlichte achteckige Bau der Kapelle wurde vom Altenkirchener Pfarrer **Kosegarten** errichtet. Und das kam so:

Mittel gegen die Seekrankheit

„Man nehme 2 Unzen rohes Opium, 2 Drachmen Bilsenkraut-Extract, 10 Gran gepulverte Muskatenblüthe und 2 Unzen harte Seife, koche dies in 60 Unzen frischen Wassers eine halbe Stunde lang, und rühre es während der Zeit oft um. Ist es erkaltet, so setze man ein Quart Weingeist (60gradigen) und 3 Drachmen Salmiakspiritus dazu. Von dieser Mischung reibe man so kurz vor der Einschiffung als möglich, einen Theelöffel voll am untern Ende des Brustbeins und unter den linken Rippen (also die Magengegend) ein, und wiederhohle dies auf dem Schiffe recht oft."

Aus dem Kochbuch des legendären Leuchtturmwärters *Schilling*.

Da die Fischer von Vitt während der Heringssaison keine Zeit fanden, den 8 km langen Fußmarsch bis zur Kirche in Altenkirchen zu machen, kam der Pfarrer zu ihnen und predigte unter freiem Himmel am nördlichen Wiesenhang der Talmulde. Diese berühmt gewordenen **„Uferpredigten"** mussten jedoch häufig wegen schlechten Wetters unterbrochen werden. Gemeinde und Pfarrer suchten dann in einer morschen Hütte Zuflucht. Kosegarten fand, dies sei kein Zustand und ließ 1806 die Schutzkapelle errichten.

Das Altarbild ist die (schlechte) Kopie des Bildes „Petrus auf dem Meer" von *Philipp Otto Runge.* 1805 hatte Pastor *Kosegarten* den berühmten Landschaftsmaler mit der Ausmalung der Kapelle beauftragt. Als dieser 1810 in Hamburg starb, war das Bild zwar fertig, blieb jedoch in Hamburg, wo es heute zu den Beständen der Kunsthalle zählt. In der Saison finden in der Kapelle verschiedene Veranstaltungen statt.

Praktische Tipps

Gastronomie

■ **Zum goldenen Anker,** Tel. 1 21 34, www.gasthof-vitt.de. Natürlich ist frischester Ostsee-Hering im Angebot (1. April–Mitte Nov. tägl. ab 12 Uhr).
■ **Fischerei Räucherei Bredow,** Vitt 1a, Tel. 1 21 93.

Aktivitäten

■ **Schiffsausflug/Bootsverleih/Angelfahrten:** *Vetterick,* Tel. 3 77. Vom Hafen Rundfahrten um das Kap Arkona.

Kap Arkona

„Meerumschlungen und kreidegrün, / märchendurchdrungen und heldenkühn. / Herden am Haage, reifendes Feld, / flüsternde Sage, Lug in die Welt", schrieb *Gerhard Hauptmann* bei seinem Besuch 1885 ins Gästebuch der Leuchtturmwirtschaft auf Kap Arkona. Das Kap ist neben dem Kreidefelsen des Königsstuhls das zweite große Wahrzeichen der Insel Rügen. Auf dem kahlen, 46 m hohen Felsplateau ragen weithin sichtbar zwei **Leuchttürme** auf. Der viereckige ist der ältere der beiden. Er wurde 1827 im Auftrag der preußischen Regierung nach Plänen von *Karl Friedrich Schinkel* errichtet. Auf den 19 m hohen **Schinkel-Turm** führt eine schöne gusseiserne Treppe. Von der Aussichtsplattform bietet sich dann ein herrlicher Rundblick. In den drei Etagen sind **Ausstellungen** zu *Schinkels* Bauten auf Rügen und in Pommern, zur Baugeschichte des Turmes, dem Leben des Turmwärters, zu deutschen Leuchttürmen, Seezeichen u.a. zu sehen.

Der 36 m hohe runde Leuchtturm löste 1901 den Schinkelturm ab und ist noch in Betrieb. Der schweißtreibende Aufstieg bis zu seiner Aussichtsgalerie wird mit einem grandiosen Panoramablick über halb Rügen belohnt. Dabei kann auch die Leuchttechnik besichtigt werden, die bei Dunkelheit alle 17,1 Sekunden ein Licht 22 Seemeilen weit aufs Meer hinaus sendet. In der alten **Nebelsignalstation** informiert eine Ausstellung über die **Geschichte der Seenotrettung.**

In direkter Nachbarschaft der beiden Leuchttürme befinden sich zwei Bun-

(Rad-) Wanderung von Nonnevitz / Bakenberg zum Kap Arkona

● **Länge:** einfach ca. 11 Km

Während die Küste zwischen Juliusruh und Kap Arkona viel bewandert wird, ist die Küste zwischen Nonnevitz und Bakenberg kaum bekannt und besucht. Obwohl sie nicht weniger schön ist.

Einstieg ist der Campingplatz Regenbogencamp. Der Pfad führt fast die gesamte Strecke direkt an der Abbruchkante des kleinen Steilufers entlang. Immer wieder eröffnen sich dabei herrliche Ausblicke hinab auf den Strand und hinaus auf das Meer. Bänke laden zur Rast ein. Fahrradwanderer müssen etwas vorsichtig sein, denn der schmale Pfad führt im Wortsinne über Stock und Stein.

Erst geht es durch schattigen Hochwald. Dann erreicht man den **„Märchenwald",** einen nur handtuchbreiten Waldstreifen aus alten, vom Wind teils skurril verformten Buchen, der sich über Kilometer entlang der Küstenlinie hinzieht. Meist begegnet man hier nur wenigen Menschen. Erst wenn man Rügens nördlichsten Punkt, den **Aussichtspunkt Gellort** erreicht, zu dessen Füßen Rügens größter Findling, der **Buskam** liegt, sieht man an den zahlreichen Besuchern, dass das viel besuchte Kap Arkona nicht mehr fern ist.

ker. Der kleinere, ältere Bunker, der meist als **Arkona-Bunker** bezeichnet wird, stammt noch von der Wehrmacht und beherbergte zu DDR-Zeiten die 6. Grenzbrigade Küste.

Der größere, neuere Bunker wurde von 1979 bis 1986 errichtet und diente der auf dem Bug stationierten 6. Flottille der Volksmarine als Gefechtsstand. Beide Bunkeranlagen können im Rahmen einer **Führung** besichtigt werden. Der Arkona-Bunker beherbergt eine Dokumentation zur Geschichte des Kap Arkonas von der Slawenzeit bis in die Gegenwart (Eintritt frei).

Der absolut nördlichste Punkt Rügens ist der **Gell-Ort** etwa 600 m westlich der Leuchttürme, der durch einen 165 Tonnen schweren Findlingsblock, den **Siebenschneiderstein,** markiert wird. Hier führt die **Königstreppe,** eine endlos lange Holztreppe, hinab zum schmalen Strand.

Der etwas abseits der Leuchttürme stehende dritte Turm ist kein Leuchtturm, sondern ein **ehemaliger Funkpeilturm** der Kriegsmarine. Heute dient seine imposante Glaskuppel Künstlern als Atelier. Das Atelier ist offen, man kann und darf den Künstlern also über die Schultern schauen. Im Turm selbst sind regelmäßig wechselnde Ausstellungen mit Werken einheimischer Künstler zu sehen. Vom 35 m hohen Turm kann man u.a. auf die benachbarte Jaromarsburg schauen.

● **Schinkel-Turm,** Tel. 1 21 15, tägl. Nov.–März 11–16 Uhr, April 10–16 Uhr, Mai/Okt. 10–17 Uhr, Juni/Sept. 10–18 Uhr, Juli/Aug. 10–19 Uhr.
● **Neuer Leuchtturm,** tägl. April 10–16 Uhr, Mai/Okt. 10–17 Uhr, Juni/Sept. 10–18 Uhr, Juli/Aug. 10–19 Uhr.
● **Peilturm,** Tel. 43 99 59, täglich Mai/Okt. 10–16 Uhr, Juni/Sept. 10–17 Uhr, Juli/Aug. 10–18 Uhr.
● **Arkona- und NVA-Bunker,** täglich werden mehrfach Führungen angeboten, Terminanfrage unter Info-Tel. 43 46 60.

139rh ph

Jaromarsburg

Die einstige Größe der Jaromarsburg, der wichtigsten aller slawischen Wallburgen Rügens, lässt sich nur noch erahnen. Der größere Teil der Burganlage ist nämlich schon **Opfer des Meeres** geworden, das hier jeden Winter mächtige Stücke aus dem Steilufer herausbricht. Deshalb musste der Burgwall für Besucher **gesperrt** werden.

In der Wallburg stand einst ein quadratischer Tempel, in dem das überdimensionale hölzerne Standbild des wendischen Obergottes **Svantevit** stand. Acht Meter hoch war die aus einem Ei-

chenstamm gehauene Svantevit-Statue. Der Gott trug vier Köpfe auf vier Hälsen, die in die vier Himmelsrichtungen blickten. In seiner Rechten hielt er ein Trinkhorn.

Die uneinnehmbar scheinende Arkonaburg war das oberste **Heiligtum der slawischen Ranen** auf Rügen. Um ihren hartnäckigen und erfolgreichen Widerstand gegen die Unterwerfung unter die christlichen Dänen zu brechen, musste diese zentrale Kultstätte fallen. Nach vielen vergeblichen Versuchen tauchten die Dänen unter der Führung *Waldemar I.* und des Bischofs *Absalon von Roskilde* **1168** vor der Arkonaburg

auf, um sie zu erobern. Mit im Tross des Heeres reiste der Geschichtsschreiber *Saxo Grammaticus.* Seiner „Historica Danicae" verdanken wir eine wunderbare Beschreibung der Wallburg und der Begleitumstände ihres Falles.

Ergebnislos belagerte das dänische Heer die uneinnehmbare Festung. Am 14. Juni 1168 aber gelang es den Dänen, an den Holzpalisaden Feuer zu legen. Die Burgbesatzung geriet durch das um sich greifende Feuer in eine ausweglose

⌂ Unterwegs am Hochufer zwischen Nonnevitz und Kap Arkona

1j

Lage und ergab sich. Als erstes vernichteten die christlichen Sieger das „Götzenbild" des Svantevit.

Mit dem **Sturz der Svantevitstatue** war die slawische Epoche Rügens zu Ende. Alle anderen Burgen wie die Charenza in Garz und die auf dem Rugard bei Bergen ergaben sich nach dem Fall Arkonas kampflos. Sofort begann der Bischof *Absalon von Roskilde* mit der „Heidenbekehrung". Aus dem Holz der Befestigungsanlagen wurde die erste Kirche auf Rügen gebaut. Der erste Rügenfürst unter dänischer Herrschaft, *Jaromar I.,* gründete Klöster und baute Kirchen auf ganz Rügen.

Bakenberg

Der einzige Wald, der auf Wittow zu finden ist, bedeckt einen schmalen Küstenstreifen an der Nordküste des Windlandes. Dieser Wald, der vor hundert Jahren als Küstenschutz angelegt wurde, bedeckt den *Bakenberg,* einen Höhenzug von bis zu 27 m Höhe.

Hier liegt Wittows einziger **Badestrand.** Dem schattigen Kiefernwald folgt ein breiter, windzerzauster Dünenstreifen, auf dem malerische, sogenannte Windflüchter stehen. Die verkrüppelten Kiefern sind von den fast ständig wehenden Westwinden grotesk verformt. Hinter den Dünen folgt dann ein langer, feiner Sandstrand. 30 m breit und weich, ist er nach den wilden und schroffen Kliffen, die sonst die Küstenlinie Wittows ausmachen, eine unerwartete Überraschung. Da es hier oft windig ist, sollte man zum Baden den Windschutz nicht

vergessen. Der abgelegene Badestrand ist besonders bei Anhängern der nahtlosen Bräune sehr beliebt.

Hüttendörfer

Im lichten Kiefernwald verbergen sich große Ferienhüttendörfer. Die großteils einfachen, aber auch sehr preiswerten ehemaligen Betriebsferieneinrichtungen, bei denen die Sanitäranlagen wie auf Campingplätzen meist zentral liegen, sind besonders für Familien und Einkommensschwache eine der wenigen verbliebenen Möglichkeiten, günstig Urlaub auf Rügen zu machen. Vor dem Wald wurde ein großes, allerdings noch wenig Charme versprühendes neues Feriendorf auf die Wiese gestellt, das gegen entsprechend mehr Geld mehr Komfort bietet.

Praktische Tipps

Unterkunft/Gastronomie

1 **Feriendorf Uns Hüsung**①, Tel. (038391) 93 99 09, www.uns-huesung-ruegen.de. Bungalows für 2–6 Personen zwischen 20–40 m².

4 **Camping Regenbogencamp,** Zentralrezeption: Tel. (0431) 2 37 23 70, www.regenbogen.ag. April–Okt. Großer, schön im lichten Kiefernwald gelegener Platz direkt am Strand, Caravan-, Fahrrad-, Surfbrettverleih.

2 **Ferienpark Heidehof,** Nonnevitz 15, Tel. (038391) 76 46 90, www.ferienpark-heidehof.de. Große Anlage mit Pension, Appartements, Ferienhäusern, Finnhütten und Strand-Bungalows in unterschiedlicher Größe und Austattung.

3 **Camping Küstencamp,** Nonnevitz 23, Tel. (038391) 93 90 70, www.kuestencamp-ruegen.de.

Kleiner, modern ausgestatteter Platz auf ebenem Wiesengelände mit Baumreihen. Mit separatem Wohnmobil-Stellplatz, Kiosk, 3 FeWo im Bauernhaus. 15 Gehminuten zum Strand. Ganzjährig geöffnet.

5 Wohnmobil-Stellplatz: *Luigi's Caravanserail,* Am Waldrand, Tel. (038391) 8 94 88. Einladender, durch Büsche und Bäume parzellierter ebener Wiesenplatz in Naturlage für ca. 30 WoMos, am Waldrand 200 m zum Strand; mit modernen Sanitäranlagen, Pizzeria, Strom, Ver-/Entsorgung (geöffnet: März bis Okt.).

■ **Räuchereck,** in Gramtitz, Tel. (038391) 89 95 96. Gemütlicher Imbiss, bei dem man ganz entspannt an Holztischen zum Bier Fisch, ob geräuchert, gebraten oder im Brötchen, verzehrt.

Aktivitäten

■ **Golf:** *Golf- und Landclub Wittow,* Bakenberg, Tel. 8 92 04.

Dranske

Am Eingang zu jener schmalen, ständig wachsenden Landzunge **Bug,** liegt Dranske. Der Ort, der über gute Einkaufsmöglichkeiten verfügt, nimmt die ganze Breite der Landzunge ein und grenzt sowohl an die offene Ostsee als auch an den Wieker Bodden. Hätte der Mensch nicht eingegriffen und ständig eine schiffbare Fahrrinne zwischen dem Bug und Hiddensee freigebaggert, die See hätte schon längst die schmale Wasserstraße geschlossen und Hiddensee zu einer Halbinsel Rügens gemacht, wie sie das schon mit Wittow und Jasmund vorgeführt hat.

Auch das wenig anziehende Ortsbild Dranskes ist menschlichen Eingriffen zuzuschreiben. Das alte Fischerdorf wurde in den 1930er Jahren komplett abgerissen. Grund für die „Totalamputation" war das **Militär,** das sich seit Kaisers Zeiten auf dem Bug eingenistet hatte. Zuerst entstand hier ein Fliegerhorst, den später Hitlers Wehrmacht nutzte. Nach dem Krieg quartierte sich die NVA ein, die auf dem Bug einen Schnellbootstützpunkt unterhielt, für den die Fahrrinne freigebaggert wurde und die Großplatten-Wohnkästen am Ortseingang entstanden. 1991 wurde der Militärstützpunkt geschlossen, was hohe Arbeitslosenzahlen in dem bis dato ausschließlich vom Militär lebenden Ort auslöste.

An die 80 Jahre während militärische Vergangenheit Dranskes erinnert heute das **Marinehistorische Heimatmuseum** am Reichpietsch-Ring. Es sind wohl die Hoffnungslosigkeit und die große Depression, die in Dranske wildeste Ideen gedeihen lassen. So sollte bis 2005 auf dem Gelände des ehemaligen Marinestützpunktes für 255 Millionen Euro auf 200 ha das **größte Ferienresort Europas,** das gigantische *Baltic Sea Resort,* entstehen. Damit nicht genug: Dranske wollte im Fahrwasser von Berlin Olympia-Austragungsort werden, um so neben dem Baltic Sea Resort noch ein Olympia-Segelzentrum zu erhalten. Die Hoffnung war groß, die Projekte größer. Die Träume sind sämtlich geplatzt.

Dafür hat sich Dranske dank den vorherrschenden Winden zu einem angesagten **Surf- und Kitespot** entwickelt, in dem nicht nur von der Schule bis zur preiswerten Unterkunft eine Infrastruktur um diese Fun-Sportarten entstand,

Halbinsel Wittow

1j

Halbinsel Wittow

sondern es finden auch regelmäßig Wettkämpfe, sowie nationale und internationale Meisterschaften statt. Dank der Olympia-Träume sind auch die Ruinen der Militärlager auf dem Bug und die hässlichsten Armeeblöcke im Ort weitgehend verschwunden und der Bug ist ein interessantes Schutzgebiet geblieben. 🕸 Denn ein Großteil der jahrzehntelang gesperrten **Halbinsel Bug,** auf der sich im Windschatten des Militärs Tiere und Pflanzen ungestört entwickeln konnten, gehört zum Refugium des **Nationalparks Vorpommersche Boddenlandschaft.** Wer kundig über den gesperrten Bug geführt werden möchte, sollte an einer Exkursion zum Südbug teilnehmen, die das Nationalparkamt anbietet.

Info

■ **Vorwahl:** 038391
■ **Fremdenverkehrsamt,** Karl-Liebknecht-Str. 41, 18556 Dranske, Tel. 8 90 07, www.gemeinde-dranske.de, Juni–Aug. Mo–Fr 9–12 und 13–17 Uhr, So 10–13.30 Uhr, Sept. Mo–Fr 9–12 und 13–17 Uhr, Okt.–Mai Mo–Fr 9–12 und 13–16 Uhr.
■ **Kurabgabe** HS 1 €, NS 0,50 €.

Unterkunft

■ **Hotel Zur kleinen Meerjungfrau**②, Seestr. 2a, Tel. 95 00, www.zur-kleinen-meerjungfrau.de.
■ **NoHotel**①, Karl-Liebknecht-Str. 58, Tel. 43 97 57, www.ustruegen.de. Einfache Unterkunft im ehem. Militärblock, der zuletzt vom BGS genutzt wurde.
■ **Pension & Café Sahne**②, Karl-Liebknecht-Str. 6, Tel. 81 10, www.cafe-pension-sahne.de. Preiswerte Unterkunft inkl. Frühstück. Charmant plüschiges Café mit Garten, in dem es sowohl ein aus-

gezeichnetes Kucher- und Tortenangebot als auch Deftiges wie Pizza und Pasta gibt.

Gastronomie

■ **Schifferkrug,** im OT Kuhle, Tel. (038391) 93 88 45, www.schifferkrug-kuhle.de. Die älteste Gaststätte Rügens – nachgewiesen seit 1455 (!) – in denkmalgeschützten, niedlichem Rohrdachhaus an der Straßenkreuzung Dranske/Bakenberg; Fisch und Fleisch nach Saison sowie nach regionaler und internationaler Rezeptur zubereitet im gepflegt gediegenen Ambiente drinnen oder draußen.

■ **Fischräucherei:** *Schreiber's Fisch-Imbiss,* im Hafen von Kuhle, mobil: (0170) 4 81 14 62. Fisch am Stück und im Brötchen direkt am Wasser, mit Imbiss zum sofortigen Verzehr und 'nem Schluck Bier.

Aktivitäten

🕸 **Geführte Wanderung:** zum Südbug, Treff Do 19 Uhr (jeweils 15 Min. vorher) am Eingangstor zum Bug (**April–Okt.** Di, Fr 9.15 Uhr, **Juli/Aug.** Do Dämmerungswanderungen, Juli 19.15 Uhr, Aug. 18.45 Uhr, Anmeldung Tel. (038391) 8 90 07. Eigener Pkw ist zwingend erforderlich.
■ **Reiten:** *Reiterhof I. Pätzold,* in Starrvitz, mobil: (0171) 2 70 87 27, www.reiterhof-paetzold.de.
■ **Segeln/Surfen/Kitesurfen:** *Uni Surf Team Rügen,* Am Ufer 14, Tel. 43 97 57, www.ustruegen.de.

◁ Der Schifferkrug – die älteste Gaststätte Rügens

1j

Wassersportzentrum mit Schule, Fahrrad-, Inlinerverleih, Bistro.

■ **Kitesurfen:** *Rügen-Piraten,* Am Ufer 14, Tel. 8 98 98, www.ruegen-piraten.de.

■ **Archäologische Führungen:** begleitet von der Archäologin und Forschungstaucherin *Dr. Katrin Staude,* mobil: (0157) 72 73 17 51, www.archaeo-tour-ruegen.de (auch Rad- und Tauchexkursionen).

■ **Fahrradverleih:** *UniSurfTeam,* am Ufer 14, Tel. 43 97 57, www.ustruegen.de.

Museum

■ **Marinehistorisches und Heimatmuseum,** Schulstr. 19, Tel. 8 90 07, www.bug-wittow.de (wg. Umbauarbeiten bis auf Weiteres geschlossen).

Wiek

Einer der größeren Orte auf Wittow ist das Dorf Wiek am Wieker Bodden. Sein Name kommt nicht aus dem Slawischen, sondern leitet sich aus dem Niederdeutschen ab, in dem *Wiek* soviel wie „Handelsplatz" bedeutet. Die Ranen nannten es noch *Medow,* „Honigdorf". Bis zur Eröffnung des Rügendammes 1936 war das unspektakuläre, aber durchaus reizvolle Hafendorf ein belebter Handelsort. In seinem durch die Landzunge des Bug besonders gut geschützten Hafen löschten große Lastensegler ihre Fracht. Es gab sogar eine tägliche Fährverbindung nach Stralsund.

Heute erinnert im Hafen, der nun zu einem Sporthafen ausgebaut wurde, nichts mehr an diese Zeit. Nur die altersmorschen Reste einer Kreideverladebrücke aus der Zeit vor dem Ersten Weltkrieg erzählen von dem gescheiterten Versuch, in Wiek die Kreide eines bei Arkona geplanten Tagebaus zu verschiffen. Den Transport sollte die noch bis 1968 bestehende Kleinspurbahn Altenkirchen – Bergen übernehmen, die bis Wiek erweitert werden sollte. Die Verladebrücke wurde gebaut, alles andere nicht.

Sehenswert ist die **gotische Dorfkirche** aus dem 15. Jh., die zu den wertvollsten Baudenkmälern der norddeutschen Backsteingotik auf Rügen gehört. Das Schmuckstück ist neu restauriert, wobei auch die bisher nur teilweise sichtbaren Wand- und Deckenfresken freigelegt wurden. Besonders schön ist ihr dekorativer Westgiebel. Zu den Schätzen der Kirche zählt das hölzerne Standbild „St. Georg zu Pferde", das die Herzogin von Pommern zur Einweihung der Kirche spendete.

Ein einzigartiges Beispiel der frühen **Bauhausarchitektur** ist das 1919 als Unterkunft für den Marine-Fliegerhorst auf dem Bug begonnene und 1929/1930 im sogenannten Florida-Stil erweiterte **Kinder-Kur-Heim** in Wiek. Heute dient die imposante Anlage als AOK-Mutter-Kind-Heim und kann deshalb nur von außen besichtigt werden.

Info

■ **Vorwahl:** 038391

■ **Tourist-Information,** Am Markt 5, 1856 Wiek, Tel. 7 68 70, www.wiek-ruegen.de. Jan.–Mai Mo–Do 9–12 und 13–16 Uhr, Fr. 9–12 und 13–15 Uhr. Juni–Aug. Mo–Do 8.30–12 und 13–17 Uhr, Fr 8.30–12 und 13–16 Uhr, Sa 9–12 Uhr. Sept.–Dez. Mo–Do 9–12 und 13–16 Uhr, Fr 9–12 Uhr und 13–15 Uhr.

■ **Kurabgabe** HS 1 €, NS 0,75 €.

Unterkunft

■**Landhotel Herrenhaus**③, ca. 3 km südlich in Bohlendorf, Tel. 7 70, www.bohlendorf.de. Renoviertes altes Herrenhaus, beschaulich und ruhig in einem großen Park gelegen, mit stilvollem Restaurant.

■**Pension Zur Scheune**①-②, Teichstr. 5, Tel. 7 00 94, www.bauernhofurlaub-ruegen.de. Idyllischer Bauernhof mit Gästehaus, Liegewiese, Spiel- und Grillplatz.

■**Pension Zur Mole**②, Bahnhofstraße 5, Tel. 7 65 62, www.pension-zur-mole.de. Pension mit schönem Biergarten direkt am Hafen. Im Hausrestaurant wird täglich frischer Lachs, Zander, Hering und Dorsch sowie die Hausspezialität „Wittower Sturmsäcke" serviert.

■**Surf und Kite Camp Wiek**, Boddenstraße 1, mobil: (0173) 8 18 48 08, www.surf-kite-camp.de. Kleiner Platz, 100 m vom Bodden mit Surfschule und Surferbar; ganzjährig.

Gastronomie

■**Blumencafé Sök di wat ut,** Gerhart-Hauptmann-Straße 6, Tel. 76 99 32, www.blumencafe-ruegen.de. Charmanter Mix aus Café, Blumenladen, Galerie, Hofladen, Antik und Streichelzoo. Der Kuchen ist natürlich selbst gemacht. Mai–Sept. tägl. 13–18 Uhr, Okt.–April Di–So 13–17 Uhr.

Aktivitäten

■**Fahrradverleih:** *F. Jonack,* Hauptstr. 17, Tel. (038391) 7 00 45, www.fahrradservice-ruegen-wiek.de.

■**Surfen/Kiten:** *Surf & Kite Camp,* Boddenstraße 1, mobil: (0173) 8 18 48 08, www.surf-kite-camp.de.

■**Schiffsausflug:** im Sommer mit *Reederei Hiddensee* nach Hiddensee, Tel. (038300) 210.

Wittower Fähre

Durch weite Felder führt die Straße von Wiek vorbei an Bohlendorf – hier steht ein barockes Gutshaus aus dem 18. Jh. bis zur Wittower Fähre. Diese einzige Autofähre auf Rügen überquert den **Breeger Bodden** an einer nur 350 m breiten Stelle und verbindet Wittow mit West-Rügen. Sie erspart den großen Umweg über die Schaabe und Jasmund. Da sie jedoch nur rd. 20 Autos fasst, ist in der Saison mit Wartezeiten zu rechnen. Wer zu spät kommt, muss bis zum nächsten Morgen warten. Man kann dann in der Pension *Wittower Fähre* übernachten. Die Pension hat ein Restaurant mit einem beschaulichen, stillen Garten, von dem man den Booten und Schiffen zusehen kann, die durch den schmalen Wasserarm in den Bodden einfahren.

Interessant ist auch die **alte Fähre,** die hier einst im Einsatz war und nun als technisches Denkmal neben dem neuen Fähranleger vertäut ist. Sie war die einzige Kleinbahnfähre Mitteleuropas. Bis 1968 transportierte sie die Kleinbahn und wurde nach deren Stilllegung noch bis 1993 als Autofähre genutzt.

■**Wittower Fähre,** mobil: (0172) 7 52 68 38 (tägl. ca. zwischen 6 und 19 Uhr im Pendelverkehr, im Sommer bis 21 Uhr). Pkw 4 €, Erw. 1 €, Kind 0,80 €.

Unterkunft

■**Zur Wittower Fähre**②, Tel. (038391) 7 03 34, www.pension-wittow.de. An der Fähre gelegen, Restaurant mit Terrasse, Fahrradverleih und finn. Sauna, Bootsverleih; Wasser- und Radwanderrastplatz.

1j

1k WESTRÜGEN

Westrügen wird zur Ostsee hin vom Schaproder und Kubitzer Bodden begrenzt. Im Norden trennt der Breetzer Bodden es von Wittow, im Osten bilden Großer und Kleiner Jasmunder Bodden die Grenze der Region. Draußen in der Ostsee liegt wie ein natürliches Bollwerk die langgezogene Insel Hiddensee schützend vor der Küste.

Überblick

Steigt man am Libnitzer Ort von der kleinen Wittower Fähre, betritt man wieder das „Muttland", die Kerninsel Rügens. Hier schließt sich der Kreis durch Rügens vielfältige und abwechslungsreiche Regionen.

Flach erhebt sich das Land aus dem Meer, um langsam in sanften Hügeln anzusteigen. **Still und ländlich,** ohne spektakuläre Höhepunkte, zeigt sich dieser Teil Rügens dem Besucher: Weitläufige Wiesen und Felder, durchsetzt mit kleinen und großen pilzreichen Waldflächen, abgelegene Dörfer und Gehöfte, die oft nur durch unbefestigte Sandpisten mit der Außenwelt verbunden sind. Fast könnte man hier vergessen, dass man sich auf einer Insel befindet, aber die flachen Randseen und Buchten, die sich, mit gelben Schilfgürteln umkränzt, tief ins Land hineinschieben, erinnern

wieder daran. Besonders die abgeschiedene Binnenküste am Großen Jasmunder Bodden zwischen Ralswiek, Rappin und Neuenkirchen, abseits von großen Straßen und Touristenströmen, konnte sich ihre Ursprünglichkeit bewahren.

Neben seiner reizvollen Natur, die Ruhe und Entspannung bietet, hat dieses Bauernland auch einige **Sehenswürdig-**

NICHT VERPASSEN!

- Das nach dem Urteil der Einheimischen beste Eis der Insel schleckt man im **Landgasthof Fähreck** in Trent | 185
- Eine Radtour von der Wittower Fähre über Seehof bis Hafen Schaprode, wo **Schillings Gasthof** Sie erwartet | 186
- Die **Historischen Handwerkerstuben** und ihr einladendes Museumscafé in Gingst | 188

Immer eine Einkehr wert –
Schillings Gaststätte mit Hofladen in Schaprode

Diese Tipps erkennt man im Buch an der gelben Hinterlegung im Kapitel.

1k

keiten, deren Besuch sich immer lohnt. So gibt es in Gingst die historischen Handwerkerstuben.

In Schaprode, dem Tor zu Hiddensee, steht eine der ältesten Dorfkirchen der Insel und in Ralswiek ein prächtiges Schloss, zu dessen Füßen auf einer Freilichtbühne im Sommer die spektakulären **Störtebeker-Festspiele** stattfinden.

Wenig bekannt und besucht sind das Dorf Waase am Eingang zur **Vogelinsel Ummanz**, in dessen Kirchlein sich ein

berühmter Schnitzaltar verbirgt, oder die „Woorker Berge", ein eindrucksvoller, bronzezeitlicher Friedhof mit 14 Hügelgräbern beim Weiler Woorke. Ein ganz besonders attraktives, aber ebenso verstecktes und bislang fast unbekanntes Ausflugsziel ist auch der „Grümbke-Turm" bei Neuenkirchen, von dem sich ein zauberhafter 360°-Rundumblick eröffnet.

Wer jedoch einen reinen Badeurlaub verbringen möchte, ist in dieser Region

1k

falsch. Badeorte und Bilderbuchstrände wird man hier nicht finden.

Trent

Das erste Dorf, das man von der Wittower Fähre kommend erreicht, ist Trent. Der 1311 erstmals erwähnte Ort liegt zwischen dem Udarser und Neuendorfer Wiek.

Fast so alt wie das Dorf selbst ist seine **Dorfkirche.** Der schöne Backsteinbau wurde um 1400 errichtet und in späteren Jahren in ein dreischiffiges Langhaus umgebaut, dem man einen wuchtigen dreistöckigen Turm anfügte. Die barocke Haube des Glockenturms stammt von 1676. Neben der Granittaufe von 1300 ist das Kreuzrippengewölbe im Inneren der Kirche besonders erwähnenswert.

Die zweite architektonische Sehenswürdigkeit von Trent ist das in einen Park eingebettete, repräsentative **Schloss Libnitz,** das sich 1912 der von den Einwohnern „Millionenmeier" genannte *Fritz Alfred Meyer* errichten ließ. Nach dem Verkauf wurde das Schloss aufwendig restauriert und weitgehend originalgetreu rekonstruiert.

Unterkunft

■**Pension Gutshaus,** OT Ganschvitz, Haus 4, Tel. (038309) 13 28, www.landurlaub-gutshaus-strobel-ruegen.de. Renoviertes altes Gutshaus in ruhiger Lage, mit Liegewiese, Fahrradverleih und vielen Tieren; im hauseigenen Spa Rügener Heilkreide, Massagen, Sauna, Dampfbäder u.a. Basenfasten und Fasten nach Buchinger.

Gastronomie

■**Gasthof Fähreck,** Dorfstr. 25, Tel. (038309) 13 51, das Fähreck ist Rügens Eishimmel. Seit über 30 Jahren wird hier die kalte Köstlichkeit nach eigenen Rezepten selbst zubereitet. Doch das Fähreck-Eis ist nicht nur besonders lecker, sondern mit 70 Cent pro Kugel auch noch besonders preiswert. Wer kein Eis mag, muss sich nicht grämen – denn auch die Küche des Landgasthofes mit Biergarten erfreut sich dank bodenständiger Qualität und günstigem Preis besonderer Beliebtheit. Di–So 11–22 Uhr.

Schaprode

Westlich von Trent liegt das Tor nach Hiddensee, der Fähr- und Fischerort Schaprode. Er war einst das Zentrum des Landes *Valung,* von dem die Edda berichtet. 1159 schlossen die Dänen hier einen Friedensvertrag mit den rügenschen Ranen, um ihn wenig später wieder zu brechen und sie mit der Zerstörung der Jaromarsburg und des Svantevittempels am Kap Arkona endgültig zu unterwerfen. Von Schaprode aus schleuderte der aus Dänemark vertriebene Bischof von Roskilde seinen Bannfluch, das „Interdikt von Scabröh", gegen sein Heimatland ab.

Am Ortseingang steht der **Mönchstein,** auch Svantevitstein genannt. Über die Bedeutung des weißen Denksteins von 1368 streiten sich die Gelehrten.

Hiddensee-Fähre

Seit das „söte Länneken" als Reiseziel entdeckt wurde, verdankt der Ort Schap-

1k

rode seine Bekanntheit der Hiddensee-fähre, die vom kleinen Hafen aus regelmäßig zu allen drei Dörfern der Ostsee-Trauminsel übersetzt. Die Schaproder Verbindung ist mit 30 Min. Dauer (nach Neuendorf) wesentlich kürzer und mit bis zu 14-mal täglich auch wesentlich häufiger als die von Stralsund. Die **Fahrrad-Mitnahme** ist auf allen Fähren möglich, garantiert jedoch nur auf der MS Vitte. Seit der Andrang so groß geworden ist, gibt es neben der fahrplanmäßig verkehrenden **Personenfähre** der *Reederei Hiddensee* auch schnelle **Wassertaxis,** die die Passagiere ganzjährig und rund um die Uhr auf Bestellung nach Hiddensee übersetzen.

■**Hiddensee-Fähre:** *Reederei Hiddensee,* Büro Stralsund, Fährstraße 16, Tel. (03831) 2 68 10; Büro Vitte/Hiddensee, Achtern Diek 4, Tel. (038300) 2 10, www.reederei-hiddensee.de.
■**Wassertaxi:** Täglich 24 Std, Tel. (038300) 2 10, max. 20 Pers., MY Störtebeker mobil: (0171) 7 45 77 10, MY Pirat mobil: (0171) 7 45 77 13, MY Anna Maria mobil: (0171) 6 42 80 21.

Parkplätze

Und noch einen weiteren wesentlichen Vorteil hat Schaprode gegenüber Stralsund: Es verfügt über große, bewachte Parkplätze, auf denen man beruhigt sein Auto abstellen und unbeschwerte Tage auf dem autofreien Hiddensee verbringen kann. Da in den letzten Jahren der Hiddenseetourismus und damit das Parkbedürfnis stark zugenommen hat, ist in der Sommerzeit der eingezäunte und kostenpflichtige Parkplatz am Hafen oft belegt. Für Tagesbesucher wurde am Ortseingang von Schaprode ein zusätzli-

cher, riesiger, kostenpflichtiger Parkplatz eingerichtet (Pkw/Tag 3,50 €, ab 2 Tagen 2,50 €), von dem man in wenigen Fußminuten am Hafen ist. Es verkehrt auch die kleine Elektrobahn „Hafenexpress" (einfach 1 €, Kind 0,50 €). Die Schaproder Einwohner haben die Parkplatznot als willkommene Einkommensquelle entdeckt und offerieren gegen Bares ihre Gärten und Wiesen als Stellfläche. So ist Schaprode in der Hochsaison leider des Öfteren eine Art überfülltes Parkhaus, was das eigentlich schöne Ortsbild mit seinen rohrgedeckten Häuschen und der reizvollen Dorfkirche doch deutlich beeinträchtigt.

Dorfkirche

Wer auf die Fähre warten muss und sich etwas die Beine vertreten will, sollte zur Dorfkirche spazieren. Der schöne Backsteinbau ist die drittälteste Kirche auf Rügen. Man vermutet, dass bereits um 1200 mit dem Bau begonnen wurde. Zu ihrer weitgehend barocken Innenausstattung gehört eine geschnitzte Kanzel von 1723, an deren Aufgang die Bildnisse der Reformatoren *Luther* und *Bugenhagen* abgebildet sind, versehen mit dem Spruch „Was Luther an das Licht gebracht, hat Bugenhagen bekandt gemacht".

Schillings Gasthof

Wer die Wartepause lieber bei Kaffee oder Bier verbummeln will, dem sei am Hafen Schillings Gasthof empfohlen. Der schon zu DDR-Zeiten legendäre Gasthof Keil, genannt **„Eierschänke"** ist

Westrügen

auf ganz Rügen bekannt und eine echte Institution. Seit vielen Jahrzehnten schon verkehren hier die Hiddenseebesucher. An den Wänden der Gaststube hängen alte Fotos, Postkarten und Portraits von Stars und Sternchen, die bei ihrer Anreise nach Hiddensee hier eingekehrt sind und dem Inseloriginal Keil persönliche Grüße und Widmungen vermachten.

Den Spottnamen *Eierschänke* hatte sie dem Umstand zu verdanken, dass der damalige Gastwirt *Arno Keil* bis vor wenigen Jahren seinen Gästen grundsätzlich nichts anderes als Spiegelei mit Speck oder Spiegelei ohne Speck offerierte, was mangels jeglicher Alternative vor Ort bei so manchem traditionellen Hiddenseefahrer einen schweren Eierkomplex ausgelöst haben soll.

Heute ist der Gasthof im Besitz der jungen engagierten Familie *Schilling*, die auf der gegenüber liegenden Insel Öhe wohnt und **Bio-Rinder** züchtet. Im kleinen, aber wohl sortierten Hofladen kann man sich mit Öko-Öhe-Rind-Salami und anderen Leckereien verproviantieren und auf der Terrasse des Gasthofs bei Kaffee und selbst gebackenem Kuchen dem bunten Treiben im Hafen zusehen.

Insel Öhe

Die kleine Insel Öhe, die nur einen Steinwurf entfernt dem Bollwerk des Schaproder Hafens gegenüberliegt, ist seit Jahrhunderten **Privatbesitz** der Adelsfamilien *von der Wisch* und *von der Öhe* und deshalb nicht zugänglich. Noch heute bewohnt die dem von-der-Wisch-Stammbaum zugehörige Familie *von*

Schilling die Insel. Heute lebt und arbeitet auf der Öhe *Mathias Schilling* mit seiner Familie. In die Lokalgeschichte eingegangen und Quell zahlreicher Anekdoten ist die Öhe durch einen fast 30-jährigen Kleinkrieg zwischen den Schaprodern und den zwei „wunderlichen Fräuleins", die zu Anfang des vorigen Jahrhunderts als einzige das Eiland bewohnten.

Praktische Tipps

Unterkunft

■ **Hotel Zur Alten Schmiede**②-③, OT Poggenhof 25, Tel. (038309) 7 05 00, www.ruegen-schmiede.de. Herberge in ruhiger Lage. Das Restaurant mit Kamin und Kachelofen lädt zu norddeutschen Klassikern und Spezialitäten der Region ein.

MEIN TIPP: Hof Kranichstein②, Silenz 9, bei Kluis, Tel. (038305) 16 97 52, www.hofkranichstein.de. Eine Oase der Stille und Regeneration abseits aller Hektik. Wunderschön gelegener alter Fachwerkhof, der neben geschmackvoll dezent möblierten Zi. und Fewo auch Yoga-Ferien anbietet. Mit Sauna und Yogaraum. Frühstück 9,50 €.

Gastronomie

MEIN TIPP: Schillings Gasthof, Hafenweg 45, Tel. (038309) 12 16, www.schillings-gasthof.de, www. insel-oehe.de. Einst *Gasthaus Keil* und als legendäre „Eierschänke" bei allen Hiddenseefahrern berühmt und berüchtigt (s.o.). Heute hat sich die Lokalität unter seinen neuen Wirtsleuten, der Familie *Schilling,* in einen Tempel des guten Geschmacks und der guten Küche verwandelt. Die *Schillings* sind Besitzer und einzige Bewohner der vorgelagerten Insel Öhe, auf der sie Öko-Rinder züchten. Auf der Terrasse mit Blick auf das Hafentreiben oder im behutsam neu

1k

gestalteten Gastraum, in dem noch viel von *Keils* Einrichtung erhalten ist, gibt es nun beispielsweise ebenso gesunden wie leckeren Öko-Burger vom Öhe-Rind oder auch fangfrischen Fisch, den die Hiddenseeer Fischer täglich anliefern. Immer gut besucht, deshalb besser Tisch vorbestellen. Die Schillings vermieten in einem niedlichen kleinen, von einem blühenden Garten umrahmten Reetdachhaus direkt hinter dem Gasthof 2 Zi. und 1 Fewo – und zwar ohne TV! Ideal, um in aller Muße zu speisen und zu trinken und dann direkt ins Bett zu fallen. Öffnungszeiten Gasthof: im Sommer tägl. ab 12 Uhr, Winter Mo–Do ab 16 Uhr, Fr–So ab 12 Uhr, Hofladen: Sommer tägl. 7–19 Uhr, Winter 8–17 Uhr.

Gingst

An der Straße, die von Trent nach Samtens führt, liegt das Dorf Gingst, das neben einem interessanten Museum eine schöne **Dorfkirche** vorzuweisen hat. Der Backsteinbau stammt ursprünglich von etwa 1300, brannte aber 1726 ab und wurde im barocken Stil wieder aufgebaut. In der Kirche steht eine reich verzierte spätbarocke Orgel von 1790.

An der Außenmauer des Chores, also hinter der Kirche, steht eine **Mordwange** von 1524, die allerdings im 19. Jh. überarbeitet und mit einer neuen Inschrift versehen wurde, sodass vom Originaltext nichts mehr zu sehen ist.

Von Pfingsten bis Anfang Oktober immer samstags von 10 bis 16 Uhr findet auf dem Gelände des Museums der **Grüne Markt** statt. Am zweiten Augustwochenende kann auf dem Museumsgelände ein **Kunsthandwerkermarkt** besucht werden.

Handwerkerstuben

Das hübsche kleine Angerdorf besitzt mit den **Historischen Handwerkerstuben** ein attraktives Museum. Die Handwerkerstuben sind in zwei benachbarten Häusern untergebracht und zeigen **Werk- und Wohnstätten** von einst in Gingst ansässigen Handwerken. Hier lässt sich plastisch nachvollziehen, wie Schuhmacher, Schneider, Töpfer, Glaser, Friseur, Apotheker und Weißnäher einst gearbeitet und gelebt haben. In einer alten Scheune wurde ein einladendes Café mit Laden eingerichtet.

Das Bemühen der Handwerkerstuben, altes Kunsthandwerk zu fördern und zu erhalten, hat erste Erfolge beschert. Frau *Pietsch*, die Weberin, zeigt ihr altes Handwerk an den Webstühlen des Museums.

■ **Historische Handwerkerstuben,** Karl-Marx-Straße 19, Tel. (038305) 3 04, www.historische-handwerkerstuben-gingst.de/museumshof, 1. Mai–31. Okt. tägl. 10–17 Uhr.
■ **Uns Malstuv:** auf dem Museumsgelände, Tel. (038309) 7 00 66, Mai–Sept. Mo–Do 11–16 Uhr. Malkurse, Ausstellungen, Lesungen u.a.

Rügen Park

Eine Attraktion ist der 40.000 m² große Rügen Park, in dem man die Insel Rügen, den Koloss von Rhodos, den Berliner Reichstag und 85 weitere Modelle en miniature bewundern kann.

■ **Rügen Park,** Mühlenstr. 22b, Tel. (038305) 5 50 55, www.ruegenpark.de, April–Juni Di–So 10–18 Uhr, Juli/Aug. tägl. 10–19 Uhr, Sept./Okt. Di–So 10–17 Uhr.

143rh ph

Praktische Tipps

Info

■**Vorwahl:** 038305
■**Tourismusverein West-Rügen,** Karl-Marx-Straße 19, 18569 Gingst, Tel. 5 34 83, www.west ruegen.net. Mai–Okt. 10–16 Uhr.

Unterkunft

■**Pension Alte Schule**②, in Gagern, Schulstr. 1, Tel. 3 66, www.restaurant-zur-alte-schule.de. Ehe-malige Dorfschule in stiller Lage, das gemütliche Kamin-Restaurant ist für seine ausgezeichnete Küche bekannt.
■**Boldevitzer Rügenkaten**②-④, Dorfstraße 16, in Boldevitz, Tel. (03838) 31 39 76, www.ruegen katen.de. Ein lebendiges Freilichtmuseum! Ferien-wohnungen der gehobenen Klasse in mehreren bildschönen Reetdachkaten und Herrenhaus, die sich in zauberhafter stiller Inselnatur weitläufig um das schlossartige Herrenhaus am Teich gruppieren; 4- und 5-Sterne-FeWo ab 75 €.
■**Ferienhof Wolf,** Haidhof 2, Te. (038305) 344, www.rwolf.de. Ganzjährig geöffnet, intimer Platz mit 15 Stellplätzen, für WoMo geeignet, Ver- und Entsorgungseinrichtungen, Spiel-, Sport- und Bolz-platz und 3 Fewo für 2–5 Pers. Mit eigener Fisch-räucherei.

Gastronomie

■**Alte Post,** Markt 14, Tel. 53 98 37, www.alte post-ruegen.de. Einladendes Café/Weinstube mit hausgemachtem Kuchen und selbst hergestelltem Flammkuchen. Mit Weinhandlung und FeWo.

Einkaufen

■**Regionalwaren & Töpferei,** Am Markt 2, Tel. 6 00 86, www.toepferei-regionalwaren.de.
■**Bücher,** *der Buchladen Rügen*, Markt 5, Tel. 53 59 16, der-buchladen-ruegen.de.

⌂ Das Efeuhaus der Historischen Handwerkerstuben von Gingst

11 INSEL UMMANZ

Die flunderflache, 20 km² große Insel Ummanz liegt gegenüber dem Hiddenseer Gellen vor der Westküste Rügens und ist seit 1901 mit einer Brücke mit dem Festland verbunden. In älteren Reisebeschreibungen wird Ummanz als das **Ende der Welt** geschildert, deren Bewohner vier grimmige Feinde hätten: den Regen, das Hochwasser, die Wildschweine und die wilden Vögel.

Überblick

Tatsächlich kam die Zivilisation erst sehr spät in diesen abgeschiedenen Winkel Rügens. So bekam das Eiland erst 1953 elektrischen Strom. Wenn man Ummanz besucht, kann man sich unschwer vorstellen, warum Wasser ein arger Feind war und manchmal noch ist. Bei längerem Regen verwandeln sich Teile der flunderflachen Insel in Morast. Die **Hochwassergefahr** ist durch einen fast rings um die Insel verlaufenden Deich jedoch gebannt. Wildschweine dagegen gibt es noch.

Auch die wilden Vögel als Plage lassen sich nachvollziehen, wenn man einmal gesehen hat, welche riesigen Schwärme von Zugvögeln zum großen Vogeltreck im Frühjahr und Herbst auf Ummanz und den umgebenden flachen Gewässern einfallen, um Rast zu machen. Besonders die majestätischen Kraniche bieten bei ihrem Aufenthalt ein unvergess-

liches Schauspiel. Die gesamte Insel gehört deshalb als herausragend wichtiges europäisches Brut- und Rastgebiet zahlreicher Wasser- und Watvogelarten zum **Nationalpark Vorpommersche Boddenlandschaft.** Allein auf der winzigen Insel Heuwiese vor der Südspitze von Ummanz brüten beispielsweise rund 20.000 Vogelpaare. Auch See- und Fischadler kann man mit etwas Glück beobachten.

Ummanz ist ein vom Tourismus noch kaum beschädigtes Naturidyll. Neben

⌂ Der Fischerhafen von Waase am Focker Strom

NICHT VERPASSEN!

⮕ Am Abend auf dem Außendeich sitzen und mit Blick auf Udarser Wiek und Hiddensee dem **Gesang der zahlreichen Vögel** lauschen | 190

⮕ Der berühmte **Waaser Schnitzaltar** ist eines der wertvollsten Kulturgüter Rügens | 193

⮕ Fisch auf der Terrasse vom „**Holzerland"** direkt am kleinen Fischerhafen von Waase | 193

⮕ Freunden idyllischer Biergärten ist das entzückende Café Zuckerkuss ans Herz zu legen | 193

⮕ Edle Obstbrände und Likörchen aus eigenem Obst findet der Liebhaber in der „**1. Rügener Edeldestillerie"** | 194

Diese Tipps erkennt man im Buch an der gelben Hinterlegung im Kapitel.

dem Hauptort Waase, der gerade einmal 200 Einwohner zählt, gibt es über die Insel verstreut nur noch fünf kleine Weiler. Besonders malerisch ist die Siedlung **Freesenort** an der Südspitze mit seinen unter Naturschutz stehenden Pappeln. Aus den tiefliegenden, weiten Feuchtwiesen und Feldern ragen wie Inseln kleine Wäldchen und einzelne Weiden. An der Außenküste bei Suhrendorf erstreckt sich ein zwar schmaler, aber steinfreier Badestrand. Malerisch zerzauste Windflüchter zieren hier den schmalen Dünenstreifen am Ufer, hinter dem ein Campingplatz liegt.

Waase

Am Eingang zur Vogelinsel liegt das kleine Dorf Waase. Eine 250 m lange schmale Brücke führt zum Hauptort der Insel. Waase ist ein beschauliches Fischer- und Bauerndorf, das neben malerischen Schilfdachhäusern ein kleines, schön restauriertes Kirchlein besitzt (April–Okt. Mo 12–14 Uhr, Di bis Fr 11–15 Uhr, Sa/So 14–15 Uhr, sonst auf Anfrage, Pfarrer Ohm, Tel. (038306) 7 52 31). Es birgt einen ganz besonderen Schatz, den wertvollen und wunderschönen Waaser Schnitzaltar aus dem Jahre 1520. Der filigran geschnitzte und mit sechs bemalten Klappflügeln versehene Altar ist ein Kleinod aus den berühmten Antwerpener Schnitzwerkstätten.

Das Dorf Waase gehörte, wie die ganze Insel Ummanz, dem Stralsunder **Kloster „Zum Heiligen Geist".** Es hatte das Eiland mit allem, was sich darauf befand, 1341 den pommerschen Herzögen abgekauft. Über all die Jahrhunderte blieb Ummanz im Besitz des Klosters. Erst 1945 wurde die Insel durch die Bodenreformation enteignet. Ursprünglich stand der Schnitzaltar im Heilgeist-Kloster in Stralsund. Ein solch teures und edles Stück konnten sich auch nur die betuchten hanseatischen Kaufleute leisten. Aus ungeklärten Gründen verkauften sie das edle Stück dann 1708 für wenig Geld nach Waase.

Nationalpark-Info Alte Küsterei

In der Alten Küsterei zeigt der Nationalpark die **Ausstellung „Westrügen"** Entstehung, Entwicklung und Besonderheiten der Insel Rügen, insbesondere von deren westlichem Teil. Von der Westküste ausgehend, leitet die Ausstellung zu der kleineren Nachbarinsel Ummanz über. Text, Bilder und Präparate informieren über den Arten- und Biotopschutz sowie über einzelne Vogelarten.

●**NLP-Info Alte Küsterei,** Neue Str. 63a, mobil: (0173) 2 47 27 17, Mai–Okt. tägl. 10–17 Uhr, Nov.–März Mo–Fr 11–15 Uhr, April Mo–Sa 11–16.30 Uhr, Eintritt frei.

Praktische Tipps

Info

●**Vorwahl:** 038305
●**Ummanz-Information,** Neue Str. 63, 18569 Waase, Tel. (038305) 81 30, www.ruegeninsel-ummanz.de, Mai–Okt. Mo–Fr 11–17 Uhr, Nov.–Apr. 10–13 Uhr.

Unterkunft/Gastronomie

●**Pension Haide-Hof**②, in Haide, Tel. 5 53 60, www.pensionruegen.de. Rohrdachhaus, im Restaurant „Regionale Esskultur"; mit Heilfasten.
●**Camping Suhrendorf,** Tel. 8 22 34, www.ostseecamp-suhrendorf.de. 15.4.–31.10., direkt am kleinen Strand, außerhalb der Saison ein Plätzchen für Natur- und Vogelfreunde; frischer Räucherfisch auf dem Platz, Minigolfanlage, Surfschule, Angelboot-Verleih, Bootstouren nach Hiddensee.
●**Holzerland**②, direkt an der Brücke, Tel. 81 59, www.ummanz-ruegen.de. Fischrestaurant am Wasser, mit hauseigener Räucherei und Pension.
MEIN TIPP: **Cafe Zuckerkuss,** in Wusse, Dorfstr. 11, Tel. (038305) 53 71 16, www.kubitzerbodden.de. Ein verstecktes Idyll! Kleines Gartencafé in stillromantischer Lage direkt am Kubitzer Bodden mit Blick auf die „Skyline" von Stralsund. Selbst gebackene Kuchen und Torten, Kaffee- und Teespezialitäten. Der Verkaufsladen lädt zum Stöbern ein. Weinverkostung und Verkauf von Blumensträußen, Marmeladen, Obst und Gemüse aus dem eigenen Garten. April–Okt. Mi–So 12–18 Uhr).

Aktivitäten

●**Fahrradverleih:** *Prüssing,* Neue Straße 7, Tel. 5 51 14.
●**Surfen/Kiten:** *Windsurfing,* auf Camping Ostseecamp, Tel. (038305) 8 22 40, www.ummaii.de.

Insel Ummanz

11

■**Vogelbeobachtung:** Kranichabende, Mitte Sept.–Mitte Okt. ab 17 Uhr, Anm. unter Tel. (038305) 53 48 1, Dauer 2 Std., 10 €/Pers.

■**Geführte NP-Wanderungen:** NLP, Tel. (038300) 6 80 41.

■**Kutschfahrten/Reiten:** *Haflingerzucht Ummanz*, Neue Straße 30 a, mobil: (0151) 20 88 44 22, www.haflingerzucht-ruegen.de, auch Verkauf von Stutenmilch.

■**Bootsvermietung:** *Holzerland* (siehe „Gastronomie").

Kunsthandwerk

■**Ummanz-Keramik,** Werkstatt in Wusse, Pappelweg 1, Tel. 81 11. Hofladen in Waase, Neue Straße 63b. Arbeiten der Töpfermeisterin *Susan Schmorell*. Mit FeWo.

Lieschow

Der abgelegene Weiler Lieschow hat sich in letzter Zeit in gleich mehrfacher Hinsicht zu einer Art Geheimtipp entwickelt. Unbemerkt vom Rummel der großen Seebäder hat sich hier eine Hand voll Adressen etabliert, die überaus bemerkenswert sind. So ist z. B. der **Landgasthof Kiebitzort** nicht nur eine idyllische Unterkunft, sondern überzeugt auch mit einem stillromantischen Biergarten.

Die in einer malerischen Hofanlage beheimatete **1. Rügener Edeldestillerie** wird mit Schaubrennen und Verkauf Liebhaber hochprozentiger Feindestillate und Liköre interessieren. Dazu kommt Bauer *Lange*, der in seinem Hofladen selbst erzeugte Produkte anbietet.

■**1. Rügener Edeldestillerie,** Lieschow 17, Tel. (038305) 5 53 00, www.edeldestillerie.de. In Handarbeit hergestellte Jahrgangs-Edelbrände mit Bio-Siegel aus sortenreinem Obst in limitierter Auflage gebrannt von *Maren* und *Rainer Hessenius*, die beide den erlesenen Genuss in der Top-Gastronomie kennengelernt haben. In der Saison Mo–Sa 10–18 Uhr, sonst Mo–Fr 10–16 Uhr.

Unterkunft

■**Vorwahl:** 038305

■**Landgasthof Kiebitzort**②, Lieschow 26, Tel. 5 51 66, www.kiebitzort-ruegen.de. Allein inmitten der stillen Natur gelegenes Hotel mit Restaurant und einladendem Biergarten (nur Mai bis Ende Okt.).

■**Rügen-Ferienhof**②-③, Lieschow 26, Tel. 53 37 80, www.ruegen-ferienhof.de. Kinderfreundlicher Urlaub auf dem Bauernhof in neu errichteten Reethäusern, mit vielen Tieren, Spielplatz, Reitmöglichkeit; in der HS nur wochenweise.

Gastronomie

■**Bauer Lange,** Lieschow 37, Tel. 5 51 50, www. bauerlange.de. „Event-Hof" mit Hofladen und Gaststätte in einer alten Scheune mit eigenen Produkten; Ferienwohnungen, diverse Veranstaltungen, Hofladen März–Okt. tägl. 9–18 Uhr.

■**Hofrestaurant Café Kliewe,** in Mursewiek, Tel. 53 00 10, www.bauernhof-kliewe.de. Restaurant mit „Regionaler Esskultur", Spezialitäten vom Geflügel aus eigener Zucht, Hofladen, Fewos. Breites Angebot für Kinder, vom Ponyreiten bis Traktor fahren. Hofladen So–Do 9–18 Uhr, Fr./Sa 9–20 Uhr.

> ⊳ Ein leuchtend roter, unbefiederter Fleck auf dem Kopf kennzeichnet den Grauen Kranich. Der Kopf der Jungtiere ist rötlich-sandfarben.

Der Zug
der Kraniche

Zweimal im Jahr, im Frühling und im Herbst, wenn die Vögel des Nordens ziehen, spielt sich in den seichten Boddengewässern des Zingst und um die Vogelinsel Ummanz ein einzigartiges Schauspiel ab. Dann sammeln sich große Teile der nord- und osteuropäischen Population des **Grauen Kranichs** (wissenschaftlich Grus Grus) im Gebiet des Nationalparks Vorpommersche Boddenlandschaft.

Seit die Rastgebiete an der Müritz von den scheuen Kranichen immer weniger aufgesucht werden, ist die ursprüngliche Boddenlandschaft zwischen Zingst und Rügens Westküste das **wichtigste Rastgebiet in Europa** geworden. Dabei haben sich zwei Riesenschlafplätze entwickelt, das Windwatt vor Pramort auf Zingst und die **Udarser Wiek** bei Ummanz. Bis zu 60.000 dieser langbeinigen Großvögel halten sich hier auf, um neue Kräfte für ihre mehrere Tausend Kilometer lange Reise zwischen Brut- und Winterquartier zu sammeln. Während sie bei ihrem Zug nach Spanien oft wochenlang verweilen, erfolgt der Frühlingszug meist ohne längeren Aufenthalt. Tagsüber sieht man die Kraniche auf den umliegenden Wiesen und Feldern nach Nahrung suchen. Bei Einbruch der Dämmerung sammeln sie sich dann zum Schlafen im knietiefen Flachwasser, das ihnen Schutz vor Feinden bietet.

Das einzigartige Naturschauspiel ist ohne Frage ein unvergessliches Erlebnis. Neben den Kranichen nutzen bis zu 104 weitere Zugvogelarten die Bodden als Rast- und Nahrungsraum.

■ **Nationalparkverwaltung,** Im Forst 5, 18375 Born, Tel. (038234) 50 20, www.nationalpark-vorpommersche-boddenlandschaft.de.

■ **Kranich-Informationszentrum,** 18445 Groß Mohrdorf, Lindenstr. 27, Tel. (038323) 8 05 40, www.kraniche.de. Feb. Mo–Fr 10–16 Uhr, März–April täglich 10–16 Uhr, Mai–Juli Mo–Fr 10–16 Uhr, Aug. täglich 10–16.30 Uhr, Sept./Okt. täglich 9.30–17.30 Uhr, Nov. Mo–Fr 10–16 Uhr.

1m DER JASMUNDER BODDEN

147rb ph

Wer Rügen erleben will, wie es wohl schon vor 100 Jahren aussah, und dazu noch völlige Ruhe und Einsamkeit sucht, der möge die Ufer der Boddenküste Westrügens aufsuchen. Der Abstecher hinaus auf den weit ins Wasser vorspringenden Landzipfel bei Lebbin ist eine Reise in ein Landidyll, wie es immer seltener wird.

Lebbin

Die Landschaft Westrügens zu erkunden, hat sich **Rügen-Safari** auf die Fahnen geschrieben. Unter Leitung von Scout *Ray* kann man hier wie ein Trapper oder Indianer von Kanutouren über Bogen schießen und Reiten bis zum Lagerfeuer und Übernachten im Tipi naturnahe Erlebnisse und Erfahrungen machen.

Grümbke-Turm

Fährt man die schmale, von einer prächtigen Allee gesäumte Straße Richtung **Neuenkirchen,** so glaubt man, dass hier die Zeit zum Stillstand gekommen ist. Kurz hinter dem Dorf liegt der bewalde-

⌂ Blick von der Terrasse von Schloss Ralswiek auf den Jasmunder Bodden und die Kulissen der Störtebeker-Festspiele

➡ Auf **Hoch Hilgor** den **Grümbke-Turm** erklettern und die fantastische Aussicht genießen | 198

➡ Einer der abgeschiedensten und schönsten Winkel Rügens ist der **Liddower Haken** zwischen Tetzitzer See und Großem Jasmunder Bodden | 199

➡ Ein Besuch der **Störtebeker-Festspiele** in Ralswiek mit Seeschlachten auf dem Bodden | 202

NICHT VERPASSEN!

Diese Tipps erkennt man im Buch an der gelben Hinterlegung im Kapitel.

1m

te **Hoch Hilgor,** der mit 44 m höchste Hügel des Lebbin. Auf seiner Spitze erhebt sich der stählerne **Grümbke-Turm,** von dessen Aussichtsplattform sich in 15 m Höhe eine unvergleichliche Aussicht über die zahllosen Boddengewässer eröffnet.

Die Straße endet in dem Dorf Vieregge am Ufer des Breetzer Boddens. Wo man bis vor Kurzem nur einen verfallenen Fähranleger und viel Einsamkeit fand, erwartet den Besucher nun ein komplett neues Dorf aus 34 reetgedeckten exklusiven Ferienhäusern, 9 Ferienwohnungen und kleiner Marina (www.

ruegen-feriendorf.de). Außerhalb der Saison steht das neue Dorf jedoch überwiegend leer, und so ist in dieser Zeit in Vieeregge noch immer viel Ruhe und Stille zu finden.

Praktische Tipps

Unterkunft

■ **Hotel Gut Tribbevitz**②-③, Tel. (038309) 70 80, www.gut-tribbevitz.de. Restaurierte Gutsanlage mit Stil und 4-Sterne-Niveau in wunderschöner, stiller Lage, 20 großzügige, individuell eingerichtete Zi. und Suiten. Mit Wellness, Bibliothek, Fahrradverleih, Liegewiese, Trakehnergestüt und Reithalle. Kein Restaurant.

■**Atelierhaus**②, in Sylvin, Dorfstr. 57, Tel. (038309) 84 38, www.atelierhaus.net. Drei geschmackvolle FeWos direkt am Wasser bietet das Rügener Künstlerehepaar *Kratzsch*. Er ist Bildhauer, sie Textilgestalterin, beide besonders freundliche Gastgeber. Herrliche Ruhe, ein gutes Glas Wein – wer an diesem beschaulichen Ort nicht entspannt, der tut's nimmermehr.

Gastronomie

■**Wirtshaus Neuenkirchen,** Dorfstr. 12, Tel. (038309) 7 03 60, www.wirtshausneuenkirchen. com. Dorfschenke mit 100-jähriger Tradition, solide, gutbürgerliche Küche und schönem Sommergarten, Gästezimmer②.

Liddower Haken

Einer der abgeschiedensten und schönsten Winkel Rügens ist der Liddower Haken, eine schmale Landbrücke, die vom Tetzitzer See und dem Großen Jasmunder Bodden begrenzt wird.

Die einzige Ansiedlung auf dem Ruschvitzer Haken am Tetzitzer See ist das historische Gebäudeensemble von **Gut Liddow,** das der Chronist *Wackenroder* 1732 als „einen der ‚plaisierlichsten' Höfe in Rügen" beschrieb, und das nur über eine 80 m lange Holzbrücke zu erreichen ist. Um das Gut hat sich eine deutschlandweit Aufmerksamkeit erregende Provinzposse zugetragen. Das Gut, seit 25 Jahren mietfrei von dem Rügener Designer und Künstler *Rolf Reeck-*

mann bewohnt, sollte der ZDF-Vorabendserie „Hallo Robbie!" als zentraler Drehort dienen. Doch die Dorfbürgermeisterin *Ute Arndt* erließ Drehverbot, da sie das in Gemeindebesitz befindliche Gut einer Schweizer Unternehmung verkaufen wollte und gegen Herrn *Reeckmann* eine Räumungsklage einleitete. Dies führte zum Aufstand der Bürger gegen ihre Bürgermeisterin mit Straßenblockaden und mehr. Schließlich wurde die erste „Robbie"-Staffel doch in Liddow gedreht, aber der Streit eskalierte. Im Mai 2002, als die zweite Staffel in Liddow abgedreht wurde, zündeten Unbekannte die **Holzbrücke** an, den einzigen Zugang zum Gut und wesentliches Filmmotiv. Mehrfach wurden nachts Fahrzeuge beschädigt. Das Ende der Geschichte: Das ZDF beendete nach der achten Staffel 2009 die Seehund-Serie, und Herr *Reeckmann* ist Gemeinderat in Neuenkirchen und „sein" Kulturgut Liddow fester Bestandteil des Rügener Kulturlebens.

■**Kulturgut-Liddow,** 18569 Liddow, Tel. (038309) 8 80 20, www.rittergut-liddow.de.

Rappin

Die Boddenküste zwischen Ralswiek und Neuenkirchen ist bislang vom Fremdenverkehr kaum berührt. Die Ausnahme bildet der Campingplatz bei Rappin. Wenn man auf der schmalen Piste bis Rappin vorgedrungen ist, glaubt man nicht, dass sich in diesen Winkel sonst noch irgendwer verirrt. Rappin, das sind ein paar malerisch-schiefe Bau-

ernhöfe und eine winzige **gotische Backsteinkirche St. Andreas** aus dem 14. Jh. Hinter dem Dorf wird der Weg schlechter. Bei den 45 m hohen, bewaldeten Banzelvitzer Bergen erreicht man schließlich die Boddenküste und den abgelegensten **Campingplatz** der Insel. Dort gibt es einen hübschen kleinen Wiesen-Badestrand.

Landgasthof und Lädchen auch Seminarräume bietet. Im Gasthof Vollwert-Gerichte aus regionalen Produkten der Saison.

■ **Camping Banzelvitzer Berge,** 18528 Groß Banzelvitz, Tel. (03838) 3 12 48, www.camping-insel-ruegen.de. April–Okt.; an Waldhang gelegen, Bungalow/ Caravanvermietung, Boots-, Surfbrett-, Fahrradverleih, Sauna, Solarium, mit Ferien-Blockhäusern.

Unterkunft/Gastronomie

andernorts①-②, in Rappin, Dorfstr. 8, Tel. (03838) 4 03 56 00, www.andernorts-auf-ruegen.de. Für Zivilisationsflüchtlinge. Abgelegen von der Welt im malerischen Weiler Rappin liegt das restaurierte Gehöft, das neben einer Herberge, einem

Aktivitäten

■ **Reiten:** Ponyhof, Dorfstr. 1, Tel. (03838) 3 12 42, www.ponyhof-ruegen.de.
■ **Kiten:** *Rügen-Kite,* Am Berg 1, 18528 Groß Banzelvitz, mobil: (0172) 6 66 92 00, www.ruegen-kite.de.

350h ph

Woorker Berge

Etwa 2 km nordwestlich des Dorfes Patzig liegt nahe dem Weiler **Woorke** (slawisch „Hügelchen") das bedeutende **bronzezeitliche Hügelgräberfeld.** 13 mit Eichen und Buchen bestandene Grabhügel von bis zu 8 Meter Höhe ragen aus den Wiesen auf und bilden die Woorker Berge, das größte Hügelgrabfeld Norddeutschlands. Zu den Grabhügeln führt ein einspuriger Betonschwellenweg. Deshalb sollte man den Abstecher von Patzig aus zu Fuß oder per Fahrrad unternehmen. Bei den Gräbern ist ein kleiner Picknickplatz angelegt.

Kluis

Vor den Toren des Weilers liegt das **Schloss Pansevitz** mit seinem 45 ha großen Park. Bis 1945 lebten die Grafen zu *Innhausen* und *Knyphausen* auf dem Anwesen. Das Schloss, ein einst prächtiger Renaissancebau aus dem 16. Jh., ist zwar nur noch eine malerische Ruine, der **Schlosspark** dagegen ist einer der bedeutendsten ganz Rügens. Seine Ursprünge gehen bis in das 17. Jh. zurück. Um den Erhalt und die Wiederherstellung des im 19. Jh. im Stil eines englischen Landschaftsparkes umgestalteten, jahrzehntelang verwilderten Parks bemüht sich heute eine Stiftung. Ein ausgedehnter Spaziergang durch diese im Zuge der Expo 2000 teils wieder rekonstruierte, märchenhaft verwunschene Parkanlage mit seinen Teichen und Seen, alten Alleen und uralten Bäumen, ist ein Erlebnis. Über eine Wendeltreppe kann man auf eine der beiden Turmruinen hinaufsteigen und von dessen Aussichtsplattform den Blick schweifen lassen.

■ **Stiftung Schlosspark Pansevitz,** Am Park 6, 18528 Kartzitz, mobil: (0172) 4 30 47 86, www.stiftung-schlosspark-pansevitz.de; Führungen, kulturelle Veranstaltungen.

◠ Ein grüner Tunnel ins Nirgendwo – Allee an der Straße auf den Liddower Haken

1m

Klaus Störtebeker

Klaus Störtebeker war der Führer der sogenannten *Vitalienbrüder,* die auch **Likedee-
ler** (niederdeutsch „Gleichteiler") genannt
wurden. Sie führten, zunächst als Helfer des
Königs *Albrecht von Schweden,* dem 1389–
92 von Dänemark belagerten Stockholm
Lebensmittel (Vitalien) zu. Danach setzten
sie ihre **Raubzüge** auf eigene Faust fort.
1398 vertrieb der Deutsche Orden die Seeräuber von ihrem Stützpunkt Gotland. Störtebeker verlegte seine Überfälle auf fette
Hansekoggen von der Ostsee an die Nord-
seeküste. 1401 gelang es der Hanseflotte,
die Vitalienbrüder auf der Osterems und bei
Helgoland vernichtend zu schlagen. Ihre
Führer *Klaus Störtebeker* und *Goedeke Mi-
chels* wurden gefangengenommen, nach
Hamburg gebracht und dort 1402 öffentlich geköpft.

Ralswiek

Ralswiek liegt in einer Bucht bei den
Schwarzen Bergen am Großen Jasmunder Bodden. Von der großen Bundes-
straße, die von Bergen nach Sassnitz
führt, zweigt ein kleines Sträßchen ab,
das kurz und steil in die stille Bucht hinunterführt.

Die hübsche kleine **Holzkapelle,** die
sich etwas außerhalb des Ortes an der
Straße unter Bäumen versteckt, wurde
1907 als Geschenk von Schweden an
Graf *Douglas* hierher geschafft.

Archäologische Funde

Ralswiek ist die **älteste bekannte Siedlung auf Rügen.** Archäologen gruben in
der meterdicken Kulturschicht Tausende
von aufschlussreichen Fundstücken aus
verschiedenen Epochen aus. Die spekta-
kulärsten Funde waren die Reste von
vier **altslawischen Eichenbooten.** Die
Schiffe aus dem 9. Jh. sind mit Holzna-
geln zusammengezimmert, bis zu 13 m
lang und 3,50 m breit. Im gleichen Jahr,
als man die Boote entdeckte (1974), fand
man auch einen großen Silberschatz in
Ralswiek: mehr als 2000 Dirhem, **arabi-
sche Silbermünzen** aus der Zeit zwischen 484 und 847 n. Chr. Ein klarer Be-
weis dafür, dass die Slawen bis nach Ara-
bien Handel trieben.

Störtebeker-Festspiele

Auf der wunderschön gelegenen **Freilichtbühne** von Ralswiek wurde bis 1980
in einer kolossalen Masseninszenierung
die „**Ballade von Klaus Störtebeker**"
aufgeführt. An dem Stück wirkten mehr
als 1000 Statisten als Reiter, Soldaten
und Schiffsbesatzungen mit. Auf dem
Bodden fanden nächtliche Seeschlach-
ten statt, und am Ufer inszenierte man
brennende Fischerdörfer. Die Bühnen-
kulissen wurden auf eigens verlegten
Schienen bewegt.

Seit 1993 wird das Spektakel um den
legendären Seeräuber zwischen Mitte Juni und Anfang September wieder aufgeführt. Die aufwendige Inszenierung mit
120 Mitwirkenden, Schiffen, Pferden und
abschließendem **Feuerwerk** über dem
Bodden ist ein echtes Erlebnis, das man
nicht versäumen sollte.

Ebenfalls interessant ist die **Adlershow** „Könige der Lüfte".

■ **Information, Spielplan, Kartenreservierung, Adlershow:** Am Bodden 100, Tel. (03838) 3 11 00, stoertebeker.de. Mitte Juni–Anf. Sept. Mo–Sa 20 Uhr, Erw. 12–36 €, Kinder 8–27 €, Adler-Vorführung (nur in Verbindung mit Aufführungsbesuch) an Spieltagen um 18 Uhr, Erw. 6 €, Kind 4 €.

Schloss Ralswiek

Sanft steigt der Wiesenhügel, der als Tribüne dient, an. Oben auf dem Hügel thront das feudale Schloss Ralswiek. Es diente einst dem Großgrundbesitzer Graf *Douglas* als Wohnsitz. 1891 hatte der Graf die ganze Bucht samt dem Dörfchen gekauft. Der große, um 1800 angelegte **Landschaftspark,** der das Schloss umgibt, ist öffentlich zugänglich.

Das majestätische, weiße Neorenaissanceschloss mit seinen Ecktürmen ist nach aufwendiger Restaurierung nun ein besonders schönes Schlosshotel in landschaftlich einmaliger Lage. Beim Umbau des Schlosses entdeckte man überraschend zahlreiche Spuren und Arbeiten des Douglas-Freundes, Künstlers und Urhebers des Jugendstils *Henry Van der Velde*, die dieser bei der Umgestaltung des Schlosses 1913/14 hinterlassen hatte.

Praktische Tipps

Unterkunft

■ **Schlosshotel Ralswiek**②-④, Parkstr. 35, Tel. (03838) 2 03 20, www.schlosshotel-ralswiek.de. Zauberhaftes Hotel im restaurierten Schloss mit Wellnessbereich, Schwimmbad und Sauna, Bibliothek und empfehlenswertem Restaurant.
■ **Pension Zum Schlossgarten**②, Parkstraße 44, Tel. (03838) 4 04 00 20, www.zum-schlossgarten. de. Nette Pension mit 22 DZ, Restaurant mit Sonnenterrasse und Bowlingbahn.

⌂ Räucherfisch vom Räucherschiff im Hafen von Ralswiek

1m

Hiddensee

Hiddensee –

die autofreie Insel vor der Insel –

ein Ort der Sehnsucht voller Magie

und Inspiration, ein Mekka für Künstler

und Kreative.

◁ Der Leuchtturm auf dem Dornbusch
mit Blick über ganz Hiddensee

PERLE

DER OSTSEE

Das süße Ländchen", wie es seine 1300 Bewohner nennen, ist nur 17 Kilometer lang und höchstens 3,7 Kilometer breit. Und dennoch sind auf diesen kaum 19 km² so ziemlich alle Landschafts- und Küstenformen zu finden, die die Ostsee zu bieten hat. Drei kleine schmucke Dörfchen mit malerischen Reetdachhäuschen, Räucherkaten und skurrilen Feriensitzen alter DEFA-Künstler, ohne Autoverkehr und befestigte Straßen, aber mit viel Gelegenheit zur inneren und äußeren Einkehr verleihen dem niedlichen Inselchen seine außergewöhnlichen anziehenden Reize. Ein superlanger Sandstrand an der Außenküste, ein dichtes Netz von Rad- und Wanderwegen hinauf auf den Dornbusch zum Leuchtturm auf dem Schlucksberg oder hinab bis zum weissrot gestreiften Postkarten-Leuchtturm ganz am anderen Ende, dazu viel Kunst und Kultur machen die Wahlheimat von *Gerhard Hauptmann* zu einem der attraktivsten und deshalb auch begehrtesten Urlaubsziel der gesamten Ostseeküste. An sonnenreichen Sommertagen herrscht entsprechender Trubel. Wenn aber die letzten Tagesgäste das Inselchen wieder verlassen haben, lebt der Zauber und die Magie Hiddensees wieder auf.

> ▷ Postkartenidyll – Reethäuser in Grieben

330rh ph

Überblick

„Doch ganz und gar gehört Dir mein Lieben,
bist tief in meine Seele geschrieben,
Du einzig schönes, Du 'sötes Land',
An Rügens schäumendem Westenstrand!"

Alexander Ettenburg

Eine Insel zum Verlieben und für Verliebte. Gleich welches der zahlreichen Bücher über Hiddensee man aufschlägt, der Tenor ist überall derselbe: Erklingt der Name des „söten Lännekens", des schönen Ländchens, geraten alle, die es

kennen, in verzückte Schwärmerei. Wie
ein magischer Schlüssel öffnet Hiddensee poetische Adern und lässt schwä-
merischen und verzückten Liebeserklä-
rungen auf die „von Gott hochbegnadig-
te Insel" vor der Westküste Rügens freien
Lauf. „Ein unsagbar schönes Fleckchen
Erde", so kurz und bündig beschrieb der
Inselpfarrer und -chronist *Arnold Gustavs* seine Wahlheimat und wünschte
sich, „dass der liebe Gott ihn einst im
himmlischen Hiddensee möge wohnen
lassen, und sei es auch nur in einem kleinen Winkel".

  „Perle der Ostsee" oder „Capri der
Ostsee" wird es auch genannt. Solche
oder ähnliche Vergleiche, die es in Fülle

NICHT VERPASSEN!

➡ Lehrreich, lebendig und amüsant
sind die **Literarischen Führungen**
der Autorin Ute Fritsch | 221
➡ Eine **Wanderung von Kloster
hinauf auf den Dornbusch** und
den Schluckswiek, auf dem der
Leuchtturm eine atemberaubende
Fernsicht bietet | 224
➡ Ein Streifzug durch die Dünenheide
und Einkehr ins **Restaurant „Heide-
rose"** mit Fischräucherei | 230
➡ Eine geführte Wanderung durch das
artenreiche **Vogelschutzgebiet
Alter Bessin** | 231
➡ Ein (Bade-)Ausflug bis zum
Leuchtturm Luchte, wo sich
Maler und FKKler treffen | 234

**Diese Tipps erkennt man im Buch an
der gelben Hinterlegung im Kapitel.**

gibt, greifen jedoch sämtlich zu kurz. Zu einzigartig ist die Insel Hiddensee. Auch die Versuche zahlreicher Dichter und Denker, deren beliebtester Sommeraufenthalt Hiddensee zu Beginn des 20. Jahrhunderts wurde, geben nur unvollständig das wieder, was die Reize dieser Insel ausmacht.

Die Besucherliste liest sich wie ein Who is Who der Elite des modernen deutschen Kunst- und Geisteslebens: *Gerhart Hauptmann, Max und Käthe Kruse, Max Reinhardt, Carl Zuckmayer, Albert Einstein, Asta Nielsen, Thomas Mann, Sigmund Freud, Stefan Zweig, Oskar Loerke, Heinrich George, Benn, Kafka, Kandinsky, Döblin, Brecht, Macke, Trakl, Hollaender, Morgenstern, Ringelnatz* – endlos ließe sich diese illustre Liste klangvoller Namen fortsetzen.

Einfach war es in realsozialistischen Zeiten nicht, dorthin zu gelangen, und auch heute ist ein Urlaub auf Hiddensee noch nicht völlig problemlos zu realisieren. Das größte Hindernis ist eine **Unterkunft** zu finden, denn auf Hiddensee gibt es keine großen Hotels oder Campingplätze. Unterkunft gibt es nur in begrenzter Zahl in kleinen Familienhotels und -pensionen, im Feriendorf *Dünenheide* und in Privatzimmern bzw. Ferienwohnungen bei den Insulanern.

Und Hiddensee ist (fast) **autofrei!** Kein Lärm, kein Gestank, keine verstopften Straßen, keine zugeparkten Wege. Das Autoverbot (Ausnahmen sind Schulbus, Arzt und Versorgungsfahrzeuge) ist ein Segen für die Insel. Hier können sich hartnäckige Autofetischisten überzeugen, wie herrlich es ohne sein kann. Wo keine Autos sind, braucht es auch keine Straßen. Nur einen holprigen befestigten Weg gibt es, der die Dörfer

miteinander verbindet. Ansonsten ziehen sich Sandwege und Trampelpfade durch die Landschaft. Wer von hier nach da will, geht zu Fuß oder fährt mit dem Rad oder der Pferdekutsche.

„Hiddensee ist schön, schön zu jeder Jahreszeit und bei jedem Wetter. Besonders schön, wenn im August der wilde Thymian blüht. Schön im Herbst, wenn die Klashanicks schreien. Schön im hellen Sonnenschein oder auch, wenn uns der Sturm das Haar zerzaust. Schön in dunkler Nacht, wenn sich die gewaltig ausgreifenden Lichtarme des Leuchtturms über unserem Haupt drehen", so *Arnold Gustavs,* der von 1903–1946 Inselpfarrer war. Hiddensee ist nichts weniger als ein großer Wurf der Schöpfung,

ein romantisches Eiland außerhalb unserer so atemlosen Zeit, eine Insel zum Verlieben und für Verliebte.

Die Landschaft

Wie ein sanft in der Strömung der Ostsee treibendes zartgliedriges Seepferdchen liegt Hiddensee schmal und langgezogen vor der Küste Westrügens, den Rücken dem offenen Meer zugewandt. Von Kopf bis Fuß misst das Pferdchen nicht mehr als gut 17 km, sein Bauch an der breitesten Stelle knapp 4 km. Insgesamt ergibt das gerade Mal 18,6 km² Insel. Struppig und zackig ist sein Nackenkamm, der Dornbusch mit steinigen Steilufern im Norden der Insel.

Das **Naturschutzgebiet Dornbusch** steigt fast senkrecht bis zu 70 m Höhe aus dem Meer. Die Klippen sind streckenweise mit verfilztem Gestrüpp und Krüppelbäumen bestanden, an anderen Stellen leuchtet die Abbruchwand kahl und gelb aus der Landschaft. Die Höhen sind mit jungem Wald bedeckt, der wie eine vom Wind zerzauste Mähne wirkt. Dem Wald schließt sich ein weites, von duftender Trockenheide überzogenes Hügelland an. Die Hügel fallen nach und nach in sanften Wellen zur Boddenküste hin ab.

⌂ Unberührt – Naturstrand am Enddorn

Der **Bessin,** sozusagen der Kopf des Seepferdchens, ist angeschwemmtes Land. Während der **Altbessin** nicht mehr wächst und betreten werden darf (Vorsicht Kreuzottern, festes Schuhwerk tragen!), ist der **Neu-Bessin,** der pro Jahr bis zu 60 m zulegt, gesperrte Nationalpark-Kernzone, in der unzählige Wat- und Wasservögel brüten. Der struppige Nacken des Dornbusch läuft Richtung Süden in das weiße Band eines endlosen feinsandigen Strandes aus, der sich gleich einem Rückgrat entlang der Außenküste bis hinunter zur langen dünnen Schwanzspitze, dem Gellen, zieht.

Am Bauch unseres zarten Seepferdchens, dem Gebiet zwischen Vitte und Neuendorf, dehnt sich das **Naturschutzgebiet Dünenheide** aus. Die pittoreske Sandheide ist von Sandwällen und ausgewehten Sandkuhlen durchzogen. Der Teil der Dünenheide westlich der Straße ist zugänglich. Die dem Bodden zugewandte Seite zusammen mit der Fährinsel dagegen streng geschützt.

Immer flacher und sandiger wird Hiddensee südlich von Neuendorf. Die kaum über den Wasserspiegel reichenden **Salzwiesen** gehen langsam in das sandige Schwemmland des Gellen über. Die Außenküste wird durch einen schmalen Waldstreifen geschützt. Die kilometerlange **Sandbank** des Gellen wächst mehrere Meter pro Jahr weiter in das Meer hinaus und nähert sich immer mehr dem Bock, einer kleinen Insel vor der Küste des Festlands. Irgendwann wird, sofern der Mensch nicht eingreift, der Bock ein Teil Hiddensees werden. Der **Gellen** und der davor liegende Gänsewerder sind Brutgebiet und Rastplatz von riesigen Schwärmen von See- und Watvögeln. Betreten verboten!

Die Natur schützen!

Die gesamte Insel ist bis auf die Ortslagen Teil des **Nationalparks Vorpommersche Boddenlandschaft.** Daher sind Beschränkungen in den einzelnen Schutzzonen um der Schönheit Hiddensees und seiner Flora und Fauna willen unbedingt zu beachten. **Zelten** und **Feuermachen** ist grundsätzlich verboten. **Hunde** sind immer und überall an der Leine zu führen und vom 1. Mai bis 30. Sept. an den bewachten Badeständen generell verboten. Gekennzeichnete **Hundestände** gibt es bei Vitte und Neuendorf.

■**Information:** Nationalparkhaus, Vitte, Norderende 2, Tel. (038300) 6 80 41, Ausstellung „Veränderung" und Erlebnispfad, Eintritt frei; April–Okt. täglich 10–16 Uhr Nov., Dez. 10–15 Uhr, Jan.–März 13–16 Uhr naturkundliche Inselführungen.

Praktische Reisetipps

Fähre

Ein wichtiger Punkt, der bei der Anreise nach Hiddensee zu bedenken ist, betrifft die Schiffsverbindungen. Ganzjährig fahrplanmäßig verkehrende Fähren gibt es nur ab Schaprode auf Rügen, von April bis Oktober und zum Jahreswechsel auch ab Stralsund.

Wer mit der **Bahn bis Stralsund** anreist, kann sein Gepäck vom DB-Haus-zu-Haus-Kurierservice direkt bis zur Unterkunft auf Hiddensee befördern lassen.

Wer den DB-Kurierservice bucht (3 Tage Laufzeit), sollte gleich auch den Rücktransport mitbuchen, da dies von Hiddensee aus nicht möglich ist. Vom Hafen Schaprode aus übernimmt die Hiddenseer Logistik gegen Bezahlung den Transport bis zur gebuchten Unterkunft.

In **Schaprode** gibt es neben der regulären Fährverbindung **Wassertaxis,** die rund um die Uhr angefordert werden können, aber natürlich auch mehr kosten als die Fähre. In der Sommersaison verkehren auch **Ausflugsschiffe** von Breege, Wiek und Dranske nach Hiddensee. Da diese Schiffe weder das ganze Jahr noch nach Fahrplan verkehren, erkundige man sich am besten vor Ort in den Häfen bei den jeweiligen Reedereien oder Eignern nach den genauen Fahrzeiten (siehe auch im Rügen-Teil in den jeweiligen Ortsbeschreibungen).

■**DB-Kurierservice:** Tel. (01805) 99 66 33 (20 ct/Min.), 17,90 € pro Gepäckstück.
■**Reederei Hiddensee:** Büro Stralsund, Fährstraße 16, Tel. (03831) 2 68 10, Büro Vitte, Achtern Diek 4, Tel. (038300) 2 10, www.reederei-hidden see.de.
■**Wassertaxi** (24 Std.): *Pirat,* mobil: (0171) 7 45 77 13, *Störtebeker,* mobil: (0171) 7 45 77 10, *Anna Maria,* mobil: (0171) 6 42 80 21.

Anreise mit Auto oder Bus

Wer mit dem Auto anreist, sollte bedenken, dass der Wagen für die Aufenthaltsdauer auf Hiddensee im Fährort zurückgelassen werden muss. Nimmt man die Fähre von **Stralsund,** kann man das Auto im neuen Parkhaus am Ozeaneum (3 Tage NS 18 €, HS 28 €, jeder weitere Tag 6 €) abstellen, von wo aus es nur wenige

Schritte bis zum Fähranleger sind. Tagesbesucher können den in Sichtweite des Ablegers gelegenen Parkplatz (1 €/Std.) am Fährkanal bei der Gorch Fock nehmen.

Wer in **Schaprode** auf Rügen auf die Fähre geht, dem steht als Übernachtungsgast ein eingezäunter, bewachter und kostenpflichtiger Parkplatz direkt am Hafen zur Verfügung, der allerdings häufig restlos belegt ist. Alternativ dazu gibt es einen riesigen Platz (Pkw/Tag 3,50 €, ab 2. Tag 2,50 €) am Ortsrand, auf dem man auch Wohnmobile (5,50 €/4 €) abstellen kann. Zum Hafen sind es nur wenige Minuten. Vom Parkplatz zum Hafen verkehrt auch eine kleine Bahn (Erwachsene 1 €).

Wer mit öffentlichen Verkehrsmitteln anreist, fährt mit der Bahn bis Bergen und von dort mit dem **Bus Linie 35** bis Hafen Schaprode, www.vvr-bus.de. Info, Fahrscheine: *Infothek* am Busbahnhof, Friedenstraße 23, Tel. (038326) 60 08 00, Mo–Fr 8.30–12.30 und 13–17 Uhr.

Info

■**Vorwahl:** 038300
■**Insel Information Hiddensee,** Achtern Diek 18a, 18565 Vitte, Tel. (038300) 60 86 85, www.see bad-hiddensee.de, Juni–Sept. Mo–Fr 9–17.30 Uhr, Sa/So 9.30–13.30 Uhr, Okt. Mo–Fr 9–17 Uhr, Sa/So 9.30–12.30 Uhr, Jan.–März u. Nov./Dez. Mo–Fr 9–15.30 Uhr, April Mo–Fr 9–17.30 Uhr, Sa/So 9.30–12.30 Uhr, Mai Mo–Fr. 9.30–17.30 Uhr, Sa/So 9.30–13.30 Uhr.
■**Kurabgabe** HS 2 €, NS 1,50 €, Hund 0,50 €.
■**Touristeninformation Kloster,** Hafencenter, Hafenweg 15, 18565 Kloster, Tel. 6 06 54, April Mo–Fr 9.30–16 Uhr, Sa/So 9.30–12 Uhr, Mai–Sept. Mo–Fr 9.30–12.30 u. 13.30–17.30 Uhr, Sa/So 9.30–

2

12.30 Uhr, Okt. Mo–Fr 9.30–15 Uhr, Sa/So 9.30–12.30 Uhr, Nov./Dez. Mo–Fr 11–15 Uhr, Jan.–März Mo–Fr 11–15.30 Uhr.

Unterkunft

Es steht nur eine begrenzte Anzahl von Unterkunftsmöglichkeiten zur Verfügung. Zu Ferienzeiten oder an sonnigen Wochenenden auf gut Glück nach Hiddensee zu reisen ist deshalb nicht ratsam. **Rechtzeitig buchen** erspart Enttäuschungen. In der Nebensaison kann man einen spontanen Hiddenseeaufenthalt aber durchaus wagen. Die Insel-Information in Vitte ist gleichzeitig auch die zentrale Zimmervermittlung von Hiddensee.

Gepäcktransport

Da Hiddensee autofrei ist, kann bei der Ankunft im Zielort kein Taxi gerufen werden. Dies sollte man beim Umfang des Gepäckes bedenken. Wer sein Gepäck nicht vom Hafen bis zur Unterkunft selbst tragen will, der sollte als Erstes bei seinem Vermieter nachfragen. Diese übernehmen meist die Gepäckabholung im Hafen oder haben dort für Ihre Gäste einen Handwagen deponiert. Ansonsten muss man sich im Hafen einen Handwagen oder ein Fahrrad mit Anhänger ausleihen. Bei großem Gepäck besteht auch die Möglichkeit, sich einen Pferdewagen zu mieten, was aber nicht ganz billig ist.

■**Kloster:** *Fuhrmann Neubauer,* Hafenweg 10, mobil: (0171) 1 89 28 07, www.hiddensee-kutschfahrten.de.

■**Vitte:** *Fuhrmannshof Tiburtius,* Achtern Diek 27, Tel. 6 80 15, www.pferdundfahrrad.de.
■**Fuhrgeschäft B. Mach,** Neuendorf, Dörpstraat 23, Tel. 5 01 96, www.hiddensee-fuhrmannshof.de.
■**Hiddenseer Logistik,** Vitte, Achtern Diek 35, Tel. 5 03 00, www.hiddenseer-logistik.de, Gepäcktransport ab Parkplatz Schaprode. Shuttle-Service (bis 6 Personen) vom Bhf. Bergen oder Stralsund.

Fortbewegung

Die Fortbewegungsmittel auf Hiddensee sind die eigenen Beine und das **Fahrrad,** das man sich auf der Insel leihen kann. Neben Verleihstationen halten auch viele Unterkunftsanbieter für ihre Gäste Fahrräder bereit.

Adressen

■**Apotheke:** Rezeptsammelstelle auf Hiddensee, Vitte, Süderende 154, Tel. 5 05 65, die nächste Apotheke ist in Gingst/Rügen, Tel. (038305) 3 70.
■**Arzt:** *Ulf Müller* (Allgemein- und Notfallmedizin) 18565 Vitte, Süderende 57, Tel. (038300) 2 87.
■**Feuerwehr/Notfall:** 112
■**Fundbüro:** *Rathaus Vitte,* Norderende 162, Tel. 6 42 11.
■**Hafenamt:** Kloster Tel. (038300) 6 08 08, Vitte Tel. (038300) 60 87 68, Neuendorf mobil: (0160) 3 80 49 38.
■**Kreissparkasse:** *Vitte,* Süderende 59, Tel. 2 36 (einziger EC-Automat auf Hiddensee).
■**Polizei:** Notruf 110, Gemeindeverwaltung Vitte, Tel. 5 01 31 oder 81 00.
■**Post:** *Vitte* (im Edeka-Markt), Wallweg 1, *Kloster* (im Inselmarkt), Kirchweg 33.
■**Wasserschutzpolizei:** *Schaprode,* Tel. (038309) 14 17.
■**Zahnarzt:** zahnärztlicher Bereitschaftsdienst unter Tel. (01805) 92 46 68.

Geschichte

Die Geschichte Hiddensees ist eng verknüpft mit dem **Zisterzienserkloster,** das sich 1296 als Tochterniederlassung des Klosters Neuenkamp auf der Insel ansiedelte. Das Dorf Kloster zeigt seinen einstigen Standort an. Der Orden hatte die ganze Insel von *Witzlaw II.* geschenkt bekommen. Als Zugabe gab es das exklusive Fischereirecht im Schaproder Bodden und gegen Bares auch den zu dieser Zeit noch waldreichen Zingst.

Als Gegenleistung mussten sich die Mönche verpflichten, auf dem Gellen ein **Leuchtfeuer** zu errichten und zu unterhalten. Damals führte der einzige Seezugang nach Stralsund an Hiddensee vorbei. Der östliche Zugang, durch den Strelasund am Mönchgut vorbei, entstand erst 1309 nach einer großen Sturmflut, die die dortige Landverbindung zum Festland verschlang. Gleichzeitig mit dem Bau des Klosters, das dem Schutzpatron der Schiffer, dem *Hl. Nikolaus,* geweiht war, wurde ein Hafen angelegt.

Von 1168 bis 1325 befand sich Hiddensee unter **dänischer Herrschaft.** Dann, nach dem Tode *Witzlaws III.,* fiel die Insel wie das benachbarte Rügen an die Herzöge von Pommern-Wolgast.

Das Kloster wurde nach Luthers Reformation 1536 aufgelöst. Zu dieser Zeit war Hiddensee noch eine dicht bewaldete Insel. Die Wälder fielen dem **30-Jährigen Krieg** zum Opfer, als sie zu Belagerungsmaschinen und ähnlichem Kriegszeug verarbeitet wurden. Besonders *Wallenstein* und seine „Kaiserlichen" haben sich als Baumfrevler her-

Der Ursprung des Namens – eine Legende

In der Wikingerzeit lebte der **Normannenkönig Hithin,** der sich mit *Hilde,* der schönen Tochter des Jütenkönigs *Hägin,* vermählte. Doch bald nach der Hochzeit wurde Hithin von seinem Schwiegervater beschuldigt, er habe sich der schönen Hilde schon vor der Hochzeit unsittlich genähert und damit Schande über seine Tochter gebracht. Das wollte der stolze und auf seinen guten Ruf bedachte Hithin nicht auf sich sitzen lassen und es kam zum Zweikampf. Hithin unterlag, wurde aber von seinem Schwiegervater geschont und am Leben gelassen.

Sieben Jahre später wurde der Kampf erneuert, weil die beiden sich weiterhin dauernd zankten. Beide Könige fanden dabei an den Wunden, die sie sich gegenseitig beibrachten, den Tod. Die schöne Hilde, nun allein, war aber von so großem Verlangen nach ihrem Gatten erfüllt, dass sie, der Zauberei kundig, die Geister der beiden Verschiedenen zur Nachtzeit herbeihexte, damit sie den Kampf fortsetzten. So mussten sich die beiden Geplagten bis zum Untergang der Götterwelt herumschlagen. Dieser ewige Kampf fand auf der Insel statt, die heute den Namen Hiddensee trägt.

Saxo Grammaticus, der berühmte dänische Geschichtsschreiber, bezeichnete 1250 das Eiland als **Hithins Oe,** was soviel bedeutet wie „die Insel des Hithin". In der noch älteren „Jüngeren Edda" des Isländers *Snoiri* wird sie als **Hiddensey** bezeichnet. In älteren Büchern wird der Name noch Hiddensö geschrieben, woraus sich dann das heutige Hiddensee entwickelt hat.

vorgetan. Doch nicht nur den Wald stahl man den Hiddenseern, alles Vieh und alle Lebensmittel wurden von den Truppen requiriert. Die Not der Bevölkerung wurde so groß, „dass viele Einwohner das Gras auf dem Felde, kochen müssten, um ihren Hunger damit zu stillen", berichtet der Inselpfarrer Maneke.

Zu Beginn des 20. Jh. wurde das abgeschiedene Eiland von der Künstlerszene entdeckt. Hiddensee wurde zum **Mekka der deutschen intellektuellen Elite.** Maßgeblich verantwortlich für seine Entdeckung als Reiseziel war der Sonderling und Schauspieler *Alexander Ettenburg*, der 1888 erstmals Hiddensee besuchte, sich später auf ihr niederließ und in regelrechten Werbereisen seine geliebte Insel anpries.

Hiddensee war als anregende und inspirierende Sommerfrische entdeckt und alle kamen. Manche davon, wie beispielsweise der Maler *Oskar Kruse* oder der Dramatiker *Gerhart Hauptmann*, unterhielten sogar eigene Häuser.

Auch während der DDR-Zeit wurde Hiddensee nicht für den betrieblichen Massentourismus erschlossen, sondern blieb ein exklusives Eiland für Privilegierte und deshalb von verunstaltenden Plattenbauten verschont.

Erstaunlicher- und glücklicherweise schafften es die Hiddenseer nach der Wende trotz großer finanzieller Verlockungen, die kapitalkräftigen Touristikkonzerne, die natürlich begehrlich ihre Krallen nach diesem herrlichen Eiland ausstreckten, von ihrer Insel fernzuhalten. 1990 wurde sie als Teil des **Nationalparks Vorpommersche Boddenlandschaft** unter Schutz genommen und damit auch für die Zukunft in ihrer Einmaligkeit bewahrt.

Alexander Ettenburg – der „Entdecker Hiddensees"

„Kennt ihr das Ländchen, lieblich und traut,
Von schäumenden Wogen der Ostsee umblaut?
Im Westen von Rügen türmt es sich auf,
Ein Bollwerk der Insel, zieht Sturmflut herauf!
Grün seine Wiesen, duftig sein Wald,
Lieblich darüber Lerchensang schallt.
Dort wohn ich einsam auf waldiger Höh'
Als der Einsiedler von Hiddensee,
O Hiddensee, du min 'sötes Land',
Wie bist du leider noch unbekannt!"

Fern der Ostsee, nämlich im schlesischen Dorf Gugelvitz wurde am 28.2.1858 dem Gutsherrn *Eggers* ein Sohn geboren, den er *Alexander* nannte. Eigentlich zur standesgemäßen Offizierslaufbahn vorgesehen, trotzte der viel mehr den schönen Künsten als dem Soldatenhandwerk zugeneigte Alexander seinem Vater die Erlaubnis ab, eine Theaterlaufbahn einzuschlagen. Er legte sich den Künstlernamen *Ettenburg* und den ausschweifenden Lebenswandel eines Künstlers zu. Dadurch jedoch in seiner Gesundheit stark angegriffen, zog er auf ärztlichen Rat ans Meer.

Mit seinem Erbe erbaute er sich in Altefähr auf Rügen am Eingang des heutigen Kurparks die Pension Villa Alexander. Um Gäste in sein Haus zu holen, entfaltete Ettenburg umfangreiche Aktivitäten. Er ließ Prospekte drucken und begab sich jeden Winter auf Vortragsreisen, auf denen er eigene Werke rezitierte und die Schönheit von Alteför pries. Auch seine Sommergäste unterhielt er mit künstlerischen Vorträgen. Weit mehr philanthropischer Schöngeist denn geschäftstüchtiger Pensionswirt, lud er oft die Einwohner Alteförs zum freien Umtrunk ein. Auch seine Angestellten hielten sich beim Griff in die Kasse an ihm schadlos. Trotz tatkräftiger Unterstützung durch seine Verwandte *Louise Treichel,* die ihr Vermögen in die Pension investiert hatte, war Ettenburg 1894 finanziell am Ende und musste seine Herberge erst verpachten und schließlich weit unter Wert verkaufen.

Seines stattlichen Vermögens beraubt, zog er sich in die Einsamkeit der damals noch kaum von Fremden besuchten Insel Hiddensee zurück. Mit dem Honorar von 100 Mark für sein Gedicht „Wunna, die Jungfrau von Rügen" erwarb er in Grieben eine heruntergekommene Fischerkate und eröffnete die „Schwedische Bauernschänke". Während er die Sommermonate Gastwirt war, verbrachte er die Winterzeit weiterhin mit Vortragsreisen, auf denen er als „Einsiedler von Hiddensee" auf „Hiddenseer Originalvorträgen" die Schönheit des Eilandes in selbstverfassten Gedichten anpries. Er erstellte den ersten Inselreiseführer und verschickte vor allem an Schriftsteller, Schauspieler, Maler und andere Künstler Prospektmaterial. Dank Ettenburgs unermüdlichem Werben und seiner enthusiastischen Vorträge folgten immer mehr Kunstschaffende seinem Ruf und besuchten Hiddensee.

Ettenburg hatte sich zwischenzeitlich auf dem Dornbusch in der Einsamkeit eine schlichte Bretterbude gebaut, die er „Bergwaldschänke Eremitage auf Tannhausen" nannte und in der er hauste. Seine Sommergäste fanden in primitiven Holzhütten mit Schilfdächern Unterkunft. Er propagierte das einfache, naturverbundene Leben, ging stets barfuß und kleidete sich in selbst entworfene, wallende weiße Gewänder oder sein dunkles „Waldgewand".

Neben seiner Eremitage errichtete er ein „Mausoleum" mit Sarg und Grabstein und in der nahen, von ihm getauften Svantevitschlucht, die für ihn das schönste Fleckchen der Insel war, ein Naturtheater. Mit einigen Künstlerkollegen und Hiddenseer Fischern als Komparsen führte er seine eigenen Dramen wie „Hidde, die Fee des söten Lännekens" oder „Svantevits Fall" auf. Während der „Spielzeit" überließ er seine Eremitage samt Gästen sich selbst. Die Hütten wurden als „Zigeunerzelte" bezeichnet und sein Tannhausen als „Spektakelwald mit Oberpriester".

Ettenburg wurde zunehmend sonderlicher. Er schlief im Sarg und seine ganze irdische Liebe galt seinem Esel *Hansi* und seinem Kater *Pussi,* die ihm überall hin folgten. Schließlich geriet er mit dem Amtsvorsteher der Insel mehr und mehr in Konflikt. 1909 kündigte ihm das Stralsunder Heilgeistkloster, dem Hiddensee damals gehörte, den Pachtvertrag auf dem Dornbusch. Ettenburg zog sich an den Strand von Vitte zurück, wo er seine Einsiedelei „Mathilde" eröffnete. Anfänglich wurde er dort noch von Gästen und Einheimischen besucht. Doch mit seinem steigenden Hang zum Alkohol, seinen düsteren Todesahnungen und fortschreitender geistiger Verwirrung wurde es um den von Gicht geplagten, mittellosen Sonderling immer einsamer. 1919 unternahm er einen Ausflug nach Stralsund, bei dem er mitten auf der Straße einen Selbstmordversuch unternahm. Die herbeigerufene Polizei ließ ihn ins Krankenhaus einliefern, in dem er am 30.11.1919 verstarb. Sein innigster Wunsch, auf dem Inselfriedhof seines über alles geliebten Hiddensee beigesetzt zu werden, ging nicht in Erfüllung, weil die Urne mit seiner Asche auf dem Postweg von Greifswald nach Hiddensee verloren ging.

ORTE AUF HIDDENSEE

Ganze 1300 Insulaner verteilen sich auf die vier Orte auf Hiddensee, wobei man das nur aus wenigen Häusern bestehende, verträumte Grieben kaum mehr als einen solchen bezeichnen kann. Hauptort und kulturelles Zentrum mit Kirche, Friedhof und Museen ist Kloster, das sich malerisch an den Hängen des Dornbuschs hinaufzieht. Die Inselverwaltung ist in Vitte, dem bevölkerungsreichsten Ort ansässig, der sich in der Mitte der Insel entlang der Küste ausdehnt. Hier hat auch der Arzt seinen Sitz, und der einzige Supermarkt Hiddensees. Mit ihm und seinen zahlreichen kleinen Shops und Lädchen ist Vitte so etwas wie das Einkaufszentrum der Insel. Getrennt durch die weite wunderschöne Dünenheide, die sich zur Blütezeit in einen dichten violettblauen Teppich verwandelt, liegt ganz im Süden das Dörfchen Neuendorf. Es ist das stillste, und für viele auch das schönste, weil authentischste Dorf auf Hiddensee. Nur Trampelpfade verbinden die Handvoll schmucker Reethäuser miteinander, aus denen es besteht.

336fh ph

▷ So lang wie schön –
der Hiddenseer Ostseestrand

Grieben

Grieben ist das kleinste, nördlichste und auch älteste der vier Hiddenseer Dörfer. Bei der erstmals 1279 schriftlich erwähnten Siedlung von einem Dorf zu sprechen, ist jedoch angesichts der Handvoll Häuschen eine gehörige Übertreibung. 1582 bestand es aus acht Katen, und eine Anzeige in der Stralsundischen Zeitung von 1785, in der ganz Hiddensee zum Verkauf angeboten wurde, zählt in der „Inventarliste" das Dorf Grieben auf, „welches von vier Vollbauern, zwei Halbbauern und elf Einliegern

bewohnt wird". Grieben, dessen Name sich von *grib,* der slawischen Bezeichnung für „Pilz" herleitet, ist ein ebenso winziger wie **malerischer Weiler** an den Ausläufern des Dornbuschs geblieben. Da er keinen Hafen hat und so von den Fähren und Ausflugsbooten nicht angelaufen wird und nur eine einzige Pension besitzt, ist es auch der abgeschiedenste und stillste Ort Hiddensees. Sehr reizvoll für Auge und Fotolinse ist das Ortsbild, das unter den rohrgedeckten Katen auch die 1769 und 1771 errichteten und damit ältesten Häuser Hiddensees besitzt.

Am Ufer des **Bessin,** der Grieben gegenüber ins Meer hinauswächst, liegt ein sehr schöner **Sandstrand.** Dank seiner Abgelegenheit ist es hier auch in der Hochsaison viel ruhiger als an dem vielbesuchten Strand zwischen Kloster und Vitte.

Unterkunft

9 **Hotel Zum Enddorn**② (Karte S. 220), Dorfstr. 6, Tel. (038300) 4 60. www.enddorn.de. Sehr still gelegen, mit Sauna, Solarium, Liegewiese und Restaurant „Die Bilderkneipe", in der eine große Sammlung von Werken von Künstlern, die auf Hiddensee tätig waren, zu sehen ist. Große Terrasse mit Boddenblick. Nur mit Halbpension.

2

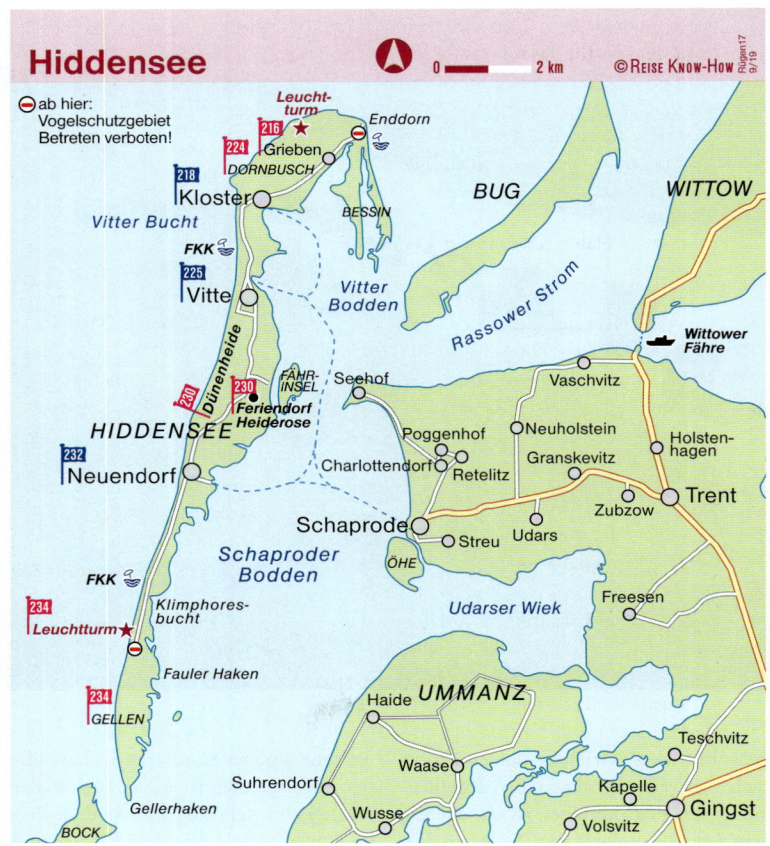

Kloster

Kloster entstand um das Zisterzienserkloster herum, das sich hier 1236 ansiedelte und ihm seinen Namen verlieh. Das Dorf ist das bekannteste und meistbesuchte der Insel. Nicht wenige halten es, wie auch der Autor selbst, für das schönste. Sein Charme liegt insbesondere in seiner landschaftlich sehr reizvollen Lage.

Kloster zieht sich einerseits vom stillen Boddenwasser am bewaldeten Hang des **Dornbuschs** hinauf, grenzt also unmittelbar an das Hiddenseer „Hochland" mit seinem eindrucksvollen Steilufer und dem Ausflugsziel Leuchtturm. Andererseits besitzt es direkt vor der Haustür an der Außenküste einen wunderbaren **Sandstrand.**

Auch wenn andere Neuendorf ganz im Süden Hiddensees für das schönste, weil ursprünglichste Dorf halten: Unbestritten ist, dass Kloster das **kulturelle Zentrum** von Hiddensee ist. Hier sind die beiden Museen der Insel zu finden, hier steht die niedliche Inselkirche, hier liegt der Friedhof.

Steigt man im Hafen Klosters von der Fähre, erblickt man linkerhand das Hotel Hitthim. An dieser Stelle stand einst das Zisterzienserkloster, das viele Besucher vergeblich suchen. Denn bis auf einige Grundmauern ist von der Anlage nichts übriggeblieben.

Inselkirche

Der Weg führt vom Hafen hinauf zum **Kirchweg,** einem breiten Sandweg, der quer durch das Dorf verläuft und sozusagen Klosters Hauptstraße ist. Hier steht Hiddensees einziges Gotteshaus, die niedliche Inselkirche. Das weißgetünchte, turmlose Kirchlein wurde 1332 als Wegkapelle vor den Toren des Klosters erbaut. Ihr heutiges Aussehen erhielt sie 1781 bei einem Umbau.

Das Innere der Kirche ist in frischem **Weiß und Blau** gehalten, was ihr eine wohltuend helle und freundliche Atmosphäre verleiht, die von dem über und über mit **Rosen** ausgemalten Tonnengewölbe noch verstärkt wird. Angebracht wurden sie 1922 vom Hiddenseer Maler *Nikolaus Niemeier.* Vor dem Altar hängt ein barocker **Taufengel** von der Decke.

Links des Altars hängt an der Chorwand ein interessanter alter Mönchstein. Es ist die Grabplatte des Abtes *Johannes Runenberg,* der 1466–75 Vorstand des Klosters war.

Hauptmann-Grab

Beschaulich ist auch ein Rundgang über den kleinen **Inselfriedhof,** in den das schlichte Kirchlein eingebettet ist. Auf ihm liegt ein mächtiger Findlingsblock, der das Grab von *Gerhart Hauptmann* schmückt. Dieser starb 1946 in seinem Schloss Haus Wiesenstein in Agnetendorf im Riesengebirge. Seinem Wunsch entsprechend wurde er auf der Insel beigesetzt. Ein Sonderzug brachte seinen Leichnam über Berlin zurück auf sein geliebtes Hiddensee, wo er am 28.7.1946

Hiddensee

377fh ph

OSTSEE

■ **Übernachtung**
1 Pension Zum Klausner
4 Pension Haus Hiddensee
5 Pension Wieseneck
6 Hotel Hitthim
9 Hotel Zum Enddorn

■ **Essen und Trinken**
1 Pension Zum Klausner
2 Schillings Hafenamt
3 Rest. Hedin's Oe
4 Restaurant Kajüte
5 Pension Wieseneck

■ **Sonstiges**
7 Fuhrmannshof Neubauer
8 Fahrradverleih B. Pehl

beerdigt wurde. Die Grabreden hielten sein Freund, der Inselpfarrer *Arnold Gustavs,* der Schauspieler *Otto Gebühr* sowie der damalige SED-Vorsitzende und spätere Präsident der DDR, *Wilhelm Pieck.*

Der Efeu, der das Grab überwuchert, so kann man bei der Lektüre der sehr empfehlenswerten „Erinnerungen eines Inselpfarrers" des Pastors *Gustavs* erfahren, ist ein Ableger einer Pflanze, die *George Washington* im Garten seines Sommersitzes höchstpersönlich gepflanzt hatte. Als Hauptmann sich anlässlich der Goethefeier 1932 in Amerika aufhielt, überreichte ihm der Präsident der Washingtoner Universität einen Ableger der geschichtsträchtigen Kletterpflanze.

Auf dem Friedhof liegt auch das Grab der berühmten Ausdruckstänzerin, Tanzpädagogin und Gründerin der Tanzhochschule Dresden *Gret Palucca,* die ab 1948 viele Sommer auf Hiddensee verbrachte sowie das Grab des Gründers und Intendanten der Komischen Oper in Berlin, *Walter Felsenstein.* Auch der Lietzenburg-Erbauer *Oscar Kruse* ist hier begraben.

■ **Öffnungszeiten Kirche:** Sommer 8–21 Uhr, im Winter bei Tageslicht oder auf Anmeldung, Pfarramt: Tel. 328

Hauptmann-Haus

Geht man von der Kirche die „Hauptstraße" weiter Richtung Vitte, kommt man kurz vor dem Ortsausgang zum Gerhart-Hauptmann-Haus. Das **Haus Seedorn** steht rechts der Straße am flachen Hang mitten in einem großen Garten.

Der große Dramatiker besuchte 1885 erstmals das paradiesische Eiland, das ihn sofort in Bann schlug. Regelmäßig kehrte er zurück und logierte in Pensionen und im Haus Lietzenburg bei *Oskar Kruse,* bevor er 1921 eine Etage des Hotels Haus am Meer bezog und schließlich 1926 das Haus Seedorn erst mieten und dann erwerben konnte. Er ließ dem Gebäude einen Anbau anfügen und beide Gebäudeteile mit einem Kreuzgang verbinden. Hier verbrachte der Wahlhiddenseer häufig die Sommermonate. Viele seiner bekannten Stücke schrieb er an dem kolossalen Schreibtisch, der im Arbeitszimmer zu bestaunen ist. Die ganze Inneneinrichtung des musealen Hauses ist noch im Originalzustand, nur der Flügel im großen Wohn- und Arbeitszimmer wurde später hinzugefügt, weil in den Räumlichkeiten von Zeit zu Zeit kleine Konzerte stattfinden.

■ **Hauptmann Haus,** Kirchweg 13, Tel. 3 97, www.hauptmannhaus.de. Mai–Okt. Mo–Sa 10–17 Uhr, So 13–17 Uhr, Nov., Febr.–Apri Di–Sa 11–15 Uhr, Dez. auf Voranmeldung.
    Führungen: Mai–Okt. Di–Sa 12.30 Uhr, Nov.–April Di/Do 12.30 Uhr.

Heimatmuseum

Der Weg nach Vitte führt weiter zum Badestrand. Am Strandzugang steht ein kleines Haus, das einst dem Seenotrettungsdienst als Stützpunkt diente. Heute breitet dort das Museum der Insel Hiddensee seine Schätze aus. Neben der geologischen und geschichtlichen Entwicklung der Insel gehen kleine Ausstellungen auf Themen wie Natur- und Küstenschutz, die Arbeit des Seenotrettungsdienstes, das Zisterzienserkloster, die Inselfischerei und die Hiddenseer Hausmarken ein.
    Die Attraktion des kleinen Inselmuseums ist jedoch der **Hiddenseer Goldschatz.** Der berühmte Schatz wurde 1872 und 1874 nach schweren Sturmfluten von Neuendorfern am dortigen

„Auf den Spuren der Dichter und Denker" – Literarische Führungen auf Hiddensee

Die Autorin und Verlegerin *Ute Fritsch* führt von Anfang Juni bis Mitte September auf den Spuren der zahlreichen Künstler und Gelehrten, die auf Hiddensee weilten, durch Kloster, Vitte und Neuendorf. Mit Geschichten, Gedichten, Bildern und Anekdoten erläutert sie dabei an Stationen wie dem ehemaligen Gasthof „Schlieker" oder der legendären „Lietzenburg" detailreich die Inselaufenthalte von VIPs wie *Albert Einstein, Thomas Mann, Carl Zuckmayer, Billy Wilder, Max Reinhardt, George Grosz, Gottfried Benn, F.W. Murnau, Joachim Ringelnatz, Günther Grass* u.v.a.
    Die Führungen finden Ostern, Himmelfahrt, Pfingsten und vom 10. Juni bis 15. Sept. statt. Genaue Termine s ehe www.jena1800.de oder www.kuenstlerinsel-hiddensee.de. Für Gruppen nach Vereinbarung. Wer auf eigene Faust Hiddensee auf Künstlerspuren durchstreifen will, der lege sich für 7,80 € die von Frau Fritsch erstellte und herausgegebene, ebenso kurzweilige wie interessante **„Künstlerkarte Hiddensee"** zu. Sie führt auf 65 Stationen zu den Orten und Plätzen, wo die Berühmtheiten logierten, badeten, malten, tranken, schrieben und es trieben. Die Karte lohnt, sie hat einen hohen Spaßfaktor!
    Sehr zu empfehlen ist auch ihr Werk **„Mit Ringelnatz auf Hiddensee"** (19,80 €) mit vielen lustigen Gedichten und Geschichten.
    Frau Fritsch veranstaltet auch viertägige **„Literarische Reisen"** nach Hiddensee.

■ **Information, Anmeldung, Künstlerkarte:** *Ute Fritsch,* Verlag Jena 1800, Wörther Str. 17, 10405 Berlin, Tel. (030) 44 05 02 22, mobil: (0170) 4 12 52 77, www.jena1800.de, www.kuenstlerinsel-hiddensee.de.

Strand gefunden. Allerhand Geschichten, Märchen und Gerüchte ranken sich um diesen Goldschmuck. Von Fälschungen, Traumvisionen, sterbenden Matrosen, die in fernen Ländern als letzte Worte das Versteck verraten haben sollen oder vom schlichten Diebstahl von Bord eines gestrandeten Seglers wird erzählt und gemutmaßt. Fest steht, dass der insgesamt 596 Gramm schwere Schmuck von etwa 950 n. Chr. stammt. Wahrscheinlich wurde er in Jütland hergestellt und war Eigentum des Dänenkönigs *Harald Blauzahn*. Möglicherweise handelte es sich aber auch um **Piratenbeute.** Ganz sicher ist aber, dass der im Hiddenseer Museum ausgestellte Goldschatz eine **Kopie** ist. Die Originale liegen im kulturhistorischen Museum in Stralsund.

■**Heimatmuseum:** Kirchweg 1, Ortsende Richtung Vitte, Tel. 3 63, www.heimatmuseum-hiddensee.de, Jan.–März u. Nov./Dez. Do–Sa 11–15 Uhr, April–Okt. tägl. 10–16 Uhr.

Lietzenburg

Das auffällige Haus, das über Kloster aus dem Waldhang des Dornbuschs ragt, ist die Lietzenburg. Das schlossartige, mit Jugendstilelementen verzierte Backsteinhaus errichtete 1904 der Holzhändler und Maler *Oskar Kruse* nach dem Vorbild englischer Landhäuser. Später bewohnte es die berühmte Puppenmacherin **Käthe Kruse** mit ihrem Mann.

Die Lietzenburg wurde schnell zum **Treff vieler Künstler,** Schriftsteller und anderer Vertreter der schönen Künste.

331 rh ph

nen Sternenhimmel, sondern auch aufregend neuartige Strandphänomene: **junge nackte Frauen,** die schon damals den Strand von Hiddensee bevölkerten. Seine Besucher haben natürlich kräftig mitgeguckt. **Hauptmann** gab offen zu, dass ihn die knackigen Körper (auch) beruflich sehr angeregt haben: „Die Insel der großen Mutter", so gestand er, „wäre nie entstanden, hätte ich nicht jahrelang die vielen schönen, oft ganz nackten Frauenkörper gesehen und das Treiben dort beobachtet."

Das Treiben war am Strand von Kloster reichlich turbulent, wie der oben erwähnte Artikel es plastisch schildert: „Schön ist die Welt auf Hiddensee! Nackte Tänzer und Tänzerinnen rennen über die Dünen. Dazwischen wilde Kaninchen, hundertweise. Unter jedem Baum steht eine Staffelei. Aus jedem Busch ertönt ein Tenor oder ein Koloratursopran." Tatsächlich war der bunte Künstlertreff Hiddensee so etwas wie die **Urmutter des Nacktbadens** an der Ostsee. 1913 sah sich die Behörde angesichts des freizügigen Treibens genötigt, einen Erlass herauszugeben, wonach für Frauen „ein undurchsichtiger, den ganzen Körper vom Hals bis zum Knie bedeckender Badeanzug" vorgeschrieben sei, um den sich allerdings niemand weiter scherte.

Rings um die Lietzenburg steht eine Reihe besonders schöner Rohrdachhäuser, denen man unschwer ansieht, dass ihre überwiegend saisonalen Bewohner kaum der Arbeiterklasse angehören.

„Die Lietzenburg des Bildhauers Professor Max Kruse ist der Sammelpunkt der hier weilenden Mystiker", berichtet unter der Überschrift „Auf der Insel der Prominenten" ein Zeitungsartikel von 1931. „Professor Kruse veranstaltet allwöchentlich mystische Abende, wo er seinen verblüfften Gästen ‚Das Mysterium des Schweißtuches der heiligen Veronika' vorführt."

Inselweit bekannt war das „Zeiss-Glas" Kruses. „Unter den roten Bogen seines Schlosses hat sich der König ein langes Fernrohr aufgestellt. Es hat ein messingnes Kleid, steht auf drei Füßen", berichtet 1925 der Schriftsteller *Wilhelm Schmidtbaum* in seinem Hiddenseebuch „Die unerschrockene Insel". Mit dem **Fernrohr** beobachtete der gesellige Hausherr allerdings nicht nur den schö-

◁ Die „Hauptstraße" von Kloster

Dornbusch-Wanderung

Ab Kloster gibt es verschiedene Wanderrouten und Wege über das herrliche Hügelland des Dornbusch. Wer am Strand unterhalb des Dornbusch-Steilufers entlangspaziert, hat die Möglichkeit an zwei Stellen über **Holztreppen** (1. nahe Ort, 2. beim Klausner) hinauf zum Hochuferweg zu gelangen. Man darf zum Aufstieg nur diese Treppen benutzen, denn die Dornbusch ist Teil des Nationalparks! Die Treppen sind allerdings lang und steil, und man braucht schon etwas Puste.

Wetterstation Hiddensee

Seit das von Jörg Kachelmann gegründete Wetterstudio auf dem Dornbusch beim Leuchtturm besteht, hat zum einen der ewige Streit ums Wetter an der Küste ein Ende gefunden, und zum anderen ist die Insel oder wenigstens ihr Name nun jedem Bundesbürger ein Begriff.

Der jahrelange Streitpunkt: Ständig meldeten die Wettervorhersagen in der „Tagesschau" Wolken, Regen und anderes meteorologisches Unbill für Mecklenburg-Vorpommern, was landeinwärts auch zutraf. Direkt an der Küste und auf den Inseln verjagt aber der ewige Seewind oft die Wolken und lässt oft die Sonne strahlen, während es wenige Kilometer weiter grau verhangen ist. Die Messungen der Wetterstation bestätigen, was die Hiddenseer schon immer wussten: *„Bi uns scheint de Sünn öfters as över Land!"* Hiddensee zählt mit etwa 1850 Sonnenstunden im Jahr zu den sonnenreichsten Orten in ganz Deutschland.

Das **aktuelle Hiddenseewetter** kann man unter http://wetterstationen.meteomedia.de/station=100850&wahl=vorhersage abrufen.

Der **Hochuferweg** schlängelt sich entlang der Abbruchkante durch Buschwerk und Wald. Vorsicht an der Abbruchkante, besonders mit Kindern! Immer wieder brechen große Stücke ab und rutschen ins Meer. An besonders schönen Aussichtspunkten laden Bänke zum Verweilen ein. Rund einen Kilometer vor dem Leuchtturm liegt in wunderbarer Alleinlage im lichten Wald die vielbesuchte **Ausflugsgaststätte „Zum Klausner".** Sie steht an jener Stelle, an der der sonderliche *Alexander Ettenburg* einst seine legendäre Bergwaldschänke Eremitage auf Tannhausen betrieb.

Der 28 m hohe **Leuchtturm,** der sich auf dem 72 m hohen Hügel Schluckswiek erhebt, wurde bereits 1888 in Dienst genommen. Jedem wärmstens zu empfehlen ist die allerdings anstrengende Besteigung des Leuchtfeuers. Die Sicht von oben über die gesamte Insel ist grandios. Der Aufstieg erfolgt über eine sehr steile und enge, 102-stufige Treppe und ist deshalb für Kreislaufschwache nicht anzuraten. Kinder unter 6 Jahren und Hunden ist der Zutritt verboten. Da nur maximal 15 Personen eingelassen werden, kann es in der Saison zu Wartezeiten kommen.

■**Leuchtturm,** auf dem Dornbusch, Tel. (038300) 64 20, Mai–Okt. tägl. 10.30–16 Uhr, Nov./Dez. Do 11–15 Uhr, April Di–Sa 10.30–16 Uhr, Jan. Fr, Sa 11–15 Uhr, Febr. Mi, Do, Fr, Sa 11–15 Uhr, März Fr, Sa 11–15 Uhr – nur bei guter Witterung!

Ab dem **Enddorn,** wo der **Bessin** beginnt, ist Vogelschutzgebiet. Hier brüten zahllose See- und Watvögel. „Das Gestade war mit Vogeleiern mannigfacher Art wie besät", notierte Rügenstreifzügler *Grümbke* nach einem Besuch des Sandhakens vor fast 200 Jahren. Da sich das bis heute nicht geändert hat, ist es einleuchtend, dass in dieser Vogelkinderstube jeder Mensch stört.

Praktische Tipps

Unterkunft/Gastronomie

6 **Hotel Hitthim**②-③, Hafenweg 8, Tel. 66 60, www.hitthim.de. Fachwerkhaus am Hafen, mit großem, schönen Biergarten.

5 **5** **Pension Wieseneck**②-③, Kirchweg 18, Tel. 316, www.wieseneck-hiddensee.de. Traditionsreiche familiäre Herberge in neuem mediterranen Ambiente mit Restaurant und Terrasse mit Boddenblick.

4 **4** **Pension Haus Hiddensee**②-③, Kirchweg 31, Tel. 3 35, www.haus-hiddensee.de. Gemütliche kleine Pension in der Ortsmitte mit **Restaurant Kajüte.**

1 **1** **Pension Zum Klausner**②, im Dornbuschwald, Tel. 66 10, www.klausner-hiddensee.de. Idyllische Alleinlage auf dem Balkon Hiddensees, Restaurant mit deutscher Küche, Fischgerichte.

Wanderrouten

■ **Außenküste:** Inselmuseum – Hucke – 4. Treppe – Dornbusch – Gaststätte *Zum Klausner* – Leuchtturm – Inselblickweg – Kloster. Länge: ca. 7 km; Dauer: ca. 2½ Std.
■ **Boddenküste:** Dorfteich – Hügelweg – Leuchtturm – Honiggrund – Grieben – Kloster. Länge: ca. 7 km; Dauer: ca. 2 Std.
■ **Strandwanderung:** Kloster – Vitte – Neuendorf. Länge: ca. 10 km; Dauer: ca. 3½ Std.

3 **Restaurant Hedin's Oe,** Mühlberg 43, Tel. 2 73, www.hedinsoe.de. Idyllisch und ruhig gelegenes Rohrdachhaus, mit Galerie, monatl. wechselnde Verkaufsausstellungen von Künstlern, die sich der Insel Hiddensee verbunden fühlen.

MEIN TIPP: 2 **Schillings Hafenamt,** Hafenweg 11, Tel. (038309) 70 85 99, www.schillings-hafenamt.de. Zwar „nur" ein Selbstbedienungs-Imbiss, aber auch hier setzt die Marke „Schilling" Trends und zeigt der lokalen Gastronomie, wie es auch gehen kann. Kleines, aber feines Angebot, von der Currywurst vom Öko-Öhe-Rind bis zu Fish & Chips mit tollem Blick auf den Hafen, tägl. 11.30–18 Uhr.
,

Aktivitäten

8 **Fahrradverleih:** *B. Pehl,* Hafenweg 4, Tel. 4 37, www.hiddensee-pension.de.

7 **Kutschfahrten und Gepäcktransport:** *Fuhrmannshof Neubauer,* Hafenweg 10, mobil: (0171) 18 92 807, www.hiddensee-kutschfahrten.de, auch Pony- und Wanderreiten.

Vitte

Vitte ist das größte Dorf auf Hiddensee und Sitz der **Inselverwaltung.** Der Name des 1513 erstmals erwähnten Ortes hat seinen Ursprung von den sogenannten *Vitten* (oder *Fitten*). Diese entstanden im 13./14. Jh. entlang der Ostseeküste und waren Heringsfang- und -handelsplätze, die nur während der Fangsaison benutzt wurden.

„Die meisten Häuser des Dorfes Vitte, des größten und volkreichsten der Insel, sind elend gebaut, und eine Sennhütte kann kaum einen armseligeren Anblick bieten als einige dieser rohen architekto-

2

Vitte

© REISE KNOW-HOW
0 — 100 m

Mec OSK22 9/19

■ Übernachtung
5 Pension Lachmöwe
11 Hotel Godewind
12 Hotel Heiderose

■ Essen und Trinken
4 Hafenkater
10 Restaurant Inselreif
11 Hotel Godewind
12 Hotel Heiderose

OSTSEE

★ Nationalparkhaus,
★ Asta-Nielsen-Haus,
★ Henny-Porten-Haus,
Kloster

Bernsteinwerkstatt

Polizei
Norderende

Henni-Lehmann Haus

1   3

Rathaus   2
Blaue Scheune   4
7
Homunkulus   8   ⚓
Puppenmuseum Ⓜ   6   5
WC   ✉

Norderende
Wallweg   Vitter
Süderende   Sprenge   Bodden
Wieseweg   Schulweg
Hiddenseebühne

9

10

11   ● Arzt
Ⓢ
Kreissparkasse
12 13 Neuendorf   ✚

■ Sonstiges
1 Atelier Ulrike Northing
2 Zeltkino
3 Fahrradverleih Rad & Rikscha
6 Hiddenseer Kutterfisch
7 Surf und Segel Hiddensee
8 Zeitungen und Tabakladen
9 Fuhrmannshof Hiddensee
13 Inselführungen

nischen Stümpereien", schreibt *Grümbke* über Vitte. Fast alle dieser „architektonischen Stümpereien", die alten Rauchkaten, hat die große Sturmflut von 1872 verschlungen. Nur eines dieser romantisch-malerischen Rohrdachhäuschen ist erhalten. Die architektonische Stümperei von heute ist das ehemalige Ferienheim des VEB Volkswerft Stralsund, das sich mitten im Dorf erhebt. Den viel zu groß geratenen Bau rettet auch sein kolossales Rohrdach nicht. Wie für alle Orte auf Hiddensee begann mit dem Fremdenverkehr auch für Vitte eine neue Epoche. Es wurden Pensionen, Logierhäuser und Gaststätten gebaut, die das Ortsbild veränderten.

An vielen Häusern des Orts sind noch die typischen Hiddenseer **Hausmarken** zu sehen (siehe Exkurs).

Markant und geschichtsträchtig sind die beiden skurrilen Häuschen, die nebeneinander auf der flachen Wiese etwas außerhalb in Richtung Kloster stehen. Beides sind Werke des berühmten Architekten *Max Taut*. Sie haben zwar kein inseltypisches Aussehen, sind aber sehr sehenswert.

Asta-Nielsen-Haus

Das vordere Haus namens **Karusel** baute *Max Taut* für die dänische Schauspielerin *Asta Nielsen,* die von 1925 bis 1933 ihre Sommerferien auf Hiddensee verbrachte und schrieb: „Nirgends ist man so jung, so froh und so frei wie auf dieser schönen Insel." Neben der Lietzenburg der *Kruses* und *Hauptmanns* Haus Seedorn war das Karusel der dritte große Künstlertreff auf Hiddensee. Bei der Nielsen ging es oft hoch her, besonders wenn der geniale, aber unberechenbare Exzentriker **Joachim Ringelnatz** zu Gast war. Ein paar Zitate aus ihrem Tagebuch: „Heute morgen verließ Ringelnatz das Haus in Badehosen, knallrote Badeschu-

⌐›⌐ Im Henny-Porten-Haus hat Henny Porten nie gewohnt

he, ein gelbes Tuch auf dem Kopf und eine bunte Tasche auf dem Bauch für Bernstein". „Ringelnatz sucht noch immer Bernsteine, das einzige, was er aber gefunden hat, ist eine Kneipe, wo man guten Korn bekommen kann".

Nach jahrelangem Leerstand und Verfall wurde das niedliche Haus restauriert und ist nun zu besichtigen.

■Asta-Nielsen-Haus: Tel. (038300) 6 42 10, www.asta-nielsen-haus.de (April–Okt. Mo, Di, Do, Fr, Sa 11–15 Uhr, Nov.–März Di, Do, Sa 11–13 Uhr, Führungen April–Okt. Do 10 Uhr).

Henny-Porten-Haus

Neben Nielsens Karusel steht das oft nach der UFA-Schauspielerin *Henny Porten* benannte Haus. Es fällt schon von Weitem wegen seines völlig asymmetrischen Daches auf, das aussieht, als

wolle es jeden Moment herunterrutschen. *Henny Porten* hat jedoch nie in diesem Haus gewohnt, noch hat sie je ein Haus auf Hiddensee besessen. Das niedlich-skurrile Häuslein wurde von *Max Taut* 1923 für den Berliner Fabrikanten Karl Wiedemann errichtet. Anfang der 1930er Jahre ging es in den Besitz der Familie *Delius* über, in der es sich noch heute befindet.

Blaue Scheune

Im Ort steht eine der letzten auf Hiddensee erhaltenen **Rauchkaten.** Dieser Haustypus war einst der gebräuchlichste auf der Insel. Die große Sturmflut von 1872 zerstörte die meisten dieser Katen (brachte aber auch den ersten Teil des Hiddenseer Goldschmucks ans Tageslicht). Der Name *Rauchkaten* rührt daher, dass diese Häuser über keinen

412rh_19 ph

Bernstein – das Gold der Ostsee

Als Bernstein bezeichnet man verfestigte Harze, die mindestens eine Million Jahre alt sind. Bernstein ist also **fossiles Pflanzenharz.** Mehr als 300 verschiedene Arten davon sind heute bekannt. Ihr Alter kann über 100 Millionen Jahre betragen. Die häufigste Bernsteinart ist der 40–50 Millionen Jahre alte **Baltische Bernstein,** den man überall im Ostsee- und Nordseegebiet findet. Er entstand während der Braunkohlezeit. Damals waren das südliche Skandinavien und das Gebiet der heutigen Ostsee von subtropischen Wäldern bedeckt, in denen die (ausgestorbene) Bernsteinkiefer wuchs, die das Harz für den Baltischen Bernstein lieferte.

Der Name Bernstein kommt von „Börnstein". „Börnen" ist der niederdeutsche Ausdruck für „brennen". Da Bernstein ein Harz ist, ist er **leicht brennbar** und lässt sich schon mit einem Streichholz anzünden. Außerdem ist Bernstein sauerstoffempfindlich; er bildet an der Luft eine **Verwitterungskruste** und zerfällt allmählich. Dieser Vorgang geht jedoch sehr langsam voran. Bernsteinstücke mit einer Verwitterungsschicht machen einen recht unansehnlichen Eindruck, lassen sich jedoch leicht **aufpolieren** und erstrahlen dann in neuem Glanz. Je nach Lichtdurchlässigkeit unterscheidet man klaren, trüben und milchigen oder weißen Bernstein. Der größte Bernsteinbrocken, der bisher gefunden wurde, wog fast 10 Kilo.

Die Suche

Mit etwas Geduld kann man an den Stränden der Ostsee selbst Bernstein finden. Meist ist er dem sogenannten „Bernsteindreck" untergemischt, einem Gewirr von Muschelschalen, kleinen Holzstückchen und Tangresten. Bernstein lässt sich leicht von abgeschliffenen Glasstückchen unterscheiden. Zum einen ist er wesentlich weicher (wenn man ihn auf eine Glas- oder Steinplatte fallen lässt, klingt er nicht so hell wie eine Scherbe oder ein Metallstück), und er lässt sich gut mit einer Nadel ritzen. Außerdem ist er so leicht, dass er **auf Salzwasser schwimmt.**

Diese Eigenschaft machten sich auch die Bernsteinsucher früher zunutze, indem sie von Booten aus mit langen Stangen die Steine am Grund umwälzten und anschließend die emporschwimmenden Bernsteinbrocken mit Käschern einsammelten. Auch heute noch kann man, z.B. auf Hiddensee, Bernsteinsucher beobachten, die ins flache Wasser waten, mit großen Käschern den am Grund liegenden Bernsteindreck herausfischen und anschließend am Strand ausbreiten, um die Bernsteinstücke herauszusammeln.

Der in der Erde eingebettete Bernstein wird heute im Tagebau mit Spezialbaggern gewonnen, z.B. im russischen Kaliningrad (Königsberg).

Inklusien

Inklusien sind in Bernstein eingeschlossene **tierische oder pflanzliche Reste,** wie Mücken, Käfer, Spinnen oder Blätter. Diese Tiere und Pflanzen sind am flüssigen Harz kleben geblieben und

Kamin verfügten und der Rauch des Herdfeuers den ganzen Innenraum erfüllte und sich durch die schmalen Ritzen und Spalten den Weg nach draußen suchen musste. *Zöllner,* der 1797 die Insel bereiste, beschrieb die Wohnverhältnisse in einem solchen Rauchhaus folgendermaßen: „Die Küche war dergestalt voll Rauch, dass wir kein Auge darin öffnen konnten. Dies müsse so sein,

darin eingeschlossen worden. Da das Harz rasch erhärtet, sind sie über Jahrmillionen hinweg konserviert worden, sodass heute noch feinste Einzelheiten zu erkennen sind.

Schlauben

„Bernsteinschlauben" nennt man solche Stücke, bei denen die natürliche Fließform des Harzes erhalten geblieben ist. Sie entstanden, als das dünnflüssige Harz an den Ästen oder am Stamm herabfloss und dort erstarrte. Da meist mehrere **Harzströme** übereinander flossen, erscheinen die Schlauben **geschichtet**. Andere Fließformen, die im Bernstein erhalten geblieben sind, sind **Tropfen und Zapfen**.

Schmuck

Da Bernstein weich ist und sich **leicht bearbeiten** lässt, ist er schon seit Jahrtausenden ein begehrter Schmuckstein. Aus allen Kulturepochen ist Bernsteinschmuck in Form von Ketten, Anhängern und Figuren bekannt. Neben Schmuck wurden in den letzten Jahrhunderten aber auch zahlreiche **kunsthandwerkliche Arbeiten** hergestellt: Teller mit Intarsien, Leuchter, Vasen, Schachspiele und ganze Altäre. Das berühmteste aus Bernstein gefertigte, oft als 8. Weltwunder bezeichnete Kunstwerk ist das legendäre **Bernsteinzimmer**, das in den Kriegswirren verschwand und nach dem seither fieberhaft gesucht wird.

sagte der Bauer, um Schinken, Fische und Netze zu räuchern".

Seinen leuchtend blauen Anstrich verdankt das niederdeutsche Hallenhaus der Malerin *Henni Lehmann* (1887–1937), die es 1920 erworben hatte und in den 1920er Jahren durch die Ausstellungen des „Hiddenseer Künstlerinnenbundes" bekannt machte. 1954 kaufte der Maler *Günter Fink* den Katen und bewohnte ihn bis zu seinem Tod im Jahr 2000. Heute zeigt seine Witwe, die den Katen noch als Wohnhaus nutzt, in der Saison Ausstellungen mit Werken ihres Mannes.

◼ **Henni-Lehmann-Haus,** Wiesenweg 2. Im Sommer wechselnde Ausstellungen. Öffnungszeiten bei Tourist-Info-Tel. 60 86 85 erfragen.

Homunkulus Figurensammlung

In dem auffälligen Holzhaus im Norderende zeigt das **Homunkulus-Puppenmuseum** eine kleine Wunderwelt mit Puppen und Figuren, Requisiten, Raritäten, Texten, Plakaten aus der Welt des Puppenspielers, Autors und Regisseurs *Karl Huck*.

Bernstein

Am breiten feinsandigen **Strand** von Vitte kann der aufmerksame Strandläufer mit etwas Glück Bernstein finden. Besonders nach starken Westwinden blinken an diesem Strandabschnitt die honigfarbenen Harzstücke aus dem „Bernsteindreck", ein Gewölle aus angeschwemmtem Seetang, Muschelschalen und Holzstückchen. Wenn man hier Einheimische mit langen Käschern bewaffnet im seichten Wasser herumwaten sieht, dann ist die Chance, ein Stück zu finden, besonders hoch.

■ **Bernsteinwerkstatt,** Norderende 142, Tel. 6 07 30, www.bernsteinwerkstatt-vitte.de. Mo–Sa 11–13 und 14–17 Uhr. Mo–Fr 10–11 Uhr. Bernstein selber schleifen (unter Anleitung). Anmeldung erwünscht.

Dünenheide

Von Vitte aus sollte man in jedem Fall ausgedehnte Spaziergänge durch die Dünenheide unternehmen. Das 250 ha große Naturschutzgebiet nimmt den ganzen Mittelteil der Insel zwischen Vitte und Neuendorf ein. Die Sandheide ist eine pittoreske Naturregion. Dem Weißdünenwall entlang der Ostseeküste folgen Abschnitte von Grau- und Gelbdünen, bewachsen von Silbergras und den zwergwüchsigen Sträuchern der Krähenbeere und der Besenheide. Sandeinwehungen und -umlagerungen verwandeln das Aussehen der **Heide** permanent. Überall öffnen sich vom Wind ausgewehte Sandkuhlen, deren Material an anderer Stelle neue Dünenkämme aufwirft. Besonders schön ist die Heide im August, wenn sie millionenfach **gelb und violett erblüht.**

Ein solch trockener und sonniger Platz wie die Heide ist auch bei Reptilien sehr beliebt. Das heißt, hier kann man **Kreuzottern** begegnen. Festes Schuhwerk ist deshalb anzuraten. Sollten Sie auf eines der Tiere treffen, erfreuen Sie

sich an seiner Eleganz und Schönheit. Versuchen Sie aber nicht, es zu fangen oder zu ärgern. Und meinen Sie nicht, Sie müssten die Schlange töten. Zum einen sind Kreuzottern harmlos, wenn man sie in Ruhe lässt, zum zweiten wird ihre Giftigkeit häufig übertrieben, drittens spielen sie in ihrem Biotop eine wichtige Rolle und viertens sind sie selten und deshalb geschützt.

Inmitten der schönen Heide steht das **Feriendorf Heiderose.** Der Wanderer verdankt dem Feriendorf die einladende **Ausflugsgaststätte „Heiderose".**

Bei Wanderungen in der Dünenheide ist zu beachten, dass der dem **Bodden** zugewandte Teil unter strengem Schutz steht und sein **Betreten verboten** ist. Im der Ostseeküste zugewandten, frei zugänglichen Teil auf der anderen Seite der Straße darf man ohne schlechtes Gewissen ruhig **Heidekrautsträuße pflücken.** Das ist nicht nur erlaubt, sondern sogar gern gesehen, weil es zur Verjüngung des Bestandes beiträgt. Durch den zugänglichen Teil führt ein **Lehrpfad,** der auf Informationstafeln die Besonderheiten des Naturraums Dünenheide erläutert.

Praktische Tipps

Unterkunft/Gastronomie

11 **11** **Hotel Godewind**②-③, Süderende 53, Tel. 66 00, www.hotelgodewind.de. Zentrale Ortslage, mit gemütlichem Restaurant. Auch Zimmer mit Etagendusche①.

12 **12** **Hotelanlage Heiderose**②, In den Dünen 127, Tel. 6 30, www.hiddensee-heiderose.de. Hotel und kleine Ferienhäuser mit Restaurant, Fischräucherei und Backhaus mitten in der Dünenheide.

Wanderroute

■ Vitte – Dünenheide – Neuendorf – Strand – Vitte. Länge: ca. 9 km; Dauer: ca. 3½ Stunden.

337rh ph

5 **Pension Lachmöwe**②, Wallweg 5, Tel. 2 53, www.pension-lachmoewe.de. Kleine, ruhig auf der Boddenseite am Hafen gelegene Herberge.

MEIN TIPP: **4** **Hafenkater,** Achtern Dieck, Tel. (038309) 70 85 99, www.hafenkater.de. Fischrestaurant mit Imbisscharakter direkt am Hafen von Vitte mit der von dem Betreiber *Schilling* gewohnten Frische-Qualität, die auch die etwas höheren Preise rechtfertigt.

10 **Restaurant Inselreif,** Süderende 9, Tel. 2 63. www.hiddensee-inselreif.de. Spezialitätenrestaurant mit regionaler Küche, vor allem Fisch.

Aktivitäten

3 **Fahrradverleih: Rad & Rikscha,** Achtern Diek 29, Tel. 60 88 38, www.rad-rikscha-hiddensee.de.

9 **Kutschfahrten/Gepäcktransport:** *Fuhrmannshof Hiddensee,* Wiesenweg 1. Tel. 6 80 15, www.pferdundfahrrad.de.

■ **Wanderung auf dem Alten Bessin**
Mittwochs: Treffpunkt 15 Uhr, Eingangstor zum Alten Bessin; Dauer: ca. 3 Std. **Veranstalter:** Nationalpark Vorpommersche Boddenlandschaft.
Freitags: Steilufer (außer am 26.5.); Treffpunkt: 17.30 Uhr am Heimatmuseum; Dauer: ca. 3 Std.; **Veranstalter:** Insel-Information Hiddensee.

■ **Geführte NLP-Wanderungen:**
Info: NLP-Haus, Tel. € 80 41.
Steiluferwanderung mit Leuchtturm, immer *freitags,* ab Heimatmuseum, Dauer 3 Std.
Wanderung durch die Dünenheide, Di 10 Uhr ab Gaststätte Heiderose, Dauer 2 Std.

■ **Theater:** *Hiddenseebühne Vitte,* Wallweg 2, Tel. 6 05 93, www.hiddenseebuehne.de, April–Okt., u.a. auch Puppen-Figurentheater für Kinder.

7 **Surfen/Segeln:** *Surf und Segel Hiddensee,* Norderende 163, Tel. (038300) 6 05 25, www.surfund segelhiddensee.de.

1 **Malerei & Grafik:** *Atelier Ulrike Northing,* Norderende 162, Tel. 0177 6 66 08 89, www.ulrike-northing.de.

■ **Homunkulus Puppenmuseum,** Norderende 181, Tel. (38300) 6 05 93, www.homunkulus.de. Figurensammlung mit rund 1000 für das Puppen-Figurentheater der Seebühne geschaffenen Puppen in architektonisch interessantem Holz-Neubau, mit schönem Kaffeegarten. April–Sept. tägl. 11–18 Uhr, Okt. 11–17 Uhr, sonst auf Anfrage.

13 **Inselführungen:** *Marion Magas,* In den Dünen 62, mobil: (0160) 3 28 74 84, www.hiddensee-kultur.de.

⌃ Pferdekutsche zwischen Vitte und Neuendorf

Einkaufen

6 **Fisch: Hiddenseer Kutterfisch**, Wiesenweg 8, Tel. 12 16, www.hiddenseer-kutterfisch.de. Hier verarbeiten und vermarkten die Hiddenseer Fischer ihren Fang selbst, was Frische und Qualität garantiert. Vom Hering in Tomatensauce bis Bückling gepfeffert und geräuchert, dazu den obligatorischen Kutterfisch-Aquavit.

8 **Presse/Zeitungen:** Zeitungsladen, Norderende 174, Tel. 3 10. Breites Sortiment an Zeitungen, Magazinen etc. und Tabakwaren. Mo–Fr 8–12, Sa, So 10–12 Uhr.

Neuendorf

Das südlichste Dorf auf Hiddensee ist Neuendorf, eigentlich Neuendorf-Plogshagen. Darauf legen die Plogshagener auch gesteigerten Wert, weil ihr Dorf wesentlich älter ist als eben das „Neue Dorf". **Plogshagen** besteht aus ein paar Häusern an der Außenküste. Es wurde 1236, also zur selben Zeit wie das Zisterzienserkloster in Kloster, gegründet. Benannt ist es nach seinem ersten Bewohner, einem Herrn *Peter Plog*.

Das zum Bodden hin gelegene Neuendorf entstand erst um 1700. Wegen seiner Lage im Süden der Insel werden die Einwohner des Doppeldorfes *Süder* genannt.

Nähert man sich dem Ort mit der Fähre, so scheint es, als ob die schneeweiß gekalkten Rohrdachhäuser auf dem Wasser schwämmen, so flach ist Hiddensee an dieser Stelle. An Land erkennt man dann, dass die Häuser sogar noch etwas erhöht auf kleinen Sandwällen stehen. Diese „Berge", wie sie die Einwohner

nennen, sollen einen gewissen Schutz vor **Hochwasser** bieten, das, wenn es auftritt, an dieser Stelle oft die ganze Insel überflutet. Hier bei Neuendorf hatte 1872 eine besonders starke Sturmflut das „söte Länneken" gar in zwei Teile gerissen. Mit einem Damm, dem „Dicken Faden", wurde sie wieder zusammengenäht.

Nirgends auf der Insel ist der autofreie Zustand augenfälliger als in Neuendorf. Das Dorf steht einfach mitten auf der Wiese. **Keine Straße,** noch nicht einmal ein breiter Sandweg ist hier zu finden. Nur schmale Trampelpfade ziehen sich von Haus zu Haus und kreuz und quer über die grüne Wiese. Ein wundervoller Anblick, den man als betongewöhnter Städter gar nicht lange genug auf sich wirken lassen kann. Teilweise sind die Häuser Neuendorfs wie an einer Perlenkette aufgereiht und solar, d.h. von Ost nach West, ausgerichtet. Neuendorf ist das am ursprünglichsten gebliebene der Hiddenseer Dörfer und steht deshalb als Ganzes unter Denkmalschutz.

Obwohl der Fremdenverkehr heute ebenfalls eine wichtige Rolle spielt, gehen die Süder aber auch noch ihrer traditionellen Arbeit, der **Fischerei,** nach. Im kleinen Hafen am Boddenufer kann man ihnen ausgiebig bei der schweren Arbeit zuschauen.

Eine gewisse Sonderstellung hatten die Süder schon immer. So waren sie immer „Freie", also niemals der Leibeigenschaft unterworfen. Dank ihrer isolierten Lage und der besonderen Nähe zu Rügen entwickelten sich hier sogar ein eigener Dialekt und ein besonders **starkes Gemeinschaftsgefühl.** Lange, bevor ihnen *Ulbricht* und Co. dies mittels realem Sozialismus beibringen wollten, erledigten die Neuendorfer fast alle anfallenden Arbei-

Hiddenseer Hausmarken

Auf Hiddensee, besonders in den Dörfern Vitte und Neuendorf, finden sich an vielen Häusern runenartige Zeichen, sogenannte Hausmarken. Seit über tausend Jahren finden die Zeichen im täglichen Leben Verwendung. Die Symbole waren früher weit verbreitet. Heute sind sie nur noch in wenigen abgeschiedenen Regionen anzutreffen.

Man nimmt an, dass sie sich aus den **Runen,** den ältesten germanischen Schrift- und Zauberzeichen, entwickelt haben. Ursprünglich waren die Symbole Persönlichkeitszeichen, die vererbt wurden. In manchen Gegenden entwickelten sie sich weiter zu Zeichen, die weniger an eine Person als **an ein bestimmtes Haus gebunden** waren und beim Verkauf desselben auf den neuen Besitzer übergingen. Starb ein Hausbesitzer, gingen Haus und Marke an den ältesten Sohn über. Hatte dieser Geschwister, die sich eigene Häuser bauten, wurde die Marke durch neue Beistriche, sogenannte „Afmarken", abgewandelt.

Neben den Hausmarken entstanden aus der „Urmarke" eine Fülle sonstiger Kennzeichnungen wie beispielsweise Viehmarken, Handels-, Güter- oder Produktmarken bis hin zu Wappen und Siegeln. Auf Rügen und Hiddensee fungierten die Marken sogar als **amtliche Rechtsinstitution,** deren Zuordnung und Benutzung im vom Landvogt *Matthäus von Norman* fixierten Rügenschen Landrecht von 1530 schriftlich und verbindlich geregelt und geschützt war – eine Art frühes geschütztes Warenzeichen also.

In **Neuendorf** auf Hiddensee hat sich eine besondere Verwendung der Zeichen entwickelt. Sogenannte **Kavelhölzer,** Hölzchen, in denen die jeweilige Marke eingekerbt war, wurden in eine Mütze oder Gefäß geworfen, um damit die Verteilung aller anfallenden Gemeinschaftsarbeiten auszulosen. In dem Dorf wurden früher sogar die nur sehr begrenzt vorhandenen Wiesengrundstücke alle 15 Jahre neu „ausgekavelt". Persönliches Eigentum an Wiesenland gab es also nicht.

Früher wurden auf der Insel sämtliche zu einem Haushalt gehörenden Geräte, Werkzeuge, Haustiere und Grundstücke gekennzeichnet. Heute finden die Hausmarken auch auf Hiddensee meist nur noch als **Zierrat** Verwendung.

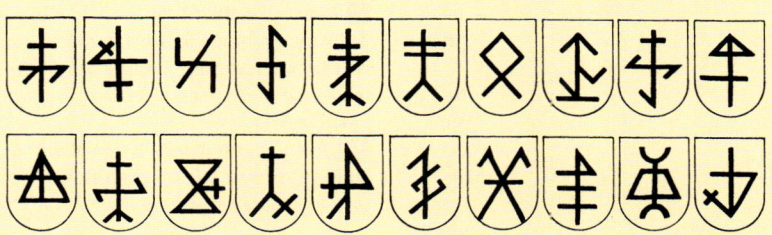

ten gemeinsam. Um die verschiedenen Tätigkeiten gerecht zu verteilen, praktizierten sie eine Art Rotationssystem mittels regelmäßiger Auslosungen: Jeder Haushalt warf sein *Kavelholz,* auf dem die jeweilige **Hausmarke** eingekerbt war, in eine Mütze, und die gezogenen Hölzer entschieden schließlich über die Verteilung der anstehenden Arbeiten, aber auch der Wiesen und Weiden.

Von den alten Bräuchen und vom harten Fischerleben erzählt das neue, in einem alten Reusenschuppen beheimatete und von den Neuendorfer Fischern betreute, kleine **Fischereimuseum.**

Leuchtturm

Südlich von Neuendorf steht die sogenannte Luchte, der südliche Leuchtturm Hiddensees. An dieser Stelle errichteten die Mönche aus Kloster ihren Leuchtturm und die **Gellenkirche,** deren Fundamente bei starkem Tiefwasser manchmal aus den Fluten auftauchen.

Beim Leuchtturm liegt am **breiten feinsandigen Strand** ein beliebtes FKK-Revier.

Von Neuendorf aus bieten sich ausgedehnte **Spaziergänge** durch die flunderflache Salzwiesen- und Dünenlandschaft rings um die Luchte an.

Gellen

Wenig hinter dem Leuchtturm beginnt das **Vogelschutzgebiet Gellen und Gänsewerder.** Diese kilometerlangen, Jahr für Jahr um mehrere Meter weiter ins Meer hinauswachsenden Sandzungen dürfen nicht betreten werden. Ruhige Plätzchen, an denen man ungestört auch textillosen Badefreuden nachgehen kann, findet man garantiert auch außerhalb der Schutzzone zur Genüge.

Praktische Tipps

Unterkunft

1 **Pension Windflüchter**②, Pluderbarg 1, Tel. 3 64, www.appartementhaus-windfluechter.m-vp.de. Hübscher Neubau mit Rohrdach und sympathischer Betreiberin an der Außenküste; App. und Fewo/2–4 Pers.

5 **5** **Pension Zur Boje**②-③, Königsbarg 18, Tel. 65 20, www.zur-boje-hiddensee.de. Mit Gaststätte und schöner Café-Terrasse.

Gastronomie

6 **Gasthaus & Café Rosi,** Pappelallee 11, Tel. 5 01 68, www.cafe-rosi.de (*der* Treff in Neuendorf). Traditionsreiche Adresse mit viel Fisch- und Sanddornspezialitäten, selbst gebackene Kuchen und

Neuendorf/Plogshagen

0 ___ 100 m
© REISE KNOW-HOW

Dörpstraat
Krämerstraat
Reusenschuppen
Groot Partie
Königsbarg
Pappelallee
Plogshagen
Grumkiel

Fischerei-museum, Vitte

Am Bollwerk
Hafen

★ Leuchtturm

Schaproder Bodden

■ **Übernachtung**
1 Pension Windflüchter
5 Pension Zur Boje

■ **Essen und Trinken**
5 Restaurant Zur Boje
6 Café Rosi
7 Stranddistel

■ **Sonstiges**
2 Fahrradverleih/ Freizeitladen
3 Kutschfahrten/ Gepäcktransport
4 Reiki/ Ganzheitliches Fasten

Biergarten. Ebenso kalorienreich wie lecker ist die beliebte Spezialität des Hauses: Sturmsäcke, eine Art Riesen-Windbeutel. Von 12 bis 21 Uhr durchgehend warme Küche. April–Okt., Mo Ruhetag.

7 Stranddistel, beim Hafen, Tel. 3 93, www.stranddistel-hiddensee.de. Mit guten Fisch- und Fleischspezialitäten, auch vegetarische Gerichte im Angebot. Mal probieren: das süffige hausgebraute „Hiddenseer Pilsener".

4 Reiki/Ganzheitliches Fasten: Heilpraktikerin *Kronemann*, Dörpstraat 21, Tel. 4 61, www.reiki-auf-hiddensee.de.

Heimatmuseum: *Reusenschuppen Groot Partie,* Königsbarg 10, Tel. 60 35 70. Ausstellung zu den Themen „Heringe, Fische um Hiddensee, die Fischer der Insel, Hausmarken und Inselküche", Mai–Okt. Mo–Sa 14–17 Uhr, E ntritt frei.

Aktivitäten

2 Fahrradverleih: *Freizeitladen,* Schaulbarg 7, Tel. 4 77, www.freizeitladen.net.

3 Kutschfahrten/Gepäcktransport: *Fuhrgeschäft B. Mach,* Dörpstraat 23, Tel. 5 01 96, www.hiddensee-fuhrmannshof.de.

⌂ Begehrtes Motiv – Malergruppe am Leuchtturm

Wanderrouten

Neuendorf – Leuchtturm „Luchte" – Gellen (bis zur Schutzgebietsgrenze) – Boddenküste – Neuendorf. Länge: ca. 9 km; Dauer: ca. 3 Std.

Neuendorf – Leuchtturm „Luchte" – Neuendorf. Am Strand entlang, Länge: ca. 5 km; Dauer: ca. 1½ Std.

Neuendorf – Kloster – Neuendorf. Am Strand entlang, Länge: ca. 11 km; Dauer: ca. 4 Std.

3 Stralsund

Reichtum in Backstein –
die mittelalterliche Altstadt zeugt mit
imposanten Kirchen und Kathedralen
von der hohen gesellschaftlichen Stellung
der Kaufleute und Patrizier, die ihren Wohlstand auch in den prachtvollen Ziergiebeln
ihrer Kontore zum Ausdruck brachten.

◁ Das mittelalterliche Herz der Altstadt –
der Alte Markt mit Wulflamhaus

DAS TOR NACH RÜGEN

Die altehrwürdige Hanse- und Hafenstadt ist das „Tor nach Rügen" und seine großartige, von der UNESCO als Weltkulturerbe anerkannte, weil fast vollständig erhaltene mittelalterliche Altstadt mit ihren imposanten Kirchen und üppig verzierten Handelskontoren, Patrizierhäusern, Klosteranlagen und Backsteinspeichern ist eine einzige große Sehenswürdigkeit. Von den zahlreichen Museen der Stadt ragen das in einer historischen Klosteranlage beheimatete Meeresmuseum und das neu im Hafen errichtete Ozeaneum heraus. Stralsund bietet so viele Sehenswürdigkeiten, Einkaufsmöglichkeiten, Lokale und Kneipen, dass man unbedingt genügend Zeit mitbringen sollte, um dieses hanseatische Kleinod zu erkunden.

400rh_19 ph

Überblick

„Meerstadt ist Stralsund, und vom Meer erzeugt, dem Meer ähnlich. Auf das Meer ist sie bezogen, in ihrer Erscheinung und ihrer Geschichte", notierte einst die Schriftstellerin *Ricarda Huch* treffend über die Stadt am Strelasund. Gleich einer Insel liegt das historische Stralsund eingebettet und umschlossen vom breiten Sund und den beiden großen Binnengewässern Knieper- und Franken-

teich, die sie vom Festland trennen. Eine Meerstadt und eine Inselstadt, Ausgang zu den sieben Weltmeeren und Eingang zu Deutschlands größter Insel Rügen.

Sieht man sich auf einer Karte die geografische **Lage der Stadt** an, wird schnell klar, welchem Umstand das alte Stralsund es zu verdanken hatte, zu einer der reichsten und mächtigsten Handels- und Hafenstädte entlang der Ostseeküste aufzusteigen: Alle Wege führen nach Stralsund. „Wer Stralsund und (damit) Rügen hat, der hat die Ostsee", erkannte schon 1632 der schwedische Reichstag.

Von alters her führte der kürzeste und sicherste Weg nach Rügen über die Han-

NICHT VERPASSEN!

➡ Unbedingt besteigen:
den **Turm der Marienkirche**
mit Sicht über Stralsund
und den Strelasund | 244

➡ Besuch der **Schiffercompagnie,**
dem musealen Sitz des ältesten
Vereins Deutschlands | 246

➡ Unbedingt besuchen:
das **Ozeaneum** und das
Meeresmuseum mit ihren groß-
artigen Aquarien | 256, 257

➡ Maritimes Flair und
Seemannsstimmung findet man
in der **Hafenkneipe
Klabautermann** | 260

➡ Eine **thematische Stadtführung,**
z.B. vom Nachtwächter bei einem
Rundgang Geschichten über Diebe,
Mörder und Huren erfahren | 261

**Diese Tipps erkennt man im Buch an
der gelben Hinterlegung im Kapitel.**

sestadt. Vor ihr liegt in der Mitte der
Meerenge des Strelasunds die kleine **Insel Dänholm,** so dass die Fährverbindung nach Rügen nur zwei schmale
Wasserarme queren musste. Nebenbei
war das Eiland auch noch ein ideales
Vorwerk zum Schutze des lebenswich-
tigen Hafens. Seine für die Stadt so ele-
mentare Bedeutung ist schließlich auch
daran zu erkennen, dass das Inselchen
ihr Namensgeber wurde. Wie alte Karten
zeigen, nannte sich das heutige Dän-

⌂ Fischhandlung Rasmus:
Hier wurde 1873 der Bismarckhering erfunden

3

holm früher *insula strala*. *Stral* bedeutet sowohl im Slawischen wie auch im Mitteldeutschen „Pfeil". Schon in den ältesten Siegelringen der Stadt ist die Spitze eines fliegenden Pfeils zu sehen. Im heutigen Stadtwappen ist der Pfeil zentrales Symbol.

Seiner strategischen Schlüsselposition verdankte die Stadt im Mittelalter ihren steilen Aufstieg, der ihr Ansehen, Macht, Schönheit und Reichtum bescherte und sie im mächtigen Kartell der **Hanse** hinter Lübeck auf Platz zwei katapultierte.

Auch heute hat Stralsund von seiner verkehrstechnischen Bedeutung nichts eingebüßt. Jeden, der nach Rügen oder Hiddensee fahren möchte oder via Sassnitz weiter nach Skandinavien reisen will, führt der Weg zwangsläufig über und vor allem durch Stralsund.

Viele durchqueren die altehrwürdige Hansestadt in Richtung Rügen ohne Zwischenstopp. Doch die weitgehend in ihrem mittelalterlichen Gepräge erhalten gebliebene historische Altstadt ist mehr als nur einen Halt wert. Wer mit offenen Augen durch die Gassen der Altstadt bummelt, wird seinen Aufenthalt in Stralsund als einen Höhepunkt des Urlaubs erleben.

Dazu hat die Stadt mit dem **Ozeaneum** eine alle Besucherrekorde schlagende spektakuläre Attraktion erhalten. In den vier Monaten nach seiner Eröffnung am 11. Juli 2008 strömten über eine halbe Million Menschen in den Museumsneubau mit den größten Aquarien Nordeuropas. Dass das Interesse am Ozeaneum auch in jüngster Zeit ungebrochen ist, zeigt ein Besucherrekord aus dem Jahr 2017, als an einem Tag über 8000 zahlende Gäste verzeichnet wurden.

Die Altstadt von Stralsund glänzt mit seiner annähernd geschlossenen mittelalterlichen **Bebauung aus der Hansezeit** und wurde deshalb 2002 von der UNESCO zum **„Kulturerbe der Menschheit"** erklärt: gleich drei imposante Stadtkirchen, das glanzvolle Rathaus, prachtvolle Patrizierhäuser, alte Speicher und Kontore, wehrhafte Stadtmauern und -tore, stille Klosteranlagen.

Doch die Medaille hat (noch) eine Kehrseite, die nicht verschwiegen werden soll. Stumme, anklagende Zeugen der **SED-Städtebaupolitik** sind bis zu Ruinen heruntergekommene historische Gebäude von unschätzbarem Wert. Nicht fünf vor zwölf, nein, Schlag zwölf Uhr war es für die alte Hansestadt, als 1989 die greise SED-Führung in Berlin in Rente geschickt wurde und Bürgerinitiativen einen totalen Abrissstopp erfochten.

Seither ist ein umfangreiches, die gesamte Altstadt umfassendes Sanierungsprogramm angelaufen. Mit geschätzten 1,2 Milliarden Euro Gesamtkosten sollen die weit über 800 einzelnen Baudenkmale in der Altstadt gerettet und saniert werden. Viel ist bereits getan und 500 der historischen Gebäude sind fertig und machen die alte Hansestadt bereits jetzt zu einer Perle der Backsteinarchitektur. Doch noch ist viel zu tun. Sicher ist, dass 2025, wenn das letzte Denkmal restauriert sein wird, Stralsund zu einer der schönsten Städte im gesamten Ostseeraum geworden sein wird. Bis dahin gilt noch das alte Stralsunder Sprichwort: *„Wat ist'n Wunner secht de Stralsunner, dat Schipp is leck un geiht nich unner."*

So romantisch die mittelalterliche Stadt ist, so anziehend ihre Aura und so lohnend ein Besuch, so groß ist aber auch die Gefahr, die mit den Besuchern einhergeht – der **Verkehr.** Obwohl es eigentlich unschwer einleuchten müsste, dass man im Mittelalter noch nicht mit dem heutigen Individualverkehr kalkulierte, glauben manch Unverbesserliche, mit ihren Autos durch die engen Gassen bis ins Herz der Altstadt vordringen zu müssen. Geben Sie der Altstadt und ihren Bewohnern eine Chance und stellen Sie Ihr Auto auf einem der großen Parkplätze ab, die in ausreichender Anzahl unmittelbar am Rande der Altstadt zur Verfügung stehen! Von da aus sind es wirklich nur ein paar Meter bis ins Zentrum.

Geschichte

Seine so überaus günstige Lage an der Meerenge nach Rügen versprach dem kleinen wendischen Fischerdorf, das einst an dieser Stelle stand, eine bedeutende Zukunft.

1209 gründete der slawische Rügenfürst *Jaromar I.* neben der Fischersiedlung eine neue Ansiedlung mit deutschen Kolonisten und nannte sie **Stralow.** 1234 verlieh sein Nachfolger, *Witzlaw I.*, dem aufstrebenden Fähr- und Handelsort in seiner Burg in Garz auf Rügen das **Lübische Stadtrecht** und seinen Bewohnern weitreichende Vergünstigungen wie Zollfreiheit sowie das Jagd- und Fischereirecht. Laut alter Urkunden zerstörte *Witzlaw II.* „zum besseren Gedeihen und künftigem Nutzen unserer geliebten Bürger zu Stralsund" 1269 gar die benachbarte Stadt Schadegard. Wo genau Schadegard, die „Graue Burg",

einst lag, vermag man heute nicht mehr zu sagen.

Diese überaus günstigen Startchancen in Verbindung mit ihrer ökonomischen wie militärischen Schlüsselposition ließen die junge Stadt schnell wachsen und blühen. Dem mächtigen Nachbarn Lübeck schmeckte der so üppig gedeihende Konkurrent überhaupt nicht. So wurde Stralsund 1249 überfallen und zerstört. Um für zukünftige Überfälle besser gerüstet zu sein, zogen die Stralsunder danach **Befestigungsanlagen** um ihre Stadt, die zu großen Teilen bis heute erhalten sind. Die kriegerischen Auseinandersetzungen um die strategisch so wichtige Stadt konnten sie aber nicht beenden.

1314 verlor die zwischenzeitlich zur Handelsdrehscheibe zwischen Ost und West sowie Nord und Süd aufgestiegene Stadt ihre Unabhängigkeit an *Witzlaw III.* Doch schon 1316 erkämpfte sie ihre alten Rechte zurück, nachdem es den bedrängten Stralsundern gelungen war, die vereinten Heere von Schweden, Norwegen, Dänemark, Rügen und Mecklenburg zurückzuschlagen.

Der häufigen Überfälle auf ihre Stadt und Handelsschiffe leid, aber im Bewusstsein der Macht und Möglichkeiten einer starken Lobby, schloss sich Stralsund 1293 mit anderen norddeutschen Handelsstädten zur **Hanse** (zeitgen. Begriff für „Schar, Gruppe") zusammen. Dieser Schutzbund entwickelte sich schnell zu einem mächtigen Kartell, das es verstand, durch Gründung von Stützpunkten viele Handelsrouten unter Kontrolle zu bringen und neue auszubauen.

Im Zuge der sich immer weiter vergrößernden Hanse gelangte Stralsund zum **Höhepunkt seiner Blüte.** Nachdem es dem Städtebund 1370 gelang, seinen

Ferdinand Baptista von Schill

Schill wurde am 6.1.1776 in Wilmersdorf bei Dresden geboren. Bereits im Alter von 14 Jahren steckte ihn sein Vater ins Dragonerregiment Ansbach-Bayreuth. Und das **Militär**, in dem er beinahe noch als Kind dienen musste, sollte ihn auch zeitlebens bis zum Heldentode nicht mehr loslassen.

In den Jahren 1806/7 nahm er an den **Schlachten** gegen die siegreichen **napoleonischen Heere** teil. Schließlich wurde er dabei verwundet und flüchtete sich in die pommersche Hafenstadt Kolberg. Dort sammelte er in glühendem Hass gegen die fremden Truppen versprengte Soldaten, patriotische Bürger und unzufriedene Bauern um sich. Mit diesem bunten Haufen, der sich **Freikorps** nannte, wollte er, wie er in seinem späteren „Aufruf an die Deutschen" formulierte, „die in Ketten eines fremden Eroberers schmachtenden Brüder" befreien.

Sein Patriotismus, Mut und Draufgängertum machten ihn schnell bekannt und zum **Hätschelkind der Berliner Gesellschaft.** So sah die Kurprinzessin *Auguste von Hessen-Kassel,* die Schill wegen seiner dunkel-feurigen Augen schmachtend anhimmelte, in ihm den blitzenden, edlen Ritter und Rächer, der ihr das von Napoleon gestohlene Fürstentum zurückerobern würde.

Aber auch die großen Figuren des deutschen Einheitsgedankens wie *Gneisenau, Scharnhorst* oder *Stein* traten mit Schill in Kontakt, trauten ihm aber nach dem Kennenlernen eher wilde Husarenstreiche als disziplinierte Führungsqualitäten zu. Eine richtige Einschätzung, wie sich schon bald zeigen sollte.

Am 9. April 1809 zog Schill mit seinem „Freikorps" umjubelt von Berlin zum **Kampf gegen die Franzosen** aus. Offensichtlich ohne genauen Plan und konkretes Ziel zog er kreuz und quer durchs Land und schlug sich, wo immer sich die Gelegenheit dazu bot. Über Wittenberg, Dessau, Magdeburg, Schwerin, Wismar und Warnemünde gelangte er nach einem siegreichen Scharmützel bei Damgarten nach **Stralsund.** Am 25. Mai stürmte er mit seinem Haufen durch das Tribseer Tor in die Stadt und metzelte die wenigen dort befindlichen Franzosen nieder.

Da er sich in den Kopf gesetzt hatte, die befreite Stadt um keinen Preis wieder herauszugeben, machte er sich fieberhaft an die Wiederherstellung der von den Franzosen geschleiften Befestigungsanlagen. Einige seiner Mitstreiter erkannten schnell das sinnlose Unterfangen, Stralsund gegen die Übermacht der herannahenden Dänen und Holländer verteidigen zu wollen, und suchten rechtzeitig das Weite. Auch Schill schien nicht ganz überzeugt vom Gelingen seiner Sache, ließ er doch Pech und Schwefel requirieren, um im Falle des Falles von Stralsund die ganze Stadt niederbrennen zu können.

größten Konkurrenten, das benachbarte Dänemark, zu besiegen, beherrschte die Hanse unangefochten das gesamte Ostseegebiet. Stralsund, nach Lübeck die mächtigste aller Hansestädte, herrschte kräftig mit und verdiente daran ebenso kräftig. In den Lagerhallen und Kontoren der Kaufleute stapelten sich Waren und Produkte aus allen Ländern der damals bekannten Welt.

Das Wiedererstarken der Fürsten, die die Unabhängigkeit der Städte immer mehr bedrohten, die Wirren und Umwälzungen der Reformation, aber auch

Am 31. Mai war es dann soweit. Der Feind griff, wie Schill es erwartet hatte, heftig das **Tribseer Tor** an. Was er jedoch nicht erwartet hatte, war der eigentliche **Hauptangriff auf das Kniepertor,** von dem der wilde Waffenlärm am Tribseer Tor nur ablenken sollte. Schon bald drang der Feind durch das Stadttor ein und metzelte die kopflos gewordenen Schillschen nieder. Der tollkühne Freiheitsheld selbst galoppierte ebenso kopflos kreuz und quer durch die Stadt und versuchte zu retten, wo es längst nichts mehr zu retten gab.

In der Fährstraße traf ihn schließlich die **tödliche Kugel.** Sein treuester Kampfgefährte, der **schwedische Artillerieoffizier Gustav von Petersson,** wurde gefangen genommen und am 4. Juni am Kniepertor erschossen. Schill selbst schnitt man den Kopf ab und schickte ihn als Trophäe an den von Napoleon inthronisierten König *Jeromé* nach Kassel, wonach er schließlich im anatomischen Museum in Leiden seine letzte Ruhe fand. Sein Rumpf wurde auf dem Knieperfriedhof verscharrt.

die Veränderungen der Handelsformen und -wege sowie Streit und Übervorteilung der Städte untereinander läuteten den **Niedergang der Hanse** und damit auch den Stralsunds ein. 1612 wurde es vom Herzog von Pommern-Wolgast unterworfen. 1628 rückte der **30-Jährige**

Krieg in der Person von *Wallenstein* auf Stralsund zu, der die Stadt um jeden Preis erobern wollte. „Und wenn die Stadt mit Ketten an den Himmel gebunden wäre, ich will sie herunterholen", soll er ausgerufen haben. Allein, es gelang ihm nicht. Geschlossen unter ihrem Bürgermeister *Lambert Steinwich* vereint, trotzten die Stralsunder mit Hilfe von dänischen und schwedischen Truppen Wallensteins 25.000-Mann-Heer. Unverrichteter Dinge musste er die Belagerung aufgeben und geschlagen abziehen.

Dafür hatten die hilfreichen Schweden nun ein Bein in der Tür, was sie sich im Westfälischen Frieden von 1648 festschreiben ließen. Stralsund wurde **zusammen mit Rügen und Vorpommern schwedisch** und blieb es mit kurzen Unterbrechungen bis zum Wiener Kongress 1815. Noch heute lassen sich viele Zeichen dieser langen „Schwedenzeit" in der Stadt entdecken. Von den Schweden zur Festung ausgebaut, konnte Stralsund im Nordischen Krieg einer 5-jährigen Belagerung (1711–15) standhalten. 1807 geriet sie im Zuge der Napoleonischen Eroberungskriege unter **französische Besatzung,** von der sie 1809 der draufgängerische Freiheitskämpfer *Ferdinand von Schill* für ganze sechs Tage befreite.

Mit der Neuordnung Europas auf dem **Wiener Kongress** 1815 wurden Stralsund, Rügen und Vorpommern **Preußen** vermacht. In der nun folgenden relativ ruhigen und friedlichen Zeit begann sich die alte Hansestadt zu erholen und zu industrialisieren. 1863 erhielt sie **Bahnanschluss.** Die Stadt wuchs und sprengte ihre alten Mauern. Franken-, Tribseer- und Kniepervorstadt entstanden.

3

Ein wichtiges Datum für die jüngere Geschichte war der **Bau des Rügendammes** 1931–36, der die Insel erstmals direkt mit dem Festland verband. Mit der internationalen Zugstrecke über Sassnitz nach Skandinavien wuchs die Bedeutung Stralsunds, aber seine alte Funktion als Handelsdrehscheibe konnte es nicht wieder erlangen.

Von dem Inferno, das im Laufe des **2. Weltkrieges** die alliierten Bomberflotten über die norddeutschen Städte brachten, blieb Stralsund lange verschont. Trotz Hafen und Werften, in denen Kriegsschiffe gebaut wurden, trotz des verkehrstechnisch wichtigen Rügendamms war bis Mai 1944 noch keine Bombe gefallen. Zu dieser Zeit lagen Hamburg und Rostock längst in Schutt und Asche. Nach gezielten Angriffen auf Verkehrswege und lndustrieanlagen ab Mai '44 flogen dann am 6. Oktober 1944 große Verbände einen **verheerenden Angriff** gegen die Stadt selbst, dem auch Teile der historischen Altstadt zum Opfer fielen.

In der **DDR** avancierte Stralsund zum drittgrößten Hafen des Landes. Die große Volkswerft, die Fischerei und der Fremdenverkehr wurden die wichtigsten Einnahmequellen der Stadt.

Sehenswertes

Die gesamte unter Denkmalschutz stehende Altstadt ist ein einziges kulturhistorisches Kleinod, das eine Fülle von Sehens- und Entdeckenswertem bereithält. Über 400 einzelne Objekte umfasst die Liste des Denkmalschutzes – unmöglich, sie hier alle einzeln vorzustellen. Wer mit offenen Augen durch die mittelalterliche Altstadt spaziert, wird in den verwinkelten Gassen viele kleine und große Details entdecken, die Episoden aus der wechselvollen Geschichte Stralsunds erzählen.

Neuer Markt

Hat man seinen Wagen in dem großen bewachten Parkhaus auf der Weingartenbastion am Frankenteich abgestellt, braucht man nur den Frankenwall zu überqueren und durch die enge Gasse Zipollenhagen zu gehen. Nach kaum 100 m steht man bereits auf dem Neuen Markt, auf dem sich mit beeindruckender Wuchtigkeit die Marienkirche in den Himmel hebt und mit ihrer Massigkeit die umstehenden Häuschen noch schmächtiger erscheinen lässt, als sie sind.

Die Marienkirche ist die größte der drei Stralsunder Stadtkirchen, die die Altstadt weit überragen und ihre Silhouette dominieren. Sie wurde anstelle einer Vorgängerin errichtet, die sich 1382 durch den Einsturz ihres Turmes selbst zerstört hatte. Der Neubau wurde hauptsächlich von den aufstrebenden und zu Wohlstand gelangten Handwerkern finanziert, die mit dem Bau der dreischiffigen Basilika die Konkurrentin auf dem Alten Markt, die Ratsherren- und Kaufmannskirche, übertrumpfen wollten. Damit sollte augenfällig ihre ökonomische Potenz demonstriert werden, die sie in Form von Mitbestimmung im Stadtrat anerkannt sehen wollten. Mit ihrem enormen, fast 100 m langen und 32 m hohen Mittelschiff ist die Marienkirche eine der **mächtigsten Backsteinkirchen Norddeutschlands** und ein Hauptwerk der niederdeutschen Backsteingotik.

Die gotische Spitze ihres einst 150 m hohen **Turms** wurde 1647 durch einen Blitzschlag zerstört und durch die jetzige 104 m aufragende Barockhaube ersetzt. Auch wenn erst 366 Stufen erklommen werden müssen, den Aufstieg auf den Turm sollte man sich nicht entgehen lassen. Von oben bietet sich ein grandioser **Rundblick** über die alte und neue Stadt, den Hafen und den Strelasund hinüber nach Rügen.

Im Zuge ihrer Restaurierung 1842/47, die durch die Nutzung während der französischen Besatzung als Kaserne und Heulager notwendig geworden war, wurden in ihrem Inneren zahlreiche Veränderungen vorgenommen. Wertvollster Teil der Innenausstattung ist die eindrucksvolle Barockorgel von 1659, das letzte Werk des berühmten Lübecker Orgelbauers *F. Stellwagen* (www.stellwagen.de). Hier finden regelmäßig Orgelkonzerte statt.

■ **Marienkirche,** Neuer Markt, Tel. 29 89 66, www.st-mariengemeinde-stralsund.de, April/Okt. tägl. 10–17 Uhr, Mai–Sept. 9.30–17.30 Uhr, Nov.–März Mo–Fr 11–12 und 14–16 Uhr, Sa 10–12 Uhr, So nach Gottesdienst ca. 11–12 Uhr. Gewölbeführung Di 15 und Do 15.30 Uhr oder nach Anmeldung.

394rh ph

▶ Wer den Turm der Marienkirche erklimmt, wird mit einem großartigen Ausblick belohnt

Neben der Marienkirche steht die achteckige **Apollonienkapelle,** die 1416 von den Stralsundern zur Sühne errichtet werden musste. Sie hatten sich beim sogenannten **Papenbrand am Sunde** beherzt drei Geistliche geschnappt und auf dem Marktplatz verbrannt, nachdem der Archidiakon *Kord Bonow* 1407 mit 300 Reitern raubend und mordend durch die

3

Die Schiffercompagnie

In der **Frankenstraße Nr. 9** steht ein schönes altes Giebelhaus, über dessen reich verzierter Pforte in goldenen Lettern „Schiffercompagnie" zu lesen ist. Dies ist das Bruderschaftshaus der wohl **ältesten Vereinigung Deutschlands.** (Sollte es doch irgendwo einen noch älteren Skatclub geben, bitte ich um Nachsicht.)

Die Compagnie jedenfalls kann auf eine mehr als 500-jährige (!) Tradition zurückblicken. **Gegründet** wurde sie **1488** von 50 Stralsunder „Fahrenslüüd". Einerseits sollte der Verein den allmächtigen Kaufleuten gegenüber ihre Interessen vertreten, andererseits sollte das Haus Quartiere für Mitglieder bereithalten, in denen sie, von großer Fahrt zurück, absteigen konnten. Aber, und ohne das wäre kein deutscher Verein ein Verein, es sollten auch die Tradition und der Nachwuchs gepflegt und gesichert werden.

1635 zog die Compagnie in das Haus in der Frankenstraße ein, wo sie bis heute aktiv tätig ist. Rund **90 Mitglieder,** sogenannte **Schiffsbrüder,** zählt die Vereinigung heute.

Im Laufe der Jahrhunderte haben die Brüder eine Fülle von Mitbringseln von Reisen über die Ozeane dieser Welt zusammengetragen. Ein wunderbar buntes Sammelsurium alter Seekarten, Schiffsglocken, Bilder, Schiffsmodelle und anderem Maritimen mehr zählen zu den Schätzen der Schiffer. Besonders stolz ist man auf das Modell des Linienschiffes *Prinz Carl.* Das 3 m lange, 2 m hohe und mit 96 Kanonen und filigranem Schnitzwerk bestückte Frachtschiff wurde 1720 von dem Mitglied Olderau gebastelt.

Obwohl die Schiffercompagnie als solche und auch das Ambiente ihres Vereinshauses museal anmutet, ist sie dennoch kein Museum. Der Verein ist aktiv, und wenn draußen über der Tür die Vereinsfahne weht, dann tagen die Seemänner. Traditionell besteht der Speiseplan dann aus Hechtsuppe, Labskaus und Roter Grütze.

■ Frankenstr. 9, Tel. 29 85 10, www.schiffer-compagnie.de, Öffnungszeiten: Mo–Fr 10–17 Uhr.

Stadt marodierte, nur weil die städtischen Abgaben an die Kirche nicht seinen Vorstellungen entsprachen.

Von den anderen Gebäuden rund um den Neuen Markt ist der große, ins Auge fallende lederfarbene **Klinkerbau** erwähnenswert. Er wurde 1874 als Garnisonslazarett im neogotischen Stil errichtet.

Die vom Neuen Markt abgehende **Mönchstraße** hat weitgehend ihren historischen Charakter bewahrt. Prächtige Giebelhäuser aus Gotik, Renaissance, Barock und Klassizismus zeugen vom einstigen Reichtum ihrer Besitzer. Eines ihrer wertvollsten Gebäude ist das nach dem Stralsunder Naturwissenschaftler benannte **Burmeisterhaus** (Mönchstr. 45). Das Giebelhaus von 1355 beherbergt heute eine Ausstellung zum Leben des Biologen und Forschungsreisenden *Herrmann K. Burmeister* (1807–1892) und die Bibliothek des Meeresmuseums.

Museumshaus

Eines der ältesten Häuser der Stadt steht in der Mönchstraße 38. Das in Teilen 600 Jahre alte **gotische Giebelhaus** ist nach seiner Restaurierung eine Außenstelle des Kulturhistorischen Museums und beleuchtet mit seinen Einrichtungen und dem historischen Kaufmannsladen die hanseatische Arbeits- und Wohnkultur.

■ **Museumshaus,** Mönchstr. 38, Tel. 25 36 17, Di– So 10–17 Uhr.

Ähnlich geschlossen in ihrer historischen Bebauung sind auch die Mühlen-, Baden-, Fähr-, Schill-, Külp- sowie die Knieperstraße mit ihren herrlichen, imposanten Giebelhäusern. Vorbei an Meeres- und Kulturhistorischem Museum (siehe Kapitel „Museen") führt die Mönchstraße Richtung Alter Markt und Rathaus.

Heilgeistkloster

Am Ende der Frankenstraße trifft man auf das Heilgeistkloster. Eigentlich war die 1256 erstmals urkundlich erwähnte Anlage nie ein Kloster, sondern ein von der Stadt gegründetes **Siechenhospital.** Das Hospitalgelände, einst als „kleine, in sich abgeschlossene Stadt mit sauberen Gängen und malerischen Häusern" beschrieben, wurde 40 Jahre sich selbst überlassen und verfiel. Nach der Wende wurde die Anlage bildschön saniert und ist heute ein ebenso malerisches wie romantisches Kleinod der Stadt, dessen Besuch man nicht versäumen sollte. Einfach niedlich!

■ **Heilgeistkloster,** Wasserstr. 5, Tel. 29 04 46, nur von außen zu besichtigen.

Rund ums Kütertor

Die die Mönchstraße kreuzende Heilgeiststraße führt, vorbei an einem Antiquitätengeschäft mit vielen schönen alten Dingen (Puppen, Spielzeug u.a.), direkt auf das Kütertor zu, eines der beiden erhalten gebliebenen **Stadttore** von ehemals zehn. Der Name des 1466 errichteten Tors weist auf das frühere Quartier der *Küter,* der Fleischer und Schlachter hin. In den Gebäuden neben dem Tor ist die Stralsunder Jugendherberge untergebracht.

Im ehemaligen **Torschließerhaus** befindet sich heute das gleichnamige Restaurant, das wegen seiner Innengestaltung einer Erwähnung wert ist. Das innen wie außen schön restaurierte Fachwerkhaus besitzt in der Mitte des offen gestalteten Gastraumes einen alten Brunnenschacht, der bei der Renovierung entdeckt und freigelegt wurde.

Nur wenige Schritte vom Kütertor steht in der Schillstr. 37 die ehemalige **Kramercompagnie.** Derzeit laufen langfristige Sanierungsarbeiten. Das um 1287 errichtete Gebäude, in dem ab dem Jahr 1493 die Stralsunder Kramercompagnie ihren Sitz hatte, gilt als das am besten erhaltene mittelalterliche Adelshaus der Stadt.

Verlässt man durch das Kütertor die Altstadt, steht man vor der restaurierten **alten Stadtmauer,** deren wehrhafter Anblick einem unwillkürlich waffenklirrende Bilder aus den zahlreichen Schlachten, die um Stralsund und das Tor stattgefunden haben, vor Augen ruft.

Stralsund

3

Vom Kütertor wenige Schritte entfernt liegt in der Mühlenstraße 23 der **Kampische Hof.** Der in seltener Vollständigkeit erhaltene Gebäudekomplex mit Wohnhaus und Speicher aus dem 13. Jh. diente einst dem Zisterzienserkloster Neuenkamp als Stadtquartier.

Rund um den Alten Markt

Zwischen Altem und Neuem Markt verläuft die Ossenreyerstraße, die zur Fußgängerzone umgestaltete Einkaufs- und Flaniermeile der Stadt. Hier findet der Interessierte im Olthofschen Palais, einem sanierten Barockpalais, die 2011 eröffnete **Ausstellung „Welterbestadt Stralsund",** die über Stralsund, aber auch über das Welterbeprogramm der UNESCO allgemein informiert.

■ **Olthofsches Palais/Ausstellung Welterbe,** Ossenreyerstraße 1, Tel. 25 23 10, tägl.10–17 Uhr, Eintritt frei, Do 16 Uhr Führung in den Hackertschen Tapetensaal im 1. Obergeschoss.

Am Ende der Mühlenstraße, kurz bevor sie auf den Alten Markt mündet, liegen zwei kulturhistorisch herausragende Ge-

395h ph

bäude dicht nebeneinander. Das **Dielenhaus,** ein mittelalterliches Kaufmannshaus aus dem 15. Jh. mit gotischem Giebel, ist ein typischer Wohnspeicher, den die hanseatischen Kaufleute bewohnten. In den Speicheretagen lagen die Produkte und Waren, die der Kunde im Direktverkauf erstehen konnte. Heute dient die Diele des aufwendig restaurierten Hauses als Räumlichkeit für wechselnde Ausstellungen.

Torwächterhaus am Kniepertor

■ **Dielenhaus,** Mühlenstr. 3, Tel. 29 78 88, Mai–Sept. Mo–Sa 10–17 Uhr.

Ein paar Meter weiter (Mühlenstraße 1) steht das **älteste Giebelhaus der Stadt.** Das aus dem 13. Jh. stammende Gebäude ist frisch restauriert und glänzt nun außen mit einem herrlichen Pfeilergiebel und innen in der Diele mit den beiden einzigen erhaltenen Längsgalerien Stralsunds und einem Backofen aus dem 17. Jh. Mit dem Giebelhaus hat man das Herzstück der Altstadt, den Alten Markt mit seiner grandiosen historischen Bebauung, erreicht. Das einmalige Ensemble, das ihn umschließt, erhebt ihn zu einem der architektonisch schönsten Plätze Norddeutschlands.

Beherrscht wird der Platz von der **Nikolaikirche,** die dem Schutzpatron der Seefahrer, dem *Hl. Nikolaus,* geweiht ist. Der frühgotische Backsteinbau wurde 1270–1350 nach dem Vorbild der Lübecker Marienkirche errichtet und ist somit die älteste der drei Stralsunder Stadtkirchen. 1622 zerstörte ein Brand ihre hölzernen Turmspitzen. Der Südturm erhielt 1667 einen Barockaufsatz, der Nordturm, bis heute, nur ein Notdach.

Da die Nikolaikirche die **Kirche der Ratsherren und Patrizier** war, ließen diese sich bei der Ausschmückung nicht lumpen. Schließlich wollte man den schärfsten Konkurrenten, den Lübeckern, den eigenen Wohlstand plastisch vor Augen führen und sie möglichst übertrumpfen. Dabei spielte Geld keine Rolle.

Das teilweise bereits frisch restaurierte, teils noch in Arbeit befindliche Kircheninnere glänzt daher mit einer besonders **prachtvollen Innenausstat-**

3

tung. Kostbarste Kunstschätze sind beispielsweise der geschnitzte Hochaltar (15. Jh.), der Schneideraltar (15. Jh.) und der Bergenfahreraltar (um 1500). An den Arkaden des Mittelschiffs sieht man den Altar der Riemer-Innung. Hinter dem Hochaltar hängt ein besonders wertvolles Stück, die Astronomische Uhr von 1360. Viele alte Grabsteine und Epitaphe sind steinerne Zeugen der betuchten Herrschaften, die hier einst ihre Sünden beichteten, für ihre geschäftlichen Aktivitäten um himmlischen Beistand baten und für viel Geld sich einen Begräbnisplatz in der Kirche erkauften.

Für die Kostbarkeiten der Nikolaikirche sollte man sich Zeit nehmen. Dann entdeckt man auch solche Nettigkeiten wie zum Beispiel die Inschrift unter einem Keulenschwinger am Gestühl der Kramerkompanie: *„Dat ken Kramer ist, de blief da buten oder ick schla emp up de schnuten"*, wird unmissverständlich darauf hingewiesen, wer hier Platz nehmen darf.

■ **Nikolaikirche,** Alter Markt, Tel. 29 71 99, www.hst-nikolai.de. April, Mai, Sept., Okt. Mo–Sa 10–18 Uhr, So 12–16 Uhr, Nov.–März Mo–Sa 10–16 Uhr, So 12–15 Uhr, Juni–Aug. Mo–Sa 10–19 Uhr, So 12–16 Uhr, Erw. 3 €.

Neben der Nikolaikirche steht das bekannteste und schönste Profangebäude Stralsunds, das **Rathaus** mit seiner berühmten Schaufassade. Das ehemalige Kaufhaus ist ein buntes Potpourri aus verschiedenen Stilen und Epochen. Seine ältesten Teile stammen von 1278, die Südfront aus dem 14. Jh. Die **prächtige Schmuckfassade** am zum Markt hin gelegenen Kopfbau soll mit den Lösegeldern der 1316 in der Schlacht im Hainholz gefangengenommenen Fürsten finanziert worden sein. Mit der Schaufassade wollten die Stralsunder einmal mehr ihre Konkurrentin, die Hansestadt Lübeck, deren Rathaus einen ähnlich üppigen Giebel vorweisen kann, übertrumpfen. Die Lübecker konterten das ehrgeizige Bestreben aber mit Hohn und Spott und spitzem Reim: *„Dat Stralsunner Rathus is as sinne Kinner, hoch hinaus un nix dahinner".*

Über den sechs großen Fenstern des filigranen Backsteingiebels sind nebst dem eigenen die Wappen der Partnerstädte des Hansebundes Hamburg, Lübeck, Rostock, Wismar und Greifswald zu sehen. Der sehr reizvolle, von Säulen getragene **Innenhof,** der zwei ehemals getrennte Gebäude verbindet, entstand nach einem Brand 1680. In der Galerie steht die **Büste des Schwedenkönigs Gustav Adolf II.** Aus der „Schwedenzeit" der Stadt stammt auch die Architektur der Galerie. Die bis heute andauernde traditionelle Verbundenheit Stralsunds mit dem skandinavischen Land bringt auch die Tatsache zum Ausdruck, dass der Wandelgang noch zu Honeckerzeiten mit schwedischer Unterstützung restauriert wurde. Ein weiteres Zeugnis aus der Schwedenepoche der Stadt ist das **Stadtwappen** über dem reich verzierten Portal an der Westseite des Rathauses.

Dem Rathaus gegenüber erhebt sich das **Wulflam-Haus,** mit seinem prachtvollen, reich verzierten Backsteingiebel ein kulturhistorisches Juwel. Benannt ist

◁ Prachtvoll geschmücktes
Eingangsportal der Nikolaikirche

3

es nach seinem Erbauer, dem Bürgermeister *Bertram Wulflam,* der sich das spätgotische Giebelhaus 1370 als Wohnhaus bauen ließ.

Das dreigeschossige **Commandantenhus** an der Ostseite des Platzes ist eine weitere Hinterlassenschaft der Schweden, die es 1749 als ihre Stadtkommandantur errichteten. Sie dient heute als deutsch-schwedische Begegnungsstätte.

1907 wurde in der Mitte des Alten Markts das **Lambert-Steinwich-Denkmal** feierlich enthüllt, seit 1938 steht es in den Grünanlagen am Wulflamufer am Frankenteich. Unter der Führung des von den Bewohnern verehrten Bürgermeisters *Steinwich* (1571–1628) konnte sich Stralsund 1628 erfolgreich gegen

Wallenstein verteidigen. Pläne, den patriotischen Bürgermeister im Zuge seiner Umgestaltung wieder auf den Alten Markt zurück zu holen, wurden leider nicht realisiert.

Kniepertor

Geht man vom Alten Markt in die Knieperstraße hinein, fällt der Blick auf das zweite erhalten gebliebene **Stadttor,** das Kniepertor. Im Durchgang des 1304 erstmals urkundlich erwähnten Torturmes erinnert ein Gedenkstein an den Kampfgefährten des Tausendsassas *Ferdinand von Schill,* den Schweden *Petersson.* Ihn erschossen die Franzosen hier am Tore, nachdem sie die von *Schill* im Handstreich befreite Stadt zurückeroberten hatten. Ein Blick durch das Tor

⌄ Beispielhaft restauriert – das Scheelehaus

344rh ph

fällt auf das **Theater** Stralsunds auf dem Olof-Palme-Platz.

Johanniskloster

Vom Alten Markt die Külpstraße hinein, stößt man an ihrem Ende in der Schillstraße auf das ehemalige Johanniskloster, das 1254 vom Franziskanerorden erbaut wurde. Der Klosterkomplex, der nach der Reformation zum städtischen Armenhaus umgewandelt wurde, erfuhr 1944 durch Luftangriffe schwere Zerstörungen. Die **Ruinen** der Klosterkirche wurden gesichert und erhalten.

Heute geben die malerischen Mauerreste ihres Chores in den Sommermonaten eine romantische Kulisse für **Freiluftkonzerte** ab. Von den rankenüberwachsenen Mauern, in deren Nischen sich Katzen sonnen, geht noch immer eine klösterliche Stille aus. Das etwas versteckt gelegene Gelände bietet seinen Besuchern eine Oase der Ruhe. Ein kleiner Rosengarten und eine schlichte, nach einem Entwurf *Ernst Barlachs* gefertigte Pietà verstärken die meditative Aura des klösterlichen Refugiums.

Im schön rekonstruierten Klausurgebäude hat Stralsunds **Stadtarchiv** eine Außenstelle eingerichtet. Das berühmte Archiv besitzt eine der umfangreichsten und vollständigsten Sammlungen der mittelalterlichen Stadtgeschichte und der **Geschichte der Hanse.** Nahezu lückenlos sind beispielsweise die Stadt- und Bürgerbücher ab 1270 erhalten. 1.000.000 Bände umfasst die dem Archiv angeschlossene **historische Bibliothek** in der Badenstraße.

Vor der ehemaligen Klosteranlage stehen gleich einem winzigen Dörfchen die alten Wirtschaftshäuser. Die malerisch-romantischen Fachwerkhäuschen – eine Seltenheit in Stralsund – strahlen mit ihren kleinen Vorgärten und Bäumen den betulichen Charme eines ländlichen Dorfidylls aus.

■ **Johanniskloster**, Schillstr. 27, Tel. 25 36 40, z.Zt. aus bautechnischen Gründen geschlossen!
■ **Stadtarchiv**, Am Johanniskloster 35, Tel. 25 36 40, stadtarchiv.stralsund.de.

Scheele-Haus

Bummelt man die Schillstraße Richtung Hafen weiter, steht man dort, wo sie auf die Fährstraße trifft, vor dem noch zu DDR-Zeiten von polnischen Spezialisten restaurierten Scheele-Haus. Die beiden rotbraunen **Giebelhäuser aus der Spätrenaissance,** die zusammen das Scheele-Haus bilden, sind nach dem Chemiker und Entdecker des Sauerstoffs *Carl Wilhelm Scheele* benannt, der in dem Gebäude 1742 das Licht der Welt erblickte. Heute wird das Gebäude als Hotel genutzt.

Schill-Gedenkplatte

Nur wenige Meter vom Scheele-Haus entfernt entdeckt man vor dem Haus Fährstr. 21 die im Bürgersteig eingelassene Schill-Gedenkplatte. Sie markiert die Stelle, an der der draufgängerische **Freiheitskämpfer Ferdinand von Schill** am 31.5.1809 den sogenannten Heldentod fand. Ihm zur ewigen Ehre dienen auch die **Schill-Anlagen,** eine kleine Grünanlage zwischen Knieperteich und Sundpromenade, in deren Mitte das Schill-

3

Denkmal steht (siehe auch Exkurs „Ferdinand Baptista von Schill").

Das Grab *Schills* liegt auf dem St.-Jürgen-Friedhof in der Kniepervorstadt. Der etwa 10-minütige Fußmarsch dort hinaus lohnt sich auch deshalb, weil der Friedhof seit Langem nicht mehr benutzt wird und sich im Laufe der Jahre in eine kleine Wildnis verwandelt hat.

Jacobi-Kirche

Die dritte **Stadtkirche** ist die Jacobi-Kirche in der Böttcherstraße. Das im 14. Jh. zur Basilika umgebaute Gotteshaus diente zu DDR-Zeiten jahrzehntelang als Baustofflager. 1995 begannen umfangreiche Restaurierungsarbeiten. Heute wird sie als Kulturkirche für wechselnde Ausstellungen benutzt

■ **Jacobi-Kirche,** Jakobiturmstraße, Tel. 79 66 52, www.jakobi-stralsund.de.

Hafen

Weiter auf der Fährstraße Richtung Fischmarkt und Hafen durchquert man das älteste Viertel der Stadt. An ihrem Ende tritt man unvermittelt aus der winkligen Altstadt Stralsunds hinaus und steht am Strelasund und den Hafenanlagen. Links sieht man den **Jachthafen** und die Anlegestelle der **Weißen Flotte,** die von hier aus sowohl eine regelmäßige Fährverbindung nach Hiddensee als auch eine Personenfähre nach Altefähr betreibt. Rechts davon ist der alte **Güterhafen,** den man über eine Brücke über den Fährkanal erreichen kann. Hier finden sich ein paar riesige alte **Backstein-**speicher, in die nach Jahrzehnten des Leerstands nun in Form von Lokalen, Hotels und Läden wieder Leben einzieht, sodass sich das lange von Leerstand und Verfall geprägte Hafengelände nach und nach in eine freundliche, maritime Flaniermeile verwandelt.

Gorch Fock 1

Wenige Schritte vom Anleger der Weißen Flotte erblickt man die am Hansakai vertäute Gorch Fock 1. Der eindrucksvolle historische Dreimaster, der 1933 in der Hamburger Werft Blohm + Voss als **Segelschulschiff der kaiserlichen Marine** vom Stapel lief, ist nicht zu verwechseln mit dem aktiven Segelschulschiff der Deutschen Marine, der Gorch Fock. Die Gorch Fock 1 wurde nach 1945 als Reparation erst in die Sowjetunion und dann als „Towarischtsch" in die Ukraine verbracht. 2003 erwarb der Verein Tall-Ship Friends e.V. das völlig heruntergekommene, seguntüchtige Schiff und brachte es nach Deutschland, wo es restauriert wird. Das stolze Schiff kann besichtigt werden, es wird jedoch wohl nie wieder die Meere der Welt befahren können.

■ **Gorch Fock 1,** An der Fährbrücke, Tel. 66 65 20, www.gorchfock1.de, 15. März–15. Okt. tägl. 10–18 Uhr, 16.Okt.–14.März 10–16 Uhr.

▷ Die wahre Gorch Fock ist die Gorch Fock 1 im Hafen von Stralsund

3

Museen

Ozeaneum

Inmitten der historischen Hafenkulisse liegt das neue, hypermoderne Ozeaneum, ein Museumsbau der Superlative. Stralsunds neuer Besuchermagnet ist eine Liebeserklärung an die Meere dieser Welt und ihre Bewohner. Der Rundgang durch den Komplex wird zu einer abenteuerlichen Über- und Unterwasserreise, die vom Stralsunder Hafenbecken über die Nordsee bis ins Nordpolarmeer reicht und dank modernster Technik atemberaubende **Einblicke in die Lebensräume der Meere dieser Welt** bietet. Größtes Einzelaquarium ist das 2,6 Millionen Liter fassende, 9 m tiefe Schwarmfischbecken. Ergänzt wird der Aquarienbereich durch diverse **Ausstellungen** wie z.B. „Die Ostsee – das Meer vor unserer Haustür" oder das speziell für Kinder gestaltete „Meer für Kinder" mit viel Platz zum Spielen und Entdecken. Genaueres dazu findet man unter www.kindermeer.de. Darüber hinaus wird eine spezielle Ausstellung für Kinder mit vielen Möglichkeiten zum aktiven Mitmachen angeboten. In der Ausstellung „Riesen der Weltmeere" werden u.a. ein Blauwal sowie ein Pottwal im Kampf mit einem Riesenkalmar gezeigt – alle in Originalgröße!

396rh ph

■ **Ozeaneum,** Hafenstraße 11, Tel. 2 65 06 10, www.ozeaneum.de. Juni–Sept. täglich 9.30–20 Uhr, Okt.–Mai 9.30–18 Uhr, Eintritt: 17 €/Erwachsene, 8 €/Kind.

Kombi-Tickets: Das Kombi-Ticket Ozeaneum und Meeresmuseum kostet 23 €/Erw. und 12 €/Kind. Besonders interessant sind die Schaufütterungen von Pinguin, Hai und Co. Wer wann gefüttert wird, steht auf www.ozeaneum.de/aquarien/fuetterungen-demo-becken.

▷ Das Walskelett
ist eine der Attraktionen des Meeresmuseums

Meeresmuseum

Vor der Eröffnung des Ozeaneums war das Meeresmuseum *die* große Attraktion der Stadt. Auch wenn manches nun ins Ozeaneum verlagert wurde, ist das in einem ehemaligen Dominikanerkloster untergebrachte Museum nach wie vor nicht nur architektonisch eine besonders interessante Adresse. 37 Aquarien mit einem Fassungsvermögen von wenigen hundert bis zum Megabecken mit 350.000 Litern, in denen Meeresschildkröten und Haie gemeinsam leben (**Schaufütterung** Di und Fr 14 Uhr), sind ebenso sehenswert wie die Abteilung „Tropen", ein 16 Meter langes Skelett eines Finnwals oder die regelmäßig wechselnden Spezialausstellungen wie „Der Hai – gejagter Jäger".

■ **Meeresmuseum**, Katharinenberg 14–20, Tel. 2 65 02 10, www.meeresmuseum.de, April–Okt. tägl. 10–17 Uhr, Nov –März Di-So 10–17 Uhr. 10 € Erw., 5 €/Kind.

Nautineum

Auf dem Kleinen Dänholm unterhält das Meeresmuseum das Nautineum, das **Großexponate** wie die legendäre Unter-

3

Fischhandel H. Rasmus – der Erfinder des Bismarckherings

MEIN TIPP: Der seit 1871 bestehende Fischhandel *H. Rasmus* ist nicht nur für Stralsund eine Institution, sondern auch für alle, die den sauer eingelegten Hering lieben. Bei Rasmus gibt es den **einzig originalen** und wohl auch **besten Bismarckhering der Welt,** denn hier wurde er 1873 vom Urgroßvater *Rasmus* erfunden und wird seither von der Familie nach dem Urrezept hergestellt. Butterzart und einfach köstlich!

■ Heilgeiststr. 10, Stralsund, Tel. (03831) 28 15 38, www.bismarckhering.com, Mo–Fr 9–18 Uhr, Sa 8.30–12.30 Uhr.

wasserstation „Helgoland" oder die „Stephan Janzen", den größten Eisbrecher Deutschlands, zeigt. Zum Nautineum verkehrt vom Stadthafen stündlich ein Shuttleboot.

■ **Nautineum,** Kleiner Dänholm, Tel. 2 65 03 50, Mai–Okt. tägl. 10–17 Uhr, Nov.–April geschl. Eintritt frei.

Kulturhistorisches Museum

Ebenfalls in Gebäudeteilen des ehemaligen Klosters befindet sich das Kulturhistorische Museum. Es ist das älteste Museum Mecklenburg-Vorpommerns. Es hat drei Standorte. Neben dem zentralen Katharinenkloster das **Museumshaus** (s. S. 247) und das **Marinemuseum Dänholm** (s. u.), und zeigt Ausstellungen zur **Geschichte Stralsunds und**

Vorpommerns, die von der Frühgeschichte bis in die Moderne reichen, zu sehen. Besonders interessant sind die bei der Öffnung von steinzeitlichen Großsteingräbern gefundenen Grabbeigaben. Wertvollstes und wohl auch bekanntestes Exponat ist der **Hiddenseer Goldschmuck,** um den sich viele Geschichten ranken.

■ **Kulturhistorisches Museum,** Mönchstr. 25/27, Tel. 25 36 17, www.museum.stralsund.de, Di–So 10–17 Uhr.

Marinemuseum Dänholm

Ebenfalls eine Außenstelle des Kulturhistorischen Museums ist das Marinemuseum auf der **Sternschanze,** einer alten Festungsanlage auf der Insel Dänholm, über die der Rügendamm führt. Es pflegt die traditionsreiche **Schifffahrtsgeschichte** der Hafenstadt und widmet sich der Festung Stralsund und der Preußischen Marine, als deren Wiege Dänholm gilt.

■ **Marinemuseum,** Sternschanze, Haus 10, Tel. 25 36 17, Mai–Okt. Di–So 10–17 Uhr.

Hanse-Galerie

Die Hanse-Galerie zeigt Arbeiten regionaler Künstler und Kunsthandwerker, darunter Objekte aus Schmuck- und Töpferwerkstätten. Im Haus findet man auch das ArtCafé.

■ **Hanse-Galerie,** Alter Markt (im Rathaus), Tel. 29 28 89, www.hanse-galerie-stralsund.de. Mo–Fr 11–18 Uhr, Sa 11–14 Uhr.

Spielkartenfabrik

Mehr **aktive Werkstatt** als Museum ist die historische Stralsunder Spielkartenfabrik am Katharinenberg 35. Im Jahr 1765 erhielt der Graveur *Johann Kaspar Kern* vom schwedischen Generalgouverneur *Axel Graf von Löwen* die alleinige Konzession zur Errichtung einer Spielkarten-Fabrique, die, ab 1872 unter dem Namen Vereinigte Stralsunder Spielkarten, bis 1931 ebensolche nicht nur für den deutschen Markt, sondern auch für den Export produzierte.

Heute kann der Besucher den Arbeitern über die Schulter schauen oder sich in einer Ausstellung Arbeitsergebnisse und hist. Kartenblätter anschauen. Neben der Spielkartenherstellung werden an Wochenenden Kurse für Typografie und Buchdruck, Druckgrafik, Papierschöpfen, Buchbinden u.a. angeboten.

■ **Spielkartenfabrik Stralsund,** Katharinenberg 35, Tel. 70 33 60, www.spiefa.de. Mo–Fr 11–13 und 15–19 Uhr. Jeden 1. Sa. im Monat Linotype-Demo von 11–16 Uhr.

Skurrileum

Ein Museum der ganz besonderen Art ist das Skurrileum – das **Museum für komische Kunst.** Es widmet sich mit Ausstellungen, Veranstaltungen und seinem Shop ausschließlich dem Thema „Humor". Ein Besuch tut gut, denn bekanntlich verlängert ja Lachen das Leben und wenn nicht, so macht es doch das Leben lebenswerter.

■ **Skurrileum,** Hafenstr. 7, mobil: (0160) 96 26 26 23, www.skurrileum.de, tägl. 11–18 Uhr.

Praktische Tipps

Info

■ **Vorwahl:** 03831
■ **Tourismuszentrale Stralsund,** Alter Markt 9, 18439 Stralsund, Tel. 25 23 40, www.stralsundtourismus.de. Mai–Okt. Mo–Fr 10–18 Uhr, Sa/So 10–15 Uhr, Nov.–April Mo–Fr 10–17 Uhr, Sa 10–14 Uhr.

Unterkunft

20 **Hotel Hiddenseer**②-④, Hafenstraße 12, Tel. 2 89 23 90, www.hotel-hiddenseer.de. Schöne zentrale Lage im Hafen beim Ozeaneum mit freiem Blick über den Strelasund auf Rügen. 25 moderne im maritimen Stil eingerichtete Zimmer, entweder mit schönem Blick auf die Altstadt oder Hafen. Herausragend das beidseitig voll verglaste Atelierzimmer im obersten Stock (kein Fahrstuhl) mit einmaligem Panoramablick. Einer der schönsten Aussichtspunkte in Stralsund.

MEIN TIPP: **8** **Altstadthotel Peiß**②-③, Tribseer Straße 15, Tel. 30 35 80, www.altstadt-hotel-in-stralsund.de. Kleines ebenso einladendes wie fahrradfreundliches Hotel in der Altstadt wenige Schritte vom Neuen Markt. Sehr gastfreundliches und hilfsbereites Besitzerehepaar. 12 individuell und geschmackvoll gestaltete Zi., alle mit kostenlosem WLAN. Gutes Frühstück. Mit Weinstube, in der man sich selbst bedient und – wo gibt es so viel Vertrauen noch – seinen Verzehr selber aufschreibt.

7 **Hotel Norddeutscher Hof**②, Neuer Markt 22, Tel. 28 20 00, www.nd-hof.de. Kleine, gemütliche Herberge an der Marienkirche mit Fischrestaurant und nettem Biergarten.

14 **Hotel Amber**② Heilgeiststr. 50, Tel. 28 25 80, www.hotel-amber.de. Einladendes Haus mit nur neun Zimmern im historischen Gebäude mitten in

3

der Altstadt; mit Gewölbebar im Keller (www.zapf bar-stralsund.de).

18 Hotel Kontorhaus③-④, Am Querkanal 1, Tel. 28 98 00, www.kontorhaus-stralsund.de. Modernes, stilvolles Hotel auf der Hafeninsel, dessen schlichte, aber ausgesprochen schöne Zimmer vom bekannten Innenausbau-Spezialisten von Kreuzfahrtschiffen *Rainer Gehr* gestaltet wurden.

4 Haus Wullfcrona②-③, Heilgeiststraße 30, Tel. 30 39 70, www.haus-wullfcrona.de. Ein echtes Kleinod! Perfekte Symbiose aus Historie und Moderne. Bildschöne und stilvolle Herberge im barocken Giebelhaus von 1743 in zentraler Altstadtlage. In dem einst die traditionsreiche „Wullfcronasche Weinhandlung" ihren Sitz hatte. 15 mit viel Gespür für Eleganz und Harmonie individuell gestaltete Zi.

2 Pension Altstadt-Mönch②, Mönchstraße 60, Tel. 44 46 71, www.pension-altstadtmoench.de. Denkmalgeschütztes, mit viel Liebe zum Detail restauriertes und eingerichtetes Haus in der Altstadt nur 50 m vom alten Markt. 5 freundliche, geschmackvoll möblierte Zi. mit Flair. Sehr gutes Frühstück, familiäre Atmosphäre.

9 JH Devin, Ortsteil Devin, Strandstr. 21, Tel. 49 02 89, www.stralsund.jugendherberge.de. Ca. 8 km südöstlich am Greifswalder Bodden; Straße Richtung Greifswald, bei Teschenhagen links abbiegen. Ü/F inkl. Bettw. ab 24,50 €.

Gastronomie

MEIN TIPP: 3 Nur Fisch, Heilgeiststraße 92, Tel. 30 66 09 (fast fish vom Feinsten! Tolles kleines Fischbistro, in dem man zu kleinem Preis gekonnt zubereiteten frischen Fisch von der Fischbulette über die Fischsuppe bis zum gebratenen Zander erhält. Besonders hervorzuheben, weil so selten zu bekommen, die ausgezeichneten Bratkartoffeln.

21 Speicher 8, Hafenstraße 8, Tel. 2 88 28 98, www.speicher8.de. Das Restaurant gilt vielen als Stralsunds beste Adresse. Gehobene Gastronomie im hist. Speicher. Im distinguiert geschmackvoll ge-

stalteten Gastraum werden Klassiker wie Zanderfilet an Scharlottenjus, getrüffeltem Rahmkraut und Passionsfruchtpolenta, aber auch Mediterranes wie Pasta Toskana, Picatta von der Hähnchenbrust mit Tomaten-Oliven-Tagliatelle serviert.

1 Wulflamstuben, Alter Markt 5, Tel. 29 15 33, www.wulflamstuben.de. Regionale Gerichte und Spezialitäten in historischem Giebelhaus.

10 Braugasthaus Zum Alten Fritz, Greifswalder Chaussee 84–85 an der B 96 Richtung Greifswald, Tel. 25 55 00, www.alter-fritz.de. Rustikale Küche in den historischen Gemäuern einer alten Brauerei, in der auch die Störtebeker-Braumanufaktur Bier siedet. Spezialitäten der Brauerzunft und der Region, preiswerter Mittagstisch, Biergarten.

19 Klabautermann, Am Querkanal 2, Tel. 29 08 56, pension-klabautermann.de. Eine waschechte Hafenkneipe mit authentischem maritimem Flair und Gorch Fock 1-Traditionsgaststätte, in der es öfter mal seemannsmäßig die Wellen hoch schlagen. Zur obligatorischen Kehlenspülung reicht man handfeste Hausmannsküche, natürlich mit Schwerpunkt Fisch.

22 Zur Fähre, Fährstraße 17, Tel. 29 71 96, www. zurfaehre-kneipe.de. Gemütliche Bierkneipe im besten Sinne! Hier wurde schon 1332 das Schankrecht erteilt. Heute geführt von der Stralsunder Kneipenlegende *Hannelore Höpner,* stadtbekannt als „Hanni". Perfekter Ort nicht nur für stimmungsvolle Absacker. Täglich ab 18 Uhr.

16 Paula, Am Fischmarkt 21, Tel. 3 06 77 10. Ein Platz zum Entspannen. Sympathisches kleines Café in ruhiger Lage mit gemütlichem Oma-Charme und Terrasse. Leckeres Frühstück, zum Kaffee hervorragende hausgemachte Kuchen in großer Auswahl, aber auch Quiche und Tarte.

Aktivitäten

■ Theater Vorpommern: Olof-Palme-Platz 6, Info/Kartenverkauf Tel. 2 64 60, www.theater-vor pommern.de.

3

■**Weiße Flotte:** Fährstr. 16, Tel. 2 68 10, www. weisse-flotte.de. Personenfähren nach Altefähr und Rügen, Hiddensee-Fähren, Robben-Watching.

■**Thematische Stadtführungen,** Treffpunkt jeweils vor der Tourismus-Zentrale, Alter Markt 9, Info-Tel. 24 69 70.

– Altstadt-Rundgang: Nov.–März Sa 11 Uhr; April–Okt. tägl. 11 und 14 Uhr, Dauer: 1½ Std., 9 € p.P.

– Nachtwächters Geschichten: Mai–Okt. Di und Fr 21 Uhr. Mit dem Nachtwächter und allerhand Moritaten über Diebe, Mörder und Huren. Dauer: 2 Std., 10 € p.P.

– Kulinarischer Stadtrundgang: Eine Tour durch die Altstadt mit 5 hanseatischen Köstlichkeiten. Dauer: 3 Std. 36 € p./P. Anmeldung erforderlich, Tel. (03831) 25 23 40.

■**Stadtrundfahrten:** Hanse-Bahn, mobil: (0177) 3 24 60 22, März–Nov. Mo–Do ab 11 bis 16.30 Uhr, Fr, Sa 11–15.30 Uhr ca. im Std.-Takt, Abfahrt Neuer Markt und Hafeninsel bei Gorch Fock I.

15 **Fahrradverleih:** *Fahrrad-Nagel,* Wasserstraße 18, Tel. 29 41 35.

■**Gokart:** *Kartbahn,* Am Bahnübergang 25, nahe Ostseecenter, Tel. 49 43 29, www.kartbahn-stral sund.de. 280 m lange Hallenbahn.

6 **Kino:** *Cinestar,* Frankenstr. 7, Tel. 28 85 58.

■**Sport/Baden/Vergnügen:** *Hansedom,* Grünhufer Bogen (beim Tierpark), Tel. 3 73 30, www. hansedom.de. Großer Freizeit- und Erholungspark mit Wasser-, Saunawelt, Wellnesscenter und anderen Vergnügungsmöglichkeiten. *Seestern-Therme* So–Do 9.30–21 Uhr, Fr/Sa 9.30–22 Uhr, *Saunawelt* (Mai–Okt. 9.30–22 Uhr, Nov.–April bis 23 Uhr).

■**Baden:** *Strandbad,* Sundpromenade, Tel. 4 61 20, Mai–Sept. 9–18 Uhr, mit FKK-Bereich.

11 **Segeln:** *Segelzentrum Dänholm,* Am alten Marinehafen 11, Tel. 29 74 44, www.segelschule-daen holm.de.

■**Tierpark:** Barther Str., Tel. 25 34 80, www. zoo.stralsund.de (März–Okt. tägl. 9–18.30 Uhr, Nov.–Febr. 10–16 Uhr).

Nachtleben

24 **8cht Vorne,** Zu⁻ Schwedenschanze 15, Tel. (03831) 28 18 88 und **5** **Knuts Bar,** Mönchstr. 41, Tel. 28 18 88, www.derstudentenkeller.de. Zwei Studentenkneipen, in denen sich die Szene der Stadt trifft. Im *8cht Vorne* zum Feiern und Tanzen, bei *Knuts* zum chilligen Cometogether.

12 **T1,** Heilgeiststraße 64, Tel. 2 82 81 11, www.t1-stralsund.de. Club mit zwei Bars, Lounge, großem Dancefloor und Raucher-, Nichtraucherbereichen, Fr–Mi ab 20 Uhr, Do ab 18 Uhr.

13 **Zapfbar,** Heilgeiststraße 50, mobil: (0174) 7 61 70 07, www.zapfbar-stralsund.de, Di.–Do. 19.30–0 Uhr, Fr.–Sa. 19.30 Uhr – open end.

Feste und Veranstaltungen

■**Segelwoche:** Ende Mai/Anf. Juni, Regatta rund um Rügen und Hiddensee mit 69-jähriger Tradition, www.ycstr.de.

■**Sundschwimmen** (Anfang Juli), Langstreckenschwimmen (2,3 km) durch den Strelasund nach Altefähr, www.sundschwimmen.de.

■**Wallensteintage** (Ende Juli), großes Volksfest mit abwechslungsreichem Kulturprogramm zum Gedenken an den erfolgreichen Widerstand der Stadt gegen Wallenstein im Jahre 1628, www. wallensteintage.de.

3

Praktische
Reisetipps

 Ehemaliger Fähranleger in Altefähr

Informations-stellen

Alle Urlaubsorte an der Küste betreiben eigene Informationsstellen, die touristische Auskünfte erteilen. Zumeist sind sie gleichzeitig zentrale **Vermittlungsstellen für Unterkünfte,** über deren örtliches Angebot sie jährlich aktualisierte, Verzeichnisse bereithalten, in denen neben der Art der Unterkunft auch Lage, Ausstattung und Preis aufgeführt sind.

Das Angebot der kommunalen bzw. privaten Touristinformationen wird durch zusätzliche Stellen ergänzt, die Spezialinformationen wie beispielsweise zu den National- und Naturparks und Biosphärenreservaten bereithalten und ein eigenes, saisonales, von Fachpersonal begleitetes Angebot an Führungen, Tierbeobachtungen u.a. anbieten.

Die Adressen, Telefonnummern und Öffnungszeiten der einzelnen Informationsstellen finden sich im Infoteil der jeweiligen Ortsbeschreibung. Neben den lokalen Informationsbüros existieren Einrichtungen, die über die gesamte Region informieren.

Alle genannten Stellen versenden auf Anfrage aktuelles Infomaterial wie Unterkunftsverzeichnisse etc. Darüber hinaus kann man bei diesen Adressen auch kostenpflichtiges Material wie Land-, Rad-, Wanderkarten, Reiseführer oder spezielle Verzeichnisse beziehen.

■**Tourismusverband Mecklenburg-Vorpommern e.V.,** Konrad-Zuse-Straße 2, 18057 Rostock, Tel. (0381) 4 03 05 50, www.auf-nach-mv.de.
■**Tourismusverband Rügen (TZR),** Circus 16, 18581 Putbus, Tel. (03838) 80 77 24, Info- und Buchungscenter in Bergen, Am Markt, Tel. (03838) 80 77 80, Mo–Fr 10–17 Uhr.
■**Insel-Information Hiddensee,** Achtern Diek 18a, 18565 Vitte, Tel. (038300) 60 86 85, www.seebad-hiddensee.de.
■**Stralsund-Information,** Alter Markt 9, 18439 Stralsund, Tel. (03831) 25 23 40, www.stralsundtourismus.de.

Private Touristik-Agenturen

■**Tourismus-Service Agentur,** Altensien 7b, 18586 Sellin, mobil: (0163) 6304828, www.inselruegen.com.
■**Rügener Reiselotse,** 18609 Binz, Proraer Chaussee 3f, Tel. (038393) 3 37 89, www.reiselotse.com.

Zeitungen/Online-Magazine

■**Wir sind Insel,** www.wirsindinsel.de, Onlinemagazin des Tourismusverbands Rügen.
■**RügenZeit,** www.inselzeitung.de, kostenlose App, Insel-Guide, Veranstaltungskalender u.a.
■**Inselzeitung Hiddensee,** Norderende 162, 18565 Vitte, Tel. (0383 00) 64263, www.inselzeitung-hiddensee.de.

> Zimmer zu vermieten
und Produkte aus der Region zu verkaufen

Anreise

Mit dem Auto

Von Westen

Wichtige Verkehrsschlagader des Landes ist die **Ostseeautobahn A 20.** Sie verknüpft auf 328 km die A 1 bei Lübeck mit der A 11 bei Prenzlau und entlastet dadurch massiv die Bundesstraßen entlang der Küste. So trägt die zwei Milliarden Euro teure Straße nicht nur zur ökonomischen Wiederbelebung der alten Handelswege nach Polen und ins Baltikum bei, sondern vereinfacht auch die Anreise nach Rügen enorm. Reisende aus Richtung Westen/Hamburg können die A 20 bis Tribsees benutzen und dann auf der Umfahrung Stralsunds direkt zum **Rügendamm** kommen.

2017 geriet die A 20 in die Schlagzeilen, als ein Teil der Autobahn (bei Tribsees) einsackte. Inzwischen ist die Behelfsbrücke über den im Herbst 2017 abgesackten Teil der A 20 für Autofahrer freigegeben. Ab sofort geht es auf einer Spur je Richtung mit 60 km/h voran, die bisherigen Umleitungen durch die anliegenden Dörfer sind aufgehoben.

Über 70 Jahre lang war der **Rügendamm** (Ziegelgrabenbrücke) der einzige Landzugang zu Deutschlands größter Insel und entsprechend ein Nadelöhr, das dem Besucher- und Warenstrom längst nicht mehr gewachsen war, und in Urlaubszeiten chronisch zu teils chaotischen Staus führte. Mit der Eröffnung der **neuen Rügenbrücke** im Jahr 2007 wurde dieser Engpass beseitigt. Dazu hat die Insel mit dem spektakulären Bauwerk, das den Strelasund parallel zum alten Rügendamm 4 km lang und bis zu 42 m hoch in kühnem Schwung überspannt, sozusagen gleich an der Eingangspforte eine neue eindrucksvolle Sehenswürdigkeit erhalten. Der alte Rügendamm bleibt aber auch weiterhin geöffnet.

Neben diesen beiden Brücken kann man mit der von März bis Ende Oktober verkehrenden **Glewitzer Fähre** (ca. 15 km östlich von Stralsund ab Strahlbrode) nach Rügen gelangen.

Schließzeiten des Rügendamms (Ziegelgrabenbrücke)

Jeweils max. 20 Min., tägl. 5.20 Uhr, 8.20 Uhr, 12.20 Uhr, 17.20 Uhr, 21.30 Uhr, 2.30 Uhr (bei Bedarf).

Fahrzeiten Glewitzer Fähre

Verkehrt von März bis Ende Okt. tägl. ab 6 Uhr im Pendelverkehr ca alle 20–30 Min., April–Sept. bis 21.40 Uhr, sonst bis 20.10 Uhr, Info-Tel. (03831) 2 68 10, www.ruegen-faehre.de. Pkw einfach 5,80 €, Fahrrad 1,20 €, Person 1,20 €.

Von Süden

Reisende aus Richtung Süden/Berlin können bis **Rostock** die A 19 benutzen und dort auf der Ostseeautobahn A 20 bis Abfahrt Stralsund weiterfahren. Die zweite direkte Anbindung an den Berliner Ring und damit an das bundesweite Autobahnnetz ist die A 11 **Berlin – Stettin,** die mit dem Kreuz Uckermark Anschluss an die **A 20** hat.

292rh ph

Durch die Entlastung der **B 109** wird diese für Reisende mit Muße und Zeit andererseits wieder zu einer überlegenswerten Alternative. Die B 109 führt von Berlin via Wandlitz quer durch das herrliche **Wald- und Seengebiet** des Biosphärenreservats Schorfheide und das vorpommersche Endmoränengebiet. Diese ungemein reizvollen Landschaften machen schon die Anreise zu einem Erlebnis. Ab Greifswald bietet sich dann die Landstraße von Grimmen über Milt-

⌃ Alternative zu Rügendamm und Rügenbrücke – die Glewitzer Fähre

zow nach Reinberg an, wobei man mit der **Autofähre von Stahlbrode nach Glewitz** auf Rügen übersetzen kann.

Nach Hiddensee

Hiddensee ist nur mit dem **Schiff** zu erreichen. Ganzjährig und regelmäßig verkehren nur von **Schaprode** auf Rügen Personenfähren. Von **Stralsund** verkehrt die Hiddensee-Fähre nur von Mai bis September und zum Jahreswechsel. Wegen des Autoverbots auf Hiddensee muss der Wagen für die Zeit des Aufenthalts im Fährhafen abgestellt werden. In Schaprode stehen dafür kostenpflichtige und bewachte **Parkplätze** zur Verfügung, in Stralsund jedoch nicht. Empfehlenswert ist hier nach Ausladen des

Gepäcks am Fähranleger die Benutzung des kostenpflichtigen Parkhauses Weingartenbastion (ca. 15 Min. Fußweg von der Anlegestelle entfernt) oder die Anreise mit der Bahn.

Ebenfalls nur in der Saison und eher für Tagesausflügler gedacht sind die fahrplanmäßig verkehrenden Ausflugsboote von **Wiek/Rügen, Zingst** und **Barth** nach Hiddensee. Zusätzlich verkehren **Wassertaxis** des Hiddenseer Taxirings zwischen Hiddensee, Schaprode und Stralsund.

Fährgesellschaften

■**Stralsund:** *Reederei Hiddensee,* Fährstr. 16, Tel. (03831) 2 68 10, www.reederei-hiddensee.de.
■**Hiddensee/Vitte:** *Reederei Hiddensee,* Achtern Diek 4, Tel. (038300) 2 10.
■**Wassertaxi** (ab 7 bis max. 20 Personen): *Hiddenseer Taxiring,* Tel. (038300) 2 10, www.reederei-hiddensee.de/wassertaxi; Schaprode – Vitte bis 7 Pers. Tag 80 €, Nacht 150 €, ab 8 Pers. Erw. 13/20 €, Kind/Hund 7,50/9,20 €, Fahrrad 7 €.

Mit der Bahn

Alle Züge nach Rügen führen über **Stralsund** und den **Rügendamm.** Von Stralsund gibt es eine Bahnverbindung über Bergen nach Sassnitz und zum Seebad Binz.

Alle Angaben gelten für den Tag der Drucklegung. Da die Deutsche Bahn Preise für Zugtickets möglicherweise anpasst und spezielle Angebote teilweise nur kurzfristig gelten, sind sämtliche Angaben im diesem Kapitel ohne Gewähr. Bitte erkundigen Sie sich deshalb unter www. bahn.de oder im Servicecenter Ihres Heimatbahnhofes unbedingt

nach den derzeit aktuellen Angeboten und Preisen.

Mecklenburg-Vorpommern Ticket

Mit dem Mecklenburg-Vorpommern-Ticket für 23 € kann man Mo–Fr ab 9 Uhr bis 3 Uhr des Folgetages (Sa/So schon ab 0 Uhr) das gesamte Nahverkehrsnetz von Mecklenburg-Vorpommern nutzen. Es gilt für Erwachsene mit beliebig vielen eigenen Kindern bis 15 Jahre und Gruppen bis 5 Personen.

Ostsee-Ticket

Ganzjährig gibt es das günstige Ostsee-Ticket, mit dem man von festgelegten Bahnhöfen in Berlin und Brandenburg zu zahlreichen Zielbahnhöfen an der Ostseeküste fahren kann. Hin- und Rückfahrt innerhalb von 15 Tagen für bis zu 5 Personen. Die 1. Person zahlt 49 €, alle erwachsenen Mitfahrer nur 39 €. Kinder bis 15 Jahre in Begleitung der Eltern oder Großeltern fahren umsonst mit. Allein reisende Kinder bis 14 Jahre zahlen 39 €. Mit dem Ostsee-Ticket sind Rabatte und Vergünstigungen verknüpft. Achtung: Das Ostsee-Ticket kann **nicht im Zug** erworben werden.

■www.bahn.de (dort bei *Suchen* „OstseeTicket" eingeben).

Stadt-Land-Meer-Ticket

Das S-L-M-Ticket gilt für 1 Monat auf den Strecken RE 2 Berlin–Wismar, RE 3 Berlin–Stralsund und RE 5 Berlin–Rostock und kostet einfach 27 €, hin und zurück 43 €. Eigene Kinder bzw. Enkel sind kostenlos.

■ www.bahn.de (dort unter *Suchen* „Stadt-Land-Meer-Ticket" eingeben).

BernsteinTicket

Das **BernsteinTicket** (Erw. 19 €, Kind 12 €, Gruppe bis max. 5 Pers. mit max. 2 Erw. 33 €) gilt für 1 Tag bis 3 Uhr des Folgetages. Das Ticket gilt jeweils für einen Tag auf den Strecken Stralsund–Grünhufe, Stralsund–Bergen–Binz, Bergen–Putbus–Lauterbach, den Zügen der Pressnitztalbahn, sowie auf den Buslinien 1 bis 49 der Verkehrsgesellschaft-Vorpommern-Rügen (VVR). Es gilt nicht für die Bäderbahn „Rasender Roland"!

■ www.bahn.de (dort bei *Suchen* „BernsteinTicket" eingeben).

Hanse-Express

Der HanseExpress verbindet täglich mit dem RE 1 im 2 Std-Takt Hamburg Hbf. mit Rostock (mit Umsteigen in Rostock und dem RE 9 auch Stralsund und Sassnitz sowie Ostseebad Binz auf Rügen).

Bahn & Bike

Das für einen Tag gültige **Radticket im Regionalverkehr MV** kostet 5,50 €. Ver-

günstigungen bei der Fahrradmitnahme gibt es beispielsweise in Verbindung mit dem Ostsee-Ticket oder dem M-V-Ticket.

■ **Info:** *Radfahrer-Hotline* (01806) 99 66 33 (20 Ct./Min.), www.bahn.de/bahnundbike.

151rh ph

> ☐ In geschützten Naturzonen sind manchmal Auto und Fahrrad verboten

Unterwegs auf Rügen

Bahn

Deutsche Bahn

Das Eisenbahnnetz der Deutschen Bahn auf Rügen beschränkt sich auf zwei Hauptstrecken und eine Nebenstrecke. Die wichtigste, meist für den Transit nach Skandinavien genutzte Linie führt von **Stralsund** über die Hauptstadt **Bergen** quer durch die Insel bis **Sassnitz.**

Ebenfalls über Bergen führt die Verbindung zum bedeutendsten Badeort der Insel, dem Seebad **Binz.**

Pressnitztalbahn

Die Pressnitzbahn, die von der Rügenschen Bäderbahn (s.u.) betrieben wird, bedient die **Normalspurstrecke Bergen – Putbus – Lauterbach Mole** und stellt so die Schienenverbindung von der Normalspur zur Schmalspur her.

■ **Info:** Bahnhofstraße 14, Putbus, Tel. (038301) 88 40 12, www.zugbringer.com.

Schmalspurbahn/Rasender Roland

Die **Rügensche BäderBahn (RüBB)**, „Rasender Roland" genannt, verkehrt ganzjährig auf der Strecke **Putbus/Lauterbach – Göhren** mit Halt u.a. in den Seebädern **Binz, Sellin** und **Baabe**. Die schmalspurige Traditionsbahn ist weit mehr als nur ein öffentliches Verkehrsmittel. Die museale Puppenstubenbahn wird von historischen Dampfloks gezogen. Mit maximal 30 km/h schnauft die niedliche Bahn durch die landschaftlich reizvolle Granitz direkt zu den Stränden der großen Seebäder (siehe auch Exkurs „Der Rasende Roland – mit 30 km/h durch die Rügenschen Wiesen").

■ **Info:** *Rügensche BäderBahn „Rasender Roland",* Bahnhofstraße 14, Putbus, Tel. (038301) 8 84 09, www.ruegensche-baederbahn.de.

Bus

Der Rügener Personennahverkehr (RPNV) ist Teil der Verkehrsgesellschft Vorpommern-Rügen (VVR). Er besitzt ein gut ausgebautes Busnetz, mit dem praktisch alle Orte auf Rügen zu erreichen sind. Hauptstrecken werden von Mai bis Oktober täglich im **15 Minuten-Takt** bedient. Alle RPNV-Linien sowie die Fahrpläne der Kleinbahn Rasender Roland, der Rügenlinien der Deutschen Bahn AG sowie der Reederei Hiddensee, der Autofähren von Glewitz und Wittow und der Personenfähre Stralsund – Altefähr sind in dem Fahrplanheft als Broschüre oder unter www.vvr-bus.de/service/downloads als Download erhältlich.

Beim Preis gilt das sogenannte „**Wabenmodell**", das die gesamte Insel in 62 Waben und in 10 Tarifzonen einteilt. Der Fahrpreis berechnet sich nach der Anzahl der durchfahrenen Tarifzonen. So kostet ein Einzelfahrschein innerhalb einer Tarifzone z.B. im Stadtgebiet Stralsund 1,65 €, beim Durchfahren aller Tarifzonen max. 8,30 €. Das Hiddensee-Ticket, das auch die Fähre einschließt, gibt es für 25,50 €, das Königsstuhl-Ticket mit Eintritt ins NLP-Zentrum für 20 €.

Das **Bernstein-Ticket Rügen** zu 19 € gilt im Gesamtnetz für beliebig viele Fahrten in allen Bussen der Verkehrsgemeinschaft Nordvorpommern (VGN), des RPNV und der SWS Nahverkehr sowie für die DB-Regio- und PRESS-Strecken auf Rügen und in Stralsund. Alle Tickets erhält man beim Busfahrer.

Fahrräder werden von den sogenannten RADzfatz-Bussen mitgenommen, die mit einem Radanhänger verkehren. Die Fahrradmitnahme im Bus kostet 2 €, (E-Bike 6 €) es können max. 16 Fahrräder mitgenommen werden. Uneingeschränkte Rad-Mitnahme ist bei der Kleinbahn, bei DB Regio und bei der Weißen Flotte möglich. Die Reederei *Hiddensee* garantiert die Mitnahme nur auf der *MS Vitte*, auf den anderen Hiddensee-Fähren nur je nach Kapazität. Gruppen müssen sich mindestens 24 Std. vorher anmelden!

■ **Info:** www.vvr-bus.de/region/radzfatz

◁ Mit Volldampf durch die Granitz – der Rasende Roland

4

Inselbus Hiddensee

Auf der (von Montag bis Freitag) auto-freien Insel Hiddensee verkehrt mehr-mals täglich von ca. 7 bis 17 Uhr zwi-schen den Orten ein Inselbus. Die Tages-karte kostet 4,50 € (Kind 2 €), die Halb-tageskarte 3,20 €. Für einen Hund sind 1,90 € zu entrichten.

■ **Info/Tickets/Fahrplan:** *InfoThek,* Busbahnhof Bergen, Friedenstraße 23, 18528 Bergen/Rügen Tel. (03838) 20 29 55, www.vvr-bus.de/service/kon takt, Mo–Fr 8.30–12.30 und 13–17 Uh.

Flug

Regelmäßige Linienflüge nach Rügen gibt es nicht. Der Inselflugplatz Güttin bietet in der Saison täglich ab 10 Uhr verschiedene **Inselrundflüge** von 20 bis 90 Minuten Dauer an.

Der nächstgelegene **Flughafen** mit Liniendienst ist Rostock/Laage (www. rostock-airport.de). Derzeit existieren Verbindungen von München (2x tägl.) und von Ende Mai bis Ende August auch von Wien (jeweils freitags).

Abgestimmt auf die Abflug- und An-kunftszeiten verkehrt die Regionalbus-Linie 127 zwischen dem Zentralen Bus-bahnhof Rostock und dem Flughafen (Info-Tel. (0381) 4 05 60 18). Den genau-en Fahrplan findet man unter www. rebus.de.

■ **Taxi am Flughafen:** *Taxi Below,* Tel. (0381) 4 96 89 66, www.taxi-below.de.

Zum **Inselflugplatz** bei Güttin auf Rügen gibt es keine Linien-Verbindun-gen. Er dient ausschließlich als Sport-flugplatz, von dem man Rundflüge über die Insel und die vorpommersche Küste buchen kann.

409rh_19 ph

■**Flugplatz Rügen,** Flughafen Güttin, Tel. (038306) 12 89, www.ostseeflugruegen.de.

Fahrrad

Aus gutem Grund erfreut sich Urlaub mit dem Fahrrad zunehmender Beliebtheit: Radeln schont die Umwelt und ist gesund.

Doch es spricht noch mehr dafür, sich im Urlaub in den Sattel zu schwingen. Anstatt die Aufmerksamkeit auf den Straßenverkehr richten zu müssen, erlebt man mit dem Fahrrad die Schönheit und Vielfalt der Landschaft unmittelbar. Gerüche, Geräusche, Temperaturunterschiede, Höhendifferenzen, Luftbewegungen, ein Schwätzchen am Wegesrand – der Radfahrer entdeckt Land und Leute weit intensiver und differenzierter als der Autopilot. Ganz praktisch ist das Rad dort, wo Autos nicht fahren dürfen. Und da findet sich meist das schönste Picknickplätzchen, die bunteste Blumenwiese, die lauschigste Badestelle.

Wer mit dem Auto anreist und kein Fahrrad mitführen kann, braucht auf die Zweiradwonnen dennoch nicht zu verzichten. In fast allen Ferienorten halten **Verleihstationen** die praktischen, umweltfreundlichen Fortbewegungsmittel bereit. Die Adressen sind im Infoteil der jeweiligen Ortsbeschreibung zu finden.

Gefährliche Alleen – wo radelt man sicher?

Streckenweise problematisch und teils auch richtig gefährlich ist auf Rügen das Befahren von belebten Straßen. Auch wenn manch noch so schöne Allee lockt, sollte man **stark befahrene Straßen unbedingt meiden.** Zum einen herrscht unter den Bäumen auch bei Sonnenschein oft Dämmerlicht, so dass man von Autofahrern leicht übersehen wird – immer wieder kommt es zu sehr schweren, oft tödlichen Unfällen. Zum anderen wird die Straße durch die Bäume stark eingeengt, wodurch kaum Raum zum Ausweichen bzw. Überholen bleibt. Und mit einer kilometerlangen Autoschlange hinter sich radelt es sich nicht gerade entspannt.

Dort, wo Straßen neu asphaltiert wurden, lauert auf den Radfahrer eine weitere heimtückische Gefahr: Die **neuen Beläge** sind manchmal derart hoch aufgetragen, dass zum meist unbefestigten Seitenstreifen hin ein sehr hoher Absatz entstanden ist. Stürze sind hier oft vorprogrammiert.

Längere und gefährliche Streckenabschnitte lassen sich am besten **mit den RADzfatz-Rad-Linienbussen** überbrücken, die von Mai bis Ende Oktober mit Fahrradanhängern verkehren.

Viel entspannter und sicherer radelt es sich abseits der Autopisten. Neben gut ausgebauten **Radwanderwegen,** deren Netz ständig erweitert wird, eignen sich je nach Witterung auch **Feld- und Waldwege** für beschauliche Radtouren. Auf diesen Strecken ist jedoch mancherorts mit beschwerlichen Streckenabschnitten wie Kopfsteinpflaster, Sandpfaden oder Betonschwellen zu rechnen. Ein stabiles, für leichte Geländefahrten geeignetes Fahrrad mit breiten Reifen ist deshalb empfehlenswert.

◁ Auf Rügen mit dem Rad

153rh ph

Radeln auf Rügen und Hiddensee

Hiddensee ist nichts weniger als ein Radlerparadies, denn die schmale, langgezogene Insel ist montags bis freitags **für private motorisierte Fortbewegungsmittel gesperrt.** Einzige zugelassene Verkehrsmittel auf dem „söten Länneken" sind die eigenen Beine, Pferdekutschen und eben das Fahrrad. Fast alle Vermieter auf der Insel halten deshalb für ihre Gäste Räder bereit.

Völlig unverständlich ist jedoch, warum eine Insel, die damit wirbt, ein Radlerparadies zu sein, eines ihrer Hauptausflugsziele, den Dornbusch und den Leuchtturm auf demselben, für Radfahrer sperrt. Der verärgerte Radler fragt sich zu Recht, ob es nicht viel naheliegender wäre, für Fußgänger und Radler die entsprechenden Wege anzulegen, statt die arglosen Besucher zu narren und die Gegend mit Verbotsschildern zuzupflastern?

Rügen ist ein reizvolles Fahrradland, bis auf die viel befahrenen Alleen (siehe oben Kasten „Alleen"). Gut 300 km lang ist das **Radwegenetz** der Insel, das stetig weiter ausgebaut wird, aber leider noch immer lückenhaft ist. Die Insel ist überwiegend sanft hügelig. Lange Steigungen brauch man nicht zu fürchten. Der Piekberg auf Jasmund ist mit 161 m schon Rügens höchster Berg. Die schönsten Fahrradzeiten sind Frühling und Herbst, wenn auf Rügen und seinen Straßen weitgehend Ruhe herrscht. Durchgehend ausgeschildert, jedoch noch nicht durchgehend als Radweg ausgebaut ist der rund 330 km lange **Fernradweg Rügen-Rundtour.**

⌂ Das Fahrrad ist ein ideales und beliebtes Fortbewegungsmittel auf Rügen

Radwanderungen

Neben vielzähligen Tagestouren bietet sich auch die Möglichkeit, auf mehrtägigen Touren die Insel zu entdecken. Hierbei leisten die **Radwanderkarten Rügen** gute Hilfe. Für die Übernachtung wendet man sich am besten an die jeweiligen Tourist-Informationen. In der Hochsaison ist es ratsam, sich rechtzeitig um das Nachtlager zu kümmern, da die Übernachtungsmöglichkeiten auf Rügen dann oft ausgebucht ist. Alle bundesweit 5800 zertifizierten, radlerfreundlichen Unterkünfte kann man sich unter **www.bettundbike.de** ansehen, darunter 236 Adressen in Mecklenburg-Vorpommern. Dazu bietet der ADFC auch eine reisepraktische App mit allen Bett&Bike-Unterkünften (www.bettundbike.de/kostenlose-app).

Wind- und regenfeste Kleidung ist an der Ostsee immer angebracht.

Wer längere Radtouren unternehmen, sich dabei aber nicht mit schwerem Gepäck belasten und um die Unterbringung kümmern will, kann an **organisierten Radtouren** mit Gepäckbeförderung teilnehmen. Diese haben den Vorteil, dass man dabei stets in einer Gruppe Gleichgesinnter und mit orts- und sachkundigen Führern unterwegs ist.

Der Radspezialist von Rügen und für Rügen ist *Josef Renger,* der auf seiner Internet-Seite viele Tipps und Ratschläge zum Thema anbietet und gerne bereit ist, persönlich Auskunft zu geben und als Ihr individueller Radwanderführer bereit steht.

■ **Josef Renger,** W.-Pieck-Ring 13, 18528 Bergen/Rügen, Tel. (03838) 25 22 38, www.radfahren-auf-ruegen.de.

■ **Information:** *ADFC LV Mecklenburg-Vorpommern,* Hermannstr. 36, 18055 Rostock, Tel. (0381) 37 70 69 76, www.adfc-mv.de, www.bettundbike.de;

Radsportverein *Tour d'Allée Rügen,* Wiesengrund 73, 18528 Zirkow, Tel. (038393) 3 24 71, www.tda-ruegen.de. Tourenvorschläge für Radwandern auf Rügen.

■ **Geführte Radtouren:** Die Mecklenburger Radtour, Zunftstr. 4, 18437 Stralsund, Tel. (03831) 30 67 60, www.mecklenburger-radtour.de. Der Radurlaub-Spezialist bietet eine breite Palette von 4- bis 12-tägigen geführten Radtouren auf Rügen mit Gepäcktransport und Übernachtung an.

Autofahren

Straßenzustand

Die großen **Bundesstraßen** und Hauptverkehrsadern auf Rügen sind sämtlich neu ausgebaut. Auch die meisten Landstraßen und Nebenstrecken wurden in den vergangenen Jahren den Anforderungen an den modernen Individualverkehr angepasst. Dennoch ist das Straßennetz Rügens in der Hauptreisezeit dem Besucheransturm oft nicht gewachsen. Das liegt überwiegend daran, dass auf Rügen rund 350 km und damit fast alle Straßen **von herrlichen Alleen gesäumt** sind, die zwar wunderschön sind, eine wesentliche Verbreiterung der Fahrbahn oder das Anlegen von Seitenstreifen jedoch nicht zulassen. Chronisch überlastet ist deshalb z.B. die Straße von Stralsund und den viel besuchten Ostseebädern der Granitz, die wegen ihrer unter Schutz stehenden Alleen ein Nadelöhr ist und bleiben muss. In abgelegenen Ecken und im Hinterland trifft man jedoch auch noch auf eher einsame Verkehrswege.

010rh.ph

Neben uraltem Straßenpflaster, das den Eindruck macht, als wären schon Napoleons Heerwürmer darauf marschiert, trifft man hier nach wie vor auf einspurige Betonschwellenwege, die sich ungefähr so komfortabel befahren lassen wie ein Eisenbahndamm. Manchmal sind diese Betonelemente materialsparend schienenartig in Längsrichtung verlegt, so dass der Fahrer sehr konzentriert die Richtung halten muss, um nicht mit den Rädern seitlich in unergründliche Tiefen abzurutschen.

Ortsdurchfahrten sind mancherorts noch Kopfsteinpflasterstraßen, die bei Nässe bekanntlich sehr rutschig werden. Da es in den Dörfern darüber hinaus häufig keine oder nur sehr schmale Bürgersteige gibt, muss verstärkt auf Fußgänger auf der Fahrbahn geachtet werden.

Alleen

Die meisten Straßen werden von prachtvollen Alleen gesäumt, die mit ihren Dächern aus dicht verwachsenen Baumkronen regelrechte grüne Tunnel bilden. Darin herrscht auch bei strahlendem Sonnenschein **diffuses Dämmerlicht.** Der Wechsel von hellen, baumfreien Straßenabschnitten zu dunklen Alleen erfolgt ständig und schnell, was die Augen und damit die Verkehrssicherheit extrem beeinträchtigt. Andere Verkehrsteilnehmer, insbesondere Fußgänger und Fahrradfahrer, werden auf den Alleestraßen deshalb häufig nicht oder zu spät wahrgenommen, was zu dramatisch vielen tödlichen Unfällen geführt hat. Deshalb sollte man zumindest auf Rügen zu jeder Tages- und Jahreszeit unbedingt immer **mit Licht fahren.** Die Kampagne

„Auf Rügen mit Licht" hat die Unfallzahlen schlagartig und drastisch um etwa 50 % gesenkt!

Die alten Bäume engen den Fahrweg stark ein, so dass auf den schmalen Straßen bei entgegenkommenden Caravans oder Lkw kaum Ausweichmöglichkeiten bestehen. Im Herbst ist mit viel Laub auf der Fahrbahn zu rechnen, das besonders bei der für diese Jahreszeit typischen feuchten Witterung die Bodenhaftung und Bremswirkung der Räder stark vermindert. Um sich selbst, die anderen Verkehrsteilnehmer und die Umwelt zu schonen, sollte man auf Rügen **grundsätzlich langsam und umsichtig fahren.**

Unterkunft

Hotels und Pensionen

Obwohl sich seit 1993 auf Rügen nicht nur die Besucherzahl von 592.000 auf ca. 1,3 Millionen (2017), sondern auch die Bettenkapazität verdreifacht hat und heute rund 60.000 Betten bereitstehen, wächst die Zahl der Übernachtungsmöglichkeiten stetig weiter. Gleichzeitig sank jedoch die Auslastung von 46 %

(1994) auf 37% (2017). Was den Hoteliers und Vermietern Sorge bereitet, kommt dem Urlauber zu Gute. War es noch Anfang der 1990er Jahre im Sommer ein unkalkulierbares Wagnis, ohne feste Unterkunft nach Rügen zu reisen, ist heute selbst in Ferienzeiten meist auch **spontan** irgendwo eine Übernachtungsmöglichkeit zu finden. Engpässe gibt es nur noch im August und bei den preislich mittleren bis günstigen Unterkünften. Im gehobenen bis luxuriösen Sektor findet man immer eine freie Suite.

Standard

Alle älteren Hotels und Pensionen sind grundlegend modernisiert worden und bieten, je nach Kategorie, die dem Standard angemessene Ausstattung; für neuerrichtete Hotels und Appartementhäu-

---

Preiskategorien für 1 DZ mit Frühstück

Um schnell feststellen zu können, in welchem Preissegment sich eine bestimmte Unterkunft bewegt, wurden diese im Buch mit Zahlen von ① bis ④ gekennzeichnet:

①	**bis 50 €**
②	**50–100 €**
③	**100–150 €**
④	**ab 150 €**

Diese Kategorien sollen als Orientierungs- und Vergleichsgröße dienen. Es ist unbedingt zu empfehlen, sich vor Antritt der Reise oder Buchung sich nach den jeweils aktuellen Saison- und Tagespreisen zu informieren.

⌂ Alleen – wunderschön, aber auch gefährlich

Überblick Buchungsportale

Als Ergänzung zu den sorgfältig zusammengetragenen Unterkunftsempfehlungen in diesem Buch können **Buchungsportale** wie Booking.com, Agoda.com, Tripadvisor, Hostelworld oder Airbnb dazu genutzt werden, aktuelle Preise und die Bewertungen anderer Reisender einzusehen sowie Unterkünfte direkt zu buchen.

Die Plattformen arbeiten mit Unterkünften aller Art zusammen und machen diese für Reisende leicht auffindbar. Sie übernehmen bürokratische Aufgaben wie die Abwicklung der Bezahlung oder stellen den Kontakt zwischen Unterkunft und Unterkunftssuchenden her.

Hilfreich bei der Entscheidungsfindung sind die **Bewertungen** anderer Kunden in diesen Portalen. Gäste bewerten eine Unterkunft nach oder während ihres Aufenthalts und sorgen im besten Fall für aussagekräftige Benotungen (1-10, 10 ist das Optimum). Je mehr Nutzer eine Bewertung abgegeben haben, desto verlässlicher ist das Ergebnis. Vorsicht ist geboten, wenn nur sehr wenige Nutzer ihre Meinung abgegeben haben. Aber auch sonst lohnt es sich, kritisch zu lesen: Achtet man auf die zu den Rezensionen verfassten Texte, so erhält man oft Aufschluss über die Echtheit der Bewertung. Auch lassen sich Veränderungen im Qualitätsstandard erkennen, wenn eine insgesamt positiv bewertete Unterkunft in jüngster Zeit zahlreiche schlechte Bewertungen erhalten hat.

Über die Plattform **Airbnb** können private und gewerbliche Vermieter ihr „Zuhause" oder einen Teil davon anbieten. Auch hier vermittelt das Portal zwischen Anbieter und Kunde. Es werden zusätzlich Touren und Aktivitäten mit Einheimischen vermittelt, bisher allerdings nur in touristischen Ballungsgebieten.

Tripadvisor ermöglicht es, auch Bewertungen ohne eine Buchung abzugeben. Dies hat Vor- und Nachteile.

Bei den Gastronomietipps ist es von Vorteil, da auch Gäste, die nicht über ein Buchungsportal einen Tisch reserviert haben, eine Bewertung abgeben können und somit deutlich mehr Bewertungen zustande kommen.

Ob man sich für die Buchung über ein **Online-Buchungsportal** entscheidet, hängt von der Präferenz der Nutzer ab. Zur generellen Sondierung der Marktsituation und zur Einschätzung von Unterkünften sind die Portale meist empfehlenswert. Die Nutzung ist für Endkunden zunächst kostenlos, für die Betreiber der Unterkünfte fällt jedoch eine hohe Provision an. Wer direkt auf der Website des Hotels bucht, zahlt fast immer genau den gleichen Preis wie bei den Buchungsportalen, d.h. den sog. „Bestpreis". Mit dem Unterschied, dass das Geld beim Hotelier bleibt und nicht die Betreiber der Buchungsportale, denen die Hoteliers teilweise hilflos ausgeliefert sind, noch mächtiger macht. Der Autor empfiehlt, bei den Portalen zu suchen und zu vergleichen und möglichst beim Hotel zu buchen.

---

ser gilt dies ohnehin. So sind einfache, preiswerte Hotelunterkünfte inzwischen leider selten geworden. Überhaupt haben sich Rügen und die vorpommersche Ostseeküste rasant zu einer eher hochpreisigen Ferienregion entwickelt, was sicher auch seinen Teil dazu beiträgt, dass die Auslastung der Hotels sinkt.

Preise und Zimmersuche

Traditionsreiche, vielbesuchte Ferienregionen sind nicht gerade die preisgünstigsten Urlaubsorte. Und da Rügen und Hiddensee sich zu mit den begehrtesten Adressen an Deutschlands Ostseeküste entwickelt haben, sind die Preise hier noch etwas höher. Die Mehrzahl der Hotels gehört der Kategorie ② an, ein DZ inkl. Frühstück kostet durchschnittlich ca. 70–80 €. Unterkünfte der Kategorie ① sind eine Rarität und nur in abgelegeneren, weniger besuchten Regionen zu finden. Preisangaben dieser Art sind jedoch relativ und problematisch, weil sich je nach Ort, Lage und Ausstattung günstigere wie wesentlich teurere Zimmer finden lassen. Hinzu kommt, dass die meisten Hotels und Vermieter das System von Hochpreisen in der Saison bzw. deutlich günstigeren Angeboten außerhalb der Hauptpreisezeiten eingeführt haben.

Einen Überblick über das jeweilige Angebot verschaffen die **detaillierten Unterkunftsverzeichnisse** der regionalen und lokalen Fremdenverkehrsämter oder die großen Buchungsportale im Internet (siehe Infokasten „Überblick Buchungsportale").

Privatzimmer und Ferienwohnungen

Neben Hotels und Pensionen steht eine immer größere Anzahl von Privatzimmern und -wohnungen zur Verfügung. Gewöhnlich sind die Zimmer für 2 Personen ausgestattet. Viele verfügen über eine Kochnische. Frühstück ist entweder inklusive oder für etwa 3–5 € zusätzlich

zu erhalten. Ferienwohnungen sind meist für 2 bis 4, manchmal für bis zu 6 Personen ausgelegt und mit einem Schlaf- und Wohnzimmer sowie einer separaten Küche ausgestattet. Die Preise schwanken je nach Lage, Ausstattung und Jahreszeit teilweise erheblich. Im Mittel bewegen sie sich zwischen 35 und 55 € pro Tag für ein Zimmer. Eine Wohnung kostet etwa zwischen 50 und 100 € pro Tag.

Unterkünfte in Privathäusern haben den Vorteil, dass man durch den **Kontakt zu den Gastgeberfamilien** nicht nur die Menschen vor Ort kennen und verstehen lernt, sondern auch durch ihre Heimatkenntnis wertvolle Tipps und Hinweise erhält, die dem Fremden gewöhnlich verborgen bleiben. Oft finden die Kleinen im Nachwuchs des Vermieters gleich noch Freunde und Spielkameraden und einen Garten dazu, wo sie sich gefahrlos austoben können. Und schließlich entwickelt sich so manches Mal gar eine Freundschaft, die die Urlaubstage überdauert. Private Unterbringung ist also durchaus eine empfehlenswerte Alternative. Bei der Auswahl sind die detaillierten Listen der **Gastgeberverzeichnisse** sehr hilfreich.

Appartements und Urlaubsdörfer

Die Zahl der reinen Appartementhäuser und Urlaubsdörfer, die speziell auf die Bedürfnisse des Feriengastes zugeschnitten sind und voll ausgestattete Ferienwohnungen und -häuser anbieten, nimmt auf Rügen stetig zu. Oft – besonders in der Hauptsaison – werden sie nur

4

wochenweise vermietet. Für kleinere Reisegruppen und Familien stellen sie eine Möglichkeit dar, wie im eigenen Haus kostengünstig als **Selbstversorger** zu logieren.

Ferienparks

Eine weitere Variante sind Anlagen, die den Charakter eines eigenständigen Dorfes haben und vom Hotel über Ferienwohnungen und -häuser bis zum eigenen Schwimmbad, Sportareal oder Reiterhof über eine sehr umfangreiche Infrastruktur verfügen. Die allesamt neu auf der Wiese errichteten „Ferienmaschinen" haben aber den Nachteil, dass Urlauber hier dank des umfangreichen Freizeitangebotes geneigt sind, ihren Ferienpark kaum zu verlassen und somit weitestgehend unter sich bleiben. Außerdem haben die sämtlich neu angelegten Feriendörfer bislang noch oft den wenig charmanten Charakter von **Neubausiedlungen.** Es wird sicher noch so manches Jahr ins Land gehen, bis die Natur sie einladender und gemütlicher gestaltet hat.

Bungalows

Die preisgünstigste Version der festen Unterkunft, die allerdings eher Camping- denn Wohnungs-Charakter hat, sind Bungalows. Dabei handelt es sich um schlichte Hütten, die in Wohn- und Schlafbereich und eine kleine Kochecke unterteilt sind. Sie verfügen nur über eine Mindestausstattung. Sanitäreinrichtungen sind wie auf **Campingplätzen,** denen diese Hütten meist angeschlossen

sind, separat. Mangels Heizmöglichkeit sind sie überwiegend nur in der warmen Jahreszeit nutzbar. Bisweilen findet man auf Rügen noch große, eigenständige Bungalowsiedlungen, wie sie einst in der gesamten DDR in großer Zahl anzutreffen waren. Im schönen Wald der Schwarbe auf Wittow versteckt sich gleich eine ganze Reihe dieser Siedlungen, die besonders für naturverbundene Menschen mit schmaler Urlaubskasse und echter Campermentalität geeignet sind.

Urlaub auf dem Lande

Nicht nur, aber **besonders für Stadtkinder** höchst spannend ist es, die Ferien auf einem lebendigen Bauernhof zwischen Tieren und Traktoren zu erleben. Hier können die Kleinen nicht nur sehen und lernen, wo Wurst, Milch und Brot herkommen oder wie man Getreide und Kartoffeln anbaut, sondern auch selbst mit anpacken. Heu ernten, Hühner füttern, mit dem Hofhund spielen und vieles mehr lässt bei Kindern keine Sekunde Langeweile aufkommen. Die Bauernhöfe liegen **ruhig, oft in Einzellage** inmitten der stillen Natur und bieten grenzenlosen Platz zum Spielen und Entdecken. Die **Gastgeberverzeichnisse** „Landurlaub M-V" und „Reiturlaub M-V" sowie die Broschüre „Hofläden und Hofcafés in M-V" sind kostenlos erhältlich. Alle Verzeichnisse stehen auf der Internetseite von „Landurlaub" auch zum Download bereit.

■ **Landurlaub MV e.V.,** Konrad-Zuse-Straße 2, 18057 Rostock, Tel. (0381) 4 03 06 30, www.land urlaub.m-vp.de.

Jugendherbergen

Die Übernachtung in Jugendherbergen setzt die beitragspflichtige **Mitgliedschaft in einem Jugendherbergsverband** voraus. Diese kann auch direkt in der JH erworben werden. Für Familien und Gruppen ist eine **frühzeitige Vorabbuchung** unbedingt erforderlich. Einzelreisende sollten sich spätestens einen Tag vor Ankunft ankündigen. Allgemeine Informationen zu JH in MV erteilt:

■ **Deutsches Jugendherbergswerk MV,** Konrad-Zuse-Straße 2, 18057 Rostock, Tel. (0381) 77 66 70, www.jugendherbergen-mv.de.

Auf Rügen selbst gibt es drei Jugendherbergen, auf Hiddensee keine. Die bekannteste ist die **JH Prora** in einem Trakt des ehemaligen KdF-Gebäudes. Mit 424 Betten – alle Zimmer mit Meerblick! – ist dies die **längste und größte Jugendherberge der Welt.** Zu ihr gehört der nahe am Strand gelegene Jugendzeltplatz Prora. Eine vierte JH findet man auf dem Festland am Strelasund in Stralsunds Ortsteil Devin.

■ **JH Binz,** Strandpromenade 35, Tel. (038393) 3 25 97. 169 Betten. Geschlossen: 23.12.–27.12., Ü/F, Junioren ab 24,50 €, Senioren ab 31 €.
■ **JH Sellin,** Kiefernweg 4, Tel. (038303) 9 50 99. 156 Betten. Geschlossen 3.11.–25.3., Ü/F Junioren ab 26 €, Senioren ab 33 €.
■ **JH Prora,** Nordstrand 507–509, 18609 Prora, Tel. (038393) 6 68 80, http://prora.jugendherbergen.de. Die längste Jugendherberge der Welt! Alle Zimmer haben Meerblick. Junioren ab 26 €, Senioren ab 33 €. Geschlossen 3.11.–30.3. **28** Ein großer **Zeltplatz** in Toplage nah am Strand mit modernen Sanitäranlagen ist angegliedert. Ü/F Junioren ab 9,90 €, Senioren ab 13,50 €.

■ **JH Stralsund-Devin,** Strandstr. 21, Tel. (03831) 49 02 89. 199 Betten. Geschlossen: 24.12.–26.12., Ü/F Junioren ab 24,50 €, Senioren ab 31 €.

Camping

Auf Rügen stehen, überwiegend an der Küste, zahlreiche **Camping- und Wohnmobilplätze** mit einer Gesamtkapazität für rund 15.000 Personen zur Verfügung. Auf **Hiddensee** dagegen ist **Campen grundsätzlich verboten.**

Die **Campinggebühren** sind sehr unterschiedlich, so dass sie im Einzelfall bei der jeweiligen Verwaltung erfragt werden müssen. Die meisten Plätze sind nur in der Saison, also von **April bis Oktober** geöffnet, immer mehr bieten jedoch auch Wintercamping an. Genaue Angaben zu den einzelnen Plätzen finden sich unter dem Stichwort „Unterkunft" in der jeweiligen Ortsbeschreibung.

■ **Verband der Campingplatzbetreiber M-V (VCFMV):** Konrad–Zuse-Str. 2, 18057 Rostock, Tel. (0381) 4 03 48 55, www.vcwmv.de.

Wohnmobile und Caravans

Während das klassische Zelten und auch der Wohnwagenurlaub ständig rückläufig sind, gewinnt der Urlaub mit dem Wohnmobil Jahr für Jahr neue Anhänger. Die Campingplatzbetreiber haben sich auf diese Klientel eingestellt und die nötigen Ver- und Entsorgungseinrichtungen geschaffen. Einige Plätze erheben für Chemietoiletten jedoch eine zusätzliche Gebühr.

Die Recht- oder Unrechtmäßigkeit des sogenannten „freien Stehens" ist landesweit ein Dauerstreitpunkt. Grundsätzlich ist in Deutschland **wildes Campen verboten.** Erlaubt ist jedoch zu **parken** und mittels einmaliger Übernachtung seine Fahrtüchtigkeit wiederherzustellen. Dabei dürfen aber keine Campingstühle aufgestellt werden, da dies bereits als Campen zählt.

Rügen ist im Gegensatz zur westdeutschen Ostseeküste noch nicht so sehr mit „WoMo-Verbotsschildern" zugepflastert und das Stehen auf einem **Parkplatz fast überall möglich.** Viele Gemeinden und private Parkplatzpächter erlauben dies gegen eine angemessene Gebühr von durchschnittlich 5–10 € sogar offiziell.

Neben Park- und Campingplatz gibt es noch eine dritte Variante: die **Wohnmobil-Stellplätze** oder auch „Reisemobilhäfen". Sie verfügen neben Stromanschluss auch über Ver- und Entsorgungseinrichtungen und bewegen sich preislich zwischen einfachem Parkplatz und Campingplatz.

Wohnmobil-Stellplätze

7 **Altenkirchen,** *KnausCamp,* Zittkower Weg 30, Tel. (038391) 43 46 48, www.knauscamp.de/rue gen, ganzjährig. Überwiegend schattenloser Schotterrasenplatz neben dem Camping für 34 WoMos. Gaststätte mit Sonnenterrasse, Brötchenservice und Frühstück auf Voranmeldung. Saison: März–Oktober. WoMo/Nacht 11–17 €, direkt am Ufer 16–21,50 €, Strom, 3,70 €/Nacht, Sanitäranlagen 3,50 €/Nacht, Wasser 1 €/70 l, Entsorgung 2 €.

21 **Bergen,** *Caravanplatz Rügen,* Tilzower Weg 32, Tel. (03838) 40 42 55, www.wohnmobil-stellplatz-ruegen.de. Ganzjährig. Ebener Platz für 20 Mobile

© REISE KNOW-HOW   0 ——— 2 km

▲ Campingplatz
■ Wohnmobilstellplatz

1 Caravancamp Ostseeblick
2 Wiek
3 Hof Lüttkevitz
4 Küstenkamp
5 Wohnmobilhafen Küstencamp, Luigis Caravanserei
6 Parkplatz Kap Arkona
7 Drewoldke/KnausCamp
8 Juliusruh
9 Glowe
10 Stellplatz Am Dorfladen
11 Nipmerow
12 Parkplatz Königsstuhl

13 Stadthafen	17 Caravanplatz Seehof
14 Sagard	
15 Polchow	18 Schaprode
16 Groß-Banselvitz	19 Suhrendorf

Wohnmobilstellplätze und Campingplätze

⚓ Yachthafen
⛳ Golfplatz

OSTSEE

Kap Arkona
Putgarten
WITTOW
Starrvitz
Altenkirchen
Wiek
Breege
Bodden
Neuenkirchen
Trent
Rappin
Naturpark
Ralswiek
Patzig
Kluis
Gingst
Thesenvitz
Rügen
Dreschvitz
RÜGEN
Sehlen
Samtens
Karnitz
Kasnevitz
Putbus
Garz
Poseritz
Groß
Schoritz
ZUDAR
Glewitz
Glewitzer
Fähre
Stahlbrode
Fähre

Tromper
Wiek
Schaabe
Glowe
Großer
Jasmunder
Bodden
Sagard
JASMUND
Lohme
Königsstuhl
Sassnitz
Mukran
Neu-Mukran
Lietzow
Kleiner
Jasmunder
Bodden
Bergen
Zirkow
Binz
Prorer
Wiek
Schmale Heide
VILM
Rügischer Bodden
Lancken-Granitz
Baabe
Sellin
Göhren
Middelhagen
Gager
MÖNCH-GUT
Thiessow

Trelleborg,
Kopenhagen
Bornholm
Klaipéda
(Litauen)

20 Haidhof	23 Lietzow	
21 Caravanplatz Rügen	24 Störtebeker-camp	
22 Ralswiek	25 Prora	
	26 Wohnmobil-Oase Rügen	30 Reisemobil-hafen	39 Im Jaich
	27 Meier	31 Baabe	40 Pritzwald
	28 Jugendzelt-platz Prora	32 Göhren	41 Stahlbrode
	29 Parkplatz Behrenwolt	33 Lobbe	42 Gasthaus Lindenkrug
		34 Gager	43 Altefähr
		35 Thiessow	44 An der Rügenbrücke, Caravan-Center Dahnke
		36 Thiessow	
		37 Seedorf	
		38 Lauterbach	

auf Rasengittersteinen und Betonplatten hinter den Gebäuden eines Gebrauchtwagenhandels. Große, durch Blumenkübel unterteilte Parzellen. Mietwagen. Bushaltestelle 400 m, Stadtzentrum 1,5 km. WoMo/Nacht inkl. 2 Pers. 14 €, Strom 2 €, Wasser 1 €/90 l., Hund 1 €, Dusche 2 €.

29 Binz, *Parkplatz Behrenwolt,* Proarer Chaussee 5, Tel. (038393) 26 61. Ganzjährig geöffnet. Großer ebener Platz für etwa 50 WoMos mit Baumreihen am nördlichen Ortsausgang neben Tankstelle, WC in der Tankstelle, Ver-/Entsorgung; WoMo/Nacht 24 Std. 17 € inkl. Entsorgung, kein Stromanschluss vorhanden.

1 Dranske, *Caravancamp Ostseeblick,* Seestr. 39a, Tel. (038391) 81 96, www.caravancamp-ostsee blick.de; 1.4.–31.10. Großer parzellierter Wiesenplatz ohne Schatten direkt am Wasser, Sanitärhaus mit Du/WC, Strom, Ver-/Entsorgung; WoMo/Nacht 4,90–9,90 € zzgl. 4,70–7,70 € p.P., Hund 2,50 €, Strom 2,50 €.

5 Dranske/Nonnevitz, *Wohnmobilhafen Küstencamp,* Nonnevitz 23, Tel. (038391) 93 90 70, www.kuestencamp.de. Ganzjährig geöffnet. Stellplatz für 15 Mobile auf einem separaten Areal im Campingplatz. Geschotterter Untergrund, beleuchtet. 6 km bis Dranske. WoMo/Nacht inkl. 2 Pers. 17–

20 **Gingst,** *Haidhof,* Haidhof 2, Tel. (038305) 3 44, www.rwolf.de. Ganzjährig geöffnet. Kleiner, familiärer Platz für max. 15 WoMos auf ebener Wiese beim Hof, mit Wasch- und Duschraum, Waschmaschine, täglich frische Brötchen, Frischgemüse und Obstverkauf aus eigener Ernte. 1x wöchentlich frischer Räucherfisch; Preis pro Nacht 9 €, Erwachsener 8 €, Kind 2 €, Strom 3 €/Tag, Wasser 1 €/Tag, Entsorgung Chemie-WC 2,50 €, Dusche 1 €. Hund: 1 €.

9 **Glowe,** Stellplatz am Strand, Waldsiedlung, mobil: (0171) 2 09 32 07. Markierte Schotter-Plätze auf einem asphaltierten Parkplatz für 15 WoMos. Zum Strand 60 m, WoMo/24 Std. 13 € (am Parkscheinautomat) inkl. Strom, Ver- und Entsorgung.

39 **Lauterbach,** *Im Jaich,* Tel. (038301) 80 90, www.im-jaich.de. Ganzjährig geöffnet. Ebener Platz für 20 WoMos im Gelände der Wasserwelt direkt am Jachthafen. Sauna, Fitnesscenter, Sanitärhaus mit Waschmaschine, Trockner, Brötchenservice, Restaurant u.a. WoMo/ Nacht 18–20 € inkl. Strom und Wasser, Dusche 0,50 €, Waschmaschine 3 €, Trockner 2 €, Sauna 8 €.

38 **Lauterbach,** *Wohnmobilstellplatz Lauterbach,* Chausseestraße 14, Tel. (038301) 88 83 29, www.wohnmobilstellplatz-insel-ruegen.de, 15. März–15. Okt. Platz für ca. 35 Mobile auf unparzellierter Wiese. WoMo/Nacht inkl. 2 Pers. u. Entsorgung 13–15 €, Strom 0,70 €, Dusche 2 €, Trinkwasser 0,60 €/50l, Hund 3 €. Nur Juli/Aug. geöffnet.

24 **Lietzow,** *Störtebeker-Camp,* Waldstr., Tel. (038302) 21 66, www.lietzow.net. 1.4.–13.10. 60 Stellplätze mit Stromanschluss auf ebenem Gelände mit Baum- und Strauchbewuchs. Gasflaschentausch, Restaurant, Sanitärhaus mit WC/Dusche. WoMo/Nacht 25–37 €, inkl. 2 Erwachsene, 1 Kind und Strom. Ver-, Entsorgung, Dusche. Hund 3,50 €.

10 **Lohme,** *Stellplatz Am Dorfladen*, Arkonastraße 25, Tel. (038302) 88 65 85. Ganzjährig geöffnet. 35 Plätze auf ebenem Grund in ruhiger Lage, Sanitärgebäude mit WC/Dusche, Waschmaschine, Trockner. Im Dorfladen Bistro, Backwaren, Getränke u.a. Wo-

20 €, Hund 1,50 €, Strom 3,20 €, Ver-, Entsorgung/ Dusche frei.

5 **Dranske/Nonnevitz,** *Luigis Caravanserei,* Tel. (038391) 8 94 88, 15.März–Okt. Ebenes Wiesengelände mit Büschen und Bäumen mit 30 Stellplätzen. 600 m zum Strand. Mit Pizzeria (nur Juni–Aug.) WoMo inkl. 2 Pers. und Strom 13,90–28,90 €, Ver-, Entsorgung frei, Dusche 1,20 €.

☐ Allein auf weiter Flur in der Nachsaison

Kurtaxe – Gebühren auf Rügen und Hiddensee

Die hier genannten Preise sollen als Vergleichswert und Richtlinie dienen. Sie zeigen die erhobene Kurabgabe pro Tag für einen Erwachsenen in der Hauptsaison (HS) und Nebensaison (NS)

Ort	Hauptsaison (HS)	Nebensaison (NS)
Altefähr	1,20 €	1,20 € (Hund 0,50 €)
Baabe	2,30 €	1,80 €
Binz	2,85 €	2,85 € (Hund 1 €)
Breege/Juliusruh	1,50 €	1,20 € (Hund 0,50 €)
Dranske	1,00 €	0,50 €
Gager	1,00 €	0,75 €
Glowe	1,50 €	1,00 € (Hund 0,50 €)
Göhren	2,40 €	2,00 € (Hund 0,60 €)
Hiddensee	1,50 €	1,00 € (Hund 0,50 €)
Lancken-Granitz	1,50 €	1,00 €
Lohme	1,00 €	0,75 €
Middelhagen	1,50 €	0,75 €
Prora	2,85 €	2,85 € (Hund 1 €)
Putbus/Lauterbach, Wreechen, Neuendorf	2,00 €	1,50 €
Putgarten	1,50 €	1,00 €
Sassnitz	1,50 €	1,00 €
Sellin, Altensien, Neuensien	2,80 €	1,80 € (Hund 0,50 €)
Thiessow	2,00 €	1,00 € (Hund 0,50 €)
Wiek/Bohlendorf	1,00 €	0,75 €

Mo/Nacht 12 €, Trinkwasser und Strom 1 €, Dusche 2 €, Toilette 0,50 €.

12 Lohme/Hagen, *Parkplatz Königsstuhl,* Tel. (038302) 8 88 55, www.lohme.de/caravan/park platz-fahrradverleih.html. Ganzjährig geöffnet. Mit Schotter verdichtete Stellplätze für 40 WoMos auf großem Parkplatz. Sanitärgebäude mit WC/Dusche (1.4.–31.10. 8–19 Uhr, sonst 10–16 Uhr), Gastronomie, kleiner Shop; WoMo 24 Std. 10,50 €, Dusche 1 €, Trinkwasser und Entsorgung 2 €, Strom 2,50 €.

42 Poseritz, *Gasthaus Lindenkrug,* Tel. (03807) 2 51, www.lindenkrug-poseritz.de. Ganzjährig geöffnet. Bei Besuch der Gaststätte Platz für 10 WoMos am Hotel/ Gasthaus Lindenkrug, WoMo frei, Strom gegen Gebühr, Ver-/Entsorgung von Wasser möglich, keine WC-Entsorgung.

26 Prora, *Wohnmobil-Oase Rügen,* Proraer Chaussee 60, Tel. (038393) 69 97 77, www.wohnmobil stellplatz-ruegen.de, ganzjährig. 4 ha großer Platz für ca. 90 WoMos im Wald bei Prora ca. 5 km nördlich von Binz. Hunde ausdrücklich willkommen. 15 Fußminuten zum Strand, gute Bus- und Bahnanbindung nach Binz. Mit Kiosk, Radverleih, WoMo/ Nacht 18 € inkl. Fahrer, Strom, Trinkwasser, Entsorgung jeweils 1 €. Dusche 2,50 €.

6 Putgarten, *Parkplatz Kap Arkona,* Tel. (038391) 41 90, www.kap-arkona.de. Ganzjährig geöffnet. Separierter Teil des riesigen Parkplatzes am Kap Arkona. Ebener, geteerter Parkstreifen ohne Strom für ca. 30 WoMos ohne Baumbestand, nachts ruhig. Sanitäranlagen, Kiosk, Imbiss, Info-Stelle zum Kap Arkona; WoMo/Nacht 5 € inkl. Frischwasser.

14 Sagard, Mobil-Campingplatz *De Klomp*, Vorwerk 13, Tel. (038302) 56 40 09, www.de-klomp.de, ganzjährig. 59 Stellplätze auf dem Geländes eines ehemaligen Umspannwerkes. WoMo inkl. 2 Pers. u. Entsorgung 12,50–17,50 €, Strom 3,50 €, Dusche 0,30 €/Min., Frischwasser 0,50 €/30l.

13 Sassnitz/Stadthafen, im alten Hafen, Tel. (038392) 66 15 70 (Hafenmeister), www.stadt hafen-sassnitz.de. Ganzjährig geöffnet. Beleuchteter, gepflasterter Stellplatz direkt an der Kaimauer für ca. 10 Wohnmobile auf den Parkplätzen im Stadthafen. Von 8 bis 20 Uhr. Parkgebühr 1,50 €/Std., max. 10 €, von 21 bis 7 Uhr 8 € (am Parkscheinautomat). Keine Ver-/Entsorgung.

37 Seedorf, Stellplatz am Hafen, Am Hafen, Tel. (038303) 9 56 50, www.hafen-seedorf-fewo.de, Ostern–Okt., kleiner Stellplatz für 7 Mobile in idyllischer Lage am Seglerhafen, Restaurant, Fischladen mit Imbiss im Hafengebäude. WoMo/Nacht 15 €, Strom 0,50 €/kWh, Wasser 1 €, Dusche 0,50 €.

30 Sellin, *Reisemobilhafen*, Kiefernweg 4b, Tel. (038303) 9 27 70, www.reisemobilhafen-sellin.de. 15.3.–5.11. Neuer, auf einer Anhöhe zwischen Buchen und Kiefern gelegener Platz mit 50 parzellierten Stellflächen auf Rasen und Split. WoMo/Nacht 12 €, Strom 0,50 €/Kwh, Ver-/Entsorgung frei.

44 Stralsund, *An der Rügenbrücke*, Werftstr. 9a, Tel. (03831) 6 67 97 77, www.caravanstellplatz-stralsund.de, ganzjährig, Platz für 40 Mobile auf mit Schotterrasen befestigten Parzellen, zu Fuß 15 Min. bis Altstadt. Brötchenservice. WoMo/Nacht inkl. 2 Pers. 16 €, Strom 0,50 €/kwh, Wasser 0,10 €/10 l, Entsorgung, Dusche 1 €, Waschmaschine 3 €.

3 Wiek/Lüttkevitz, *Hof Lüttkevitz*, Tel. (038391) 76 45 86, www.luettkevitz.com. März–Nov. Kleiner, ebener Schotter-, Wiesenplatz für ca. 5 WoMo bei einem Ferienhof. Frühstück, Halb- und Vollpension im Hof mögl. 6 € p.P. inkl. Strom, Wasser, Dusche, keine Entsorgung.

Kurtaxe

Ein Reizthema, das von Urlaubern häufig und heftig kritisiert wird. Dass den zuständigen Gemeindevätern dabei offensichtlich noch nicht einmal selbst ganz wohl ist, zeigen die variationsreichen Erklärungsversuche in den örtlichen Imagebroschüren, in denen dann öfters das eigentlich Wissenswerte, die Höhe der Abgabe, schamhaft versteckt oder gar verschwiegen wird.

Gebühren

Die Liste der kurtaxepflichtigen Orte und deren Gebühr ermöglicht es, die Sonderkosten in der Urlaubskasse zu kalkulieren und bei der Auswahl des Urlaubsortes zu berücksichtigen. Genannt ist der **Betrag pro Tag** für einen Erwachsenen. Kinder unter 13 Jahren sind kurtaxefrei, Jugendliche bis 18, Schüler, Studenten, Rentner, Behinderte und andere Gruppen erhalten Ermäßigungen. Bei längerem Aufenthalt gibt es Mengenrabatt.

Klima und Reisezeit

Die Region um Rügen zählt großklimatisch gesehen zum Ostseeküstenklima, was sicher wenig überrascht. Ein wesentliches Merkmal dieses Klimas ist der häufige und schnelle Wechsel zwischen kontinentalen und maritimen Einflüssen, wobei letztere dominieren. Praktisch heißt das, dass **stabile Wetterlagen eher selten** sind und dass sich das Wetter schnell und gründlich ändert, von Trockenheit und Sonnenschein zu Wolken und Regen und umgekehrt. **Wind,** vorwiegend aus Westen, ist in unterschiedlicher Stärke fast immer da, völlig windstill ist es selten. Dafür ist die Luft besonders rein und frisch und durch ihren hohen Jodgehalt, den sie vom Meer mitbringt, auch sehr gesund. Insgesamt nennt man dies alles ein **bekömmliches Reizklima.**

Die **Lufttemperaturen** liegen im Jahresmittel bei 8 °C, wobei der Höchstwert von 19 °C im August, der Tiefstwert von 2 °C im Januar erreicht wird. Im Juli/August gibt es zuweilen heiße Perioden von bis zu 35 °C. Die Sonnenscheindauer beträgt im Jahresdurchschnitt 1850 Stunden (zum Vergleich: Essen 1003 Stunden). Rügen ist also **außerordentlich sonnig** und gehört mit dem Spitzenreiter, der Insel Usedom (1906 Stunden), zu den sonnigsten Regionen Deutschlands. Sonnenreichster Monat ist der Juli mit 271 Stunden (August 260), sonnenärmste sind Dezember und Januar mit je 38 Stunden.

295h ph

> Strandkörbe sind Schutzhütten

4

Die durchschnittliche **Wassertempe-ratur** beträgt im August **18 °C.** Den meisten **Regen** gibt es mit 58 mm im August, den wenigsten im Februar mit 27 mm. Die Verteilung der Niederschlä-ge ist auf Rügen jedoch regional außer-ordentlich verschieden. Relativ trocken sind z.B. das Mönchgut im Südosten und Hiddensee. Die **beste Reisezeit** sind die Monate Mai bis September.

Wetterinfo

■ **Seewetter:** ww.r dr.de/nachrichten/wetter/see wetter101.html
■ www.mvwetter.de, www.mv-wetter.info (auf diesen Websites findet man die Wetter-Station auf Hiddensee).
■ www.ndr.de/nachrichten/wetter/wetterbericht mecklenburg101.html: Wettervorhersage für ein-zelne Orte in MV.

Kleidung und Reisegepäck

Bio, Veggies & Co. auf Rügen

Wind und Wetter

Gleich zu welcher Jahreszeit man an die Ostsee reist, es muss stets mit wechselhaftem Wetter gerechnet werden. Deshalb gehört beim sommerlichen Strandurlaub zu Bikini, Sonnenhut und Strandlatschen immer auch **solides Schuhwerk** sowie wärmende, **wind- und regendichte Kleidung** ins Gepäck.

Stärkerer und kühler Wind (meist Westwind) kann auch bei schönem Sommerwetter den Badespaß beeinträchtigen. Er wirbelt den feinen Sand auf, was in den Augen und zwischen den Zähnen als unangenehm empfunden wird. Zur Abwehr dieser Unbill wird den Strandbesuchern empfohlen, stets einen **Windschutz** mit sich führen, den man in zahlreichen Geschäften vor Ort erwerben kann.

Sonnenbrandgefahr

Vorsicht mit Sommersonnenschein am Strand! Durch die häufig wehende, an heißen Tagen als angenehm kühlend wahrgenommene Meeresbrise wird die intensive Strahlung auf der Haut nicht empfunden. **Kopfbedeckung** und **Sonnenschutzmittel** sind daher dringend angeraten.

Die traditionelle Küche Vorpommerns basiert vorwiegend auf Fisch und Fleisch und ist deshalb für Vegetarier und Veganer nicht geeignet. Doch längst hat die lokale Gastronomie diese Bevölkerungsgruppe als **zahlungskräftige Kunden** erkannt und sich auf diese eingestellt. **Praktisch kein Restaurant ohne spezielle Gerichte für Vegetarier.** Fast immer werden spezielle Wünsche, soweit erfüllbar, auch erfüllt, immer öfter auch ohne das Gesicht zu verziehen. Auch in den **Supermärkten** vor Ort findet man ein Bio- und Veggie-/Vegan-Angebot.

Dünn gesät sind dagegen spezielle Bio- bzw. Vegetarier-Lokale. Die meisten, die sich im Vegetarier-Segment versucht haben wie das *Meersalz* in Binz oder das *Café Coffifee* in Stralsund, sind wieder geschlossen. Das einzige **reine Bio-Restaurant** ist derzeit die **Bio-Insel in Stralsund.** Daneben findet man noch Lokale, die zwar nicht rein vegetarisch sind, jedoch einen Schwerpunkt auf vegetarische Gerichte legen. Dazu gehört z.B. das **StrandCafé in Sassnitz** oder das Hausrestaurant des Gesundheitshotels **meerSinn in Binz.** Auch das **Godewind auf Hiddensee** sieht sich der vegetarischen Ernährung verpflichtet.

Wer sich selbst sein Essen bereitet, dem bieten einige **Öko-Höfe und Bio-Läden** Gelegenheit, sich mit den entsprechenden Zutaten zu versorgen. Das Angebot ist nicht gerade zahlreich, aber es gibt inselweit genügend Adressen, um sich dort verproviantieren zu können.

4

Interessant ist in diesem Zusammenhang der **Verein „Rügenprodukte"**, unter dessen Mitgliedern sich auch diverse Bio-Produzenten wie die **„Kleine Molkerei"** in Poseritz oder das **„Naturparadies Teutenberg"** in Alt Reddevitz zusammengeschlossen haben.

Adressen

■**Rügenprodukte**, Industriestraße 7, Bergen, Tel. (03838) 20 36 60, www.ruegenprodukte.de. Zusammenschluss von über 30 Produzenten und Anbietern auf Rügen, die sich verpflichtet haben, „das Echte", also ausschließlich qualitativ Hochwertiges, zu verarbeiten, zu veredeln und zu verkaufen.

Cafés/Restaurants

`25` `25` **Bio-Insel Stralsund** (Karte hintere Umschlagklappe) Tribseer Damm 75, Stralsund, Tel. (03831) 66 60 72, www.bioinsel.net (Bio-Laden tägl. 7–19 Uhr, Restaurant 11–18 Uhr. Großer Bio-Laden mit vielen Veggi-Angeboten, glutenfreien und laktosefreien Produkten sowie angeschlossenem Bio-Restaurant mit veganem und vegetarischem Wochenangebot und wöchentlich wechselnder Speisekarte.

`11` **Godewind** (Karte S. 226), Süderende 53, Vitte, Tel. (038300) 66 00, www.hotelgodewind.de. Schmackhafte vegetarische Gerichte.

`13` **StrandCafé** (Karte S. 136), Rosenstraße 12, Sassnitz, Tel. (08392) 6 77 10, www.strandhotel-sassnitz.de. Leckere vegetarische und vegane Gerichte in Bio-Qualität.

`12` **meerSinn** (Karte S. 92), Schillerstraße 6, Binz, Tel. (038393) 66 30, www.meersinn.de. Frühstück, hausgemachte Kuchen und Mittags-, Abendgerichte mit Zutaten aus kontrolliert-biologischem Anbau.

Bio-Produzenten / Bio-Läden

`6` **Kornrade** (Karte S. 48), Markt 9, Putbus, Tel. (038301) 88 27 58, www.kornrade.de. Kleiner Bio-Laden mit vielen regionalen Produkten.

`10` **Öko-Hof am Torfmoor** (Karte S. 114), Törf 7, bei Göhren, Tel. (038308) 66 68 88, www.ruegener-insellamm-rudenlamm.de. Produzent von Bio-Fleisch und Bio-Wurst, mit gut sortiertem Hofladen und angeschlossenem Imbiss.

`17` **LandWert** (Karte hintere Umschlagklappe), Am Fischmarkt 13A, Stralsund, Tel. (03831) 3 09 35 37, www.landwert.de. Verkauft werden Wurst- und Feinkostartikeln aus eigener Metzgerei des Bio-Hofs und der Feinkost-Manufaktur in Stahlbrode.

■**Ökohof Thom,** Stönkvitz 12, Samtens, Tel. (038306) 2 00 43, www.oekohof-thom.de. Bio-Geflügelhof mit Hofladen. Hier gibt es die in der traditionellen Küche Pommerns beliebte Pommerngans in Bio-Qualität.

■**Rügener Spezialitätenmanufaktur,** Am Camper Bach 5, Glowe, Tel. (01512) 4 08 34 22. Hausgemachte Spezialitäten von Nudeln über Backwaren bis zu Brotaufstrichen vom ökozertifizierten Hof. Mit kleinem Hotel, in dem die Hofprodukte auf den Tisch kommen.

■**Hofladen Bobbin,** Oberdorf 5a, Glowe, Tel. (038302) 88 77 57, www.hofladen-bobbin.de. Naturkostladen mit Produkten aus der Region und Imbiss.

■**Schillings Hofladen,** Hafenweg 45, Schaprode, Tel. (038309) 12 16. www.schillings-gasthof.de. Neben Salami und Wurst vom hauseigenen Bio-Öhe-Rind sind auch Brot, Brötchen und Kuchen, Käse und andere regionale Lebensmittel im Angebot.

■**Kleine Molkerei,** Poseritz Hof 15, Poseritz, Tel. (038307) 4 04 29, www.ruegener-inselfrische.de. Hersteller von Milchprodukten in Bio-Qualität, mit Café und Hofladen.

■**Naturparadies Teutenberg,** Alt Reddevitz 35, Mönchgut, Tel. (038308) 24 19, www.naturpara

`4`

dies.info. Bio-Obsthof in idyllischer Lage mit Verkauf von frischem Bio-Obst, Bio-Apfelsaft und Bio-Apfelweinbrand aus eigener Produktion. Mit kleinem Bistro.

■ **1ste Edeldestillerie Rügen,** Lieschow Nr. 18, Ummanz, Tel. (038305) 55 30 0, www1ste-edeldestillerie.de. Ja, auch Schnaps ist ein rein vegetarisch und vegan hergestelltes Produkt, und die Obstedelbrände der Edeldestillerie werden ausschließlich aus handsortiertem Bio-Tafelobst und -beeren hergestellt.

LGBT+

„Homosexuelle lieben Reiseinsel Rügen" titelte die Ostseezeitung einen Bericht und erklärte Rügen zur schwulen- und lesbenfreundlichen Reiseinsel. Auch wenn das doch (noch) etwas zu hoch gegriffen scheint, so ist nicht nur Rügen, sondern die gesamte Ostseeküste von MV in jedem Fall ein Reiseziel, das auch gleichgeschlechtliche Paare **ohne Bedenken oder gar Angst** besuchen können. Natürlich ist das Bundesland nicht die Speerspitze in Sachen Toleranz und Weltoffenheit, aber darin auch nicht das Schlusslicht. Die Ostsee und Rügen sind traditionsreiche Reiseziele, in denen sich schon deshalb ein **offenerer und toleranterer Geist** zeigt als anderswo. Nicht zuletzt auch deshalb, weil die im Tourismus tätigen Unternehmer und Beschäftigten sehr wohl wissen, dass die gleichgeschlechtlich orientierten Reisenden nicht nur **zahlende Kunden** sind wie alle anderen auch.

Der **Treffpunkt** der schwul-lesbischen Szene an der Ostsee ist die traditionell weltoffene Hafen- und Universitätsstadt **Rostock.** Auf Rügen ist es das **Seebad Binz,** das als größtes Seebad der Insel als einziges ein gewisses urbanes Flair besitzt. Es sind vor allem die Unterkünfte und der Strand, die gleichgeschlechtlich orientierte Reisende hierher locken. Immer mehr homosexuelle Paare besiegeln in Binz offiziell ihre Partnerschaft und verbringen gleich ihre Flitterwochen in dem Seebad.

Spezielle Reiseangebote für Schwule, Lesben und Co. gibt es derzeit noch nicht. Hier liegt die Betonung auf „noch", denn **„Gay & Lesbian Travel"** wird auch an der Ostseeküste Mecklenburg-Vorpommerns ein zunehmend wichtigeres Thema.

Info-Adressen

■ **LSVD-LV LSBTI* MV Gaymeinsam e.V.,** Dachverband der lesbisch-schwulen Vereine und Gruppen in Mecklenburg-Vorpommern, Lübecker Straße 43, 19053 Schwerin, Tel. (0385) 55 75 54, www.gaymeinsam-mv.de.

■ **rat + tat,** Verein für Lesben, Schwule, Bi-, Trans* und Intersexuelle in Rostock und MV, Leonhardstr. 20, 18057 Rostock, Tel. (0381) 45 31 56, www.ratundtat-rostock.de

Web-Adressen

■ www.schwulissimo.de/regional/mecklenburg-vorpommern
■ www.inqueery.de/guide/stralsund

Schwulenfreundliche Hotels

■ **www.holidaycheck.de** (dort unter *Suchen* „Gay Friendly Hotels Rügen" eingeben).

Mit dem Hund auf Rügen

Hunde in Ortschaften

Alle Gemeinden auf Rügen schreiben vor, dass durch Hunde verursachte **Verschmutzungen** vom Hundehalter **unverzüglich zu beseitigen sind.** Dafür stehen Hundetoiletten und Kotbeutel-Spender zur Verfügung. Eine Gefährdung oder Belästigung anderer Personen durch Hunde ist grundsätzlich auszuschließen. Für alle Hunde gilt **Anleinpflicht.** Ausgenommen von der Anleinpflicht sind ausgewiesene Hundestrände, die zahlreiche Gemeinden ausgewiesen haben.

Hunde am Strand

In der Zeit vom **1. Mai bis 30. September** ist es verboten, mit Hunden den Strand zu betreten. Davon ausgenommen sind die ausgeschilderten Hundestrände. Eine Übersicht über die existierenden **Hundestrände** findet man unter www.hundestrand.eu/uebersichts karte-hundestrand-ostsee-mecklen-burg-vorpommern.

Hunde und Kurtaxe

In zahlreichen Orten, die kurtaxepflichtig sind, ist **auch für den Hund Kurtaxe** zu entrichten. Die Höhe des Betrags ist saisonal und lokal unterschiedlich. Meist bewegt sie sich in der Hauptsaison zwischen 0,50 € und 1 € pro Tag. Die genaue Höhe findet man im Informations-Anhang der einzelnen Ortskapitel unter „Kurtaxe".

Hunde im Hotel, auf Campingplätzen und in Restaurants

Diverse Hotels und Campingplätze verbieten, oftmals in der Hochsaison, das Mitbringen von Hunden oder schränken deren Mitnahme auf „kleine Hunde" ein. Nicht selten sind Hunde in Hotels und auf Campingplätzen kostenpflichtig. Man sollte sich deshalb über die jeweiligen Regelungen vor der Buchung informieren. Auch in Restaurants ist damit zu rechnen, dass Hunde nicht generell mit in den Gastraum genommen werden dürfen. Aber genauso gibt es hundefreundliche Gastronomen. Bei vielen findet man außerhalb des Lokals eine spezielle Ecke mit Fress- und Trinknapf für den treuen Gefährten.

Sport und Erholung

Aktivitäten am Meer

Der Mensch strebt zum Wasser, gleich, ob in Form von Bächen, Flüssen, Seen oder dem Meer. Von ganz besonderer Magie sind deshalb Inseln. Zu jeder Jahreszeit und bei jedem Wetter sind Strand und Meer der unangefochtene Mittelpunkt des Inselurlaubs. Alle Menschen zieht es dort hin, egal ob zum Baden, Sonnen, Surfen, Segeln, Tauchen, Angeln oder zum stillen Strandspaziergang, zum romantischen Sonnenuntergang, Strandpicknick oder zur lustigen Schiffspartie, die bei keinem Aufenthalt am Meer fehlen sollte. All dies bieten Rügen und Hiddensee, die mit ihren überaus abwechslungsreichen und gegensätzlichen Küstenlandschaften wahre Wasserparadiese sind, in denen jeder seine ganz persönlichen Vorlieben finden und ausleben kann.

Wasserqualität

Rügen, Hiddensee und die angrenzende Festlandsküste verfügen zusammen über rund **50 Strände und Badestellen,** deren Wasserqualität einer hygienischen Kontrolle unterliegt. Zwischen Mai und September werden alle zwei Wochen Proben entnommen und analysiert. Die Ergebnisse veröffentlicht das Sozialminis-

▷ Maritimes Motiv –
malerische historische Zeesboote

terium Mecklenburg-Vorpommerns in der jährlich erscheinenden Übersichtskarte „Badewasserqualität Mecklenburg-Vorpommern". Das Ergebnis: über ganz Rügen und Hiddensee weht quasi die „Blaue Flagge".

2018 waren Rügens Badestände fast alle **ohne Einschränkung zum Baden geeignet,** die meisten erhielten die **Bestnote.** Nur der Badestrand bei Tremt am Strelasund wurde mit „ungenügend" bewertet. Hiddensee erhielt durchweg die Höchstnote. Die jeweils **aktuellen Messergebnisse** erfährt man in der Badesaison bei den lokalen Tourist-Informationen. Die **Badewasserkarte** gibt es unter www.badewasser-mv.de.

Die schönsten Strände

Granitz und Mönchgut

Die beliebtesten und **meistbesuchten Badestrände** Rügens liegen **im Südosten** an der Außenküste der Granitz und des Mönchguts. Dank ihrer Lage sind sie von den meist vorherrschenden Westwinden geschützt, weshalb sich auch hier die großen Seebäder entwickelten. Die Strände sind **feinsandig und breit** und fallen nur sanft ins Wasser ab, was besonders für Kinder von großem Vorteil ist.

Besonders schön und bei FKK-Freunden beliebt ist der kilometerlange **Große Strand,** der sich von Lobbe bis Thiessow erstreckt und dank seiner Länge auch in der Hochsaison viel Platz bietet.

Die bei den **Seebädern** Göhren, Baabe, Sellin und Binz gelegenen Strände sind im Sommer stark besucht und teilweise von **Strandkörben** belegt. Dennoch gibt es auch für Badetuchgäste genügend Platz.

Schmale Heide

Ein, wenn nicht *das* herausragende Strandparadies Rügens ist der Strand der Schmalen Heide. Die gesamte Nehrung **zwischen Binz und Mukran** ziert ein 10 km langer, breiter und feiner Bilderbuchstrand, hinter lauschigem **Kiefernwald** und einem **Dünenstreifen** gelegen.

Schaabe

Mindestens ebenso schön ist dieser Strand an der Außenküste der Schaabe, der 12 km langen Nehrung, die Jasmund mit Wittow verbindet. Durch seine Abgelegenheit **im Nordosten** ist er weniger besucht als die Schmale Heide bei Binz und etwas windreicher, dafür besitzt er aber den schöneren **Wellenschlag.**

Strand am Bakenberg

Versteckt und weniger bekannt, aber ebenfalls wunderbar ist der Strand, der sich **auf Wittow** ganz im Norden hinter dem Wäldchen Schwarbe versteckt. Er ist besonders bei **FKK-Anhängern** beliebt, durch seine Westlage jedoch häufig Wind ausgesetzt (Windschutz!).

Westküste

Im Vergleich zu den Traumstränden bescheiden sind die Strände von **Schaprode** und von **Suhrendorf** auf Ummanz an der Westküste.

032rh ph

Halbinsel Zudar

Klein und schmal, aber hübsch und still sind die beiden Strände auf der Halbinsel Zudar ganz im Süden. Fast nur Einheimische finden den Weg zum **Strand am Gelben Ufer** und **Palmer Ort.**

Boddengewässer

Die oft verschilften Ufer der Boddengewässer eignen sich nur an wenigen Stellen wie am **Großen Jasmunder Bodden** bei **Banselvitz** zum Baden.

Hiddensee

Wunderbar **fein und weiß** ist der Hiddenseer Strand, der sich an der Außenküste nahezu **16 km** hinzieht und damit fast über die gesamte Insellänge reicht.

Segeln

Mit seiner außerordentlich zerfransten, vielgestaltigen Küstenlinie bieten Rügen und Hiddensee hervorragende Bedingungen für Segler, ob in stillen, friedlichen Boddengewässern oder auf der belebten offenen See. Rund **40 Sport-, Jacht- und Anlegerhäfen** bieten mit ihrer Ausstattung nicht nur Zuflucht vor schwerer See, sondern auch Versorgung, Reparatur sowie sonstigen maritimen Service.

Tankstellen sind in den Häfen Stralsund, Breege, Lauterbach, Sassnitz, Schaprode, Seedorf sowie Vitte und Neuendorf auf Hiddensee vorhanden.

Die besten Surfreviere

Altenkirchen	Ostsee	SO-N	Welle 2 m
Dranske	Bodden	alle Richtungen	
Grabow auf Zudar	Bodden	O	keine Brandung
Grahler Fähre	Strelasund	SW-O	Stehrevier
Lobbe	Ostsee	NO-SO	100 m Stehbereich
Mukran	Ostsee	NO	Welle 3 m
Neureddevitz	Bodden	W-O-S	50 m Stehrevier
Nonnewitz	Ostsee	NW-O	Welle über 2,5 m
Polchow	Bodden	N+S	50 m Stehbereich
Rappin/Ralswiek	Bodden	abland. Wind	50 m Stehbereich
Schaprode	Bodden	S-N	Stehrevier & Speed
Suhrend./Ummanz	Bodden	S-N	Stehrevier & Speed
Thiessow	Bodden	NW-S	30 m Stehbereich
Rügen	Bodden	SW-N	Stehrevier & Speed

Ein breites Angebot von **Bootsverleihstellen** und **Segelschulen** erschließen auch dem Anfänger und Nichtbootseigner die besonders schöne Möglichkeit, die Inseln vom Wasser aus zu entdecken.

Infos zu Wassersport

■ Detaillierte Informationen zu allen Wassersportarten von Anbietern über Reviere und Angebote bis zu Marinas findet man unter **www.mv-maritim.de.**

Wichtige Rufnummern

■ **Wasser- u. Schifffahrtsamt Stralsund,** Wamper Weg 5, Tel. (03831) 24 90, www.wsa-stralsund.de.
■ **Wasserschutzpolizei Lauterbach,** Tel. (038301) 6 09 60.

■ **Wasserschutzpolizei Sassnitz,** Tel. (038392) 30 80.
■ **Wasserschutzpolizei Stralsund,** Tel. (03831) 2 61 40.

Surfen

Surfer finden auf beiden Inseln ebenso zahlreiche wie unterschiedliche Bedingungen für ihre Leidenschaft. Im ruhigen Bodden lassen sich prima die ersten Versuche machen, in den Starkwindrevieren finden Könner ihre Herausforderung. Die besten, meist windigen und mit gutem Wellenschlag ausgestatteten Surfgrounds liegen an der **Südspitze des Mönchguts** um das Südperd bei Thiessow.

⌂ Kite-Surfen bei Thiessow

Surfschulen

■ **Altefähr:** *Sail & Surf,* Am Fährberg 8, 18573 Altefähr, Tel. (038306) 2 32 53, www.segelschule-ruegen.de.

■ **Baabe:** Surf & Sail Baabe, Am Fischerstrand 1, 18586 Baabe, mobil: (0172) 3 25 77 62, www.windrider.de.

■ **Binz:** *Surf-u. Segelschule Binz,* mobil: (0152) 59 71 24 49, www.segelschule-binz.de.

■ **Dranske:** *Uni Surf Team Rügen,* Am Ufer 14, 18556 Dranske auf Rügen, Tel. (038391) 8 98 98, www.ustruegen.de.

■ **Glowe,** *Rügener Segel- und Surfschulen,* 18551 Glowe, mobil: (0174) 3 16 24 71, www.segelschule-ruegen.com.

■ **Klein Zicker:** *Surf-Oase Klein Zicker,* Dörpstraat 2, 18586 Klein Zicker, Tel. (038308) 3 01 25, www.thiewaii.de.

■ **Suhrendorf:** *Windsurfing,* auf Camping Ostseecamp, 18569 Suhrendorf, Tel. (038305) 8 22 40, www.surfen-auf-ruegen.de.

■ **Thiessow:** *Surf- und Kiteoase,* 18586 Thiessow, Tel. (038308) 3 03 60, www.segelschule-ruegen.de.

■ **Wiek:** *Surf & Kite Camp,* Boddenstraße 1, 18556 Wiek auf Rügen, mobil: (0173) 8 18 48 08, www.surf-kite-camp.de.

Kite-Surfen

■ **Baabe,** *Kitesurfen Rügen,* Strandstraße 5, 18586 Baabe, mobil: (0157) 51 34 87 57, www.kitesurfen-ruegen.de.

■ **Breege,** *Kitesuf-Factory,* Wittower Str. 2, mobil: (0171) 1 61 11 28, www.kitesurf-factory.de.

■ **Dranske:** *Dr. Kite Surf und Kite Camp,* Am Ufer 14, 18556 Dranske, Tel. (038391) 8 98 98, www.ruegen-piraten.de.

■ **Drewoldke,** *Fly a Kite,* 18556 Altenkirchen/Ortsteil Drewoldke, Tel. (038391) 76 08 80, www.fly-a-kite.de. Die Surfschule befindet sich auf dem Campingplatz Drewoldke.

■ **Groß Banselvitz:** *Rügen-Kite,* Am Berg 1, 18528 Groß Banzelvitz, mobil: (0172) 6 66 92 00, www.ruegen-kite.de.

■ **Sellin,** *Rügen Kite,* Von-Lindequist-Weg 1, mobil: (0172) 6 66 92 00, www.ruegen-kite.de.

■ **Suhrendorf,** *Kite-Island,* 18569 Suhrendorf, Tel. (038305) 8 22 40, www.kite-island.de, auf Camping Ostseecamp.

■ **Thiessow,** *ProBoarding,* Dörpstrat 35, mobil: (0174) 9 11 19 22, www.proboarding.de.

Angeln

Auch Anhänger dieser stillen Sportart finden in den verschiedenen Gewässerarten See, Boddengewässer und Meer auf und um die beiden Inseln ein außerordentlich abwechslungsreiches Betätigungsfeld. Rügens Inselreich zählt zu den **besten Angelrevieren Europas.** Wenigstens elf verschiedene Fischarten von Aal, Barsch, Flunder über Hering und Meerforelle bis Plötz, Blei und Zander sind anzutreffen. Auf offener See kann man beim Kutterangeln auch Lachs, Wittling oder Steinbutt an den Haken bekommen.

Für das Angeln ist generell ein gültiger **Fischereischein** und der Erwerb einer **Angelerlaubnis** notwendig. Für das Angeln in Binnengewässern ist zusätzlich der Erwerb einer **Revierkarte** des Landesanglerverbandes erforderlich. Bodden, Wieke, Haffs u.a. gelten als Küstengewässer. Die Angelerlaubnis für Küstengewässer ist beim Landesamt für Fischerei, seinen Außenstellen sowie bei vielen Angelläden, Fremdenverkehrs- und Kurverwaltungen erhältlich. Die Revierkarte bekommt man beim Landes- und Kreisanglerverband sowie in jedem größeren Ort.

Um es den Urlaubern noch einfacher zu machen, gibt es den sogenannten **Touristen-Fischereischein** für alle Personen, die älter als 10 Jahre sind. Er kostet 20 €, wird einmal jährlich für max. 28 Tage vergeben, gilt für Ostsee und Binnengewässer und ist an zahlreichen Stellen erhältlich (http:/erlaubnis.angeln-mv.de).

Informationen zu Bestimmungen, Revieren, Fischarten, Saisonzeiten und vielem mehr findet man auch unter der Internetadresse www.ruegen.de/aktivitaeten/wassersport/angeln.html oder im Angelführer Rügen, den es bei den örtlichen Tourist-Informationen gibt.

■**Landesamt für Fischerei,** Thierfelderstraße 18, 18059 Rostock, Tel. (0381) 4 03 50, www.lallf.de.

Außenstellen Landesamt für Fischerei
■**Lauterbach,** Chausseestraße 15, Tel. (038301) 4 68,
■**Sassnitz,** Hafenstraße 12f, Tel. (038392) 3 50 49,
■**Stralsund,** Querkanal 6, Tel. (03831) 29 32 62,
■**Wiek,** Hauptstraße 30, Tel. (038391) 2 38.
■**Landesanglerverband M-V,** Siedlung 18a, 19065 Görslow, Tel. (03860) 5 60 30, www.lav-mv.de.
■**Kreisanglerverband Insel Rügen,** Rügener Ring 4, 18546 Sassnitz, Tel. (038392) 3 44 41.

Ostsee-Angelfahrten
■**Angelwunder,** 18556 Wiek, Am Hafen 2, mobil: (0170) 2 45 51 05.
■**Sassnitz,** Straße der Jugend 7a, Tel (038392) 67 46 38, www.hochseeangeln-ruegen.de.
■**Rügens Fischerman,** Schipperweg 5, 18556 Breege, mobil: (0170) 8 03 79 99, www.ruegens-fischerman.de.
■**MS Sundewind,** 18569 Schaprode, Streu 10, Tel. (038309) 14 13, www.sundewind.de.

■**Angelparadies Rügen,** 18556 Dranske, Max-Rietpietsch-Ring 41, Tel. (038391) 9 36 94, www.angelparadies-ruegen.de.
■**MS Rügenland,** Mole Hafen, 18546 Sassnitz, Tel. (038392) 67 46 30, www.hochseeangeln-ruegen.de.

Tauchen

Auch Aquanauten und solche, die es werden wollen, finden in den Gewässern um Rügen und Hiddensee interessante Reviere. Das Kreidekliff unterhalb der Wasserlinie besuchen, zu Riffen und Bänken abtauchen oder abenteuerliche Wrack- und spannende Nachttauchgänge unternehmen – das Programm unter Wasser hat einiges zu bieten.

Tauchschulen

■**Stralsund/Dänholm:** *Taucherbasis,* Tel. (03831) 29 70 90.
■**Sassnitz:** *Tauchbasis Sassnitz,* mobil: (0173) 2 02 52 36, www.tauchbasis-sassnitz.de.
■**Sellin:** *Schöni's Tauchschule,* mobil: (0174) 9 05 21 80, www.schoenis-tauchschule.de.
■**Prora:** *Taucherbasis Rügen,* Tel. (038393) 24 06, www.tauchen-ruegen.de.

See-Kajak

Seit einigen Jahren gibt es die Möglichkeit, mit dem See-Kajak rings um Rügen unterwegs zu sein. Dafür wurden in Neuhof und Stahlbrode am Strelasund, in Gager, Göhren und Wiek insgesamt fünf See-Kajak-Stützpunkte geschaffen. Geführte See-Kajak-Touren um Rügen bietet:

■**Gager:** *Seekajak-Zentrum Rügen,* 18519 Neuhof, Am Strelasund 6a, Tel. (038328) 65 99 74, www.seekajakzentrum.de.

■**Lietzow:** *Timpeltu,* Strandpromenade, mobil: (0173) 1 51 39 70, www.timpeltu.com.

Schiffsausflüge

Wer an Bord eines Ausflugsdampfers die rügensche Wasserwelt bei Kaffee und Kuchen erleben, eine Butterfahrt nach Polen oder einen Ausflug zur Nachbarinsel Usedom unternehmen möchte, hat saisonabhängig von allen Hafenorten aus zahlreiche Möglichkeiten. Das Angebot reicht von der halbstündigen Hafenbesichtigung über mehrstündige Rundfahrten bis zum großen Tagesausflug. Neben fahrplanmäßigen Rundfahrten bieten die Reedereien auch verschiedene Sonderprogramme wie Lampion- oder Tanzfahrten. Über das aktuelle Angebot informieren die Reedereien und lokalen Tourist-Informationen.

■**Altenkirchen,** *MS Brigitte,* Tel. (038391) 1 21 87.
■**Baabe:** *Masuch Touristik Reederei,* mobil: (0171) 31 32 92.
■**Breege:** *Reederei Kipp,* Tel. (038391) 1 23 06, www.reederei-kipp.de.
■**Gager:** *Boddenreederei Rügen,* Tel. (038328) 83 89, www.boddenreederei-ruegen.de.
■**Lauterbach:** *Reederei Lenz,* Tel. (038301) 6 18 96, www.vilmexkursion.de.
■**Sassnitz:** *Reederei Lojewski,* Tel. (038392) 3 51 36, www.reederei-lojewski.de, *Reederei Ostseetour,* Tel. (038392) 31 50.

▷ Der Hochuferweg zum Königsstuhl ist Rügens berühmteste Wanderstrecke

■**Stralsund:** *Weiße Flotte,* Tel. (03831) 2 68 10.
■**Vitte/Hiddensee:** *Reederei Hiddensee,* Tel. (038300) 2 10.

Auskunft und **Informationen zu Anbietern,** Linien, Chartermöglichkeiten u.a. findet man im Internet unter **www.ruegen-schifffahrt.de.**

Wandern

Die klassische Variante eines Rügenurlaubs ist es, auf Schusters Rappen und auf den Spuren von *C. D. Friedrich, J. J. Grümbke, C. G. Carus* und anderen berühmten Rügenbesuchern die Insel zu durchstreifen. Eines der schönsten Wanderreviere sind der **Hochuferweg** im NP Jasmund von Sassnitz zum Königsstuhl und das Biosphärenreservat im Südosten Rügens. Doch auch alle anderen Inselteile und die Insel Hiddensee bieten viele sehr schöne Wandermöglichkeiten.

Auskunft zu Routen, Regionen, geführten Wanderungen, Wanderkarten und Sonstigem rund um das Thema „Wandern" findet man im Internet unter **www.wandern-auf-ruegen.de.**

Geführte Touren

Viele Tourist-Informationen und Kurverwaltungen, aber auch die Nationalparkverwaltung und Vereine veranstalten geführte Wanderungen. Die aktuellen Angebote erhält man direkt bei den genannten Einrichtungen. Einige besonders geschützte Naturregionen wie der **Bug** bei Dranske oder die **Insel Vilm** sind nur im Rahmen einer geführten Gruppe zu erleben.

Geführte Wanderungen

■ **Wanderfreunde Rügen e.V.,** Hauptstraße 75, 18586 Thiessow, Tel. (038308) 6 63 28, www.wanderfreunde-ruegen.de.

■ **Naturerlebnisverein Rügen,** Zubzow 5a, 18569 Trent, Tel. (038309) 2 01 26, www.naturerlebnis-ruegen.de (vom Nationalparkamt empfohlen).

■ **Dietmar Butzlaff,** www.facebook.com/dietmar.butzlaff, Touren auf Rügen und Hiddensee.

■ **René Geyer,** Leopold-Spreer-Str. 3, 18581 Putbus, mobil: (0173) 9 89 80 31, www.naturgeyer.de.

Reiten und Kutschfahrten

Rügen ist Reiterland, denn die Pferdezucht hat auf der Insel eine lange Tradition. Dies schlägt sich heute in den rund 30 Reiterhöfen, Pferdefarmen, Reit- und Fahrvereinen und ähnlichen Einrichtungen rund ums Pferd nieder, die der Liebhaber auf Rügen vorfindet. Erweitert wird die Möglichkeit, Rügen auf dem Rücken von Pferden zu entdecken, durch die vorhandenen Unterkunftsmöglichkeiten auf Bauernhöfen, die größtenteils für ihre Gäste Pferde halten und Reitmöglichkeiten bieten.

Wem das freihändige „Steuern" eines edlen Rosses zu unbequem oder riskant erscheint, der kann sich mit der Kutsche gemütlich durch die Gegend schaukeln lassen. Adressen der Anbieter finden sich im Infoteil der Ortsbeschreibungen.

Golf

Auch Golffreunde finden auf Rügen ein reiches Betätigungsfeld. Einen **9-Loch Public Course,** einen **18-Loch Challenge Course,** eine Golfschule mit Driving

411rh_19 ph

Range, Abschlagboxen und Übungsplatz für jedermann bietet die Golfanlage Schloss Karnitz.

In Alt-Mukran bei Sassnitz findet man einen landschaftlich **sehr schön gelegenen 9-LochPlatz,** dessen Bahnen entlang der Steilküste verlaufen.

Der Golf- und Landclub Wittow unterhält einen **6-Loch-Kurzplatz** am Bakenberg auf Wittow.

■ **Golfanlage Schloss Karnitz,** Am Golfplatz 2, 18574 Karnitz, Tel. (038304) 8 24 70, www.inselgolf-ruegen.de.
■ **Golf- und Landclub Wittow,** Am Bakenberg, 18556 Dranske, Tel. (038391) 8 92 04.
■ **Golfclub Sassnitz e.V.,** Marktstraße 2, 18546 Sassnitz, mobil: (0171) 1 86 56 46, www.golfaufruegen.de.
■ **Golfplatz Schloss Ranzow,** Schlossallee 1, 18551 Lohme, Tel. (038302) 8 89 10, www.schloss-ranzow.de.
■ **Golfzentrum Granitzhof,** Am Kleinbahnhof 34, Binz, Tel. (038393) 43 69 90, www.golfzentrum-binz.de.
■ **SwinGolf Rugana,** Nonnevitz 25, Tel. (038391) 68 08 43, www.rugana.de/swin-golf.

Tipps für Kinder

Bei schönem Wetter zählt für die Jüngsten das Buddeln, Backen und Plantschen am Strand zu den höchsten Vergnügungen im Urlaub. Doch die Ostsee ist nun mal nicht das Mittelmeer, und es muss auch im Sommer mit Tagen gerechnet werden, an denen der Wettergott allen den Strandspaß vermiest. Hier ein paar Tipps für Ausflüge und Unternehmungen, zu denen sich in den jeweiligen Ortskapiteln nähere Erläuterungen finden.

▷ Kap Arkona – mit 2 PS zum Leuchtturm

Noch mehr Tipps findet man auf der Internetseite **www.ruegen.de/familie-ruegen.html.**

Ozeaneum

Mit dem Ozeaneum besitzt Stralsund das größte und eindrucksvollste Spezialmuseum im gesamten Ostseeraum, das 2010 als Europas Museum des Jahres ausgezeichnet wurde. Ob die 50 teils gigantischen, bis zu 2,6 Millionen Liter fassenden **Aquarien,** die nachgebildete Kabine eines Forschungstauchboots, die Ausstellung „Riesen der Meere" mit Kolossen in Originalgröße oder das speziell für die Kleinen konzipierte „Meer für Kinder" mit **Spiel- und Erlebnisstationen** – das Ozeaneum bietet so viel Spektakuläres, dass man sich problemlos tagelang darin aufhalten kann.

Schmalspurbahn

Die Fahrt auf der 24 km langen Strecke mit der über 100 Jahre alten romantisch-nostalgischen Dampflokbahn **Rasender Roland** ist für Jung und Alt ein ganz besonderer Spaß und geradezu ein Muss, egal wie das Wetter ist (siehe auch Exkurs

155rh ph

296rh ph

„Der Rasende Roland – mit 30 km/h durch Granitz und Mönchgut").

Historische Handwerkerstuben

In Gingst gibt es interessant gestaltete **historische Werkstätten** traditioneller Handwerke vom Schuster über den Schneider und Frisör bis zum Weißnäher und Sattler zu besichtigen.

Aquamaris

Wer auch bei schlechtem Wetter nicht von den Schwimmflügeln lassen kann,

ist in dem neuen **Erlebnisbad** in Juliusruh gut aufgehoben.

Tierpark

Der schön im Grünen gelegene **Zoo in Stralsund** zeigt auf 9 ha über 150 verschiedene Arten. Neben einheimischen Tieren gibt es auch Exoten wie Löwen oder Affen. Infos unter www.freizeitpark-stralsund.de/zoo-stralsund.

Naturerlebniscamp

Wie die Indianer: Fernab der Zivilisation direkt an der Grenze zum Nationalpark können Gruppen und Familien bei zahlreichen Aktivitäten und Angeboten der Natur ganz nah sein.

⌃ Wasserbombe von der Seebrücke Sassnitz – für Jugendliche der allergrößte Spaß

■ www.naturerlebniscamp-ruegen.de

Eisenbahnmuseum

Das Eisenbahn- und Technikmuseum in Prora zeigt eine Sammlung von **alten Lokomotiven,** Feuerwehrautos und sonstigem mobilen Großgerät.

Museumshof

In einer sehr malerischen **historischen Hofanlage** in Zirkow kann man viel über das bäuerliche Leben auf Rügen zu Großvaters Zeiten erfahren.

Grümbke-Turm

Von dem 50 Meter über dem Meeresspiegel aufragenden **Aussichtsturm** bei Neuenkirchen bietet sich ein unbeschreiblich schöner Panoramablick.

Pirateninsel

Spielen und toben im Warmen und Trockenen auch bei Sturm und Regen kann man in dem **Indoor-Spielplatz** Pirateninsel bei Putbus. Ob Riesen-Wabbelberg, Elektrokart, Trampolin, Hüpfburg und vieles mehr – in der großzügigen Halle findet sich für jeden Besucher etwas.

Saurierland

Schon immer übten die Urechsen eine ganz besondere Anziehungskraft auf Jung und Alt gleichermaßen aus. Hautnah sind Tyrannosaurus Rex und Co. nun im **Dinosaurierland beim Schloss**

Spyker zu bestaunen, das Kinder und Erwachsene zum aktiven Mitmachen animiert.

Störtebeker-Festspiele

Die spektakuläre Masseninszenierung in Ralswiek mit Schiffen, Pferden, Feuerwerk und Stunts unter freiem Himmel um den **legendären Piraten** *Klaus Störtebeker* ist ein unvergessliches Erlebnis für die ganze Familie.

Schiffstour

Rügen vom Wasser aus erleben kann man bei einer 11-stündigen, erlebnisreichen Tagesfahrt **rund um die Insel** ab Sassnitz jeden Sonntag in der HS.

Rügen Park

Ganz Rügen im Kindermaßstab 1:25 bietet der 40.000 m² große Rügen Park bei Gingst. Neben **über 100 Modellen weltbekannter Bauwerke** gibt es auch die Parkeisenbahn „Emma", einen Streichelzoo, ein SB-Restaurant sowie 15 weitere Fun- und Fahrattraktionen.

Schmetterlingspark

Wie im **Tropenparadies** fühlt man sich im Sassnitzer Schmetterlingspark. Aberhunderte filigrane bunte Flugwesen, die Jung und Alt gleichermaßen faszinieren, erfüllen mit ihren schillernden Flügeln die **große Freiflughalle** dieses außergewöhnlichen Ausflugsziels.

4

Ahoi Rügen

Eine **wunderbare Wasserwelt** mit mehr als 650 m² Wasserfläche, 100-m-Rutsche, Kinderparadies mit 3 Becken, Rutschen und Schiffchenkanal, Kinderanimation, Gastronomie und allerlei feucht-fröhlichen Spaßgelegenheiten mehr bietet auch bei Schnee und Frost die Rügen Bade- & Erlebniswelt Ahoi im Seepark Sellin.

Rodelbahn

Auch ohne Schnee lässt es sich auf der **700 m langen Strecke** am Rugard in

Bergen mit sieben Steilkurven, einer Dreierwelle, einem Jump und einem Aktionskreisel allerbestens rodeln. Die Schlitten sind bremsbare Zweisitzer, es können also auch die ganz Kleinen mit Mama oder Papa hinabsausen.

Puppen- und Spielzeugmuseum

Nicht nur die Herzen kleiner Mädchen und Jungs lässt das Puppen- und Spielzeugmuseum **in Putbus** höher schlagen. Den Besucher erwartet eine Vielzahl an Plüschtieren, Spielzeug aus Blech und

Holz, Zinnsoldaten sowie Modelleisenbahnen und Schiffen aus drei Jahrhunderten.

■ **Öffnungszeiten:** täglich von 10 bis 18 Uhr.
■ www.puppenmuseum-putbus.de.

Seilgarten Prora

Wie Tarzan durch die Baumgipfel schwingen, können Kinder ab 5 Jahren im 40.000 m² großen Seilgarten von Prora. Neun Höhenparcours mit 80 Übungen bieten abwechslungsreiche Kletterabenteuer in freier Natur. Für die ganz

379rh ph

Kleinen steht ein schöner 100 m² großer Spielplatz mit Betreuung zur Verfügung.

Kindertheater

Das Theater Putbus bietet spezielle Vorstellungen für Kinder. *Birgit Schuster* betreibt in Teschwitz bei Gingst ein **Kinderpuppen-Theater.**

Familienhotel Villa Sano

Das Familienhotel Villa Sano in Baabe ist ganz auf die spezifischen Bedürfnisse von jungen Familien eingestellt. Zwei ausgebildete Betreuerinnen stehen für die Kleinsten und Kleinen ständig bereit. Das Freizeit-Team gestaltet täglich ein kindgerechtes Abenteuer. Zum Spielen und Toben gibt es einen Spielplatz und für Schlechtwetter ein Spielzimmer.

■ www.villasano.de

Tauchglocke Sellin

Bei Schlechtwetter einfach abtauchen. Eine spannende Expedition trockenen Fußes auf den Grund der Ostsee bietet die Tauchglocke an der Seebrücke Sellin. Auf der **45-minütigen Tauchfahrt** kann man die Unterwasserwelt erleben und viel Interessantes über die Ostsee, ihre Bewohner, Besonderheiten und ihre Schutzbedürftigkeit erfahren.

◁ In die Unterwasserwelt mit der Tauchglocke oder eine Schiffsfahrt – beides möglich an der Seebrücke Sellin

4

5 Land und Leute

◁ Hochufer bei Klein Zicker

Rügen – ein Überblick

Oh Land der dunklen Haine,
Oh Glanz der blauen See,
Oh Eiland, das ich meine,
Wie tut's nach Dir mir weh!
Nach Fluchten und nach Zügen,
Weit übers Land und Meer,
Mein trautes Ländchen Rügen,
Wie mahnst du mich so sehr!

E.M. Arndt, 1. Vers von „Heimweh nach Rügen", 1842

Wie soll man Rügen beschreiben? Rügen ist mit 974 km² Fläche die **größte Insel Deutschlands.** Die Gesamtlänge ihrer Küstenlinie misst 574 km. Die größte Ausdehnung von Nord nach Süd beträgt 51,4 km, die von Ost nach West 42,8 km. Kein Ort der Insel ist mehr als 7 km von der Küste entfernt. Insgesamt leben in vier Städten und 38 Gemeinden rund **70.000 Menschen** auf Rügen. Größte Stadt ist die Hauptstadt Bergen (14.240 Einwohner). Es gibt 56 km Sandstrand, 100 km Schiene, 53 Häfen, 7 Seebäder, 2 Nationalparks ...

Wohl alles wahr, aber man merkt sofort, dass man mit nüchternen Zahlen und Daten der Insel in ihrer Vielfalt alles andere als gerecht werden kann. Rügen ist einfach mehr, soviel mehr, dass es sich in seiner Ganzheit nur sehr ungenügend durch ein paar Fakten einfangen lässt.

Rügen, das ist ein großer Wurf der Schöpfung, dem man sich eigentlich nur poetisch nähern kann. Was hier die Natur im Zusammenspiel von Wind, Wasser, Gezeiten und Strömungen unter der Leitung des Meisters Zeit hervorgebracht hat, ist in seiner **großartigen Schönheit** ein wahres Meisterstück. Wild zerklüftete Küsten, stille Buchten und dunkle alte Wälder, endlose schneeweiße Bänder feinsten Sandstrandes, weiße Felsen im grünen Wasser, abgeschiedene Seen und tosende Brandung, urwüchsige Moore und sumpfige Wiesen, sanfte Hügel, schattige Haine, geschützte Täler und sturmumtoste kahle Kliffe, üppige Flora und karge Steinmeere ...

Und vom Menschen hinzugefügt: prähistorische Großsteingräber aus mächtigen Findlingsblöcken, prachtvolle Alleen, die grünen Tunneln gleichen, mittelalterliche Dorfkirchen, slawische Burgwälle, geduckte Fischerkaten, stolze Schlösser, einsame Leuchttürme, mondäne Seebäder, und eine kleine Dampflokomotive, die auf Gleisen im Puppenstubenformat die schönsten Gegenden durchschnauft.

Nicht umsonst ist Rügen geradezu zum **Synonym für die deutsche Romantik** geworden, die ihre Sehnsucht nach dem Einfachen und Reinen, dem Bäuerlichen und Heimatverbundenen hier stillen konnte. Die Natur als innige religiöse Empfindung, in der sich eine ungeheure Wahrheit offenbart, in der der Mensch schicksalhaft seinen Lebenszyklus durchschreitet.

Untrennbar ist der Name **Caspar David Friedrich** mit der Insel verbunden, dessen Landschaftsbilder in jedem deutschen Schulbuch zu finden sind. Den Spuren des großen Meisters folgten unzählige Kollegen, deren Strom bis heute nicht versiegt ist. In den 1920er Jahren avancierte Rügen und vor allem das benachbarte Hiddensee geradezu zum **Mekka der deutschen Geisteswelt.**

297rh ph

Kaum einer der Säulenheiligen der deutschen Kultur, der nicht hierher gepilgert wäre und dieser von den Göttern geküssten Insel nicht in großen oder kleinen Hymnen gehuldigt hätte.

Zu DDR-Zeiten war Rügen das mit Abstand beliebteste **Wunsch-Reiseziel** neben Hiddensee, das aber für Normalsterbliche praktisch nicht zu erreichen war. Vielen galt es geradezu als Lebensziel, einmal auf Rügen Urlaub machen zu können.

Auch im vereinten Deutschland rangiert Rügen unter den beliebtesten Reisezielen wieder ganz oben. Dies wird aber nur so bleiben, solange der breite Besucherstrom den Charme der Insel nicht beschädigt oder zerstört. Die **Tourismusindustrie** steht Gewehr bei Fuß, alle wirklichen oder durch sie geweckten Kundenwünsche nach normierten Freizeitvergnügungen sofort in Beton zu gießen. Jeder Rügenbesucher sollte sich darüber im Klaren sein, dass auch er Verantwortung dafür trägt, was mit diesem Kleinod in Zukunft geschieht. Denn werden normierte Urlaubsghettos nicht gebucht, werden sie auch nicht gebaut. Helfen Sie also mit, dass das Inselreich bleibt, was es heute noch ist – eine Perle der deutschen Ostseeküste.

⌃ Ein Postkartenidyll – die Blaue Scheune in Vitte

5

Landschaftsformen

Entstanden ist das pittoreske Schmuckstück in seiner heutigen Erscheinung vor rund 14.000 Jahren, als sich am **Ende der letzten Eiszeit** die Gletscher zurückzogen. Durch ihr Abschmelzen stieg der Wasserspiegel der Ostsee an und bildete eine Reihe voneinander getrennter Inseln.

Im Laufe der Jahrtausende wuchsen diese durch Sandanschwemmungen zusammen und bildeten zusammen das, was man heute Rügen nennt.

Auch heute ist die Ausformung noch nicht abgeschlossen. Würde der Mensch nicht eingreifen, Hiddensee wäre keine Insel mehr, sondern ein Teil Rügens wie Wittow und Jasmund.

Durch seine **stark zerfurchte Küstenlinie** sind Land und Meer aufs Innigste miteinander verflochten. Landzungen, Halbinseln, Bodden, Buchten, Randseen, Wieke, Wälle, Haken und Nehrungen formen die 570 km lange Küstenlinie, deren Umriss der Insel das Aussehen eines kleinen, flatternden Gespenstleins verleiht.

Ähnlich vielgestaltig wie die Küste sind die Landschaftsformen. Im Süden flach und landwirtschaftlich genutzt, steigt das Land langsam an, und sanfte Hügel prägen das Relief. Bis zu 16 m hoch erhebt es sich im Nordosten und fällt dann in schroffen Klippen steil zum Meer hin ab. Dazwischen haben Sandablagerungen Landbrücken gebildet und in sanftem Schwung kilometerlange, feinsandige Badeparadiese geformt. Lichte Kiefernwälder sichern das Schwemmland und bieten den Badegästen willkommenen Schatten.

Rügens Osten, die **Granitz,** ist stark hügelig und von großen Wäldern be-

standen. Auf **Jasmund** hat sich eine mächtige Kreideschicht an die Oberfläche geschoben und die weltbekannten Felsen am Königsstuhl geformt. Im Windland **Wittow** kann derselbe ungehindert über die baumlose Hochfläche pfeifen.

Eine Besonderheit ist der südöstliche Zipfel. Das **Mönchgut** ist die niederschlagsärmste Region auf Rügen. Sanfte Hügel, überzogen mit Heidelandschaften, ein endloses Band herrlichen Sandstrandes entlang der gesamten Außenküste und schilfbestandene Buchten am stillen Bodden prägen das Gesicht der Region. Der Zipfel gehörte einst dem Zisterzienserkloster Eldena bei Greifswald, was ihm seinen Namen verlieh. Durch die freiwillige Isolation der Klosterbrüder war das Mönchgut über Jahrhunderte vom *Muttland,* wie die Einwohner die Kerninsel nennen, abgeschnitten und entwickelte eine eigene Kultur und Tradition.

Die Ostseeküste Mecklenburg-Vorpommerns

Küstengeografie

Die Ostseeküste Mecklenburg-Vorpommerns ist außerordentlich vielgestaltig und abwechslungsreich. Über rund 350 km erstreckt sich die Außenküste zwischen der Lübecker Bucht und Ahlbeck auf Usedom. Doch zusammen mit der stark gegliederten **Innenküste,** also

5

den zahlreichen, Bodden, Buchten, Achterwassern, Wieken, Haffs, Nehrungen und Inseln ergibt sich eine Küstenlänge von **fast 1500 km.**

Die Herausbildung der vorpommerschen Küstenlandschaft, so wie wir sie heute kennen, begann erst vor rund 7000 Jahren und dauert bis heute fort. Erst damals erreichte der Meeresspiegel seinen heutigen Stand. In dieser Zeit bildeten sich auch die Steilufer heraus, die sich allerdings seither wesentlich verändert haben. Der Grund dafür sind die komplexen Abläufe, die man unter dem Begriff **Küstenausgleich** zusammenfasst: Die Steilufer werden abgetragen, das Material wird vom Meer weggespült, kilometerweit transportiert und an der Flachküste wieder abgelagert.

Der Sommerurlauber merkt hiervon nur wenig, aber der Strandwanderer im zeitigen Frühjahr ist oft erstaunt, welche **Zerstörungen** in nur wenigen Wintermonaten von den **Stürmen** angerichtet worden sind. Manchmal stürzen von den Kliffen am Kap Arkona auf Rügen oder dem Dornbusch auf Hiddensee über 100.000 Kubikmeter Landmasse ins Meer, die vom Wasser (Gezeiten gibt es an der Ostsee kaum) dann „aufgearbeitet" werden. Feines Material wird mit den Strömungen fortgespült, und vor den Kliffen bleibt nur der typische Geröllstrand zurück. Durch besonders heftige Stürme können aber auch größere Steinbrocken abtransportiert und an anderer Stelle am Ufer aufgeworfen werden. Auf diese Art und Weise sind beispielsweise die 3000 bis 4000 Jahre alten „Feuersteinfelder" auf der Schmalen Heide auf Rügen entstanden.

Kleine Kiesel und Sand werden über längere Strecken parallel zur Küste transportiert. Wo sich das Material ablagert, bilden sich sogenannte **Sandhaken** wie z.B. Gellen und Bessin auf Hiddensee, die mehrere Meter pro Jahr weiter ins Meer hinauswachsen. Wachsen sie bis zum nächsten Landvorsprung oder bis zu einer Insel, so entsteht eine **Nehrung.** Bilderbuchhafte Beispiele dafür sind die Schaabe und die Schmale Heide auf Rügen. An anderer Stelle sind auf diese Weise ganze Inseln untereinander und mit dem Festland verwachsen, wie etwa die Halbinsel Fischland-Darß-Zingst, die einst aus drei einzelnen Inseln bestand. Vom Strand treibt Wind den feinen und trockenen Sand landeinwärts, wo er sich an den ersten Hindernissen ablagert und in Wällen zu **Dünen** aufhäuft.

Ein ganz anderes Bild bietet sich an den vor Wind und Wellen geschützten Binnenküsten der **Bodden und Achterwassern.** Hier dehnen sich lange Schilfgürtel aus, ein Paradies für seltene Vogelarten und Materialressource für die hübschen Rohrdächer der Häuser und Fischerkaten.

Küstenschutz

Seit Jahrhunderten bemühen sich die Küstenbewohner, die **Außenküste vor Abtragung und Zerstörung zu schützen.** Mit Steinwällen, Buhnen, Deichen, Wellenbrechern oder Aufspülungen versuchen sie, ihre Heimat vor den Urkräften der See zu bewahren. Doch trotz aller Anstrengungen sind zwei Drittel der Außenküste Mecklenburg-Vorpommerns Abtragungsküste. Die Strömungen, insbesondere aber winterliche Sturmfluten nagen unaufhaltsam an den

5

Ufern und spülen kontinuierlich Landmasse mit sich fort. Auch die mühevolle
Bepflanzung der Stranddünen mit
Strandhafer und das Anlegen von Kü-
stenschutz-wäldern können den Land-
verlust nur bedingt aufhalten.

Alle diese Maßnahmen dienen aber
nicht nur dazu, Küstenrückgang zu ver-
meiden, sondern schützen auch die Bewohner vor Tod und Verderben. Verheerende Überschwemmungen forderten in
der Vergangenheit immer wieder zahlreiche Menschenleben und zerstörten
Haus und Hof. Darüber hinaus sind die
verschiedenen Uferzonen wichtiger Lebensraum für vielerlei **seltene Tier- und
Pflanzenarten.**

Um die Menschen zu schützen und die
einzigartige Küstenlandschaft für die
kommenden Generationen zu erhalten,
ist es unerlässlich, die Schutzbestimmungen zu beachten.

Naturschutz

Mecklenburg-Vorpommern konnte sich
als schwach besiedeltes und weitgehend
industriefreies Bundesland seine Natur
großflächig bewahren. Allein seine
13 ausgewiesenen Großschutzgebiete
nehmen über 15 % der gesamten Lan-
desfläche ein. Nicht berücksichtigt sind
dabei die vielen kleineren und kleinen
Landschafts- und Naturschutzgebiete.
Deutschlands nördlichstes Bundesland
ist also ein Naturparadies, wie man es in
Deutschland sonst nicht mehr findet.

⊡ Naturstrand bei Sassnitz

Nationalpark
Vorpommersche Boddenlandschaft

Praktisch die gesamte vorpommersche
Boddenküste und die ihr vorgelagerten
Inseln sind wegen ihrer naturräumlichen
Einzigartigkeit und ihrer übergeordneten
Bedeutung als Brut- und Rastplatz unzähliger Wasser-, Wat-, und Zugvogelarten unter besonderen Schutz gestellt. Flächenmäßig das größte Schutzgebiet ist der Nationalpark Vorpommersche Boddenlandschaft, der sich auf einer Fläche von mehr als 800 km² von der
Halbinsel Darß/Zingst bis zur Westküste
Rügens erstreckt und die Insel Hiddensee
und die Halbinsel Bug auf Rügen ein-

schließt. Die ständig sich verändernde Abtragungs- und Anlandungsküste mit ihren Strandseen, Lagunen, Steilküsten, Haken, Nehrungen und Windwatten wie die Moore und Brüche sind **Brutgebiet unzähliger Vogelarten** und einer der bedeutendsten Rastplätze für Zugvögel. Über 50.000 Kraniche versammeln sich hier im Frühling und Herbst und bieten ein überwältigendes Naturschauspiel.

Naturpark Rügen

Der noch immer leider nur im Aufbau befindliche Naturpark Rügen nimmt mit 770 km² von insgesamt 926 km² Inselflä-che **nahezu die gesamte Insel** ein. Er soll die landschaftliche Perle vor weiterer hemmungsloser Zersiedelung bewahren.

Nationalpark Jasmund

Strengen Schutz genießt der flächenmäßig kleine Nationalpark Jasmund. Er bedeckt zwischen den Orten Sassnitz und Lohme eine Fläche von 30 km² und schließt die weltberühmte Steilküste mit ihren **Kreidefelsen** ein. In dem alten Rotbuchenwald, der über das gesamte **Stubnitzplateau** sein grünes Dach spannt, finden sich zahlreiche steinzeitliche Großsteingräber. Im Juni 2011 ver-

Die „Zehn Gebote" des Küstenschutzes

1. Benutzen Sie nur die gekennzeichneten Strandzugänge und übersteigen oder beschädigen Sie keine Einzäunungen.

2. Bauen Sie keine Sandburg näher als 2 m am Dünenfuß.

3. Keine Äste von Büschen u. Bäumen abbrechen.

4. Benutzen Sie Steilufer nicht für Klettereien oder als Rutschbahnen.

5. Kein Feuer oder Rauchen im Küstenschutzwald.

6. Überqueren Sie Deiche nur an den gekennzeichneten Stellen.

7. Fangen oder beunruhigen Sie keine Tiere.

8. Pflücken Sie keine Blumen und Pflanzen.

9. Entsorgen Sie Ihren Abfall sachgerecht.

10. Befahren Sie nur die erlaubten Wege und parken Sie nur auf den ausgewiesenen Plätzen.

lieh die **UNESCO** den Buchenwäldern im Nationalpark Jasmund den Status des **Weltnaturerbes.**

Biosphärenreservat

Einen besonderen Status besitzt der südöstliche Inselteil. Das Biosphärenreservat Südost-Rügen erstreckt sich zwischen Putbus und dem **Mönchgut** und schließt die **Granitz,** den **Rügischen Bodden** und die **Insel Vilm** ein. Das fast 23.500 ha große Schutzgebiet ist eines von weltweit 440 großflächigen Arealen, die dem UNESCO-Programm „Der Mensch und die Biosphäre" angehören.

Info/Führungen

Alle Großschutzgebiete unterhalten vor Ort **Informationszentren,** teilweise auch **Ausstellungen.** Über alle Schutzgebiete gibt es praktische Faltblätter, die neben einer genauen Karte des Territoriums auch wichtige Kurzinformationen über die Besonderheiten des Gebietes enthalten. Dass die darauf eingezeichneten Totalreservate und vermerkten Beschränkungen und Verhaltensweisen unbedingt respektiert werden sollten, versteht sich von selbst. Ergänzt wird das umfangreiche Informationsmaterial durch thematische Faltblätter z.B. zu bestimmten Natur- und Lebensräumen, Lehrpfaden und Wanderwegen. Die einzelnen Verwaltungen bieten auch eigene Programme wie Führungen, Fahrradexkursionen, Tierbeobachtungen und Vorträge an. Unter Führung und Anleitung eines Experten die Naturparadiese zu durchstreifen, ist für den Laien sicherlich ungleich lehr- und aufschlussreicher, als auf eigene Faust und ahnungslos durch die Natur zu wandern. Die jeweiligen, nach Jahreszeit verschiedenen Angebote erfährt man bei:

▷ Über allen Wipfeln. Der Adlerhorst des Baumwipfelpfads beim Naturerbezentrum auf Prora ist in mehrfacher Hinsicht ein Höhepunkt

Naturschonung und Naturschutz

Natur pur

Jeder Westbürger, der schon einmal in den Neuen Bundesländern unterwegs war, wird überrascht festgestellt haben, dass hier noch **großflächige, unberührte Naturparadiese** bestehen, wie man sie im "umweltbewussten" Westen nur selten oder gar nicht mehr antrifft.

Schon ein Blick auf eine Karte mit den Nationalparks macht deutlich, dass **in Sachen Natur der Osten dem Westen um Längen voraus ist** und das Land Mecklenburg-Vorpommern auf der Liste der naturnahesten und -reichsten Länder mit Abstand Platz 1 gebührt. Von insgesamt 13 ausgewiesenen Großschutzgebieten, die den strengen internationalen Kriterien eines **Nationalparks** entsprechen, liegen allein sieben auf dem relativ kleinen Gebiet der **Neuen Bundesländer.** Drei davon kann Mecklenburg-Vorpommern sein eigen nennen.

Viele **Tier- und Pflanzenarten,** die äußerst selten geworden oder gänzlich ausgestorben sind, haben in den unberührten, naturbelassenen Regionen Zuflucht gefunden. Biber und Adler, Kranich, Fischotter, Weiß- und Schwarzstorch, Kormoran und Kolkrabe sind nur einige der Tiere, die der moderne Mensch nur noch aus dem Fernsehen kennt.

Man fragt sich natürlich, wie es denn dazu kommen konnte, dass die arme DDR viel mehr intakte Naturräume besitzt als der reiche Westen, der doch seit vielen Jahren von Schlagworten wie "Ökologie" und "Umweltschutz" beherrscht wird und dafür auch erkleckliche Summen ausgibt. Die Antwort ist einigermaßen überraschend: Es war im wesentlichen jenes System selbst, das doch ohne den Protest von Bürgerinitiativen fürchten zu müssen, die Landschaft grässlich ruinieren konnte und dies auch tat, das aber an einer großen Schwäche der sozialistischen Planwirtschaft zu leiden hatte: **Geldmangel.** Es fehlte schlicht an den notwendigen Finanzen, um Flüsse zu begradigen oder das Straßennetz auszubauen und den letzten Winkel dem Menschen ökonomisch untertan zu machen, kurz – die Natur so intensiv zu erschließen und auszubeuten, wie dies im Westen geschah.

Außerdem fehlte die kapitalistische Profitgier der **Freizeitindustrie,** die im Westen nicht weniger skrupellos als die SED-Gerontokratie die schönsten Landschaften mit Hotelkomplexen, Freizeitparks, Golfplätzen und Jachthäfen zubetonierte.

So säumen im Osten Deutschlands noch herrliche uralte Alleen die Straßen, haben die großen Flussläufe **Elbe** und **Oder** noch ihre natürlichen Auen. Große Staatsjagden und Privatrefugien der Nomenklatura wie das Ostufer der **Müritz** oder die **Schorfheide,** einst von der Stasi streng bewacht und dem Volke versperrt, konnten sich so ihre Urwüchsigkeit bewahren.

Schließlich, auch wenn es fast pervers klingen mag, verdanken einige Großschutzgebiete ihre Existenz der menschenverachtenden Grenzpolitik. Innerhalb des gesperrten **innerdeutschen Grenzstreifens** war die Natur über Jahrzehnte vor menschlichen Eingriffen geschützt und sich selbst überlassen. Diesem Umstand verdanken beispielsweise der Nationalpark um den Brocken oder der Naturpark Elbtal ihre Existenz.

Rettung in letzter Minute

Vor allen Dingen aber, und das kann gar nicht genug betont und gelobt werden, verdanken wir die herrlichen Großschutzgebiete auf dem Gebiet der ehemaligen DDR dem selbstlosen Engagement und Einsatz weitsichtiger Menschen vor Ort. Bis zur letzten Sekunde bemühten sich **Naturschützer und Bürgerkommitees,** die politischen Freiräume zwischen Honeckersturz und Wiedervereinigung zu nutzen, um, ohne von den allmächtigen Wirtschaftslobbys des Westens be- und gehindert werden zu können, so viele Gebiete wie möglich vor den Übergriffen des großen Geldes in Sicherheit zu bringen. Nur wenige Wochen vor der Wiedervereinigung, am 12.9.1990, also buchstäblich in letzter Minute, gelang es, zumindest die wichtigsten und größten Refugien unter gesetzlichen Schutz zu nehmen. Fünf Nationalparks, sechs Biosphärenreservate und drei Naturparks konnten so gesichert werden.

Aber auch unsere Unterstützung ist gefordert! In die Gebiete, die früher nicht betreten werden durften, strömen jetzt **Besucherscharen.** Das Straßennetz soll im Hauruck-Verfahren ausgebaut werden. Neue Betonschneisen wie die **Ostseeautobahn A 20** werden durch die Landschaft getrieben. **Golf-Areale** werden in derartig schwindelerregender Zahl beantragt.

Aus Fehlern lernen

Es ist nicht zu leugnen, dass es einen massiven und berechtigten **Interessenskonflikt** zwischen **Ökonomie und Ökologie** gibt. Doch Bürger wie Planer sollten nicht kurzsichtig nach dem schnellen Geld schielen, sondern aus Fehlern lernen. Wie eifrig hat man anderswo alles „Alte" abgerissen, aus den Dörfern seelenlose Siedlungen gemacht. Wie gründlich hat man alle Alleen dem Verkehr geopfert, für wie viel teures Geld Flüsse und Bäche in zementierte Kanäle gezwungen, die nun regelmäßig mit verheerenden Folgen über die Ufer treten. Sie werden oftmals für noch mehr Geld wieder „krumm" gebaggert, es wird versucht, den Dörfern mit Umgestaltungsprogrammen wieder ein wenig Charme und Leben einzuhauchen.

Behutsamer Tourismus

Auch wir Besucher können helfen, dass nicht eben das unwiederbringlich zerstört wird, was wir vorgeben zu lieben. Denn ist es einmal verloren, ist es für immer verloren. Unsere Ansprüche und unser Verhalten haben einen wesentlichen Einfluss auf die weitere Entwicklung. Werden die künstlichen Plastikwelten der **industriellen Ferien- und Freizeitparks** nicht gebucht, dann werden sie auch nicht gebaut. Und wer es als unzumutbare Einschränkung empfindet, nicht in jeden Winkel mit seinem lärmenden Motorboot fahren zu dürfen, trägt dazu bei, dass die letzten ursprünglichen Naturräume zu pompösen **Wassersportzentren** mit Disco und Pommesbude umfunktioniert werden und Tiere wie Adler und Biber endgültig verschwinden.

Tragen Sie deshalb dazu bei, dass die herrlichen Naturlandschaften mit ihren gefährdeten Tier- und Pflanzenarten eine reelle Chance haben, auch noch von Ihren Enkeln besucht werden zu können!

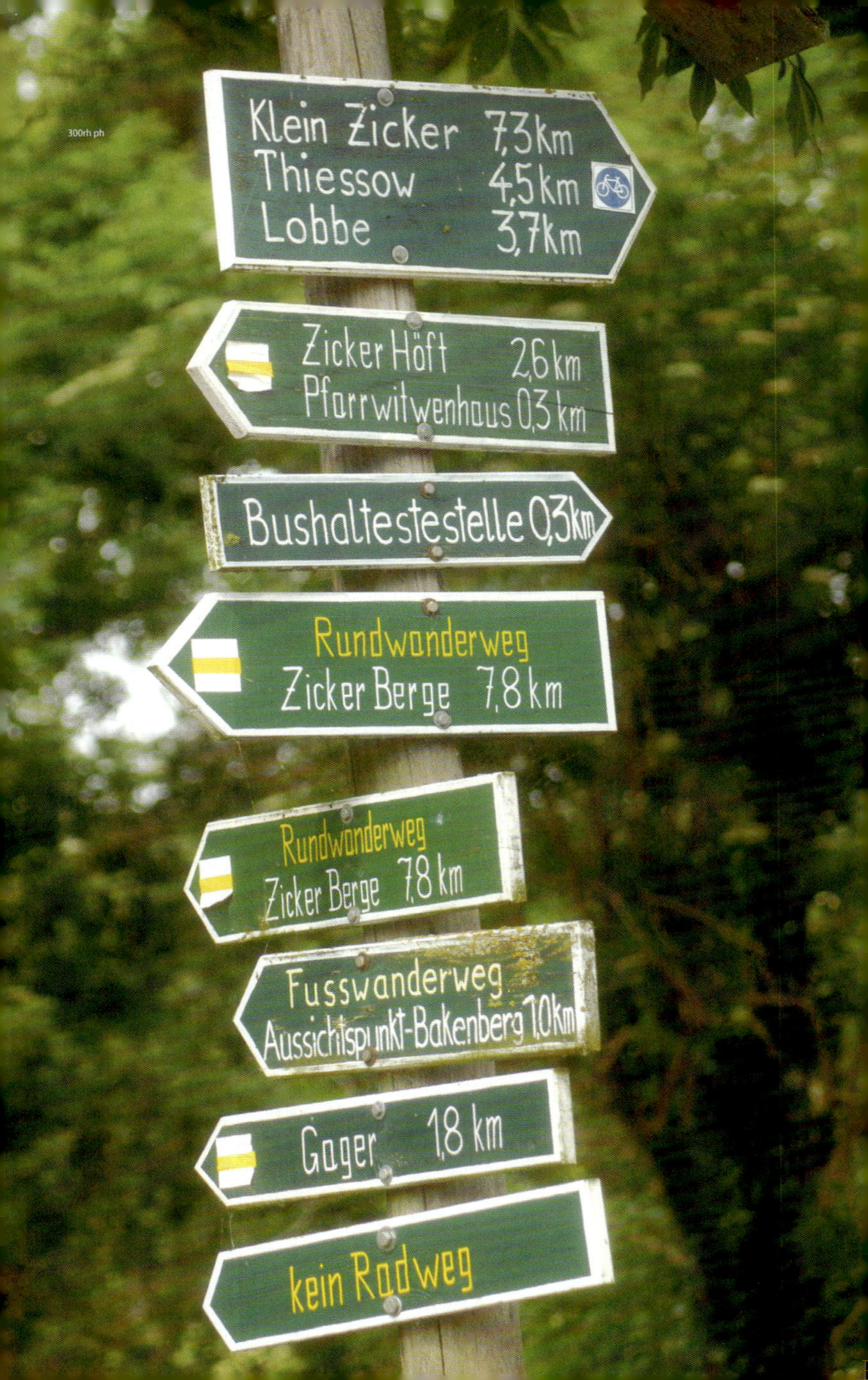

Klein Zicker 7,3 km
Thiessow 4,5 km 🚲
Lobbe 3,7 km

Zicker Höft 2,6 km
Pfarrwitwenhaus 0,3 km

Bushaltestestelle 0,3 km

Rundwanderweg
Zicker Berge 7,8 km

Rundwanderweg
Zicker Berge 7,8 km

Fusswanderweg
Aussichtspunkt-Bakenberg 1,0 km

Gager 1,8 km

kein Radweg

■ **Nationalparkamt Vorpommersche Bodden-landschaft,** Im Forst 5, 18375 Born, Tel. (038234) 50 20, www.nationalpark-vorpommersche-bod denlandschaft.de.

■ **Nationalpark Jasmund,** Stubbenkammer 1, 18546 Sassnitz, Tel. (038234) 5 02 63, www. nationalpark-jasmund.de.

■ **Nationalparkhaus Hiddensee,** Vitte, Norder-ende 2, Tel. (038300) 6 80 41, April–Okt. täglich 10–16 Uhr, Nov./Dez. 10–15 Uhr, Jan.–März 13–16 Uhr.

■ **Amt für das Biosphärenreservat Südost-Rügen,** Circus 1, 18581 Putbus, Tel. (038301) 8 82 90, www.biosphaerenreservat-suedost ruegen.de.

■ **Nationalpark-Zentrum Königsstuhl,** Am Kö-nigsstuhl, Tel. (038392) 66 17 66, www.koenigs stuhl.com, Ostern–31. Okt. täglich 9–19 Uhr, sonst 10–17 Uhr.

■ **Naturerlebnisverein Rügen,** Zubzow 5a, 18569 Trent, Tel. (038309) 2 01 26, www.natur erlebnis-ruegen.de, individuell gestaltete Exkursio-nen und Vorträge, von der NLP-Verwaltung emp-fohlen.

■ **NABU-Informationszentrum Rügen,** Rugard-straße 9c, 18528 Bergen, Tel. (03838) 20 97 10, www.nabu-ruegen.de.

Literatur

■ **„Die Ostsee – eine Natur- und Kulturge-schichte",** *Verlag Ch. Beck.* Sehr informatives Werk, in dem *Hansjörg Küster,* Professor für Pflanzenöko-logie an der Uni Hannover, den Ostseeraum von sei-ner Entstehung über seine Besiedlung bis zu seiner touristischen Erschließung in allen Facetten erklärt und beleuchtet. 357 Seiten, 100 Abbildungen, 7 Karten.

◁ Durch die Inselnatur führen zahlreiche Rad- und Wanderwege

Die Geschichte Rügens

Offensichtlich hatten auch schon die Ur-bewohner Rügens ein Faible für schönes Wohnen. Wirft man einen Blick auf eine Ferien- und Freizeitkarte „Rügen", ent-deckt man darauf Symbole, die in großer Zahl über die ganze Insel verteilt sind. Sie zeigen die Standorte steinzeitlicher Großsteingräber, bronzezeitlicher Hü-gelgräber und slawischer Burgwälle an.

Steinzeit

Rügen war schon in prähistorischer Zeit **stark besiedelt.** Die ältesten gefundenen Zeugnisse menschlichen Wirkens rei-chen bis in die **Altsteinzeit,** das Paläo-lithikum, zurück. Sie sind jedoch noch relativ spärlich. Das ändert sich schlag-artig mit der **Jungsteinzeit,** dem Neo-lithikum, das vor rund 5.000 Jahren be-gann. Einen wahren Bevölkerungsboom muss die Insel damals erlebt haben. An Fundorten auf ganz Rügen konnten Ar-chäologen Zeugnisse der damaligen Kul-tur in Fülle bergen. Allein im Grabungs-feld bei Lietzow am Jasmunder Bodden fand man über 20.000 Einzelstücke in der Erde. Sie waren so bedeutend, dass die Wissenschaftler sie nach dem Fund-ort **Lietzowkultur** tauften. Sie stellt den entwicklungsgeschichtlichen Übergang von der Jäger-und-Sammler-Zeit zur sesshaften Ackerbau-Zeit dar.

Aus dieser Kultur stammen die **Groß-steingräber** oder Dolmen, von denen heute 54 erhalten sind. 1829 zählte der

5

Heimatforscher *Hagenow* noch 236 dieser „Hünengräber" auf Rügen. Leider wurden sie von den Bewohnern häufig zerstört, die mit den Findlingsblöcken Häuser und Straßen bauten. Einige der schönsten und besterhaltenen Dolmen auf Rügen findet man im Gräberfeld nahe des Dorfes Lancken-Granitz.

Bronzezeit

Aus der Nachfolgekultur haben sich etwa 1000 Grabstätten erhalten. Gewaltige, bis zu 10 m hohe und im Durchmesser 50 m messende **Erdhügel** schütteten die Menschen damals für ihre Toten auf. Überall ragen sie als baumbestandene Inseln aus den Feldern auf. Die eindrucksvollste Hügelgrabanlage sind die sogenannten **Woorker Berge** beim Dorf Woorke, wo **14 mächtige Grabhügel** einen regelrechten Friedhof bilden.

Rugier

Im **2. Jh. v. Chr.** landeten **Ostgermanier** vom Stamme der Rugier auf der Insel und nahmen sie in Besitz. Von ihnen blieben bis auf den Inselnamen kaum Zeugnisse erhalten.

Die meisten der auf Rügen geborgenen prähistorischen Fundstücke sind im **Kulturhistorischen Museum** in Stralsund gesammelt und in Ausstellungen zu bestaunen.

Slawen

Im Laufe des 6. und 7. Jh. besiedelten slawische Stämme die Gebiete östlich von Elbe und Oder. Auf Rügen nahm der Stamm der **Ranen** den Platz der abwandernden germanischen Rugier ein.

Aus der slawischen Besiedlungszeit stammen die **Wallburgen.** 28 dieser ringförmigen Erdwälle liegen über die Insel verstreut. Innerhalb der Wälle lagen die slawischen Verwaltungszentren, Häuptlingspaläste und Tempel. Nach dem Fall ihres zentralen Heiligtums auf dem Festland im Jahre 1066 wurde die **Arkonaburg** auf Rügen, in der der Tempel ihres Hauptgottes Swantevit stand, religiöser Mittelpunkt der slawischen Stämme. Neben den Wallburgen erinnern zahlreiche **Orts- und Flurnamen** mit den Endungen -*ow, -itz, -in* und -*gast* an die Slawenzeit.

Dänen

Nach jahrzehntelangen, erfolgreichen Abwehrkämpfen gegen die **andrängenden Christen** fiel mit der Eroberung der Burg Arkona durch die Dänen am 15. Juni 1168 auch das letzte Rückzugsgebiet der Slawen, die Insel Rügen. Die anderen Burgen ergaben sich kampflos und die Bewohner unterwarfen sich widerstandslos den neuen Herren. Sofort begannen diese mit der Christianisierung der Insel. Der erste Rügenfürst unter dänischer Lehenshoheit, *Jaromar I.,* ließ Kirchen bauen und gründete das Kloster Eldena bei Greifswald.

Ab Mitte des 12. Jh. wurde die bis dahin rein slawische Bevölkerung von **deutschen Zuwanderern** nach und nach verdrängt: Die slawische Sprache verschwand im Laufe des 15. Jh. Das Mönchgut als klösterlicher Besitz wurde rein deutsch.

Pommern

Mit dem Tode des letzten Slawenfürsten, *Witzlaw III.,* im Jahre 1325 endete die Slawenzeit endgültig. Rügen fiel bis zu deren Aussterben 1637 an die Herzöge von **Pommern-Wolgast.**

1628 erreichte der **30-Jährige Krieg** Rügen und Hiddensee und verwüstete es schwer. Deutsche, dänische und schwedische Truppen besetzten und plünderten nacheinander die Inseln. So ließ *Wallenstein* die beiden damals sehr waldreichen Inseln praktisch kahlschlagen.

Schweden

1648 fiel im **Westfälischen Frieden** Rügen zusammen mit Stralsund und Vorpommern vertraglich an Schweden. Da ganz Pommern nach einem Erbvertrag eigentlich an Brandenburg hätte fallen müssen, versuchte Preußen mehrfach, aber erfolglos, sich sein Erbe gewaltsam anzueignen. 1678 landete der brandenburgische Kurfürst *Friedrich Wilhelm* auf Rügen und besetzte es, musste es aber bereits 1679 nach dem Frieden von St. Germain wieder an Schweden zurückgeben.

Im nächsten Krieg, dem sogenannten Nordischen, okkupierten **Sachsen und Preußen** die Insel, die aber wiederum, diesmal nach dem Friedensvertrag von Frederiksborg, 1720 zurück an Schweden fiel und bis zum Beginn des 19. Jh. unter schwedischer Herrschaft blieb.

☑ Steinzeitliches Relikt –
Großsteingrab bei Lancken-Granitz

301rh ph

Preußen

Im Zuge der napoleonischen Eroberungszüge wurde Rügen auch französisch beherrscht. Mit der Neuordnung Europas nach der endgültigen Niederlage Napoleons wurde auf dem **Wiener Kongress 1815** Rügen schließlich endgültig Preußen zugeschlagen.

20. Jahrhundert

Von 1945 bis 1952 gehörte Rügen zu **Mecklenburg,** dann zum Bezirk Rostock und im Zuge der Wiedervereinigung seit 1990 zum Bundesland **Mecklenburg-Vorpommern.**

Die Inselbewohner

„Hei! Kuck enmal drin! Hei! Kuck enmal drin!
Noch Oele, noch Oele, veel Oele noch drin!
Bist'n Super, sup ut, du Lumpenhund,
Bist'n Super, sup ut bett up den Grund!
Hei! Kuck he mal hin! Hei! Kuck he mal hin!
Nicks Oele, nicks Oele, nicks Oele mehr drin!"

(altes Hiddenseer Trinklied)

Vom **rauen Norden** sind sie geprägt, die Menschen auf den vorpommerschen Inseln. Von der gefahrvollen See und den kargen Böden, denen sie jahrhundertelang tagtäglich ihre Existenz abrangen. Von den dichten Wäldern und dunklen Sümpfen, die früher große Flächen bedeckten. Nordisches Klima und unbezähmbare Naturgewalten, **Abgeschiedenheit und Einsamkeit,** aber auch die harte Fron der Leibeigenschaft formten ihre Seelen, förderten Einsilbigkeit und kantig sture Charaktere. *„Das Ringen in harter Arbeit mit dem Boden und Wasser hat sie ruhig und bedächtig gemacht, zu einem fleißigen und kraftvollen Geschlecht, das lieber im Wirken als in Worten sich äußert",* stellt der Historiker *Rudolf Pechel* fest.

Als wild, grausam und gewalttätig schildert der Geschichtsschreiber *Helmhold* (1125–1177) die Inselbewohner im hohen Mittelalter. Auch *Thomas Kanzow* sieht – wie er im 16. Jahrhundert in seiner „Pomerania oder Ursprunk, Altheit und Geschichte der Völker im Lande Pomern" bemerkt – nicht viel Gutes im Charakter der Insulaner: *„Es seint die Einwohner diese landes ein sehr zenckisch und mortisch folk, das es eben an jenen schyr wahr ist, wie das lateinische spruchwort lawtet: omnes insulares mali. Den im gantzen lande zu Pomern werden kein jahr so viel vom adel und anderen erslagen, als allein in diser kleinen insul. Wo die Rhugianer gehen oder reißen, haben sie einen schweinspies an der Seiten".*

Ranengott Swantevit an der Jarmarsburg (Kap Arkona)

5

Andere schildern sie als „*mehr gutherzig und mehr simpel, nicht sehr fröhlich, sondern schwermütig*". Ein „*aufgerichtet, trewe, verschwiegen Folck, das die Lügen und Schmeicheleien hasset*", wird bemerkt. *E. M. Arndt*, selbst ein Rügianer, charakterisiert seine Landsleute als „*etwas träge und bequem, aber durchaus gutmütig und gerade*" und hebt „*ihre Fröhlichkeit, Tapferkeit und Treue*" hervor. Als „*treu wie Gold*" schätzt auch *Friedrich Wilhelm I.* seine pommerschen Untertanen ein.

Untertan waren sie länger und „Unrecht dahn" wurde ihnen mehr als anderen, wurde in diesem Winkel doch die **Leibeigenschaft später als anderswo** in Deutschland **abgeschafft.** „*In diesem Lande ist die Verteilung des Grundbesitzes ein trauriges Unverhältnis, ja, die Insel Rügen hat in dieser Hinsicht nicht ihresgleichen*", schreibt *E. M. Arndt*, der die Leibeigenschaft noch selbst erlebte, in seinen „Erinnerungen aus dem äußeren Leben".

Eduard Duller charakterisiert das Inselvolk 1807 wie folgt: „*Wenig geneigt, sich von Höheren was gefallen zu lassen, dabei emsig in Land- und Seearbeit; am alten Volksglauben noch mit großer Anhänglichkeit behaftet, und von der neueren Kultur wenig berührt, ja sogar nicht ohne Misstrauen und Abneigung dagegen*". Bodenständig, gerade und unerschütterlich in Zuneigung wie in Abneigung, heimatverbunden und sesshaft seien sie, sagt man. Obwohl sie als **Seeleute** alle Meere dieser Welt befuhren, kehrten sie fast immer zurück in die vertraute und geliebte Heimat.

Beeindruckt von der ausgeprägten Heimatverbundenheit schreibt *Grümbke* 1805 in seinen „Streifzügen": „*Bei den*

Hiddenseern zeigt sich aber diese Vorliebe für ihr süßes Ländchen in einem so hohen Grad, dass sie es nirgendwo aushalten können, sondern immer wieder nach ihrer Insel zurückkehren. Man hat Beispiele, dass alte Seeleute nach vielen Jahren sich einfanden, um in die väterliche räucherige Torfhütte einzukriechen".

Sind auch diese Beschreibungen nunmehr über 200 Jahre alt, grundlegendes hat sich daran bis heute nicht geändert.

Mit dem **Einsetzen des Fremdenverkehrs** drang in das bis dahin karge und ärmliche Leben der Inselbewohner eine **neue Einnahmequelle,** die ihnen heute einen relativen Wohlstand sichert. Ihr Verhältnis zu den „Berlinern", wie sie die Badegäste nennen, ist etwas distanziert und abwartend, aber keinesfalls unfreundlich oder gar ablehnend. Sie wissen sehr wohl, dass sie diesen Gästen Arbeit und Einkommen verdanken.

Zu **DDR-Zeiten,** als chronischer Mangel an Übernachtungsmöglichkeiten herrschte, mögen manche die Situation auch etwas ausgenutzt und schmerzhaft deftig zugelangt haben. Jedenfalls war das Verhältnis zwischen den Insulanern und den „Sachsen", wie die Feriengäste damals mit abfälligem Unterton auch tituliert wurden, oft wenig freundschaftlich. So mancher „Sachse" schilderte die Inselbewohner als Halsabschneider und grobe Bauern und laut Berichten von Zeitzeugen kam es nicht ganz selten sogar zu handfesten Auseinandersetzungen und Schlägereien.

Ich persönlich habe auf meinen zahlreichen ausgedehnten Erkundungsreisen auf Rügen verwurzelte, **hilfsbereite Menschen** kennengelernt, die mir stets zuhörten, Fragen beantworteten und freundlich Auskunft gaben. Und wer sie respektiert, der wird in ihnen Menschen kennen lernen, deren bedächtige und gelassene, ernsthafte und geradlinige Mentalität in diesen hektischen und neurotischen modernen Zeiten wohltuend und entspannend ist und von der mancher sicher etwas lernen kann. Wie der alte „Lüüd'snack" sagt: *„Die knarrenden Wagen gahn am allerlängsten".*

Die Küche der vorpommerschen Küste

Traditionelle Ess- und Trinkgewohnheiten

„Sup die full und frätt die dick und hol din Mul von Politik".

Der Ruf, ausgesprochen starke Esser und Trinker zu sein, eilt den Einwohnern des Landes Mecklenburg-Vorpommern seit alters voraus. *„Das Charakteristische an seiner Küche",* so der Kulturhistoriker *L. Fromm* 1860, *„ist nicht das Leckere und Zarte, sondern das Schwere und Massenhafte."* Ihre Zubereitung und Zutaten wurden von der Armut der Bewohner und vom rauen Klima geprägt.

159rh ph

◁ Die Ruganer –
geprägt von harter Arbeit und bedächtig im Gemüt

Frisch vom Bauern – regionale Esskultur auf Rügen

In den vergangenen Jahren ist das Genießen regionaler Produkte ein wichtiger und wesentlicher Bestandteil des Urlaubsvergnügens geworden. Nicht nur das klassische Souvenir steht als Mitbringsel im Mittelpunkt. Immer mehr ersetzen Geruch und Geschmack der Urlaubsregion die bekannten Andenken.

Das ist eine ganz wunderbare Entwicklung, zeigt sie einerseits doch, dass das **Bewusstsein für gute Nahrungsmittel** steigt und eine zunehmend breiter werdende Protestfront gegen Industriekost entsteht, andererseits fördert und unterstützt sie die Erzeuger vor Ort in ihrem Bestreben, möglichst Gutes und Gesundes zu produzieren und direkt an den Endverbraucher zu verkaufen.

Auf Rügen und Hiddensee bieten sich dem Verbraucher mittlerweile zahlreiche Möglichkeiten, regionale Produkte zu beziehen: Um wie viel erlebnisreicher und schöner ist es doch, den geräucherten Aal direkt aus dem Ofen beim Fischer zu kaufen. Und wer einmal den Obstbrand nicht im Discounter, sondern beim Besuch der kleinen Dorfdestille mit Verkostung erlebt hat, der wird neben dem qualitativ viel besseren Brand auch viele schöne Erinnerungen mit nach Hause nehmen.

Auch in der Gastronomie gewinnt der Gedanke und die Bewegung des **„slow food"** aus regionalen Produkten immer mehr Anhänger – auch auf Rügen und Hiddensee. Wer hier in diesem Buch bei den Restauranttipps oder unterwegs den Hinweis „Regionale Esskultur" entdeckt, der kann sicher sein, dass hier nur qualitativ Hochwertiges auf den Tisch kommt. Neben dem Label „Regionale Esskultur", das derzeit 42 Adressen zu tragen berechtigt sind, haben sich Hersteller und Anbieter in dem Verein **„Rügen Produkte"** zusammengeschlossen, um die regionalen Produkte vom Honig über Fisch, Likör, Eier, Milch, Käse, Wurst und Geflügel, bis hin zu Spargel, Obstsäften oder auch die Kartoffel regional zu vermarkten. Die unter dem Gütesiegel **„Das Beste von Rügen"** zusammengeschlossenen Hersteller verkaufen nicht nur selbst und direkt, sondern organisieren auch inselweit spezielle Bauern- und Fischermärkte, auf denen ihre Spezialitäten erworben werden können.

Wo welcher Markt wann zu finden ist, zeigt die von dem Verein herausgegebene „Spezielle Rügenkarte".

■ **Rügen Produkte e.V.,** Industriestr. 7, 18528 Bergen, Tel. (03838) 20 36 60, www.ruegenprodukte.de.
■ **Regionale Esskultur,** www.culinary-heritage.com/region.asp?regionid=5 .

Hauptnahrung waren **Kartoffeln und Kohl,** andere Gemüse waren wenig beliebt. Die dritte wichtige Zutat waren die verschiedenen Produkte aus **Getreide,** das auf großen Flächen angebaut wurde.

Das Frühstück bestand meist aus **Milchsuppe.** Ein typisches Mittagessen, das stets aus einem Topf mit Holzlöffeln gegessen wurde, wobei die Kinder stehen mussten, waren beispielsweise geschnittener Kohl mit Gerstengrütze oder Pellkartoffeln mit Pökelsoße. Nachmittags wurde zu aus Gerste gebranntem Kaffee **Brot mit Schmalz** verzehrt, abends Pellkartoffeln mit Gerstensuppe und **Salzhering.** *„Dass die Menschenclasse weit stärker arbeitet, als vielleicht in jedem andren Staat, ist unleugbar,"* bemerkte 1801 ein Herr *Suckow. „Aber ebenso gewiss ist auch, dass er noch einmal so viele Speisen zum Unterhalt braucht als seine Mitbrüder in anderen Ländern."*

So spielte neben den pflanzlichen Produkten Fleisch eine wichtige Rolle, insbesondere **Geflügel** aller Art. Eine traditionsreiche Delikatesse ist die **Spickgans,** denn *„das Land hat sonst nichts Namhaftiges allein dass es viele und große Gänse gibt,"* wie *Thomas Kantzow* bereits 1537 feststellte. Es wurden aber auch wilde Gänse, Krickenten, Brachvögel oder andere der in großer Zahl vorkommenden Vogelarten gejagt.

Hinweis für Restaurantbesuche

Wer mit Muße Essen gehen möchte, sollte relativ frühzeitig aufbrechen. Viele Restaurants schließen unverständlicherweise, auch in der Saison, ihre Küchen bereits **um 22 Uhr,** außerhalb der Saison sogar noch früher. Am besten erfragt man vorher telefonisch oder über das Internet die Öffnungszeiten und erspart sich die Erfahrung, den Heimweg frustriert und hungrig antreten zu müssen, weil schon um halb zehn nirgends mehr etwas zu bekommen war.

Vor allem aber waren es die zahlreichen **Früchte des Meeres,** die die Inselküche ausmachten und bereicherten: Fisch aller Arten und nach allen Arten zubereitet. Ob Aal, Dorsch, Hering, Karpfen, Hecht oder Scholle, ob geräuchert, gegart, gebraten oder gedünstet, bei Fisch entwickelte jeder Inselteil seine eigenen Kreationen und Rezepte.

Wichtigstes flüssiges Nahrungsmittel ist **Alkohol,** vor allem in seiner hochprozentigen Form. Welchen Stellenwert er einnimmt, wird allein schon an der außerordentlich fantasiereichen Fülle der Ausdrücke für das Trinken deutlich: „kilken, bäkern, biknüllen, ünnerkröseln, antuten, inknöpen, störken, kniepen, bäkeln, bülgen, koemen, antüdern, ströpen". Dies ist nur eine Auswahl der mundartlichen Bezeichnungen für die allseits beliebte Kehlenspülung. Beklagt wurde dieser bedenkliche **Hang zum Hochprozentigen** seit jeher. Schon 1856 stellte der Ökonom *Vehse* bei seiner Untersuchung der wirtschaftlichen Verhältnisse des Landes resigniert fest, dass „... *man sich der Industrie noch nirgends genähert hat, es sei denn, unglücklicherweise in den zahlreichen Branntweinbrennereien."* Auch der industrielle Aspekt hat bis heute wenig an Aktualität verloren.

Essen und Trinken auf Rügen und Hiddensee

Leicht und erlesen ist die Inselküche sicher nicht. Kartoffeln und Fleisch sind noch immer wichtige Bestandteile, und Vegetarier werden es auf Rügen und Hiddensee nicht eben einfach haben. Doch wer die **handfeste, deftige Küche**

304rh ph

liebt, wird feststellen, dass auch aus einfachen Zutaten schmackhafte und leckere Gerichte bereitet werden können. In Restaurants mit einheimischer Küche wird häufig auch eine breite Palette von **Wildgerichten** angeboten.

Lukullischer Höhepunkt der Inselküche ist jedoch zweifellos **Fisch,** der in zahlreichen Arten und Variationen immer frisch zubereitet wird. Praktisch jedes Restaurant, von der einfachen Gaststätte bis zum Gourmettempel, führt eine Auswahl an Fischgerichten. Wem weder Fisch noch die traditionelle Bauernküche mundet, für den steht heutzutage an jedem Ort das übliche „internationale" Angebot zur Verfügung, das vom Hamburger über Pizza bis zum Döner Kebab reicht.

⌃ Fisch satt – das b etet die Rügener Küche

5

6 Anhang

◁ Bei jedem Wetter schön –
eine Strandwanderung unter den Kreidefelsen
im Nationalpark Jasmund

Literaturtipps

Allgemeines

■ **Die Ostsee – eine Natur- und Kulturge-schichte,** Verlag Ch. Beck. Sehr informative Retro-spektive, mit der Prof. *Hansjörg Küster* den Ostsee-raum in all seinen Facetten erklärt und beleuchtet. 357 Seiten, 100 Abbildungen, 7 Karten.

Rad- und Wanderführer

■ **Die schönsten Radtouren auf Rügen,** BVA. 8 familienfreundliche Tagestouren von 31–84 km Länge jeweils mit Routenplan, Kilometerangabe, Tipps und Hinweisen zur Tour und Sehenswürdig-keiten.

■ **Wanderführer Rügen mit Hiddensee und Fischland-Darß-Zingst,** Bergverlag Rother, hand-liches Taschenbuch mit 50 auch für Ungeübte und Ältere geeignete Touren. Mit jeweiligen Tourenkarte 1:50.000 bis 1:75.000, dazu genaue Wegbeschrei-bung und ein Höhenprofil.

■ **Bikeline-Radkarte Rügen/Stralsund/ Hid-densee,** Verlag Esterbauer, 1:75.000 Zentrums- und Ortsplänen von Binz, Bergen, Putbus, Sassnitz, Putgarten, GPS-tauglich mit UTM-Netz.

Lesebücher

■ **Rügen, Ein Lesebuch,** Ullstein Verlag. Buntes Lesebuch mit vielen Texten berühmter Rügenrei-sender aus Vergangenheit und Gegenwart, zusam-mengestellt von der Hiddensee-Expertin *Renate Seydel,* die die Buchhandlung „Koralle" in Vitte be-treibt.

■ **Hiddensee, Ein Lesebuch,** Ullstein-Verlag. Buntes, gebundenes Lesebuch mit Texten berühm-ter Hiddenseereisender von *Asta Nielsen* bis *Carl*

Zuckmayer aus Vergangenheit und Gegenwart. Ebenfalls von *Renate Seydel.*

■ **Rügen, Sagen und Geschichten,** Edition Temmen. Einblick in die Mythen- und Sagenwelt der Insel.

■ **Elizabeth auf Rügen,** Ullstein-Verlag. Von *Elizabeth von Armin* 1897 verfasster historischer Reiseroman.

■ **Eine Fahrt nach Pommern und der Insel Rügen,** Edition Temmen. Historischer Reisebericht des Rügenfahrers *Heinrich Laube* von 1837.

■ **Hiddensee,** Verlag Jena 1800. Neuauflage des ältesten Hiddensee-Romans von 1910 mit histori-schen Bildern zu den Schauplätzen.

■ **Fischermord,** Kindle Edition. Ein Rügen-Krimi. Auf einem Hof im Norden Rügens wird der Besitzer erhängt aufgefunden.

Natur

■ **Rügen Strand & Steine,** Demmler Verlag. Beantwortet in 22 kurzen Texten Fragen wie „Woher kommt der Sand am Strand?" oder „Was ist eigent-lich Schreibkreide?" und sonstigem, was man am Strand so findet. Gut für Eltern, die von ihren Kindern ständig gelöchert werden.

■ **Mit Ringelnatz auf Hiddensee,** Verlag Jena 1800. Ein poetischer Spaziergang. Kurioses, Gedich-te & Geschichten, Bilder & Dokumente, die die Verlegerin *Ute Fritsch* gesammelt hat. Ein sehr schö-nes, interessantes und auch lustiges Buch.

■ **Naturführer Rügen und Hiddensee,** Tiere – Pflanzen – Schutzgebiete, Verlag Wachholtz. Fun-dierter Führer, verfasst vom auf Rügen geborenen Naturfotografen und Vogelkundlers *Rico Nestmann.*

Maritim

■ **Küstenhandbuch Mecklenburg-Vorpom-mern,** Delius Klasing Verlag. Handbuch mit Infor-mationen zu allen Häfen an der Küste von M.-V. mit jeweiliger Hafenskizze und Infos zu Lage, Ansteuerung, Liegeplätzen, Service, Versorgung und Sehenswertem.

Geschichte, Architektur, Kultur

■ **Paradiesruinen – Das KdF-Seebad auf Rügen,** Ch. Links Verlag, 140 S., 132 Fotos, Karten und Pläne. Die Geschichte des fast vergessenen „längsten Hauses der Welt", das auf Hitlers Befehl Rügen die größte Baustelle des Reiches bescherte und nie vollendet wurde. Jedem zu empfehlen, der sich für den im Wald der Prora verborgenen, gigantomanischen Kolossalbau interessiert.

■ **Rügens geheime Landzunge – Die Verschlusssache Bug,** Ch. Links Verlag, 176 Seiten, 178 Fotos und Pläne. Die unbekannte Geschichte der 80 Jahre hermetisch verschlossenen Halbinsel von der Schwedenzeit über den kaiserlichen Seefliegerstützpunkt und DDR-Torpedoboothafen bis heute, gelüftet und detailliert erzählt vom in Dranske aufgewachsenen Kenner und Gründungsmitglied der BI Bug *Marten Schmidt.*

■ **Dorf- und Stadtkirchen auf Rügen und Hiddensee.** Edition Temmen. Ein illustrierter Führer zu alten und neuen Sakralbauten.

■ **Schlösser und Herrenhäuser auf Rügen,** Edition Temmen. Das Buch stellt alle 1945 noch vorhandenen 216 Schlösser und Herrenhäuser vor. Von den heute noch 165 existierenden werden 53 ausführlich in in Text und Bild beschrieben.

■ **Hünengrab und Opferstein – Bodendenkmale auf der Insel Rügen,** Hinstorff Verlag. Sehr gute, detaillierte Beschreibung zahlreicher Bodendenkmale aller Epochen auf Rügen im Taschenbuchformat, von Hünengrab über Opferstein bis Wallburg, vorgestellt von der Ethnografin und ehemaligen Museumsdirektorin in Bergen *Ingrid Schmidt.* Für Interessierte ein Muss.

Hörbücher

■ **Mien Rügen** und **Überfahrt nach Hiddensee,** Edition Albatros, Goldmund-Hörbücher, www.audiamo.com. Ein ebenso bunter wie interessanter Kessel Buntes mit Liedern und Texten zu den Inseln, Spieldauer je ca. 60 Minuten.

Reiseführer

■ **Ostseeküste Mecklenburg Vorpommern,** REISE KNOW-HOW Verlag, Bielefeld. Dieser kompakte Reiseführer hilft dabei, die Ostseeküste Mecklenburg-Vorpommerns zu erleben und die Schönheit ihrer Strände, Orte und Landschaften zu entdecken. Wurde 2016 mit dem **ITB Buch Award** ausgezeichnet.

■ **Wohnmobil-Tourguide Ostseeküste Mecklenburg-Vorpommerns,** REISE KNOW-HOW Verlag, Bielefeld. Dieser Wohnmobil-Tourguide ist der ideale Begleiter, um die schönsten Regionen an der Ostseeküste Mecklenburg-Vorpommerns zu erkunden. Er ist speziell auf die Interessen und Bedürfnisse von Wohnmobil-Reisenden zugeschnitten.

Das komplette Programm zum Reisen und Entdecken
Reise Know-How Verlag

- **Reiseführer** – praktische Reisetipps von kompetenten Landeskennern

- **CityTrip** – kompakte Informationen für Städtekurztrips

- **CityTrip**[PLUS] – umfangreiche Informationen für ausgedehnte Städtetouren

- **InselTrip** – kompakte Informationen für den Kurztrip auf beliebte Urlaubsinseln

- **Wohnmobil-Tourguides** – praktische Reisetipps für Wohnmobil-Reisende

- **Wanderführer** – exakte Tourenbeschreibungen mit Karten und Anforderungsprofilen

- **KulturSchock** – Orientierungshilfe im Reisealltag

- **Die Fremdenversteher** – kulturelle Unterschiede humorvoll auf den Punkt gebracht

- **Kauderwelsch-Sprachführer** – schnell und einfach die Landessprache lernen

- **Kauderwelsch plus** – Sprachführer mit umfangreichem Wörterbuch

- **world mapping project™** – aktuelle Landkarten, wasserfest und unzerreißbar

- **Reisetagebuch** – das Journal für Fernweh

- **Edition REISE KNOW-HOW** – Geschichten, Reportagen und Abenteuerberichte

Reisen? We know how!

6

REISETAGEBÜCHER –
Notizen von unterwegs

Die **Reisetagebücher** haben 133 Seiten zur freien Gestaltung. Es gibt noch eine Packliste, eine Budgetliste und Adress-Seiten zum Ausfüllen. Und natürlich viel Nützliches für unterwegs. Sie sind liebevoll illustriert mit alten Stichen von Tieren, Pflanzen und Fortbewegungsmitteln aus aller Welt, aufgelockert mit Gedanken und Zitaten zum Thema Reisen.

Sie sind zuverlässige und verschwiegene **Gefährten auf Reisen**. Egal ob Wochenendausflug oder Langzeitreise, ob in den Bergen, am Strand oder in der Stadt. Zwei Journale für Fernweh und Wanderlust, Wichtiges und Unwichtiges, Schönes und Schwieriges …

- Weltkarte
- Kontinente und Zeitzonen
- Immerwährender Kalender
- Reiseverzeichnis
- Sprachhilfe ohne Worte
- 160 Seiten

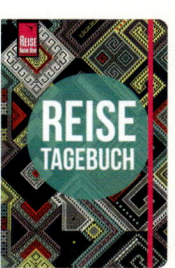

ISBN 978-3-8317-3020-9
€ 12 [D]

ISBN 978-3-8317-3120-6
€ 13,90 [D]

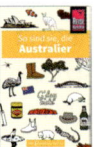

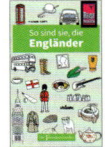

6

Wir bitten um Ihre Mithilfe

Dieser Reiseführer ist gespickt mit unzähligen Adressen, Preisen, Tipps und Infos. Nur vor Ort kann überprüft werden, was noch stimmt, was sich verändert hat, ob Preise gestiegen oder gefallen sind, ob ein Hotel, ein Restaurant immer noch empfehlenswert ist oder nicht, ob ein Ziel noch erreichbar ist oder nicht, ob es eine lohnende Alternative gibt usw.

Unsere Autoren sind zwar stetig unterwegs und erstellen ca. alle zwei Jahre eine komplette Aktualisierung, aber auf die Mithilfe von Reisenden können sie nicht verzichten.

Darum: Schreiben Sie uns, was sich geändert hat, was besser sein könnte, was gestrichen bzw. ergänzt werden soll. Nur so bleibt dieses Buch immer aktuell und zuverlässig. Wenn sich die Infos direkt auf das Buch beziehen, würde die Seitenangabe uns die Arbeit sehr erleichtern. Gut verwertbare Informationen belohnt der Verlag mit einem Sprachführer Ihrer Wahl aus der über 240 Bände umfassenden Reihe „Kauderwelsch".

Bitte schreiben Sie an:

Reise Know-How Verlag
Peter Rump GmbH | Postfach 140666 | 33626 Bielefeld
oder per E-Mail an: info@reise-know-how.de

Danke!

Register

Der Autor

Peter Höh, Jg. 1956, studierte nach handwerklicher Berufsausbildung Kommunikations- und Informationswissenschaften. Seit er als Schwabe im Berliner Exil im Herbst 1989 den Fall der Mauer miterlebte und unmittelbar danach seine erste große Rundreise duch den unbekannten deutschen Osten unternahm, ist er von der Unberührtheit und Schönheit Mecklenburg-Vorpommerns fasziniert.

Obwohl als Reisejournalist und Buchautor viel in der weiten Welt unterwegs, bereist er seither beruflich und in seiner Freizeit regelmäßig das stille Seenland und seine zauberhafte Küste. Denn warum in die Ferne schweifen, wenn man ein solches Naturidyll vor seiner Haustür hat. Als damaliger Student der Publizistik verfasste er 1990 bei REISE KNOW-HOW über die Neuen Bundesländer sein erstes Reisebuch. Seither sind von ihm neben dem vorliegenden Band bei REISE KNOW-HOW folgende Titel zu Mecklenburg-Vorpommern erschienen: „Ostseeküste Mecklenburg-Vorpommern" und „Usedom mit Wolin". Insgesamt hat er zahlreiche Reisebücher in verschiedenen Verlagen veröffentlicht. Daneben entstanden diverse Reisereportagen, die in namhaften Reisezeitschriften, Zeitungen und Fachpublikationen gedruckt wurden.

Für seinen Titel „Ostseeküste Mecklenburg-Vorpommern" erhielt er 2016 den ITB-Buch-Award verliehen.